Preface

¡**Bienvenidos y sigamos adelante!** *Welcome and let's move ahead* as we continue with our study of Spanish—**en perspectiva.**

McGraw-Hill Spanish **Perspectivas** serves as a sequel to *McGraw-Hill Spanish* **Saludos** and **Amistades** or to any other series of Spanish texts that presents a similar amount of material. **Perspectivas** has been written to help you continue to develop your language skills through activities that focus on meaningful, personalized communication. It effectively builds upon the foundation you have already established in your beginning levels of language study. You will learn new concepts as you reinforce previously learned ones by broadening your communication skills in more sophisticated situations and interactions. Each lesson contains activities in a realistic situational context to help build your proficiency and fluency in Spanish. As you learn to communicate more proficiently in Spanish, you will also learn about the culture of the people who speak this language. As you become more aware of the similarities and differences among cultures and peoples, it is our hope that you will become more appreciative of cultural diversities.

Perspectivas offers a highly flexible approach to foreign language learning and has been tailored to your special learning needs. The text is divided into six self-contained sections: **Conversaciones, Gramática avanzada, Lecturas del quiosco, Literatura, Cultura,** and **Gramática elemental.** Since the various sections of the book do *not* have to be presented in sequence nor in their entirety, you and your teacher may pick and choose your own topics of interest and the order in which you wish to use them. Your teacher has the *flexibility* to organize the course to suit your needs and to focus on the material that best meets your particular language proficiency level.

The **Conversaciones** section presents more advanced vocabulary in situational contexts. The creative personalized activities encourage you to express your own ideas. They give you the practice you need to function confidently and proficiently in Spanish in real-life situations. This section presents extremely useful, survival vocabulary that is frequently neglected and even omitted in high school Spanish textbooks.

Gramática avanzada contains more sophisticated grammatical concepts that may be new to you. In this section we have also incorporated those grammatical concepts included in the last half of *McGraw-Hill Spanish* **Amistades.** Each lesson contains activities that offer communicative contexts for practicing and using the new structure concepts.

Lecturas del quiosco introduces you to the type of material Hispanics read every day of their lives: magazine and newspaper articles, headlines, weather reports, social announcements, classified ads, etc. You will see that the types of topics we read about in the twentieth century are very much the same as those our Hispanic counterparts read about in Spain and throughout Latin America.

The **Literatura** section introduces you to a sample of the great literature produced throughout the Spanish-speaking world. Emphasis has been placed on literary selections from both the past and the present that are considered ''gems''—those that are widely read and appreciated throughout the twenty-one Spanish-speaking republics. Various literary genres are included—prose, poetry, plays, short stories—for your enjoyment.

The **Cultura** section contains reading selections that will give you greater cultural insights into the Spanish-speaking world. High-interest level has been a prerequisite in determining the topics we have chosen. The cultural topics reflect the customs, traditions, and life-styles of Hispanics throughout Spain and Latin America.

The **Gramática elemental** section reviews and reinforces the fundamental grammatical concepts that you have already learned in your beginning levels of language study but that you may have either forgotten or for which you may need some additional practice. Remember that you may use these lessons either in or out of sequence to respond to your specific needs and language ability.

Y ahora—¡buena suerte! ¡Que Uds. se diviertan comunicándose con sus amigos hispanohablantes!

Contents

CONVERSACIONES

1. A bordo de un avión · 2
2. En la tintorería o la lavandería · 9
3. El teléfono · 14
4. De compras · 20
5. Un accidente · 26
6. En el hospital · 31
7. Al dentista · 38
8. La matrícula · 42
9. El banco · 48
10. La peluquería · 54
11. En la papelería · 59
12. Una agencia de alquiler · 62

GRAMÁTICA AVANZADA

1. Los sustantivos · 70
2. Los verbos con **y** · 74
3. Usos especiales del artículo · 77
4. Algunos tiempos compuestos · 81
5. Otros tiempos compuestos · 85
6. Los adjetivos · 88
7. Usos especiales de los tiempos · 92
8. El imperativo (formal) · 95
9. El imperativo (familiar) · 98
10. Usos especiales de **ser** y **estar** · 101
11. La colocación de los pronombres de complemento · 106
12. El subjuntivo · 109
13. Otros usos del subjuntivo · 116
14. Otros usos del subjuntivo · 121
15. El imperfecto del subjuntivo · 124
16. El subjuntivo en cláusulas adverbiales · 128
17. Los tiempos compuestos del subjuntivo · 132
18. Los pronombres relativos · 135
19. La voz pasiva · 138
20. Los pronombres posesivos y demostrativos · 140
21. **Por** y **para** · 143

LECTURAS DEL QUIOSCO

1 La moda · 150

2 El crimen · 155

3 Los anuncios · 159

4 El automóvil · 164

5 El tiempo · 170

6 El horóscopo · 176

7 Una entrevista con Rufino Tamayo · 184

8 Avisos · 190

9 Consejos · 194

10 La ley · 199

11 Una entrevista con Christian Vadim · 204

12 La ecología · 208

LITERATURA

1 *Mis primeros versos*   Rubén Darío · 216

2 «Cosas del tiempo»   Ramón de Campoamor · 222

3 «La Araucana»   Alonso de Ercilla y Zúñiga · 224

4 «¡Quién sabe!»   José Santos Chocano · 227

5 La poesía negra · 230
«Búcate plata»   Nicolás Guillén · 231
«Falsa canción de baquiné»
Luis Palés Matos · 233
«Contribución»   Adalberto Ortiz · 234

6 *Olor a cacao*   José de la Cuadra · 236

7 «Ejemplo de la propiedad que el dinero ha»
Juan Ruiz, Arcipreste de Hita · 240

8 «Versos sencillos»   José Martí · 243

9 *Mi adorado Juan*   Miguel Mihura · 246

10 «La canción del Pirata»   José de Espronceda · 252

11 «Canción de jinete»   Federico García Lorca · 256

12 «Campos de Castilla»   Antonio Machado · 259

13 *El Caballero Carmelo*   Abraham Valdelomar · 261

14 «Ofertorio»
«En paz»   Amado Nervo · 275

15 «Las coplas»   Jorge Manrique · 277

CULTURA

1 Una costumbre española · 282

2 Un lugar interesante de España · 288

3 Influencias españolas · 296

4 La España del siglo XX · 303

5 Borinquen querido · 309

6 El domingo por la tarde · 315

7 El orgullo y la dignidad · 321

8 La revolución mexicana · 326

9 Historia lingüística · 335

10 Aspiraciones · 340

GRAMÁTICA ELEMENTAL

1 El comparativo y el superlativo · 348

2 Los verbos **ser** y **estar** · 351

3 El pretérito de los verbos regulares · 354

4 El pretérito de los verbos irregulares · 357

5 El pretérito de los verbos de cambio radical · 361

6 Las palabras interrogativas · 363

7 El imperfecto · 366

8 El imperfecto y el pretérito · 369

9 Los complementos directos e indirectos · 372

10 Los tiempos progresivos · 375

11 Los verbos reflexivos · 377

12 Los pronombres después de una preposición · 380

13 Las palabras negativas · 381

14 El futuro y el condicional · 383

15 Verbos especiales con el complemento indirecto · 387

Appendix · 390

Spanish-English Vocabulary · 397

English-Spanish Vocabulary · 415

Index · 431

Permissions · 436

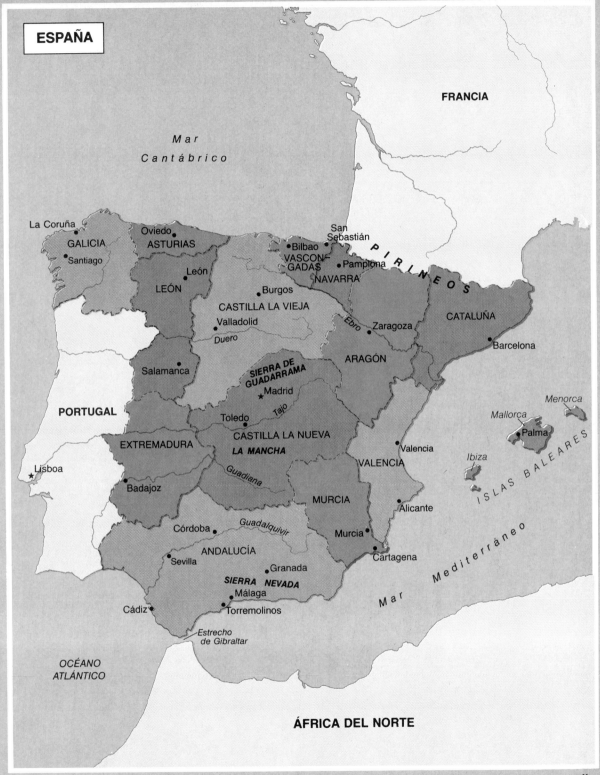

ESPAÑA

FRANCIA

Mar Cantábrico

La Coruña
GALICIA
• Santiago

Oviedo •
ASTURIAS

San Sebastián
• Bilbao
VASCON-
GADAS
• Pamplona
NAVARRA

P I R I N E O S

León •
LEÓN

• Burgos

CASTILLA LA VIEJA

Valladolid •

Duero

Ebro

• Zaragoza

CATALUÑA

ARAGÓN

• Barcelona

Salamanca •

*SIERRA DE
GUADARRAMA*

★ Madrid

Menorca

Mallorca

• Palma

PORTUGAL

Toledo •

Tajo

CASTILLA LA NUEVA

EXTREMADURA

LA MANCHA

• Valencia

Ibiza

I S L A S   B A L E A R E S

• Lisboa

Guadiana

VALENCIA

• Badajoz

• Alicante

• Córdoba

Guadalquivir

MURCIA

• Murcia

ANDALUCÍA

• Cartagena

Mar Mediterráneo

• Sevilla

• Granada

SIERRA   NEVADA

• Málaga

• Cádiz

• Torremolinos

*Estrecho
de Gibraltar*

OCÉANO
ATLÁNTICO

ÁFRICA DEL NORTE

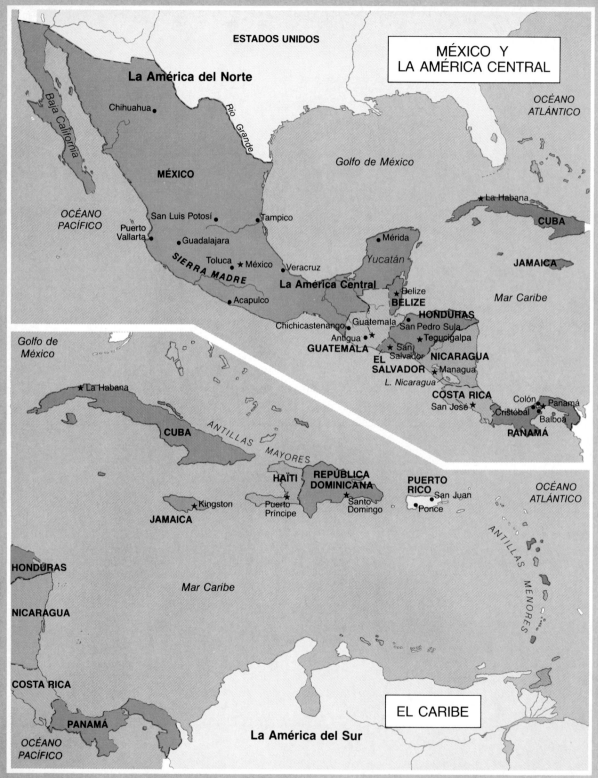

MÉXICO Y
LA AMÉRICA CENTRAL

ESTADOS UNIDOS

La América del Norte

OCÉANO
ATLÁNTICO

Chihuahua

Baja California

Río Grande

Golfo de México

MÉXICO

La Habana

CUBA

OCÉANO
PACÍFICO

San Luis Potosí

Tampico

JAMAICA

Puerto
Vallarta

Guadalajara

Mérida

Toluca   México

Yucatán

Mar Caribe

SIERRA MADRE

Veracruz

La América Central

Acapulco

Belize

BELIZE

HONDURAS

Chichicastenango

Guatemala

San Pedro Sula

Antigua

Tegucigalpa

GUATEMALA

San
Salvador

NICARAGUA

EL
SALVADOR

Managua

L. Nicaragua

COSTA RICA

Colón

Panamá

San José

Cristóbal

Balboa

PANAMÁ

Golfo de
México

La Habana

CUBA

ANTILLAS
MAYORES

HAÏTI

REPÚBLICA
DOMINICANA

PUERTO
RICO

OCÉANO
ATLÁNTICO

San Juan

Kingston

Puerto
Príncipe

Santo
Domingo

Ponce

JAMAICA

ANTILLAS

HONDURAS

MENORES

NICARAGUA

Mar Caribe

COSTA RICA

PANAMÁ

EL CARIBE

OCÉANO
PACÍFICO

La América del Sur

viii

Mar Caribe

La América Central

Barranquilla
Maracaibo
★Caracas

VENEZUELA

Medellín
Magdalena
Orinoco

GUAYANAS

Cali
★Bogotá

COLOMBIA

★Quito

ECUADOR
CORDILLERA

Guayaquil

Iquitos

PERÚ
DE
LOS

Marañón
Ucayali

Amazonas

Manaus

Amazonas

Belém

Tapajós

SELVAS

Fortaleza

Madeira

Recife

Callao
★Lima

ANDES

Xingú

BRASIL

São Francisco

Cuzco

Salvador

L. Titicaca

MATO
GROSSO

★La Paz

★Brasilia

BOLIVIA

Sucré

OCÉANO
PACÍFICO

Paraguay

GRAN CHACO

PARAGUAY

Paraná

São Paulo
Río de Janeiro

Asunción

Tucumán

ANDES

OCÉANO
ATLÁNTICO

Uruguay

Pôrto Alegre

DE
LOS

Córdoba

Valparaíso
Viña del Mar
★Santiago

Rosario

P
A
M
P
A
S

URUGUAY

CHILE

CORDILLERA

Buenos
Aires

★Montevideo

Río de la Plata

ARGENTINA

Valdivia

San Carlos
de Bariloche

Puerto Montt

Islas Malvinas

LA AMÉRICA DEL SUR

Tierra
del Fuego

CONVERSACIONES

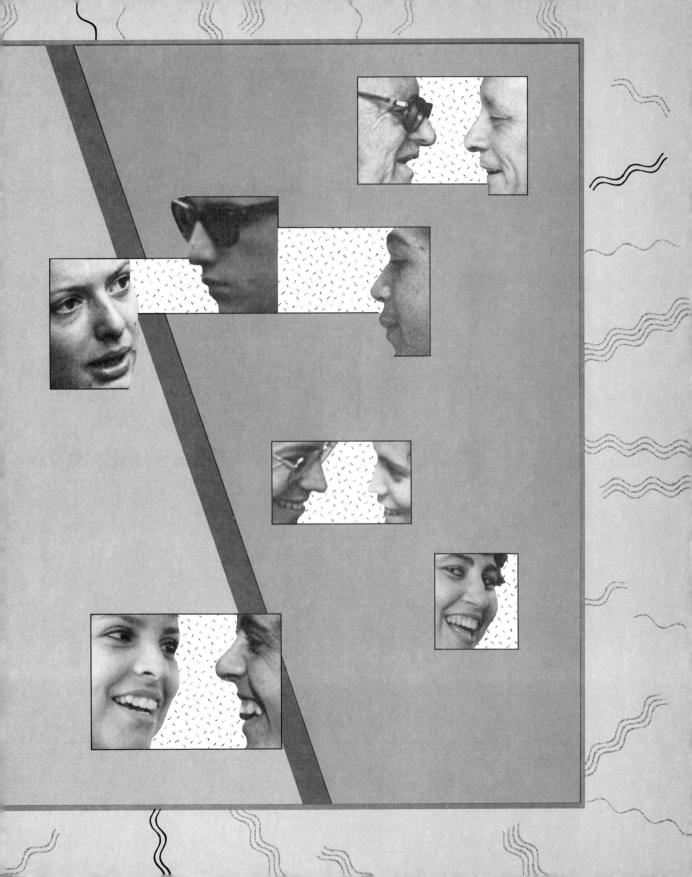

1

A bordo de un avión

VOCABULARIO

el compartimiento sobre la cabeza

los asistentes de vuelo

la salida de emergencia

la sección de no fumar

la cabina

la sección de fumar

la tripulación

el pasillo

el chaleco salvavidas

la máscara de oxígeno

los audífonos

la almohada

el respaldo del asiento

el cinturón de seguridad

la manta

el asiento

el bolsillo del asiento

el saco (la bolsa) para el mareo

despegar
el despegue

aterrizar
el aterrizaje

EJERCICIO 1 *¡Todos a bordo!*

_____ Completen.

1. La _____ a bordo de un avión consiste en el piloto o el comandante, el co-piloto, el ingeniero de vuelo y los asistentes de vuelo.
2. Los _____ sirven las comidas a bordo del avión y se ocupan de la seguridad de los pasajeros.
3. Los pasajeros que no fuman prefieren o exigen un asiento en la _____.
4. Muchos pasajeros prefieren un asiento en el _____ porque hay más espacio para (estirar) las piernas.
5. A veces hay turbulencia durante el vuelo. Por si acaso un pasajero se pone enfermo, hay _____ en el bolsillo del asiento.
6. La presión del aire está controlada en las cabinas de un avión. Sin embargo, si hay un cambio en la presión, la _____ se caerá automáticamente. Los pasajeros se ponen la _____ y luego pueden respirar normalmente.
7. Si un pasajero quiere dormir durante el vuelo puede pedirle _____ y _____ al asistente de vuelo.
8. Cuando empieza el vuelo el avión _____. Cuando termina el vuelo el avión _____.

EJERCICIO 2 *¿Qué es?*

_____ Identifiquen.

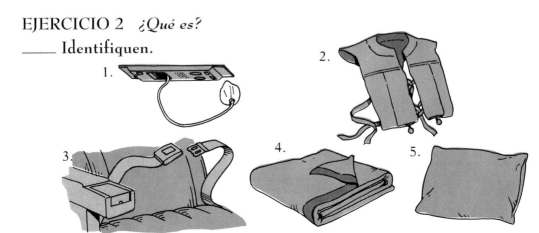

EJERCICIO 3 *Una entrevista*

_____ **Contesten.**

1. ¿Te gustaría viajar por el mundo?
2. ¿Quisieras ser un(a) asistente(a) de vuelo? ¿Por qué has contestado que sí o que no?
3. ¿Fumas?
4. Cuando tomas un vuelo, ¿pides un asiento en la sección de fumar o en la sección de no fumar?
5. Cuando tomas un vuelo, ¿pides un asiento en la ventanilla o en el pasillo? ¿Por qué?
6. ¿Prefieres sentarte cerca de una salida de emergencia? ¿Por qué?
7. Si tú no has volado nunca, ¿tienes ganas de tomar un vuelo?
8. Cuando tú vuelas, ¿tienes miedo o no?

Algunos anuncios a bordo de un avión

Señores y señoras: De parte del comandante Suárez y toda su tripulación les damos la bienvenida a bordo de nuestro vuelo 832 con destino a Madrid. El comandante Suárez me ha avisado que nuestro tiempo de vuelo será aproximadamente de ocho horas con diez minutos. Esta noche sobrevolaremos el Atlántico a una altura de once mil metros, a una velocidad de 1.300 kilómetros por hora. Les agradecemos el haber escogido Iberia y les deseamos un vuelo placentero.

EJERCICIO 4 *Informes sobre el vuelo*

_____ **Corrijan las oraciones falsas.**

1. El comandante les habla a los pasajeros.
2. El comandante le da la bienvenida a bordo a toda la tripulación.
3. El avión va a Manila.
4. El avión sale a las ocho y diez.

EJERCICIO 5 *Sinónimos*

_____ **Busquen una expresión equivalente.**

1. agradable
2. seleccionado
3. me ha dicho antes (de antemano)
4. más o menos
5. a (o para)
6. les damos las gracias
7. el piloto, el capitán

Los asistentes de vuelo se ocupan de la comodidad y también de la seguridad de los pasajeros.

A bordo de un avión los pasajeros no pueden fumar

- durante el despegue y el aterrizaje.
- en la sección de no fumar.
- mientras el aviso (la señal) de no fumar esté iluminado(a).
- en los pasillos y en los aseos.

Durante el despegue y el aterrizaje

- los pasajeros no pueden fumar.
- los pasajeros tienen que permanecer sentados con el cinturón de seguridad abrochado.
- todo el equipaje de mano tiene que estar colocado debajo del asiento o en el compartimiento sobre la cabeza.
- el respaldo del asiento tiene que estar en posición vertical.

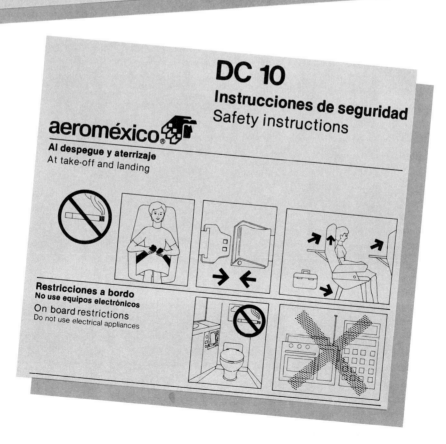

EJERCICIO 6   *Algunas reglas a bordo de un avión*

_____ **Contesten.**

1. ¿Pueden fumar los pasajeros durante el despegue y el aterrizaje?
2. ¿Qué tienen que abrochar los pasajeros durante el despegue y el aterrizaje?
3. ¿Pueden los pasajeros andar por los pasillos durante el despegue y el aterrizaje?
4. ¿Dónde tienen que poner su equipaje de mano durante el despegue y el aterrizaje?
5. ¿Cómo tienen que poner su asiento durante el despegue y el aterrizaje?

EJERCICIO 7

_____ **Formen oraciones con las siguientes expresiones.**

1. el aviso de no fumar
2. el equipaje de mano
3. el despegue y el aterrizaje
4. el cinturón de seguridad
5. el respaldo del asiento

Algunas emergencias

En el caso de una emergencia

• hay ocho salidas de emergencia, cuatro sobre las alas, dos en la cabina delantera (o de primera clase) y dos en la parte trasera del avión.

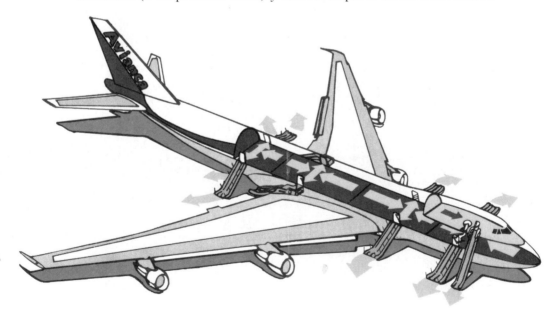

• el chaleco salvavidas está debajo del asiento

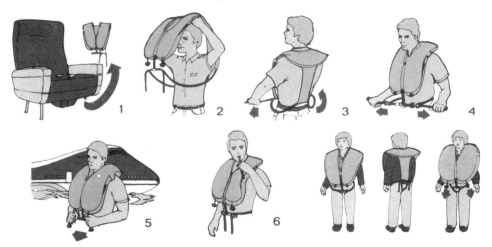

En el caso imprevisto de un cambio en la presión del aire, una máscara de oxígeno caerá automáticamente.

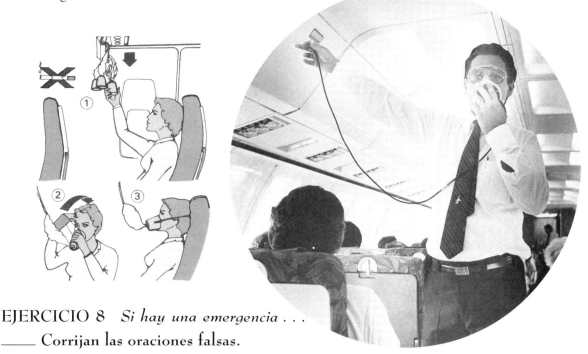

EJERCICIO 8   *Si hay una emergencia . . .*

_____ Corrijan las oraciones falsas.

1. En el caso de una emergencia a bordo de un avión, los pasajeros tienen que salir del avión sólo por una salida de emergencia.
2. A bordo de un avión hay un chaleco salvavidas debajo de cada asiento por si acaso el avión tiene que hacer un aterrizaje de emergencia en una zona montañosa.
3. Hay una máscara de oxígeno para cada pasajero porque durante el vuelo la presión del aire cambia con frecuencia.

Más anuncios durante el vuelo

Señores y señoras: Después de nuestro despegue nos será un placer servirles una selección de bebidas y una cena. Les ofrecemos también ocho canales (estaciones) de música estereofónica. Después de la cena les presentaremos una película. Esta noche la película será *La Rosa Púrpura de El Cairo* con Mia Farrow. Dentro de poco los asistentes de vuelo pasarán por la cabina con los audífonos. En la clase económica hay un cargo de $4.00 por el uso de los audífonos. Antes de nuestro aterrizaje en Madrid, les serviremos un desayuno ligero.

EJERCICIO 9   *Lo pasaremos bien durante el vuelo.*

_____ **Contesten.**

1. ¿Cuántas comidas van a servir durante el vuelo?
2. ¿Cuáles son?
3. ¿Cuándo las van a servir los asistentes de vuelo?
4. ¿Cuántos canales de música hay?
5. ¿Cuál es la película que se presentará esta noche?
6. En la clase económica, ¿cuánto tienen que pagar los pasajeros por el uso de los audífonos?

ACTIVIDADES

_____ **1** Aquí vemos un grupo de pasajeros en el aeropuerto de Barajas en Madrid. Están para salir a México. Explique Ud. todo lo que tienen que hacer antes de abordar el avión. Algunas expresiones que Ud. querrá usar son:

- hacer cola en el mostrador
- mostrar los boletos y el pasaporte
- facturar el equipaje
- conseguir la tarjeta de embarque
- pasar por el control de seguridad
- ir a la puerta de embarque

_____ **2** Imagínese que Ud. está a bordo de un avión. El avión está para salir y el pasajero que está a su lado está fumando. ¿Qué le va a decir?

_____ **3** Prepare una lista de reglamentos importantes que están en vigencia a bordo de un avión para la seguridad de los pasajeros.

2

En la tintorería
o la lavandería

VOCABULARIO

limpiar en seco (la limpieza en seco)

planchar   el planchado   lavar   el lavado   la ropa arrugada
la ropa sucia

el sastre

la sastra

el agujero

coser

el botón · la mancha · quitar la mancha

zurcir
remendar

El suéter es **de lana.**
No se puede lavar el suéter.
Hay que **limpiarlo en seco.**
Si no lo limpian en seco,
  el suéter **se encogerá.**

EJERCICIO 1 *El lavado*

_____ Completen.

—Tengo un montón de _____ sucia.
—¿Por qué no la llevas a la _____? Allí te la pueden lavar.
—Sí, lo sé. Pero voy a lavarla yo mismo. Tengo que economizar. El _____
  cuesta bastante caro.

EJERCICIO 2 *La limpieza en seco*

_____ **Completen.**

—¿Por qué te compraste una chaqueta de ante (*suede*)? Sabes que no la puedes lavar, ¿no?

—Sí, lo sé. La tienen que _____ en la tintorería.

—¿Y tienes alguna idea de cuánto cuesta la _____ aquí? Resulta mucho más cara que en los Estados Unidos.

EJERCICIO 3 *Problemas de vestimenta*

_____ **Contesten.**

1. María manchó su blusa. ¿Qué tiene que hacer antes de lavar la blusa?
2. Roberto quemó el pantalón. ¿Qué tiene que hacer el sastre?
3. Roberto no puede llevar esta camisa. Está muy arrugada. ¿Qué tiene que hacer con la camisa?
4. A Teresa se le cayó un botón de la blusa. ¿Qué tiene que hacer Teresa?
5. Teresa tiene un suéter de lana. ¿Por qué no lo puede lavar?

CONVERSACIONES

En la tintorería

Tintorera	Sí, señor. ¿En qué puedo servirle?
Señor Machado	¿Me puede lavar y planchar esta camisa?
Tintorera	Sí, señor. ¡Cómo no! Pero veo que está manchada. ¿De qué es la mancha?
Señor Machado	Creo que es de café, pero no estoy seguro.
Tintorera	Pues, podemos tratar de quitársela pero no se lo puedo prometer.

EJERCICIO 4 *La camisa manchada*

_____ Corrijan las oraciones falsas.

1. En la tintorería van a limpiar en seco la camisa.
2. La camisa está arrugada.
3. La camisa tiene una quemadura.
4. En la tintorería van a tratar de remendar el pantalón.

Carolina ¿Me puede lavar este suéter, por favor?

Tintorera No, señorita. Lo siento mucho pero es de lana, ¿no?

Carolina Sí, sí. Es de lana.

Tintorera Luego lo tendremos que limpiar en seco. Si lo lavamos, se encogerá sin duda.

Carolina Está bien. ¿Pero lo puedo tener para mañana?

Tintorera Para mañana, no. Para la limpieza en seco necesitamos dos días.

EJERCICIO 5 *En la tintorería*

_____ Contesten.

1. ¿Dónde está Carolina?
2. ¿Qué lleva a la tintorería?
3. ¿Le van a lavar el suéter?
4. ¿De qué es el suéter?
5. ¿Por qué no lo pueden lavar en la tintorería?
6. ¿Cómo lo tienen que limpiar?
7. ¿Puede Carolina tener el suéter para mañana?
8. ¿Por qué no lo puede tener para mañana?

ACTIVIDADES

1 Aquí tenemos un dibujo de la chaqueta de Tomás. Tomás es un estudiante americano que está viajando por España en autostop. Hace quince días que él tiene la chaqueta en la mochila. Se la quiere poner esta noche porque la familia de una chica que él ha conocido lo ha invitado a cenar en su casa.

- ¿En qué condiciones está la chaqueta de Tomás? Descríbala.
- ¿Adónde la debe llevar Tomás?
- Prepare la conversación que él va a tener en la tintorería.

2 Describa las actividades en esta tintorería de la Ciudad de México.

3

El teléfono

VOCABULARIO

El teléfono está **fuera de servicio**
(descompuesto, dañado).
No hay **señal**.

Roberto tiene un número
equivocado.

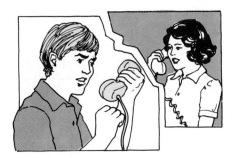

La línea está **ocupada**.
Están comunicando.

Se le ha cortado la línea.

EJERCICIO 1   *Algunos problemas con el teléfono*

_____ Contesten.

1. Roberto ha introducido la moneda en la ranura del teléfono pero no hay
   señal. ¿Qué pasa con el teléfono?
2. Roberto quiere hablar con Susana. Alguien ha contestado el teléfono
   pero dice que allí no hay ninguna Susana. ¿Qué clase de número tiene
   Roberto?

3. Roberto quiere hablar con Susana. Marcó el número pero recibió la señal (el tono) de ocupado. ¿Qué está haciendo Susana?

4. Roberto estaba hablando con Susana y de repente hubo silencio. Roberto esperó un momentito y luego volvió la señal (el tono). ¿Qué pasó?

Repaso de vocabulario telefónico

El otro día Roberto hizo **una llamada de larga distancia** de un teléfono público y no tuvo ningún problema. Como no quería hacer la llamada ni **por cobrar** ni **de persona a persona**, él podía **marcar el número** directamente. No tenía que **comunicarse con** la operadora.

Descolgó el auricular, introdujo **la moneda** en **la ranura**, esperó **la señal (el tono), marcó** el número y **la clave de área.** En seguida contestó su amigo y Roberto empezó a hablar con él.

EJERCICIO 2   *Una llamada sin problema*

_____ **Contesten.**

1. ¿Qué tipo de llamada hizo Roberto?
2. ¿De qué tipo de teléfono hizo la llamada?
3. ¿Tuvo un problema?
4. ¿Quería hacer una llamada por cobrar?
5. ¿Quería hacer una llamada de persona a persona?

6. ¿Podía marcar directamente o tenía que comunicarse con la operadora?
7. ¿Sabía la clave de área?
8. ¿Qué descolgó?
9. ¿Qué introdujo en la ranura?
10. ¿Qué esperó?
11. Luego, ¿qué marcó?
12. ¿Quién contestó en seguida?

CONSEJOS PARA UN MEJOR USO DEL SERVICIO TELEFONICO

El propósito de este directorio es ayudarlo a obtener el mayor provecho de su servicio telefónico.

En las páginas iniciales encontrará toda la información necesaria.

- **CONTESTE INMEDIATAMENTE LAS LLAMADAS.**

- **HABLE CLARAMENTE.**
  Procure que su voz sea clara y así evitará repeticiones, recuerde que su voz tiene personalidad.

- **SEA CORTES AL HABLAR POR TELEFONO.**

- **ORGANICE SUS LLAMADAS.**
  Organice sus pensamientos y escríbalos, haga notas y sígalas cuando llame.

- **PREPARE SUS LLAMADAS.**
  Tenga a la mano lápiz y papel, así como la documentación necesaria del asunto que va a tratar.

- **CUIDE SU APARATO TELEFONICO**
  No lo golpee. Es frágil, el calor y la humedad le hacen daño; no jale los cordones.
  Manténgalo siempre en buen estado, límpielo sólo con agua y jabón, nunca use alcohol.
  En caso de descompostura llame al 05.

Algunas reglas para el uso del teléfono

CONVERSACIÓN

Un drama telefónico

Andrés   ¡Ay, Dios mío! ¿Qué pasa con este bendito teléfono? Introduje la moneda y nada. Estará fuera de servicio. Voy a usar el teléfono en la otra cabina.

(Va a la otra cabina telefónica.)

Andrés   ¡Qué bien! Hay señal.

Alguien   ¡Diga!

Andrés   ¿Está Catalina Amaya, por favor? De parte del señor Andrés Serrano.

Alguien   Lo siento mucho, señor, pero aquí no hay ninguna Catalina.

Andrés   ¡Perdón! Parece que tengo un número equivocado.

(Andrés intenta de nuevo.)

Andrés   ¡A ver! Voy a marcar con mucho cuidado—tres—veinticinco—cuarenta—dieciocho. ¡Bien, bien! Está sonando.

Alguien   ¡Diga!

Andrés   ¿Está Catalina? ¿Catalina Amaya, por favor?

Alguien   Sí, señor. La señorita Amaya está. ¿De parte de quién?

Andrés	De parte de Andrés Serrano.
Alguien	Un momentito, señor Serrano. ¡No cuelgue Ud.!
Catalina	Andrés, eres tú, mi amor. ¿Cómo . . .
	(Silencio total)
Andrés	¡Catalina! ¡Catalina!
	(Otra vez la señal)
Andrés	¡No me lo digas! Ahora se me ha cortado la línea. Me pregunto si jamás hablaré con mi Catalina.

EJERCICIO 3 *Una llamada imposible*

_____ Escojan.

1. ¿Qué introdujo Andrés en el teléfono?
   a. La ranura.
   b. La moneda.
   c. La cabina.
2. Y, ¿qué pasó?
   a. Oyó el tono.
   b. Colgó el auricular.
   c. No pasó nada.

3. ¿Por qué no había señal?
   a. No cayó la moneda en la ranura.
   b. El teléfono estaba fuera de servicio.
   c. No había teléfono en la cabina.
4. Entonces, ¿qué hizo Andrés?
   a. Fue a otra cabina.
   b. Se puso furioso y no intentó de nuevo.
   c. Llamó al operador.
5. Cuando hizo la segunda llamada, ¿qué pasó?
   a. La línea estaba ocupada.
   b. No contestó nadie.
   c. Tenía un número equivocado.
6. La tercera vez que él intentó llamar, ¿qué pasó?
   a. Catalina contestó el teléfono.
   b. Estaban comunicando.
   c. Alguien que conocía a Catalina contestó.
7. ¿Por qué no podía conversar con Catalina?
   a. Ella no estaba.
   b. Otra vez se equivocó de número.
   c. Se le cortó la línea.

ACTIVIDADES

1 Prepare la siguiente conversación:

- You make a telephone call and you ask for señorita Marta López.
- The person who answers asks you who is calling.
- You give your name.
- The person who answers explains that Marta López is not there.
- Leave the following message: Tell the person your name again and ask her to please tell Marta that you will call back tomorrow morning at ten o'clock.

2 Ud. quiere llamar a un(a) amigo(a) pero Ud. no está seguro(a) si Ud. tiene el número exacto. Llame a Información y déle a la operadora la información necesaria para recibir el número.

3 Ud. ve a una persona de habla española que está tratando de usar uno de nuestros teléfonos públicos. La persona no sabe exactamente lo que debe hacer. Ayude a la persona y explíquele en español lo que tiene que hacer para usar el teléfono público.

4
De compras

VOCABULARIO

Cantidades de comestibles

**un manojo
(atado)
de zanahorias**

**una lata (un bote)
de atún**

**tres tajadas (lonjas)
de jamón**

medio kilo de **carne picada
(tajada, mechada)**

un envase
de crema

**un paquete
de bizcochos
(galletas)**

un paquete
de **espinacas congeladas**

una bolsa de **papas fritas
(patatas fritas)**

una botella
de agua mineral

una caja
de jabón en polvo

un rollo
de papel higiénico

EJERCICIO 1 *Una lista de compras*

_____ Completen la lista de compras de la señora Baltasar.

2 ... de atún en aceite
1 ... de tomates
1 ... de espaguetis
1 ... de carne picada
1 ... de zanahorias
2 ... de agua mineral sin gas
1 ... de leche

2 ... de papel higiénico
1 ... de toallas de papel
1 ... grande de polvo de jabón

EJERCICIO 2 *¿Qué van a comprar?*

_____ Completen.

1. La señora Méndez está en el mercado. A ella y a su familia no les
gustan nada las legumbres congeladas. Así la señora Méndez compra
_____ de zanahorias frescas.
2. A la señora Salazar no le importa que las legumbres estén congeladas.
En el supermercado ella compró _____ de guisantes congelados.
3. En una salchichería y a veces en la carnicería también se venden
productos de puerco como chuletas de cerdo, lechón o cochinillo,
salchichas y fiambres. El señor Domínguez fue a la salchichería de los
hijos Alonso donde compró doce _____ de jamón. Las doce _____ de jamón
pesaban quinientos gramos, es decir, medio _____.
4. De postre la señora Flores decide servir fresas con nata. Ella fue a la
lechería donde compró _____ de crema. Ella va a batir la crema para
hacer la nata. A los hijos de la señora Flores les gustan mucho los
bizcochos. La señora compró _____ de bizcochos en el supermercado.
Ella los va a servir con las fresas.
5. Al señor Galán le queda muy poco polvo de jabón para lavar los platos.
La próxima vez que va al supermercado tendrá que comprar otra _____
de polvo de jabón. Ha notado que no le quedan toallas de papel
tampoco. Tendrá que comprarse otro _____.

NOTA **El precio**

¿**A cuánto está** la lechuga?
¿**A cómo es** la lechuga? } **A** cincuenta pesos c/u (cada una).

¿**A cuánto están** las chuletas?
¿**A cómo son** las chuletas? } **A** cuatrocientos pesos **el** kilo.

Note that the expressions ¿**A cuánto está(n)?** or ¿**A cómo es (son)?**
are used to ask the price of food items at a market. Note too that the
definite article is used with the expression of quantity.

Los huevos están a noventa pesos <u>la</u> docena.

EJERCICIO 3 *Los precios en el supermercado*

_____ **Contesten según el anuncio.**

1. ¿A cuánto está el limpiador
   VIM-HOGAR?
2. ¿A cuánto está la crema de
   manos ATRIX?
3. ¿A cuánto está la laca
   SUNSILK?
4. ¿A cuánto está el lavavajillas
   DESPAR?
5. ¿A cuánto está la crema dental
   COLGATE?

CONVERSACIÓN

En la carnicería

Carnicero   Buenos días, señora Salas. ¿Cómo está Ud. hoy?

Señora Salas   Muy bien, gracias, ¿y Ud.?

Carnicero   Muy bien, gracias. ¿Qué se le ofrece hoy a la señora?

Señora Salas   ¿A cuánto están las chuletas de cerdo?

Carnicero   ¿Las chuletas? Están a quinientos el kilo.

Señora Salas   Déme cuatro chuletas, por favor.

Carnicero   Cuatro chuletas de cerdo. ¿Y algo más, señora?

Señora Salas   La ternera tiene muy buena pinta. ¿A cómo es?

Carnicero   La ternera se la damos a ochocientos el kilo. Y está muy bonita.

Señora Salas   Déme cuatro filetes, no muy gruesos, por favor.

Carnicero   De acuerdo. ¿Algo más, señora Salas?

Señora Salas   No, nada más, gracias. Ya está bien para hoy.

EJERCICIO 4 *En la carnicería*

_____ **Contesten.**

1. ¿Dónde está la señora Salas?
2. ¿A cuánto están las chuletas de cerdo hoy?
3. ¿Cuántas chuletas quiere la señora?
4. ¿Y cómo está la ternera?
5. ¿A cuánto está?
6. ¿Compra la señora filetes de ternera?
7. ¿Cuántos compra?
8. ¿Quiere algo más la señora Salas?

EJERCICIO 5 *Hablando con el carnicero*

_____ **Busquen una expresión equivalente.**

1. ¿En qué puedo servirle, señora?
2. ¿A cómo son las chuletas?
3. Póngame cuatro filetes, por favor.
4. La ternera está muy bonita.
5. Y la ternera está a ochocientos pesos el kilo.
6. Es todo para hoy, gracias.

ACTIVIDADES

_____ **1** Aquí tenemos el menú para la cena que va a servir la señora Salas esta noche. Ella le pide a su hijo que vaya al mercado a comprar todo lo que ella necesitará para preparar la cena. En la familia Salas hay cuatro personas. Haga la lista de comestibles que va a comprar Eduardo Salas. En su lista incluya la cantidad que Eduardo va a comprar.

> Una ensalada de atún con lechuga, tomates y cebolla con una salsa de aceite y vinagre.
> Filetes de ternera con jamón y queso Gruyère
> Zanahorias
> Fresas con nata
> Bizcochos
> Agua mineral sin gas
> Un vino de Rioja
> Café

2 Eduardo Salas no hace todas sus compras en el supermercado. Él va a varias tiendas en el barrio donde vive. En estas tiendas especializadas él compra todos los productos frescos. Prepare las conversaciones que Eduardo va a tener en:

la frutería (donde se venden frutas y verduras)
la carnicería
la lechería

Para comprar los comestibles o productos que vienen enlatados, embotellados o empaquetados en bolsas etc., Eduardo va al supermercado o a una bodega (un colmado, una tienda de abarrotes, una tienda de ultramarinos). ¿Qué va a comprar Eduardo en el supermercado o en la bodega?

5
Un accidente

VOCABULARIO

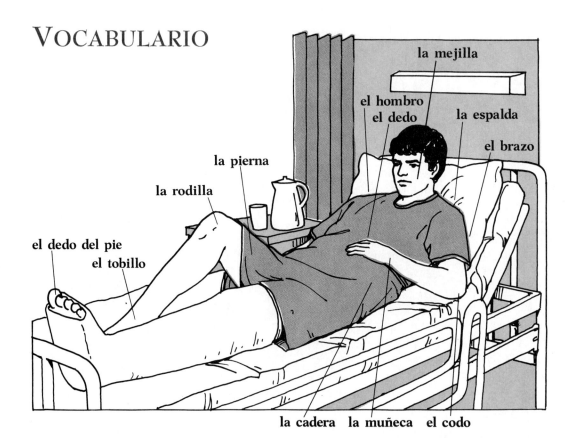

la mejilla

el hombro
el dedo

la espalda

el brazo

la pierna

la rodilla

el dedo del pie
el tobillo

la cadera   la muñeca   el codo

EJERCICIO 1   *Se le rompió . . .*

—— **Sigan las instrucciones.**

Tell someone that a friend . . .
1. broke his leg.
2. broke his arm.
3. broke his wrist.
4. broke his hip.
5. broke his elbow.

EJERCICIO 2 *Se le torció . . .*

_____ **Sigan las instrucciones.**

Tell someone that a friend . . .
1. sprained her knee.
2. sprained her wrist.
3. sprained her ankle.
4. sprained her finger.
5. sprained her shoulder.

EJERCICIO 3 *Se cortó . . .*

_____ **Sigan las instrucciones.**

Tell someone that a friend . . .
1. cut his finger.
2. cut his face.
3. cut his cheek.
4. cut his hand.

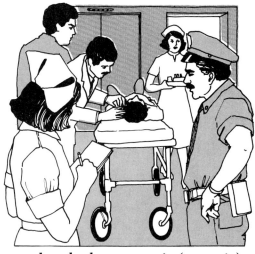

la sala de emergencia (urgencia)

la ambulancia

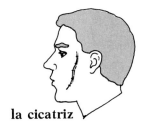

la camilla

la silla de ruedas

las muletas

la cicatriz

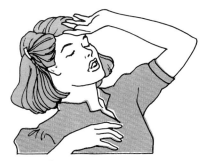

desmayarse

volver en sí

 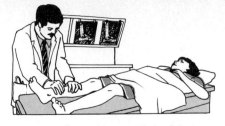

El médico le tomó **una radiografía** **Le ensalmó (acomodó) el hueso.**
(unos rayos equis) de la pierna.

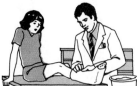 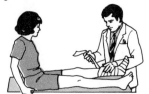 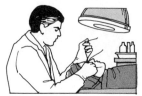

Le enyesó la pierna. **Le vendó la herida.** **Le tomó puntos (suturas).**

EJERCICIO 4 *En la sala de emergencia*

____ **Completen.**

1. Llevaron a la pobre Anita a la sala de emergencia en ____.
2. Ella se había desmayado pero ____ en la sala de emergencia.
3. El médico no sabía si ella había sufrido una fractura y le tomó ____.
4. La radiografía indicó una fractura y el médico le tuvo que ____ el hueso.
5. Después de acomodarlo, el médico lo ____.
6. Ahora la pobre Anita tiene que andar con ____.

EJERCICIO 5 *Llegó la ambulancia.*

____ **Contesten.**

1. ¿Llegó el paciente al hospital en una ambulancia?
2. El médico no sabía si el paciente había fracturado la pierna. ¿Qué tomó el médico?
3. La radiografía indicó que no había fractura. ¿Tuvo que acomodar el hueso el médico?
4. ¿Enyesó la pierna el médico?
5. Si una persona tiene un tobillo torcido, ¿tiene que andar con muletas?

EJERCICIO 6 *Un accidente con la plancha de vela*

____ **Explíquenle a alguien en español lo que había pasado.**

Tom was windsurfing the other day and he fell and cut his cheek. His mother had to take him to the emergency room of the hospital. The doctor looked at his wound and said that Tom needed stitches. The doctor put eight stitches in his cheek and then bandaged the wound. He will take the stitches out (**quitar**) in five days. Tom hopes that he won't have a scar on his cheek.

CONVERSACIÓN

El accidente de Juanito

Sarita   Juanito, ¿qué te ha pasado? ¿Por qué andas con muletas?

Juanito   No me digas que no sabes lo que pasó. Me caí de la moto y se me rompió la pierna.

Sarita   No sabía nada. Dime lo que pasó.

Juanito   Pues, no sé exactamente porque me desmayé y no volví en mí hasta que llegué a la sala de emergencia.

Sarita   ¿Te llevaron al hospital en ambulancia?

Juanito   ¡Claro! El doctor me dijo que tenía una fractura complicada. Me ensalmó el hueso y luego lo enyesó. ¿Y ves aquí? Me corté la mejilla. El médico me tuvo que tomar doce puntos pero me los quitó el otro día.

Sarita   ¿Vas a tener una cicatriz?

Juanito   Él me aseguró que no tendría cicatriz y mi madre me aseguró que no tendría moto.

EJERCICIO 7 *Un accidente de moto*

_____ **Contesten.**

1. ¿De qué cayó Juanito?
2. ¿Por qué anda con muletas?
3. ¿Por qué no sabía nada Juanito hasta que él llegó al hospital?
4. ¿Cómo llegó al hospital?
5. ¿Qué tenía Juanito?
6. ¿Qué tenía que hacer el médico?
7. ¿Tenía Juanito una herida en la mejilla también?
8. ¿Cuántos puntos le tuvo que tomar el médico?
9. ¿Cuándo se los quitó?
10. ¿Va a tener una cicatriz Juanito?

EJERCICIO 8 *La madre de Juanito*

¿Cómo estaba la madre de Juanito? ¿Cómo lo sabemos?

ACTIVIDADES

_____ **1** Dé los siguientes informes en español.

Have you ever had an accident? If you have, tell what type of accident it was. Are you the type who has many accidents? Have you ever broken a bone? If so, tell which one and how you did it. Tell also if you ever cut or sprained anything.

_____ **2** Si Ud. ha tenido un accidente, describa lo que tenía que hacer el médico. Si nunca ha tenido un accidente, es cierto que Ud. conoce a un(a) pariente o amigo(a) que haya tenido menos suerte que Ud. Describa el accidente que él (ella) tuvo y explique lo que le tenía que hacer el médico.

La médica le enyesa la pierna.

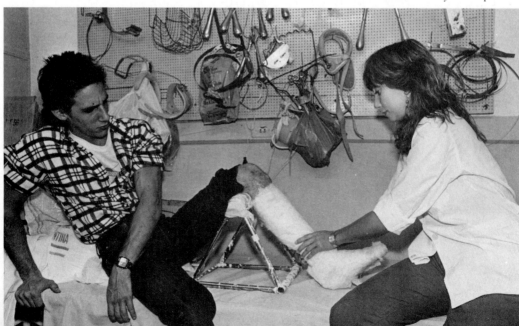

6
En el hospital

VOCABULARIO

Cuando uno llega al hospital tiene que llenar un **formulario**. En el formulario tiene que indicar el nombre de su **compañía de seguros** y **el número de su póliza**.

CIUDAD SANITARIA "LA PAZ"

ORDEN DE INGRESO

Número
Documento: _____
Historia Clínica: _____
Registro Movimiento Enfermos: _____

Asegurado
Beneficiario

NOMBRE Y APELLIDOS: _____

DIAGNOSTICO PROVISIONAL: _____

FACULTATIVO QUE ORDENO EL INGRESO: _____   CAMA NUMERO: _____

HABITACION: _____

PLANTA: _____

SERVICIO: _____

Compañía de Seguros _____   PROCEDENCIA

Nº de Póliza ☐☐☐☐☐☐☐☐☐

URGENCIA ☐
CONSULTA ☐
OTRAS ☐

648-14

Mod. 075-TC

INGRESO

Día ___ de ___ de 1.98 ___ hora ___

MOTIVO: _____

El Médico de guardia,

ALTA

Día ___ de ___ de 1.98 ___ hora ___

CAUSA: _____

El Jefe de la Clínica,

EJERCICIO 1   *Un formulario*

_____ Completen el formulario.

CONDICIÓN		

H. CL. N° ....

Apellidos paterno y materno ....

Nombres ....   Sexo Femenino ( )
                                                                                       Masculino ( )

Fecha de nacimiento ....

N° Documento y Tipo: [ ][ ][ ][ ][ ][ ][ ][ ]   L.E.( ) L.C.( ) C.I.( ) D.N.I.( ) Otro( )

Compañía de Seguros ....

N° de Póliza [ ][ ][ ][ ][ ][ ][ ][ ][ ][ ]

En caso de necesidad avisar a:

Nombre y apellido ....

Calle .... N° .... Tel. ....

Localidad .... Partido ....

La médica **le toma el pulso.**

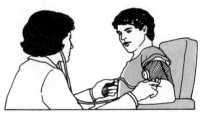

Le toma **la tensión arterial.**

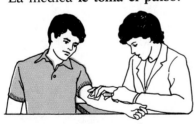

Le toma **una muestra de sangre.**

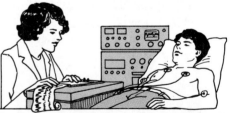

Le hace **un electrocardiograma.**

Le toma **unos rayos equis** de los pulmones.

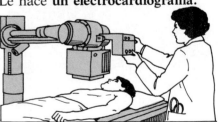

En la sala de operaciones (el quirófano)

el cirujano

los enfermeros

la anestesista

la anestesia
(el pentotal sódico)

la mesa de operaciones

Le van a hacer **una intervención quirúrgica** al paciente.
Le van a operar del **apéndice**.

34

EJERCICIO 2 *¿Qué le van a hacer al paciente?*

_____ Contesten.

1. ¿Adónde tienen que llevar al paciente que va a tener una operación?
2. ¿Quién le opera o hace la intervención quirúrgica?
3. ¿Qué tienen que darle a un paciente antes de hacerle una intervención quirúrgica?
4. ¿Quién le da la anestesia?
5. ¿Quiénes le ayudan al cirujano en la sala de operaciones?

EJERCICIO 3

_____ Antes de operarle a un paciente es necesario conocer su historial médico y darle algunos exámenes. ¿Cuáles son algunos procedimientos médicos rutinarios que se hacen antes de una operación?

CONVERSACIÓN

¡Ay! ¿Qué tengo yo?

Diego Ay, ¡cuánto me duele!

Mamá ¿Qué te pasa? ¿Qué tienes, mi vida?

Diego No sé. Algo me pasa.

Mamá Pero dime, ¿dónde te duele?

Diego Me duele aquí.

Mamá Tienes dolores abdominales. Voy a llamar al médico.

(Llama al médico.)

Mamá Dios mío. El médico quiere que yo te lleve al hospital. Te quiere examinar allí.

Diego ¿¿¿Al HOS-PI-TAL???

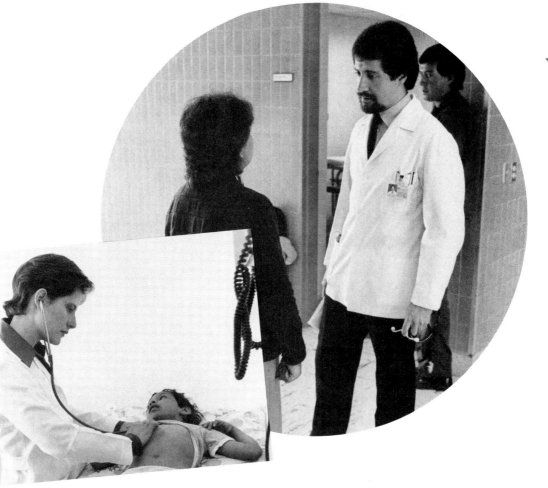

(En el hospital)

Médico Señora, le vamos a hacer una intervención quirúrgica en seguida.

Mamá ¿Le van a operar? Pero, doctor, ¿qué tiene mi hijo?

Médico Cálmese, señora. No es grave. Está sufriendo de un ataque de apendicitis. Le vamos a operar del apéndice.

(Una hora después Diego sale de la sala de operaciones [del quirófano]. Está en una camilla y tiene tubos intravenosos. Su madre se pone muy nerviosa.)

Mamá Doctor, ¿pero qué tiene mi pobre Diego? ¿Qué le ha pasado? ¿Por qué tantos tubos?

Médico No se preocupe Ud., señora. El pronóstico es muy bueno. No había ninguna complicación. Diego está de buena salud; sufrió un ataque de apendicitis, nada más. Después de una anestesia general le tenemos que dar lactosa por vía intravenosa. Dentro de unas horas él va a estar muy bien.

EJERCICIO 4 *Su pobre madre*

_____ **Completen.**

1. La madre de Diego llama al médico porque . . . .
2. La madre de Diego lo tiene que llevar al hospital porque . . . .
3. La madre de Diego está muy nerviosa porque el médico le dice que . . . .
4. El médico le dice que no es grave y que Diego . . . .
5. Cuando Diego sale del quirófano su pobre madre se pone nerviosa de nuevo porque Diego . . . .

EJERCICIO 5

_____ **Contesten.**

1. ¿Cuáles eran los síntomas que tenía el pobre Diego que indicaban que estaba enfermo?
2. ¿Qué diagnóstico le dio el médico a la madre de Diego?
3. ¿Qué decidió hacer el médico para curar a Diego?

ACTIVIDADES

_____ **1** Si a Ud. le ha gustado esta lección es posible que Ud. quiera ser médico(a). ¿Le interesa a Ud. una carrera en medicina? Explique por qué Ud. ha contestado que sí o que no.

Los médicos examinan la radiografía.

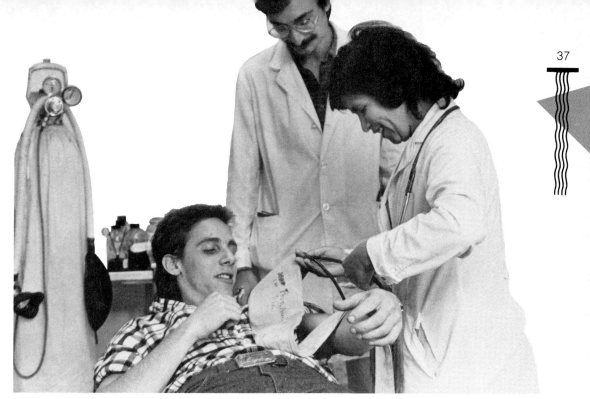

La médica le toma la presión arterial.

__2__ Muchos términos médicos se derivan del latín. Por consiguiente muchas palabras son casi iguales en español y en inglés. ¿Puede Ud. adivinar lo que significan las siguientes palabras?

- **Enfermedades**
    - la alergia
    - la apendicitis
    - la artritis
    - el asma
    - el cáncer
    - la diabetes
    - la epilepsia
    - la tuberculosis
- **Campos de medicina**
    - la radiología
    - la neurología
    - la cardiología
    - la urología
    - la ginecología

- **Médicos**
    - el (la) radiólogo(a)
    - el (la) neurólogo(a)
    - el (la) cardiólogo(a)
    - el (la) urólogo(a)
    - el (la) ginecólogo(a)
- **Más términos médicos**
    - el electrocardiograma
    - la anestesia
    - la penicilina
    - la inyección
    - el pronóstico
    - la diagnosis
    - el antibiótico

7

Al dentista

VOCABULARIO

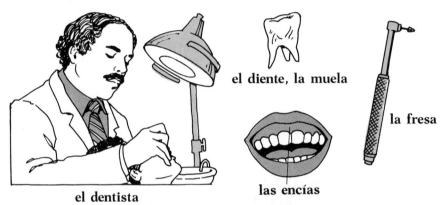

el dentista

el diente, la muela

las encías

la fresa

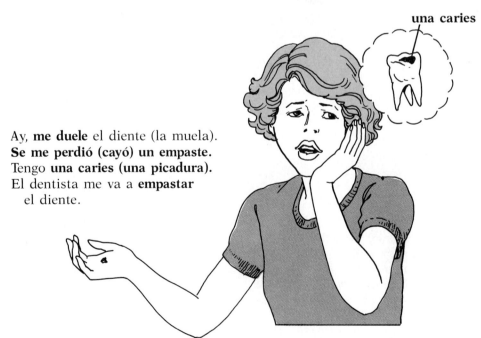

una caries

Ay, **me duele** el diente (la muela).
Se me perdió (cayó) un empaste.
Tengo **una caries (una picadura).**
El dentista me va a **empastar**
    el diente.

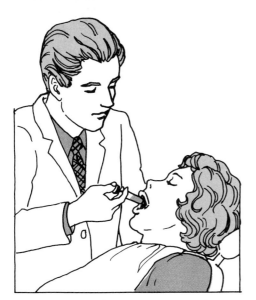

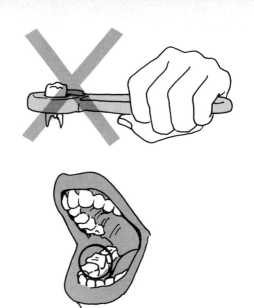

Para **insensibilizar** el diente, el dentista me da **una inyección de novocaína.**

No tengo **un absceso.** Afortunadamente, el dentista no me tiene que **sacar la muela.**

Yo **me enjuago la boca.**

EJERCICIO 1 *Al dentista*

—— **Contesten.**

1. ¿Te gusta ir al dentista?
2. ¿Tienes algunos empastes?
3. ¿Tienes una caries (una picadura) ahora?
4. Cuando el dentista te empasta un diente, ¿te da una inyección de novocaína?
5. ¿Por qué da el dentista inyecciones de novocaína?
6. ¿Te ha tenido que sacar una muela el dentista?

Lección 7 • Conversaciones

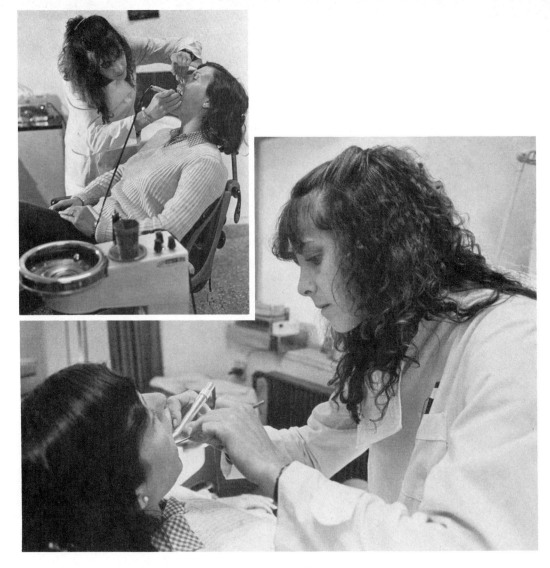

Un dolor de muelas

La pobre Marisa. Ella estaba viajando por México y se divertía mucho. Pero una mañana se despertó y le dolía el diente. No sabía qué hacer.

Fue a hablar con el recepcionista en el hotel y él le dio el nombre de su dentista. Ella la llamó en seguida e hizo una cita para el mismo día.

La dentista le examinó la boca y le dijo que afortunadamente no tenía ningún absceso y tampoco tenía las encías hinchadas (*swollen*). La dentista le tomó una radiografía de la muela que le dolía y le dijo que seguramente tenía una caries en el canino. En seguida le dio una inyección de novocaína para insensibilizar el diente. En unos diez minutos lo empastó. Marisa se enjuagó la boca y salió de su oficina para seguir disfrutando de su viaje por México sin un dolor de muelas.

EJERCICIO 2

—— Contesten.

1. ¿Qué le dolía a Marisa?
2. ¿Quién le dio el nombre de su dentista?
3. ¿Para cuándo hizo Marisa una cita con la dentista?
4. ¿Tenía Marisa un absceso?
5. ¿Tenía las encías hinchadas?
6. ¿Qué le tomó la dentista?
7. ¿Qué tenía Marisa?
8. ¿Tenía que sacarle el diente la dentista?
9. ¿Lo podía empastar en seguida?
10. ¿Qué le dio a Marisa para insensibilizar el diente?

ACTIVIDAD

—— 1 Imagínese que Ud. es dentista. Ud. tiene que sacarle la muela a un paciente. El paciente se está muriendo de miedo y está temblando. ¿Qué le diría Ud. al paciente para calmarlo? ¿Qué haría después?

8

La matrícula

VOCABULARIO

En los Estados Unidos es necesario tener un diploma (**graduarse**) de una escuela secundaria antes de **matricularse** en la universidad. Generalmente es necesario **tomar (sufrir)** algunos **exámenes** como los *College Boards* o el *SAT*.

En los países hispanos los alumnos reciben **el bachillerato** cuando se gradúan del colegio, que es una escuela secundaria. Cuando tienen el bachillerato generalmente pueden matricularse en la universidad sin tomar otro examen.

EJERCICIO 1 *El sistema universitario*

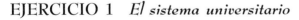 **Contesten.**

1. ¿De qué escuela secundaria vas a graduarte?
2. ¿Vas a recibir un diploma académico?
3. ¿Piensas matricularte en una universidad?
4. ¿En qué universidad quieres matricularte?
5. Cuando nos graduamos de una escuela secundaria en los Estados Unidos, ¿recibimos el bachillerato?
6. En los países hispanos, ¿qué es un colegio?

Lección 8 • Conversaciones

Read the following pairs of sentences. The second sentence will give you the meaning of the new word or expression in the first sentence.

El diploma de una escuela secundaria es **un requisito** para matricularse en la· universidad.
Es obligatorio tener el diploma de una escuela secundaria para matricularse en la universidad.

En los Estados Unidos **la apertura de curso** es a fines de agosto o a principios de septiembre.
En los Estados Unidos las clases universitarias empiezan a fines de agosto o a principios de septiembre.

Los derechos de matrícula son caros en los Estados Unidos.
Es necesario pagar mucho dinero para matricularse en una universidad de los Estados Unidos.

Carlos espera recibir **una beca** para pagar los derechos de matrícula.
Carlos espera recibir asistencia (ayuda) financiera para pagar los derechos de matrícula.

EJERCICIO 2

_____ Contesten.

1. ¿Cuál es un requisito para matricularse en la universidad?
2. ¿Cuándo vas a recibir tu diploma?
3. ¿En qué universidad quieres matricularte?
4. ¿Sabes cuándo es la apertura de curso de esta universidad?
5. ¿Son caros los derechos de matrícula de esta universidad?
6. ¿Tienes alguna idea de cuánto te cobran?
7. ¿Quieres recibir una beca?
8. Hoy día, ¿es difícil o fácil recibir una beca?

EJERCICIO 3

_____ Emparejen.

A	B
1. una beca	a. la cantidad de dinero que cuesta para tomar cursos universitarios
2. los derechos de matrícula	b. terminar el curso y recibir un diploma
3. el colegio	c. el diploma que reciben los alumnos hispanos cuando terminan con la secundaria
4. graduarse	d. una cosa obligatoria o necesaria
5. la apertura de curso	e. asistencia financiera para pagar los gastos universitarios
6. el bachillerato	f. una escuela secundaria en los países hispanos
7. el requisito	g. la fecha en que empiezan las clases

Read the following pairs of sentences. The second sentence will give you the meaning of the new word or expression in the first sentence.

En su primer año en la universidad Bárbara va a **inscribirse** en cinco cursos.
En su primer año Bárbara va a ponerse en la lista para asistir a cinco clases y va a recibir crédito académico por cada uno de los cursos.

En otro curso que le interesa va a ser **oyente**.
Va a asistir a esta clase pero no va a tomar los exámenes y no va a recibir crédito académico.

Bárbara va a **especializarse** en literatura inglesa.
Bárbara va a recibir su título en literatura inglesa.

Bárbara va a estudiar en **la Facultad** de Filosofía y Letras.
La facultad en español no es necesariamente el profesorado. La universidad se divide en facultades o como decimos en inglés en «escuelas».

Los diplomas universitarios en los Estados Unidos:

el bachillerato   después de cuatro años de estudio
la licenciatura   después de cinco años de estudio
el doctorado   después de seis a ocho años de estudio

EJERCICIO 4

_____ **Contesten.**

1. Durante el primer año en la universidad, ¿en cuántos cursos piensas inscribirte?
2. ¿Sabes si puedes asistir a un curso como oyente?
3. ¿Qué es un oyente?
4. ¿En qué tipo de curso te interesaría ser oyente?
5. ¿Has decidido en qué vas a especializarte?
6. ¿En qué vas a especializarte?
7. Si no has decidido todavía, ¿qué cursos te interesan más?
8. ¿Quieres terminar tus estudios universitarios con el bachillerato o piensas estudiar para la licenciatura o el doctorado?

el profesor

el aula

El profesor da una conferencia.

el rector

la rectora

el decano

la decano

EJERCICIO 5

_____ Identifiquen.

1. el jefe o el presidente de la universidad
2. el (la) que enseña en la universidad
3. lo que da el (la) profesor(-a)
4. el (la) director(-a) de una facultad
5. lo que uno tiene que pagar para asistir a la universidad
6. terminar con los estudios universitarios y salir de la universidad
7. lo que uno puede recibir para ayudarle con los gastos universitarios
8. el día que empiezan las clases

CONVERSACIÓN

La universidad

Raúl Susana, ¿sabes en qué universidad vas a matricularte?

Susana Pues, quiero matricularme en UCLA pero no sé si me van a aceptar.

Raúl ¿Cuándo lo vas a saber?

Susana Debo de saber dentro de uno o dos meses. Pero va a ser un poco difícil porque me hace falta una beca.

Raúl	Te hace falta una beca. ¿Por qué?
Susana	Pues, los derechos de matrícula resultan muy caros y en mi familia somos cuatro hijos.
Raúl	¿Tienes que pagar para asistir a la universidad?
Susana	¡Claro! En tu país, ¿no hay derechos de matrícula?
Raúl	No, la mayoría de las universidades son del gobierno y son gratis. De todos modos, ¿sabes en qué vas a especializarte?
Susana	Sí, en biología y química. Y luego voy a seguir para el doctorado en medicina.

EJERCICIO 6

____ **Completen.**

1. Susana quiere matricularse en....
2. Ella sabrá si la han aceptado....
3. Ella quiere una beca porque....
4. En el país de Raúl....
5. Susana va a especializarse en...
6. Ella quiere estudiar....

ACTIVIDADES

____ **1** Cuando uno hace la solicitud para la universidad en los Estados Unidos, no es raro que le exijan al estudiante escribir un papel en el que él o ella tiene que indicar por qué quiere asistir a dicha universidad. En algunos párrafos escriba por qué Ud. ha escogido la universidad que ha escogido. Si Ud. no sabe a qué universidad quiere asistir, diga por qué Ud. quiere o no quiere hacer estudios universitarios.

____ **2** En su estudio del español Ud. habrá notado varias diferencias entre el sistema universitario de los Estados Unidos y el de la mayoría de los países hispanos. ¿Cuáles son algunas diferencias?

9
El banco

VOCABULARIO

la ventanilla

el cajero

la caja

el cambio

el dinero en efectivo

el billete de cien pesos

¿Cuál es **el cambio** hoy?
Está a doscientos pesos **el** dólar.

la moneda
de cincuenta
pesos

el suelto

Banco de México
Cambio para Hoy

Compra Venta

U.S.$ Billetes | 200 | 250
U.S.$ Cheques | 200 | 210
U.S.$ Travel | 200 | 210

EJERCICIO 1 *En la oficina de cambio*

____ Completen.

1. El ____ trabaja en la caja.
2. La caja está detrás de una ____.
3. Hay dólares en ____ de uno, cinco, diez, veinte, cincuenta y cien.
4. Hay ____ de uno, cinco, diez, veinticinco y cincuenta centavos.
5. Hoy el cambio ____ 158 pesetas ____ dólar.

MINI-CONVERSACIÓN

En la oficina de cambio

Alberto Perdón, ¿me puede decir cuál es el cambio hoy?

Cajero Sí, señor. Está a doscientos pesos el dólar.

Alberto Quisiera cambiar cien dólares, por favor.

Cajero De acuerdo. ¿Tiene Ud. cheques de viajero o dinero en efectivo?

Alberto Cheques de viajero.

Cajero Favor de **endosarlos** (firmarlos). Son veinte mil pesos. Aquí tiene Ud. veinte billetes de mil pesos.

Alberto ¿Me puede cambiar un billete de mil pesos? No tengo ningún suelto.

Cajero ¡Cómo no, señor! Aquí tiene Ud. diez monedas de cien pesos.

Alberto Gracias.

Cajero **A sus órdenes.**

EJERCICIO 2 *Cambiando dinero*

—— **Contesten.**

1. ¿Dónde está Alberto?
2. ¿Cuál es el cambio hoy?
3. ¿Cuánto quiere cambiar Alberto?
4. ¿Qué tiene él? ¿Cheques de viajero o dinero en efectivo?
5. ¿Qué tiene que hacer con los cheques de viajero antes de cambiarlos?
6. ¿Cuántos pesos recibe Alberto?
7. ¿Cómo le dio el cajero los veinte mil?
8. ¿Por qué quiere Alberto que le cambie un billete el cajero?
9. ¿Qué le da el cajero?

la cuenta de ahorros

la libreta

Depósito

Retiro

depositar (ingresar) fondos

sacar (retirar) fondos

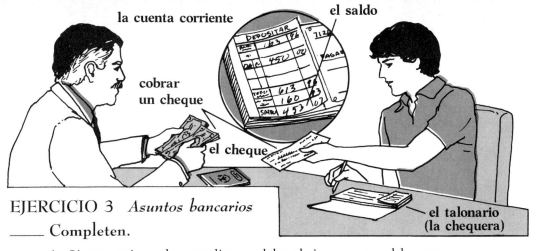

la cuenta corriente

el saldo

cobrar
un cheque

el cheque

el talonario
(la chequera)

EJERCICIO 3 *Asuntos bancarios*

_____ Completen.

1. Si uno quiere ahorrar dinero, debe abrir _____ en el banco.
2. Paco es un poco avaro. A él no le gusta gastar su dinero. Siempre _____ fondos en su cuenta de ahorros. Casi nunca _____ fondos. A él le gusta tener un _____ grande en su libreta.
3. Quería pagar la cuenta con un cheque pero no puedo porque dejé mi _____ en casa. Tendré que usar mi tarjeta de crédito.
4. Si uno va a pagar con un cheque de cien dólares, es necesario que tenga por lo menos un saldo de cien dólares en su _____.
5. Antes de _____ un cheque, es necesario endosarlo. Un cheque que no está endosado no es válido.

Clarita no tiene bastante dinero. Tiene que pedir **un préstamo. La tasa de interés** está a trece por ciento.

Para pagar el préstamo, Clarita tendrá que hacer **pagos mensuales. La fecha de vencimiento** (el día que tiene que hacer el pago) es el primero del mes.

EJERCICIO 4 *Un préstamo*

_____ Contesten.

1. La pobre Clarita no tiene suficiente dinero para hacer el viaje. ¿Qué tiene que hacer si quiere hacer el viaje?
2. En este momento, ¿cuál es la tasa de interés para un préstamo?
3. ¿Cuántas veces al mes tendrá que hacer un pago Clarita?
4. ¿Cuál será la fecha de vencimiento de cada pago?

CONVERSACIÓN

Roberto el rico

Banquero Sí, señor. ¿En qué puedo servirle?

Roberto Quisiera pedir un préstamo, por favor.

Banquero Muy bien. ¿Para qué necesita Ud. el préstamo?

Roberto Pues, pienso comprarme un carro.

Banquero ¿Tiene Ud. una cuenta corriente o una cuenta de ahorros en este banco?

Roberto No. Aquí no tengo ninguna cuenta.

Banquero	Pues, ¿en qué banco tiene Ud. su cuenta?
Roberto	En ninguno.
Banquero	Pues, dígame, señor. ¿Cuánto le va a costar el carro que Ud. piensa comprar?
Roberto	Doce mil dólares.
Banquero	¿Y cuánto tiene Ud. para el pago inicial?
Roberto	¿Para el pago inicial? Ud. no comprende. Quiero hacer un préstamo para comprar el carro.
Banquero	Sí, entiendo. Pero si Ud. no tiene el dinero para hacer el pago inicial (el pronto, el pie) y tampoco tiene una cuenta en ningún banco, me parece que será imposible hacerle un préstamo.
Roberto	¿Ud. me está diciendo que otra vez tengo que pedírselo a mis padres?
Banquero	Lo siento. Pero me parece que eso es lo que le estoy diciendo.

EJERCICIO 5

_____ **Contesten.**

1. ¿Con quién está hablando Roberto?
2. ¿Qué quiere él?
3. ¿Para qué necesita un préstamo?
4. ¿Dónde tiene Roberto su cuenta corriente?
5. ¿Y dónde tiene una cuenta de ahorros?
6. ¿Cuánto le va a costar el carro?
7. ¿Cuánto dinero en efectivo tiene él para hacer el pago inicial?
8. ¿Le va a dar el préstamo el banquero?
9. ¿Por qué no se lo va a dar?
10. Si Roberto quiere el dinero para comprar el carro, ¿a quiénes tendrá que pedírselo?

ACTIVIDADES

1 En sus propias palabras dígale a un amigo lo que le pasó a Roberto cuando fue al banco a pedir un préstamo. Si Ud. fuera el banquero, ¿le daría el dinero a Roberto? ¿Por qué?

2 Dentro de poco Ud. estará en la universidad. ¿Cómo piensa Ud. pagar sus gastos personales en la universidad? ¿Piensa Ud. abrir una cuenta corriente en un banco cerca de la universidad? ¿Cree Ud. que es mejor pagar sus gastos con una tarjeta de crédito? ¿Qué sistema prefiere Ud.? ¿Por qué?

¿Quiere Ud. que sus padres le den todo el dinero para sus gastos universitarios o piensa Ud. encontrar trabajo para ganar el dinero que necesitará para sus gastos personales?

10
La peluquería

VOCABULARIO

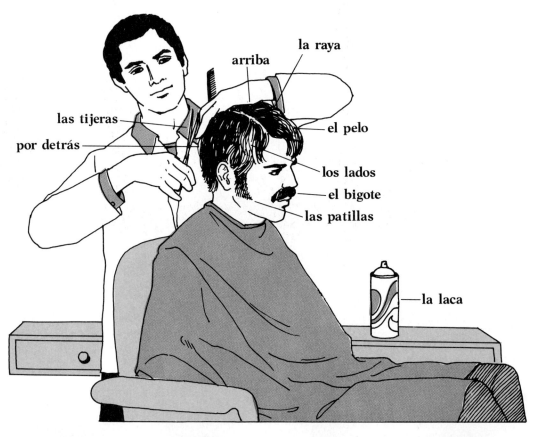

arriba

la raya

las tijeras

por detrás

el pelo

los lados

el bigote

las patillas

la laca

el pelo **largo**

el pelo **corto**

el pelo **liso**

el pelo **rizado**

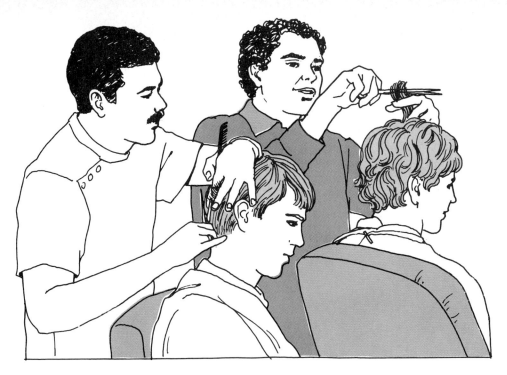

MINI-CONVERSACIÓN

¿Un corte de pelo o un recorte?

Enrique Dime, José. ¿Cuál es la diferencia entre un corte de pelo y un recorte?

José Pues, déjame explicarte. Es verdad que hay una diferencia. Un corte es cuando quieres que el peluquero te corte el pelo por los lados, por arriba—en fin, por todas partes.

Enrique Ah, ya entiendo. Y un recorte es cuando tengo el pelo un poco largo por los lados, por ejemplo, y yo quiero que él me quite un poco o sea que él me lo recorte.

José Exactamente. Aunque en algunos países corte y recorte son la misma cosa.

EJERCICIO 1 *El peludo*

_____ Contesten según el dibujo.

1. ¿Cómo tiene el pelo este señor?
2. ¿Tiene el pelo liso o rizado?
3. ¿Tiene bigote?
4. ¿Cómo tiene las patillas?
5. ¿Qué necesita él? ¿Un corte de pelo o un recorte?

55

EJERCICIO 2   *Los peinados de moda*

_____ **Contesten.**

1. ¿Está de moda el pelo largo o el pelo corto?
2. ¿Está de moda el bigote?
3. Y la barba, ¿está de moda?
4. ¿Están de moda las patillas largas o cortas? ¿O es que las patillas no están de moda?
5. ¿Está de moda el pelo corto por los lados y largo arriba?

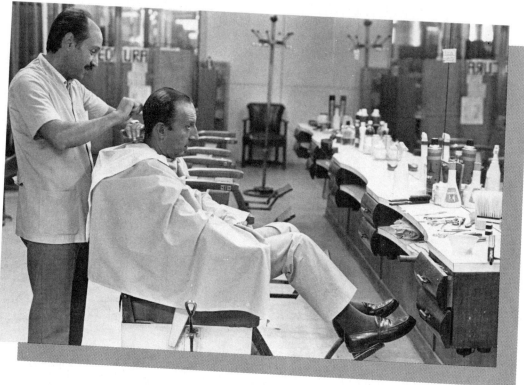

CONVERSACIÓN

En la peluquería

Ricardo   Quiero un corte de pelo, por favor.

Peluquero   ¡Cómo no, señor! ¿Y cómo lo quiere Ud.?

Ricardo   Bastante corto, por favor.

Peluquero   ¿Corto por los lados también?

Ricardo   Sí, señor.

Peluquero   ¿Quiere Ud. que yo le suba las patillas?

Ricardo   Sí, no me gustan muy largas así.

Peluquero   ¿Y dónde lleva Ud. la raya? ¿A la derecha o a la izquierda?

Ricardo   A la derecha.

EJERCICIO 3 *El corte de Ricardo*

_____ **Corrijan las oraciones falsas.**

1. Ricardo quiere un recorte.
2. Quiere el pelo largo.
3. Lo quiere largo por los lados.
4. A Ricardo le gustan las patillas largas como las tiene.
5. Él tiene la raya a la izquierda.

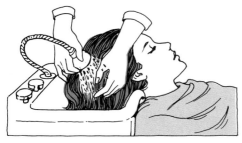

un lavado   **un rizado**

un lavado y rizado

un peinado   **un ondulado permanente**

un tinte   **un champú**   **el secador**

EJERCICIO 4 *Los peinados de moda para señoras*

_____ **Contesten.**

1. Para las señoras, ¿está de moda ahora el pelo largo o corto?
2. ¿Está de moda el pelo liso o rizado?
3. ¿Está de moda el pelo o peinados que tienen mucha laca?
4. ¿Están de moda los ondulados permanentes?

CONVERSACIÓN

En la peluquería

Peluquera ¿Quiere Ud. un ondulado permanente, señorita?
Carolina No, gracias. Quiero un lavado y rizado.
Peluquera Me parece que Ud. necesita un recorte.
Carolina Es verdad. Tengo el pelo un poco largo.
Peluquera ¿Quiere Ud. que le ponga laca?
Carolina Sí, pero muy poca, por favor.

EJERCICIO 5 *El peinado de Carolina*

_____ **Contesten.**

1. ¿Quiere Carolina un ondulado permanente?
2. ¿Qué quiere?
3. ¿Necesita ella un recorte?
4. ¿Por qué lo necesita?
5. ¿A ella le gusta mucha o poca laca?

ACTIVIDAD

____ **1** Imagínese que Ud. está en una peluquería. Ud. necesita un corte de pelo, un lavado y un rizado. Prepare una conversación con el peluquero o la peluquera y dígale lo que Ud. quiere.

11
En la papelería

12

Una agencia de alquiler

VOCABULARIO

Señorita	Quisiera **alquilar** un carro, por favor.
Empleada	Sí, señorita.
Señorita	¿Cuánto es por día?
Empleada	Mil pesos.
Señorita	¿Está incluido **el kilometraje**?
Empleada	No, señorita. No está incluido. Ni la gasolina tampoco.
Señorita	¿Cuánto es por kilómetro?
Empleada	Cincuenta pesos el kilómetro.

Señorita Está bien.

Empleada Me permite ver su permiso de conducir. Y su tarjeta de crédito, por favor.

(Ella se los da.)

Empleada ¿Quiere Ud. **seguro** completo?

Señorita Sí, **de (contra) todo riesgo.**

Empleada ¿Ud. va a **devolver** el carro aquí al aeropuerto?

Señorita Sí.

Empleada Muy bien. Favor de **firmar** el contrato aquí.

EJERCICIO 1 *Alquilando un carro*

—— **Contesten.**

1. ¿Qué quiere alquilar la señorita?
2. Para alquilar el carro, ¿cuánto es por día?
3. ¿Está incluido el kilometraje?
4. ¿Cuál es el cargo por kilómetro?
5. ¿Qué más no está incluido en el precio?
6. ¿Cómo va a pagar la señorita?
7. ¿Qué tipo de seguro quiere?
8. ¿Dónde va a devolver el carro?

Conduciendo en un país extranjero

En casi todos los países del mundo uno puede alquilar un carro sin problema. En todos los aeropuertos grandes hay una o más agencias de alquiler.

Para alquilar un carro es necesario tener un permiso de conducir. Pero si uno piensa conducir en un país extranjero, debe informarse si el país en que quiere conducir requiere un permiso internacional. En muchos países el permiso internacional no es necesario.

Algunas agencias ofrecen un plan de alquiler con kilometraje ilimitado. Con dicho plan el cliente paga un precio fijo y no hay cargo adicional por los kilómetros que recorre. En otros casos, como en el de la señorita Galán, el kilometraje no está incluido y hay un cargo adicional o suplementario por cada kilómetro recorrido.

Para alquilar un carro es casi obligatorio tener una tarjeta de crédito. Si un cliente no puede presentar una tarjeta de crédito, tiene que dejar un depósito enorme antes de salir con el carro.

Nadie debe conducir un carro sin asegurarlo. Las agencias de alquiler siempre ofrecen una póliza de seguro completo (de/contra todo riesgo) por un cargo suplementario mínimo.

EJERCICIO 2

_____ Corrijan las oraciones falsas.

1. Es difícil alquilar un carro en muchos países extranjeros.
2. Para alquilar un carro es necesario ir a una agencia de alquiler en el centro de las grandes ciudades.
3. Es siempre necesario tener un permiso de conducir internacional para alquilar un carro y conducir en un país extranjero.
4. Un plan de kilometraje ilimitado significa que el cliente tiene que pagar un suplemento por cada kilómetro recorrido.
5. En una agencia de alquiler uno debe pagar con un cheque personal.
6. Cuando uno alquila un carro el seguro de (contra) todo riesgo está incluido en el precio diario.

Examinando el carro

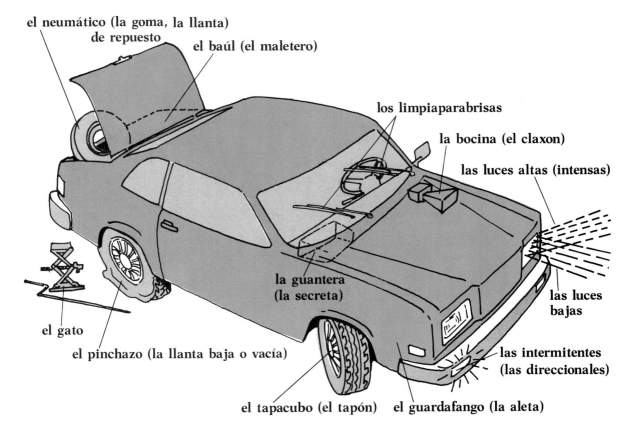

el neumático (la goma, la llanta) de repuesto

el baúl (el maletero)

los limpiaparabrisas

la bocina (el claxon)

las luces altas (intensas)

la guantera (la secreta)

las luces bajas

el gato

el pinchazo (la llanta baja o vacía)

las intermitentes (las direccionales)

el tapacubo (el tapón)

el guardafango (la aleta)

EJERCICIO 3

_____ Identifiquen.

1.
2.
3.
4.
5.
6.

EJERCICIO 4 _Examinando el carro_

_____ Completen.

Antes de alquilar un carro, es aconsejable examinarlo cuidadosamente para asegurar que esté en buenas condiciones.

1. ¿Está dañado(a) _____?

2. ¿Falta _____?

3. ¿Hay _____ en el baúl?

4. ¿Hay también _____ en buenas condiciones?

5. ¿Está lleno de _____ el tanque o tendré que ir a la estación de servicio en seguida?

6. ¿Están funcionando _____ y _____?

7. ¿Cómo hago funcionar _____?

8. ¿Dónde está _____?

9. ¿Hay un mapa de la región en _____?

ACTIVIDADES

1 En una agencia de alquiler

Ud. quiere alquilar un carro. Prepare una conversación con el empleado en la agencia de alquiler.

Continúe con la conversación mientras Ud. mira cuidadosamente el carro para determinar si está en buenas condiciones.

2 En la gasolinera

Prepare Ud. una conversación en la gasolinera. En su conversación emplee las siguientes expresiones:

- llenar el tanque
- revisar el aceite
- revisar la presión de los neumáticos
- poner aire
- revisar el agua en el radiador
- revisar las bujías
- limpiar el parabrisas

3

Explain the following to a person who does not speak English. Tell him/her in Spanish that there is no problem renting a car in a foreign country. Most airports have rental agencies and they offer daily plans in which one pays a fee for each kilometer he/she covers (**recorre**). They also have plans with unlimited kilometers in which one pays only a fixed price for the day or week and there is no additional charge for each kilometer.

Explain to the person that in many countries it is not necessary to have an international driver's license. However, it is necessary to have your driver's license with you. It is also necessary to pay for the car with a credit card. If one does not have a credit card, he or she must leave a large deposit for the car.

GRAMÁTICA

¡Ay, no! ¡La formación del subjuntivo!

AVANZADA

¡La colocación de los pronombres de complemento!

1
LOS SUSTANTIVOS

SUSTANTIVOS QUE TERMINAN EN *-ISTA, -ENTE, -ANTE*

Nouns ending in **-ista** refer to people, and the gender of the noun is determined by the sex of the person referred to.

el dentista	la dentista
el periodista	la periodista
el artista	la artista

Nouns ending in **-ente** and **-ante** also refer to people and, according to the Spanish Academy, the **-ente** and **-ante** ending is used for both genders. However, a language such as Spanish that is spoken by millions of people changes. Today it is extremely common for people to change **-ente** and **-ante** to **-enta** and **-anta** when speaking about a female.

el comediante	la comediante	la comedianta
el presidente	la presidente	la presidenta
el cliente	la cliente	la clienta
el agente	la agente	la agenta
el sirviente	la sirviente	la sirvienta
el pariente	la pariente	la parienta
el asistente	la asistente	la asistenta

In the case of the words **estudiante** and **cantante**, it is still more frequent to hear **la estudiante** and **la cantante** (or **la cantatriz**) when speaking about a female.

EJERCICIO 1   ¿Cuál es su profesión?

_____ Den la profesión (o el oficio) de cada persona.

1. 2. 3. LA PRENSA 4. 5. PuertoRico MÉXICO 6.

EJERCICIO 2   ¿Cuál es su oficio?

_____ Identifiquen.

1. Él escribe artículos para el periódico.
2. Ella le hace reír al público.
3. Ella estudia en la Universidad Autónoma de México.
4. Él trabaja en el mostrador de una línea aérea en el aeropuerto internacional.
5. Ella es directora de la compañía.
6. Ella pone la mesa, sirve la comida y quita la mesa.
7. Él escribe novelas.
8. Ella se dedica al arte. Pinta cuadros.

SUSTANTIVOS MASCULINOS QUE TERMINAN EN -A

There are several nouns in Spanish that end in **-a** but they are masculine. These nouns are derived from Greek roots and, since they are masculine, they take the definite article **el** and the indefinite article **un.**

el clima	el poema
el día	el programa
el drama	el sistema
el mapa	el telegrama
el planeta	el tema

EJERCICIO 3   Palabras de raíces griegas

_____ Completen.

1. _____ tema _____ poema es _____ clima de _____ planeta desconocido.
2. En la clase de español los estudiantes estudian _____ mapa de España, _____ mapa de la América del Sur, _____ poemas de Rubén Darío, el poeta nicaragüense, y _____ dramas de Lope de Vega, el dramaturgo español.
3. _____ tema de este capítulo es _____ sistema democrático de gobierno.

NOTA The noun **la mano** is irregular. Note that even though it ends in **-o,** it is feminine—**la mano. La foto** is also used as a shortened version of **la fotografía.**

The noun **radio** can be either **la radio** or **el radio.** The gender varies according to the country.

EJERCICIO 4   ¡No la toques!

_____ Completen.

1. ¡Nene! No pongas _____ mano en _____ foto en _____ radio.
2. Levanta _____ mano si sabes lo que ves en _____ foto.

SUSTANTIVOS FEMENINOS EN *A-, HA-* INICIAL

Feminine nouns that begin with the vowel **a-** (or the silent **h-** followed by **a-**) take the masculine definite or indefinite article (**el, un**) when the first syllable of the noun is stressed. The reason such nouns take the articles **el** and **un** is that it would be difficult to pronounce the two vowels (**la a, una a**) together if the feminine articles **la** and **una** were used. Such nouns are feminine, however. Therefore, the plural article **las** is used and any adjective modifying the noun is in the feminine form.

el agua	las aguas	*water*
el (un) águila	las águilas	*eagle*
el (un) área	las áreas	*area*
el (un) arma	las armas	*firearm*
el (un) hacha	las hachas	*ax*
el hambre		*hunger*

EJERCICIO 5

____ Completen.

1. ____ águilas beben ____ agua dulce del río pero no beben ____ agua salada del mar.
2. ____ alas grandes de ____ águilas son increíbles. Pero, ¡mira! ¡Qué pena! ____ águila pequeña tiene ____ ala rota.
3. ____ arma que llevan los policías es una pistola. Los policías no llevan ____ hacha. Son los bomberos quienes llevan ____ hacha.
4. ____ área alrededor de una ciudad se llama un suburbio. ____ áreas suburbanas suelen ser bastante hermosas.

SUSTANTIVOS COMPUESTOS

Compound nouns are nouns that are made up of two separate words. Almost all such compound nouns are masculine.

el abrebotellas	*bottle opener*
el abrelatas	*can opener*
el altavoz	*loudspeaker*
el cortaplumas	*penknife*
el lavamanos	*washbasin*
el lavaplatos	*dishwasher*
el limpiabotas	*bootblack*
el limpiaparabrisas	*windshield wiper*
el parabrisas	*windshield*
el paraguas	*umbrella*
el rascacielos	*skyscraper*
el sacacorchos	*corkscrew*
el salvavidas	*lifesaver*
el tocadiscos	*record player*

EJERCICIO 6 Haciendo palabras

_____ Den la palabra que se deriva de las siguientes palabras sueltas.

1. limpiar botas
2. alta voz
3. lavar manos
4. salvar vidas
5. lavar platos

6. tocar discos
7. cortar plumas
8. abrir latas
9. sacar corchos
10. parar agua

EJERCICIO 7

_____ Completen.

1. Quiero abrir esta botella de soda pero no sé dónde puse _____.
2. En muchos aviones el chaleco _____ está debajo del asiento de cada pasajero.
3. Voy a abrir una botella de vino. ¿Dónde está _____?
4. Acaban de anunciar la salida de nuestro tren en _____.
5. Va a llover. Tendré que llevar _____.
6. Tengo que ir a la gasolinera. _____ está descompuesto y _____ está tan sucio que no puedo ver nada.
7. Mis zapatos están muy sucios. A ver si hay _____ por aquí.
8. En la ciudad de Nueva York hay muchos _____.

ACTIVIDAD

1 De camping

Ud. va a ir de camping y quiere llevar todo lo que necesita. Explique por qué Ud. quiere llevar las siguientes cosas:

unas botellas de
agua mineral

un paraguas

un mapa del bosque

una cámara

un sacacorchos

una radio de
transistores

un hacha

un abrelatas

un abrebotellas

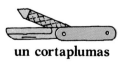

un cortaplumas

2
LOS VERBOS CON Y

EL PRESENTE

Verbs whose infinitives end in **-uir** have a **-y-** in all forms of the present tense except **nosotros** (and **vosotros**). Study the following forms.

Infinitive	construir	contribuir
yo	construyo	contribuyo
tú	construyes	contribuyes
él, ella, Ud.	construye	contribuye
nosotros, -as	construimos	contribuimos
(vosotros, -as)	(construís)	(contribuís)
ellos, ellas, Uds.	construyen	contribuyen

Other frequently used verbs that end in **-uir** are:

disminuir	*to diminish*
destruir	*to destroy*
distribuir	*to distribute*
huir	*to flee, to escape*
incluir	*to include*
sustituir	*to substitute*

Note that the verb **oír** is conjugated the same as the verbs above. However, note also that **oír** has a **-g-** in the **yo** form.

oír: oigo, oyes, oye, oímos, (oís), oyen

EJERCICIO 1 Un desastre

_____ Completen.

1. Durante un desastre natural, mucha gente _____ de sus casas. **huir**
2. Después del desastre las organizaciones caritativas _____ comida a las víctimas. **distribuir**
3. Nosotros _____ dinero a estas organizaciones caritativas. **contribuir**
4. A veces las organizaciones _____ dinero también. **distribuir**
5. Las víctimas _____ sus casas con el dinero que reciben. **reconstruir**

*Un desastre—el terremoto
en México destruyó muchos
edificios por completo.*

EJERCICIO 2 ¿Qué oyes?

_____ Completen con el verbo *oír*.

—¿Qué _____ tú?
—Pues, yo no _____ nada.
—¿Tú no _____ nada? Nosotros sí _____ algo.
—Pues, si Uds. _____ algo tienen mejores oídos que yo porque les aseguro
 que yo no _____ nada.

EL PRETÉRITO

Verbs whose infinitive ends in **-uir** have a **-y-** in the third person (**él, ellos**)
forms of the preterite tense. Note that the endings **-ó** and **-eron** follow a
-y- rather than **-ió, -ieron**.

Infinitive	construir	contribuir
yo	construí	contribuí
tú	construiste	contribuiste
él, ella, Ud.	construyó	contribuyó
nosotros, -as	construimos	contribuimos
(vosotros, -as)	(construisteis)	(contribuisteis)
ellos, ellas, Uds.	construyeron	contribuyeron

Note that the verbs **leer, oír,** and **caer** follow the same pattern in the preterite as the above verbs.

leer:	leí, leíste, leyó, leímos, (leísteis), leyeron
oír:	oí, oíste, oyó, oímos, (oísteis), oyeron
caer:	caí, caíste, cayó, caímos, (caísteis), cayeron

EJERCICIO 3 ¿Qué leíste en el periódico?

_____ Completen.

—¿_____ Uds. el periódico anoche? **Leer**
—Pues, yo lo _____ pero Carlos no lo _____. **leer, leer**
—¿_____ (tú) del terremoto en la costa de Chile? **Leer**
—No, pero Carlos _____ del desastre en la radio. **oír**
—Yo no sé cuántos habitantes _____ de sus casas. **huir**
—Sí. Carlos me dijo que el terremoto _____ casi totalmente dos pueblos en la zona norte. **destruir**

ACTIVIDAD

1 ¿Las leyeron o las oyeron?

Ayer todos leyeron las noticias en el periódico del terremoto en México. Las oyeron también en la radio. ¿Cómo se informaron los otros?

mi padre

María

Raúl

tú

yo

Uds.

la profesora

3
USOS ESPECIALES DEL ARTÍCULO

EL ARTÍCULO DEFINIDO

El sentido general

When speaking about a noun in the general sense, the definite article must be used in Spanish. In English, no article is used. Compare the following Spanish and English sentences.

Los gatos son animales domésticos.   *Cats are domestic animals.*

A los niños les gusta la leche.   *Children like milk.*

Unlike English, the definite article is also used in Spanish with an abstract noun.

El amor es una cosa divina.   *Love is a divine thing.*

EJERCICIO 1   ¿Qué aprende Carlos?

_____ Completen.

En su clase de ciencias aprende que . . .
1. _____ gatos y _____ perros son animales domésticos.
2. _____ leones y _____ tigres son animales salvajes.
3. _____ carbón es un mineral importante.
4. _____ esmeraldas son piedras preciosas.
   Y en su clase de español aprende que . . .
5. _____ español es bastante fácil.
6. _____ gramática es importante.
7. _____ literatura española es interesante.
8. _____ verbos españoles tienen terminaciones.
9. _____ adjetivos tienen que concordar con el sustantivo (nombre) que modifican (califican).
10. _____ orgullo y _____ dignidad son características de los españoles.

Con títulos

The definite article must be used with titles in Spanish when speaking about someone.

La señora Ureña es profesora.
La profesora Ureña enseña español.
Su marido, el doctor Ureña, es dentista.

However, the article is not used with a person's title when speaking directly to the person.

—«**Buenos días, señora Ureña**».
—«**Adiós, doctor Ureña**».

EJERCICIO 2   ¿Está el doctor?

_____ Completen con el artículo cuando sea necesario.

En la consulta del médico

—Buenos días, _____ señorita Gómez.

—Buenos días, _____ señor Guillén. ¿Cómo está Ud.?

—Muy bien. ¿Está _____ doctor Jiménez hoy?

—Lo siento mucho. En este momento _____ doctor Jiménez no está. Había una emergencia en el hospital.

—¿Sabe Ud. a qué hora va a volver?

(Suena el teléfono.)

—Perdón, un momentito, _____ señor Guillén.

(Contesta el teléfono.)

—¡Aló! Ah, _____ doctor Jiménez. En este momento está _____ señor Guillén en la consulta. Quiere saber a qué hora Ud. volverá al consultorio. Ah, bien. Se lo diré.

_(_____ señorita Gómez cuelga el teléfono.)_

—Desgraciadamente _____ doctor Jiménez no volverá esta tarde. Tiene que operarle a un paciente. ¿Puede Ud. volver mañana por la mañana a las diez, _____ señor Guillén?

—De acuerdo, _____ señorita. Estaré aquí mañana a las diez.

EJERCICIO 3   ¿Dónde está el doctor Jiménez?

_____ Contesten según la conversación.

1. ¿Dónde está el señor Guillén?
2. ¿Con quién habla él?
3. ¿Con quién quiere hablar?
4. ¿Está o no está el doctor Jiménez?
5. ¿Quién contesta el teléfono?
6. ¿Quién llama?
7. ¿Por qué no volverá al consultorio el doctor Jiménez?
8. ¿Para cuándo tiene cita con el doctor Jiménez el señor Guillén?

Con los días de la semana

When the article is used with days of the week, it has a special meaning. The definite article is used in Spanish to convey the meaning *on*. Observe the following examples.

Lunes es el primer día de la semana.	*Monday is the first day of the week.*
Tengo clases los lunes.	*I have classes on Mondays.*
El lunes tengo cita con el doctor Jiménez.	*On Monday I have an appointment with Doctor Jiménez.*

EJERCICIO 4   Lo que hacemos los viernes

_____ Preparen una lista de las cosas que Uds. hacen los viernes.

EJERCICIO 5   Mi horario

_____ Contesten.

1. ¿Qué días de la semana tienes clases?
2. ¿Qué días no tienes clases?
3. ¿Tienes una cita esta semana? ¿Con quién tienes la cita? ¿Para qué día tienes la cita?
4. ¿Qué vas a hacer el sábado?
5. ¿Sabes que en muchos países hispanos los alumnos tienen clases los sábados?
6. ¿Qué opinas? ¿Prefieres tener clases los sábados o prefieres estar libre?

Con los verbos reflexivos

With parts of the body and articles of clothing, the definite article is used in Spanish with the reflexive pronoun. In English, the possessive adjective rather than the definite article is used. Observe the following examples.

Teresa se lava las manos antes de comer.	*Teresa washes her hands before eating.*
Y después de comer ella se cepilla los dientes y se lava la cara.	*And after eating she brushes her teeth and washes her face.*

Note also that the noun is often pluralized in English when there is more than one subject. In Spanish, the noun is in the singular. Observe the following.

Ellos se quitan la chaqueta antes de comer.	*They take off their jackets before eating.*
Y se lavan la cara y las manos.	*And they wash their faces and hands.*

Since each person has only one jacket and one face, the singular form of the noun rather than the plural form is used in Spanish.

_____ Completen.

1. Antes de comer yo me lavo . . .
2. Antes de comer mis amigos se lavan . . .
3. Después de comer todos nosotros nos cepillamos . . .
4. Cuando hace calor yo me quito . . .
5. Pero cuando hace frío yo me pongo . . .

EL ARTÍCULO INDEFINIDO

The indefinite article is omitted in Spanish when the verb **ser** is followed by an unmodified noun denoting profession or nationality. In English the indefinite article is expressed. Observe the following.

El señor Príncipe es profesor.   *Mr. Príncipe is a teacher.*
La doctora Cruz es pediatra.   *Doctor Cruz is a pediatrician.*

The indefinite article is used, however, when the noun that follows the verb **ser** is modified.

El señor Príncipe es un profesor excelente.
El señor Príncipe es un profesor que tiene muchos alumnos.

EJERCICIO 7   **¿Qué es y cómo es?**

_____ Formen oraciones según el modelo.

El señor Ureña / profesor
El señor Ureña es profesor.
El señor Ureña es un profesor excelente.

1. La doctora Nielsen / dentista
2. Cervantes / autor
3. Los hijos del señor Orama / estudiantes
4. El señor Castillo / secretario
5. La señora Machado / periodista

ACTIVIDADES

1 Los deportes

Tell what sports you like and dislike. Tell why.
   (No) Me gusta el fútbol porque . . .
   Other sports you may want to discuss are: **el basquetbol, el volibol, el tenis, el golf, el esquí, la natación, la plancha de vela, el atletismo.**

2 El señor Yoyo

El señor Yoyo is a fictitious person. He has three friends. Make up a story telling what el señor Yoyo does with his three friends. In your story be sure to give el señor Yoyo's profession and the profession of his friends. Your story can be negative or positive about el señor Yoyo.

4
ALGUNOS TIEMPOS COMPUESTOS

EL PRESENTE PERFECTO

The present perfect tense is formed by using the present tense of the helping (auxiliary) verb **haber** and the past participle. Study the following forms of the present tense of the verb **haber.**

Infinitive	haber
yo	he
tú	has
él, ella, Ud.	ha
nosotros, -as	hemos
(vosotros, -as)	(habéis)
ellos, ellas, Uds.	han

The past participle of regular verbs is formed by dropping the infinitive ending (**-ar, -er, -ir**) and adding **-ado** to **-ar** verbs and **-ido** to both **-er** and **-ir** verbs.

hablar	habl-	hablado
comer	com-	comido
vivir	viv-	vivido

The following important verbs have irregular past participles.

abrir	abierto	**morir**	muerto
cubrir	cubierto	**poner**	puesto
descubrir	descubierto	**volver**	vuelto
escribir	escrito	**decir**	dicho
freír	frito	**hacer**	hecho
romper	roto		
ver	visto		

Study the forms of the present perfect tense of regular and irregular verbs.

Infinitive	hablar	pedir	hacer
yo	he hablado	he pedido	he hecho
tú	has hablado	has pedido	has hecho
él, ella, Ud.	ha hablado	ha pedido	ha hecho
nosotros, -as	hemos hablado	hemos pedido	hemos hecho
(vosotros, -as)	(habéis hablado)	(habéis pedido)	(habéis hecho)
ellos, ellas, Uds.	han hablado	han pedido	han hecho

The present perfect tense is used to express a past action without reference to a particular time. It usually denotes an occurrence that continues into the present or relates closely to the present. Observe and analyze the following sentences.

Su madre ha estado enferma.   *His mother has been ill.*

Note that the present perfect is used in the above sentence. The sentence does not state when in the past his mother became ill, and it implies that she may still be ill.

Hemos comido en aquel restaurante.   *We have eaten in that restaurant.*

As in the previous sentence, there is no indication as to when we ate in that restaurant, and the sentence does not actually state whether or not we still eat there.

Ellos ya han salido.   *They have already left.*

The adverb **ya** frequently accompanies a present perfect verb. Note that **ya** indicates a past time but not a definite past time. It also implies that the occurrence was relatively recent, therefore quite close to the present.

EJERCICIO 1   Ya han salido.

—— Sigan el modelo.

¿Van a salir?
Pero es que ya han salido.

1. ¿Van a hacer la maleta?
2. ¿Van a poner las maletas en el baúl del carro?
3. ¿Van a salir?
4. ¿Van a visitar a sus abuelos?
5. ¿Van a ver a sus primos?
6. ¿Van a volver?

EJERCICIO 2 ¿Carlos? Todavía no.

_____ Completen según el modelo.

Yo me levanté a las siete y media . . .
Yo me levanté a las siete y media pero Carlos no se ha levantado todavía.

1. Yo me levanté a las ocho . . .
2. Yo salí a las ocho y media . . .
3. Yo fui de compras . . .
4. Yo compré un regalo para el cumpleaños de papá . . .
5. Yo le escribí . . .

EJERCICIO 3 ¿Dónde has estado?

_____ Contesten.

1. ¿Has estado en la Florida?
2. Si has estado en la Florida, ¿qué ciudades del estado has visitado?
3. Si no has estado en la Florida, ¿qué otro estado has visitado?
4. ¿Cuántas veces has estado allí?
5. ¿Has hecho muchas amistades allí?
6. ¿Has vuelto a visitar a tus amigos?
7. ¿Cuántas veces los has visitado?

EL PLUSCUAMPERFECTO

The pluperfect tense is formed by using the imperfect tense of the auxiliary verb **haber** and the past participle. Study the following forms of the pluperfect tense.

Infinitive	llegar	salir	hacer
yo	había llegado	había salido	había hecho
tú	habías llegado	habías salido	habías hecho
él, ella, Ud.	había llegado	había salido	había hecho
nosotros, -as	habíamos llegado	habíamos salido	habíamos hecho
(vosotros, -as)	(habíais llegado)	(habíais salido)	(habíais hecho)
ellos, ellas, Uds.	habían llegado	habían salido	habían hecho

The pluperfect tense is used the same in Spanish as it is in English. The pluperfect describes a past action that was completed prior to another past action. Observe and analyze the following sentences.

Ellos ya habían salido cuando yo llegué.

They had already left when I arrived.

Note that both actions of the above sentence took place in the past. The action that took place first *(they had left)* is in the pluperfect. The action that followed it *(I arrived)* is in the preterite.

EJERCICIO 4   ¿Qué habían hecho ellos?

_____ Completen según el modelo.

Cuando yo salí ellos ya _____.
terminar
Cuando yo salí ellos ya habían terminado.

1. cantar
2. bailar
3. ver el regalo
4. abrir el regalo

5. volver
6. servir la comida
7. comer
8. acostarse

EJERCICIO 5   Él había estado en España y luego fue a Francia.

_____ Completen.

1. Roberto _____ en España antes de ir a Francia. **estar**
2. Él _____ a Madrid antes de conocer a París. **conocer**
3. Él _____ el español antes de estudiar el francés. **aprender**
4. Él _____ en la Universidad de Madrid antes de matricularse en la Sorbona. **estudiar**

EJERCICIO 6

_____ Formen oraciones según el modelo.

Ellos salieron antes. Yo salí después.
Ellos ya habían salido cuando yo salí.

1. Ellos llegaron antes. Yo llegué después.
2. Ellos volvieron antes. Yo volví después.
3. Ellos lo vieron antes. Yo lo vi después.
4. Ellos le hablaron antes. Yo le hablé después.
5. Ellos lo hicieron antes. Yo lo hice después.
6. Ellos terminaron antes. Yo terminé después.

EJERCICIO 7   ¿Qué había robado el ladrón?

_____ Completen.

1. Los Gómez ya _____ cuando el ladrón _____ en su casa. **salir, entrar**
2. El vecino no _____ al ladrón mismo pero _____ la ventana rota cuando _____ a la policía. **ver, ver, llamar**
3. El ladrón no _____ tiempo de robar nada cuando _____ la sirena del carro de patrulla. **tener, oír**
4. El ladrón ya _____ cuando los policías _____. **escaparse, llegar**
5. Los policías ya _____ cuando los Gómez _____ a casa. **salir, volver**
6. El vecino les _____ a los Gómez lo que _____. **decir, pasar**

5
OTROS TIEMPOS COMPUESTOS

EL FUTURO PERFECTO

The future perfect tense is formed by using the future tense of the auxiliary verb **haber** and the past participle. Study the following forms of the future perfect.

Infinitive	hablar	ir	ver
yo	habré hablado	habré ido	habré visto
tú	habrás hablado	habrás ido	habrás visto
él, ella, Ud.	habrá hablado	habrá ido	habrá visto
nosotros, -as	habremos hablado	habremos ido	habremos visto
(vosotros, -as)	(habréis hablado)	(habréis ido)	(habréis visto)
ellos, ellas, Uds.	habrán hablado	habrán ido	habrán visto

The future perfect tense is used to express a future action that will be completed prior to another future action. Observe and analyze the following sentences.

Desgraciadamente ellos no estarán. Habrán salido antes de nuestra llegada.

Note in the above sentence that certain people will not be present at some time in the future. They will not be present because they will have already left before our arrival. Their departure precedes our arrival even though both actions will be in the future.

EJERCICIO 1   ¿Qué habrás hecho antes de verme?

_____ Contesten.

1. Antes de verme, ¿habrás hablado con Juan?
2. Antes de verme, ¿lo habrás invitado?
3. Antes de verme, ¿habrás comprado las entradas para el teatro?
4. Antes de verme, ¿habrás llamado al restaurante?
5. Antes de verme, ¿habrás hecho una reservación?

EJERCICIO 2 Ellos lo habrán hecho antes.

_____ Completen con el futuro perfecto.

1. Nosotros tomaremos el curso pero no hay duda que ellos lo _____ antes.
2. Yo me matricularé pero no hay duda que tú te _____ antes.
3. José cumplirá todos los requisitos para el curso pero no hay duda que nosotros los _____ antes.
4. Teresa escribirá su tesis pero no hay duda que yo _____ la mía antes.
5. Ella hará las investigaciones pero yo las _____ antes.

EL CONDICIONAL PERFECTO

The conditional perfect is formed by using the conditional of the auxiliary verb **haber** and the past participle. Study the following forms.

Infinitive	estudiar	recibir	decir
yo	habría estudiado	habría recibido	habría dicho
tú	habrías estudiado	habrías recibido	habrías dicho
él, ella, Ud.	habría estudiado	habría recibido	habría dicho
nosotros, -as	habríamos estudiado	habríamos recibido	habríamos dicho
(vosotros, -as)	(habríais estudiado)	(habríais recibido)	(habríais dicho)
ellos, ellas, Uds.	habrían estudiado	habrían recibido	habrían dicho)

The conditional perfect is used in Spanish the same as in English to state what would have taken place had something else not interfered or made it impossible. Observe and analyze the following sentences.

Él habría hecho el viaje pero tenía que trabajar.
He would have taken the trip but he had to study.

Yo habría salido pero empezó a llover.
I would have gone out but it started to rain.

EJERCICIO 3 Yo lo habría hecho pero....

_____ Completen.

1. Yo _____ pero no tenía hambre. **comer**
2. Yo _____ algo pero no tenía sed. **tomar**
3. Yo _____ pero no tenía sueño. **dormir**
4. Yo lo _____ pero no tenía bastante dinero. **comprar**
5. Yo lo _____ pero tenía miedo. **hacer**
6. Yo lo _____ pero tenía vergüenza. **decir**

EJERCICIO 4 Ellos lo habrían hecho.

_____ Completen.

1. Ellos _____ pero no salieron porque empezó a llover. **salir**
2. Nosotros _____ a la playa pero no fuimos porque hacía mal tiempo. **ir**
3. Él me _____ el dinero pero no me lo dio porque no lo tenía. **dar**
4. Yo te lo _____ pero no te lo dije porque yo no tenía los resultados. **decir**
5. Él _____ en la ciudad pero no vivió en la ciudad porque era imposible hallar un apartamento. **vivir**

ACTIVIDAD

1 Yo habré . . . .

¿Qué habrás realizado dentro de diez años? Habla de tus planes para el futuro. Usa las siguientes frases:

- graduarse de la universidad
- aprender tres idiomas
- visitar a España
- esquiar en Colorado
- casarse
- escribir un libro
- ganar un millón de dólares
- hacer un viaje a _____

¡Ay! ¿Qué habrás realizado tú dentro de diez años?

Lección 5 • Gramática avanzada

6
LOS ADJETIVOS

ADJETIVOS ESPECIALES EN CONSONANTE

As you have already learned, most adjectives that end in a consonant have only two forms, singular and plural. However, adjectives that end in **-án, -ón, -or,** or **-ín** follow the same pattern as adjectives of nationality that end in a consonant. They have four forms. Observe the following.

un niño alemán	**un niño holgazán** (*lazy*)
una niña alemana	**una niña holgazana**
unos niños alemanes	**unos niños holgazanes**
unas niñas alemanas	**unas niñas holgazanas**

Other commonly used adjectives that fall into this category are:

charlatán	*gabby*	**hablador**	*talkative*
comilón	*big eater*	**preguntón**	*inquisitive*
dormilón	*sleeper (sleepy head)*	**trabajador**	*hardworking*
encantador	*charming*		

EJERCICIO 1   Los Méndez

_____ Completen.

Es increíble como en la misma familia hay personas con características y personalidades tan distintas. Por ejemplo, en la familia Méndez la señora Méndez no habla casi nada. Es una persona silenciosa y bastante introvertida. ¡Pero el señor Méndez! A él le encanta hablar. Es muy _____. Él es muy simpático y tiene una personalidad _____ pero la verdad es que no le gusta trabajar mucho. Es bastante _____. Y la señora Méndez trabaja día y noche. Si se puede decir que él es bastante _____, hay que decir que ella es muy _____.

Cada vez que tiene la oportunidad, el señor Méndez va a la cocina y abre el refrigerador para ver si hay algo para comer. Le encanta comer. En mi vida he visto un _____ como el señor Méndez. Y su mujer no come casi nada. Siempre está a dieta. Pero la pobre es tan _____ que después de diez o doce horas de trabajo no quiere hacer nada más que dormir. No hay duda que ella es bastante _____.

Yo no quiero ser muy _____ pero la verdad es que le quisiera hacer una pregunta. Me interesa saber su opinión. ¿Qué cree Ud.? De los dos, ¿quién es el (la) más feliz? ¿El señor Méndez o la señora Méndez?

LOS ADJETIVOS APOCOPADOS

Several adjectives in Spanish have a shortened form when they precede a masculine noun in the singular. They drop the **-o** before a masculine singular noun. Observe the following.

bueno	**Roberto es un buen tipo.**
malo	**No es un mal tipo.**
primero	**Él vive en el primer piso de una casa de apartamentos.**
tercero	**Sus abuelos viven en el tercer piso.**
alguno	**Es verdad que Roberto tiene algún dinero.**
ninguno	**Pero el pobre no tiene ningún talento.**

Note that the adjectives **alguno** and **ninguno** carry a written accent mark in the shortened form.

The adjective **grande** becomes **gran** when it precedes either a masculine or feminine noun in the singular. The shortened form (**gran**) conveys the meaning *great* or *famous* rather than *big* or *large*. Observe the following.

un hombre grande	*a big man*	**un gran hombre**	*a great man*
una mujer grande	*a big woman*	**una gran mujer**	*a great woman*

The number **ciento** is also shortened to **cien** before a masculine or feminine noun.

Él tiene cien libros en su biblioteca.
Cada uno de sus cien libros tiene más de cien páginas.

The word **Santo** is shortened to **San** before a masculine saint's name unless the name of the saint begins with **To-** or **Do-**.

Santa María	**Santo Domingo**	**San Pedro**
Santa Teresa	**Santo Tomás**	**San Alfonso**

EJERCICIO 2   Miguel de Cervantes Saavedra

_____ Completen.

1. Cervantes es más que un _____ novelista. Es un _____ novelista.
 bueno, grande
2. En el _____ capítulo de su novela «El Ingenioso hidalgo don Quijote de la Mancha», Cervantes describe al _____ caballero andante, don Quijote.   **primero, grande**
3. Cuando don Quijote salió de su pueblo la _____ vez, salió sin escudero. La segunda vez salió con un vecino, Sancho Panza. Sancho le sirvió de escudero. Don Quijote sabía que un _____ caballero andante como él no podía viajar por el mundo sin escudero.   **primero, grande**
4. El pobre Sancho no tenía _____ deseo de conquistar todos los males del mundo. Él quería volver a casa.   **ninguno**
5. Esta _____ novela de Cervantes es muy larga. Tiene más de _____ páginas. La verdad es que tiene casi _____ capítulos.
 grande, ciento, ciento

LOS COLORES

The words used to express colors in Spanish can be divided into two groups. The meaning of certain words such as **blanco, gris, verde, rojo, amarillo, azul** is the color itself. Since these words are adjectives, they agree with the noun they modify—the same as any other adjective.

However, many words used in Spanish to express colors refer to something else such as a flower, fruit, or mineral and convey the meaning of the color of the fruit, flower, or mineral. Some examples are:

Word	True meaning	Color
rosa	rose	pink
café	coffee	light tan
marrón	chestnut	brown
violeta	violet	purple
vino	wine	reddish purple
naranja	orange	orange

Such words can be used with or without the expression **(de) color (de).** Note too that with each of these the preposition **de** is optional. One could say any of the following:

flores de color de rosa
flores de color rosa
flores color de rosa

or

flores rosa

Note that these words do not agree with the noun they modify. They are invariable. This means that they do not change according to number and gender.

pantalones rosa	**pantalones marrón**	**pantalones naranja**
pantalones café	**pantalones violeta**	

The above words never agree in gender. With the word **marrón,** however, you will sometimes see and hear an agreement in number, singular vs. plural.

pantalones marrón *or* **pantalones marrones**

Colors are often modified by another word in expressions such as navy blue, light blue, dark blue, or bright blue. Whenever a color is modified by another word, it becomes invariable. It does not agree with the noun it modifies in either number or gender. Observe the following.

una camisa azul marino	**pantalones azul marino**
una camisa azul claro	**pantalones azul claro**
una camisa azul oscuro	**pantalones azul oscuro**
una camisa azul vivo	**pantalones azul vivo**

EJERCICIO 3   En una tienda de ropa

_____ Contesten según se indica.

1. ¿Quiere Ud. pantalones azul claro? **No, azul marino**
2. ¿Quiere Ud. una camisa blanca? El blanco juega muy bien con los pantalones azul marino. **No, azul claro**
3. ¿Quiere Ud. una corbata de seda? **No, de punto** (knitted) **rosa, por favor.**
4. ¿Prefiere Ud. un rosa vivo? **Vivo, no. Oscuro, por favor.**
5. ¿Necesita Ud. zapatos? **Sí**
6. ¿Quiere Ud. zapatos negros? **No, marrón, por favor.**

EL AFIJO -ÍSIMO

The suffix **-ísimo** can be added to adjectives to give the meaning _most, very,_ or _extremely._

guapo	**Aquel señor es guapísimo.**	**Aquella señora es guapísima.**
simpático	**Es simpatiquísimo.**	**Es simpatiquísima.**

EJERCICIO 4   Es fabuloso.

_____ Contesten según el modelo.

Él es muy alto, ¿no?
Sí, es altísimo.

1. Él es guapo, ¿no?
2. Y es interesante también, ¿no?
3. Me parece que es rico, ¿no?
4. Y su novia es muy guapa, ¿no?
5. Ella es muy simpática, ¿no?

Ella es guapísima, ¿no?

ACTIVIDADES

1 Lo que estoy llevando hoy

Give a detailed description of the color of the clothing you are wearing today. Also give a description of the colors of your favorite outfit.

2 Personalidades y características distintas

Give a description of a family you happen to know in which everyone seems to have different looks or personalities. If you do not know such a family, make one up.

3 El (La) protagonista

Based on a movie that you have just seen or a novel that you have just read, give a brief description of the main character.

7
USOS ESPECIALES DE LOS TIEMPOS

HACE CON EL PRESENTE

The expression **hace** is used with the present tense to express an action that began sometime in the past but continues into the present. Observe and analyze the following examples.

> **¿Cuánto tiempo hace que tú estás aquí?**   *How long have you been here?*
>
> **Hace un año que estoy aquí.**   *I have been here for a year.*

Note that in English, the present perfect tense *(has been)* is used. However, in Spanish, the present tense must be used. English uses the present perfect tense because the action began in the past. Spanish uses the present tense because the action actually continues into the present. Note too that **desde hace** as well as **hace** can be used.

> **Hace un año que estoy aquí.** ⎫
> **Estoy aquí desde hace un año.** ⎬   *I have been here for a year.*

EJERCICIO 1 ¿Hace cuánto tiempo?

_____ Contesten.

1. ¿Hace cuánto tiempo que Ud. vive en la misma casa?
2. ¿Hace cuánto tiempo que Ud. conoce a su mejor amigo(a)?
3. ¿Hace cuánto tiempo que Ud. asiste a la misma escuela?
4. ¿Hace cuánto tiempo que Ud. estudia español?
5. ¿Hace cuánto tiempo que Ud. estudia con el mismo (la misma) profesor(a) de español?

HACÍA CON EL IMPERFECTO

The expression **hacía** is used with the imperfect tense to express an action that *had* been in effect until something else interrupted it. Observe and analyze the following sentences.

> **Hacía dos años que ellos vivían en México (cuando la compañía los trasladó a Puerto Rico).**
> *They had (been living) lived in Mexico for two years (when the company transferred them to Puerto Rico).*

Note that in this construction the pluperfect tense *(had lived)* is used in English but the imperfect tense must be used in Spanish.

EJERCICIO 2 Mi hermano José

_____ Completen.

1. Hacía dos años que mi hermano José _____ francés cuando decidió que quería aprender el español. **estudiar**
2. Hacía mucho tiempo que él _____ que quería ir a Princeton cuando de repente decidió que quería ir a Harvard. **decir**
3. Hacía sólo dos días que él _____ de vacaciones cuando él conoció a Amalia. **estar**
4. Pero hacía un año entero que él _____ con Teresa cuando él conoció a Amalia. **salir**
5. Y ahora hace dos meses que él _____ con Amalia. **salir**
6. Hacía un mes que Teresa no le _____ cuando ella decidió que no estaba enfadada con él. **hablar**
7. Y ahora hace un mes que Teresa _____ conmigo, el hermano mayor de Joselito. **salir**

EJERCICIO 3

_____ Contesten.

1. ¿Hacía cuántos años que tú estudiabas álgebra antes de empezar a estudiar geometría?
2. En total, ¿hace cuántos años que tú tomas cursos de matemáticas?
3. ¿Hacía cuántos años que tu familia tenía su último carro?
4. ¿Y hace cuánto tiempo que Uds. tienen el carro que tienen ahora?
5. Si tú tienes novio(a), ¿hace cuántos años o meses que tú sales con él (ella)?

POR POCO Y EL PRESENTE

The expression **por poco** means _almost_ or _nearly._ Note that the present tense is used with **por poco.** In English, the past tense is used.

Por poco me caigo.   _I almost fell._

EJERCICIO 4

_____ Completen.

1. Por poco yo _____. **caerse**
2. Por poco yo _____ la vida. **perder**
3. Por poco ellos me _____. **matar**
4. Por poco yo _____. **dormirse**

EL FUTURO Y EL CONDICIONAL DE PROBABILIDAD

The future and the conditional can be used in Spanish to express probability. The future is used to express a present probable action and the conditional is used to express a past probable action. Observe and analyze the following sentences.

¿Qué hora será?	*What time can it be (now)?*
¿Qué hora sería cuando ellos llegaron?	*What time could it have been when they arrived?*
¿Qué hora es? Son las tres.	*What time is it? It's three o'clock.*
¿Qué hora es? Serán las tres.	*What time is it? It's probably about three o'clock.*

EJERCICIO 5

_____ Escriban la oración con el futuro o el condicional.

1. La señora que conocimos ayer se parecía mucho a Lolita. *Probablemente era* su madre, ¿no?
2. No lo creo. La señora de quien hablas *tenía probablemente* treinta años.
3. Puede ser. ¿Cuántos años *tiene Lolita probablemente?*
4. Pues, a mi parecer Lolita *tiene probablemente* dieciséis años.
5. *Probablemente* todos los invitados a la fiesta donde conociste a la señora *tenían* entre los treinta y treinta y cinco años.

ACABAR DE

The expression **acabar de** followed by an infinitive means *to have just.* **Acabar de** is used in two tenses only, the present and the imperfect. Observe the following sentences.

Él acaba de salir.	*He has just left.*
Ellos acababan de salir cuando yo llegué.	*They had just left when I arrived.*

EJERCICIO 6   ¡Qué confusión!

_____ Contesten.

1. ¿Acabas de volver a casa?
2. ¿Acaba de volver María también?
3. ¿Acaban Uds. de hacer un viaje?
4. ¿Acaban Uds. de visitar a sus parientes?
5. ¿Acababan Uds. de entrar en la casa cuando sonó el teléfono?
6. ¿Acababas de contestar el teléfono cuando alguien llegó a la puerta?

8
EL IMPERATIVO

FORMAS FORMALES

In order to form the formal (**Ud., Uds.**) command, the **-o** ending is dropped from the **yo** form of the present tense to form the root for all regular, stem-changing, and irregular verbs. The endings used for the formal commands have the vowels opposite to those associated with the particular conjugation. The **-ar** verbs take the vowel **-e** and the **-er** and **-ir** verbs take the vowel **-a.** Study the following.

Regular verbs

Infinitive	Root	Commands	
hablar	habl⊠	**hable Ud.**	**hablen Uds.**
comer	com⊠	**coma Ud.**	**coman Uds.**
escribir	escrib⊠	**escriba Ud.**	**escriban Uds.**

Stem-changing verbs

pensar	piens⊠	**piense Ud.**	**piensen Uds.**
volver	vuelv⊠	**vuelva Ud.**	**vuelvan Uds.**
dormir	duerm⊠	**duerma Ud.**	**duerman Uds.**
servir	sirv⊠	**sirva Ud.**	**sirvan Uds.**
pedir	pid⊠	**pida Ud.**	**pidan Uds.**

Irregular verbs in the present

hacer	hag⊠	**haga Ud.**	**hagan Uds.**
salir	salg⊠	**salga Ud.**	**salgan Uds.**
conducir	conduzc⊠	**conduzca Ud.**	**conduzcan Uds.**
introducir	introduzc⊠	**introduzca Ud.**	**introduzcan Uds.**

The only formal commands that have completely irregular forms are the following.

ir	**vaya Ud.**	**vayan Uds.**
ser	**sea Ud.**	**sean Uds.**
saber	**sepa Ud.**	**sepan Uds.**
estar	**esté Ud.**	**estén Uds.**
dar	**dé Ud.**	**den Uds.**

Note that the same form is used for both the affirmative and negative formal commands.

Affirmative	Negative
hable Ud.	**no hable Ud.**
coman Uds.	**no coman Uds.**
vuelva Ud.	**no vuelva Ud.**
salgan Uds.	**no salgan Uds.**

EJERCICIO 1 ¿Qué debo hacer?

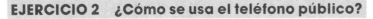 Contesten según el modelo.

¿Debo volver?
Sí, vuelva Ud.

1. ¿Debo esperar?
2. ¿Debo hablar?
3. ¿Debo comer?
4. ¿Debo leer?
5. ¿Debo escribir?

6. ¿Debo venir?
7. ¿Debo salir?
8. ¿Debo conducir?
9. ¿Debo servir?
10. ¿Debo volver?

EJERCICIO 2 ¿Cómo se usa el teléfono público?

_____ Completen con el imperativo.

1. _____ el auricular. **Descolgar**
2. _____ la señal. **Esperar**
3. _____ la moneda en la ranura. **Introducir**
4. _____ el número. **Marcar**
5. _____ ahora. **Hablar**

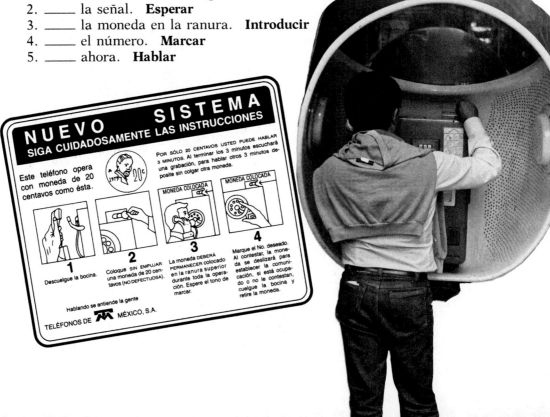

EJERCICIO 3 ¡Perdone Ud.! ¿Cómo puedo salir de la ciudad?

_____ Completen con el imperativo.

1. _____ la Alameda hasta el final. **Tomar**
2. Al final de la Alameda _____ a la izquierda. **doblar**
3. _____ derecho hasta el tercer semáforo. **Seguir**
4. Al tercer semáforo _____ a la derecha. **doblar**
5. _____ a la tercera bocacalle donde verá Ud. la casa de correos. **Ir**
6. Después de la casa de correos _____ a la derecha. **virar**
7. Es la calle Centauro. _____ la calle Centauro. **Tomar**
8. _____ derecho hasta llegar a la entrada de la autopista. **Seguir**
9. Para ir a Torreblanca _____ de la autopista en la primera salida después de pasar la segunda garita de peaje. **salir**

ACTIVIDADES

1 De mi casa a la escuela

Give someone directions on how to get from your house to your school.

2 De . . . a . . .

Select a town that is not too far from where you live. Give directions from your hometown to the neighboring town you have selected.

3 A la cafetería

Give directions from your Spanish class to the school cafeteria.

4 Lo que nos dice siempre el (la) profesor(a)

Imitate your Spanish teacher. Make a list of the commands that he/she often gives you in class.

Yo soy de Buenos Aires. ¿De dónde eres tú?

9
EL IMPERATIVO

FORMAS FAMILIARES

La forma afirmativa

The familiar (**tú**) command for regular and stem-changing verbs is the same as the third person singular (**él, ella, Ud.**) form of the present tense. Study the following.

Present	*Tú command*
Ud. habla	**Habla**
Ud. come	**Come**
Ud. escribe	**Escribe**
Ud. cierra	**Cierra**
Ud. vuelve	**Vuelve**
Ud. duerme	**Duerme**
Ud. sirve	**Sirve**

The following verbs have irregular familiar (**tú**) command forms.

decir	**di**	hacer	**haz**
ir	**ve**	tener	**ten**
ser	**sé**	venir	**ven**
salir	**sal**	poner	**pon**

EJERCICIO 1

_____ Den el imperativo familiar.

1. hablar
2. terminar
3. bailar
4. comer
5. beber
6. escribir

7. pedir
8. servir
9. empezar
10. volver
11. dormir
12. salir

EJERCICIO 2 Pues, haz lo que quieras.

_____ Completen.

1. Tengo que ir a casa. Pues, _____ a casa.
2. Tengo que hacer la comida. Pues, _____ la comida.

3. Tengo que poner la mesa. Pues, _____ la mesa.
4. Y luego tengo que servir la comida. Pues, _____ la comida.
5. Tengo que ser bueno(a). Pues, _____ bueno(a).
6. Tengo que decir algo a mis padres. Pues, _____ algo a tus padres.
7. Quiero hacer un viaje este verano. Pues, _____ un viaje este verano.
8. Quiero ir al Perú. Pues, _____ al Perú.

EJERCICIO 3 Haz lo que debes hacer.

_____ Contesten con el imperativo familiar.

1. ¿Debo llamar al restaurante?
2. ¿Debo reservar una mesa?
3. ¿Debo hacer la reservación para las ocho?
4. ¿Debo pedir una mesa para seis personas?
5. ¿Debo preguntar si tienen un menú fijo?
6. ¿Debo hacer la reservación en mi nombre?

EJERCICIO 4 Sí, sí. Es importante.

_____ Contesten según el modelo.

No quiero estudiar.
Pues, es importante, José. ¡Estudia!

1. No quiero estudiar.
2. No quiero repasar la lección de biología.
3. No quiero leer el libro de historia.
4. No quiero escribir la composición para la clase de inglés.
5. No quiero hacer los problemas de álgebra.
6. No quiero ir a la clase de música.

La forma negativa

The negative familiar **(tú)** command is formed the same as the formal **(Ud.)** command. The **yo** form of the present tense serves as the root. The **-ar** verbs take the ending **-es** and the **-er** and **-ir** verbs take the ending **-as.** Study the following.

Infinitive	*Present* **(yo)**	*Negative* **(tú)** *command*
hablar	hablo	**no hables**
leer	leo	**no leas**
escribir	escribo	**no escribas**
volver	vuelvo	**no vuelvas**
pedir	pido	**no pidas**
hacer	hago	**no hagas**
decir	digo	**no digas**
conducir	conduzco	**no conduzcas**

EJERCICIO 5   No hay problema. No lo hagas.

_____ Contesten según el modelo.

No quiero hablar.
Pues, no hay problema. No hables.

1. No quiero cantar.
2. No quiero bailar.
3. No quiero estudiar.
4. No quiero comer.
5. No quiero leer.

6. No quiero volver.
7. No quiero dormir.
8. No quiero salir.
9. No quiero venir.
10. No quiero conducir.

EJERCICIO 6   ¿Qué debo hacer con mi dinero?

_____ Contesten según se indica.

1. ¿Debo gastar todo mi dinero?   **No**
2. ¿Debo ahorrar una parte de mi dinero?   **Sí**
3. ¿Debo poner el dinero en el banco?   **Sí**
4. ¿Debo ir al banco ahora?   **Sí**
5. ¿Debo abrir una cuenta corriente?   **No**
6. ¿Debo abrir una cuenta de ahorros?   **Sí**
7. ¿Debo depositar algo en la cuenta de ahorros?   **Sí**
8. ¿Debo ingresar fondos en la cuenta?   **Sí**
9. ¿Debo retirar fondos de la cuenta?   **No**

ACTIVIDAD

1 Imagínate que eres el (la) profesor(a). Estás enseñando en una escuela primaria. Manda a cada alumno a:

- hablar español en clase
- abrir el libro
- leer en español
- escribir una composición
- no dormir en clase
- aprender los verbos
- estudiar mucho

10
USOS ESPECIALES DE *SER* Y *ESTAR*

¿SER O ESTAR?

As you have already learned, the verbs **ser** and **estar** both mean *to be*. However, these verbs have very definite uses and they are not interchangeable. The verb **ser** comes from the Latin verb *esse* from which is derived the English word *essence*. Therefore, the verb **ser** is used to describe the essence of something such as an inherent quality or characteristic. The verb **estar** comes from the Latin verb *stare* from which is derived the English word *state*. Therefore, the verb **estar** is used to express a state or condition rather than an inherent quality or characteristic.

The basic uses of **ser** and **estar** are as follow. The verb **ser** is used to express 1) origin, 2) a characteristic, and 3) an inherent quality. **Estar** is used to express 1) a permanent or temporary location, 2) a temporary state, and 3) a condition. (For review, see pages 351–353.)

Very often the speaker chooses the verb **ser** or **estar** depending upon the meaning the speaker wishes to convey. Observe and analyze the following.

> **Estas frutas son muy agrias.**
> **Estas frutas están muy agrias.**

The first sentence uses the verb **ser.** The meaning conveyed is that these fruits are the sour type. The characteristic of these fruits is to be sour rather than sweet. The second sentence uses the verb **estar.** The meaning conveyed is that these particular fruits are sour or bitter but often the same kind of fruit is sweet.

Note the difference in meaning in the following pairs of sentences.

Carlos es guapo.	*Charles is handsome. (He is a handsome person.)*
Carlos está muy guapo hoy.	*Charles looks very handsome today. (He is possibly wearing something that makes him look handsome.)*
Enrique es borracho.	*Henry is a drunkard. (a characteristic)*
Enrique está borracho.	*Henry is drunk. (a condition or state)*
La sopa es buena.	*Soup is (inherently) good (for the health).*
La sopa está buena.	*The soup tastes good.*

Many words actually change meaning when used with either **ser** or **estar**. Study the following.

	with **ser**	*with* **estar**
aburrido	*boring*	*bored*
cansado	*tiresome*	*tired*
divertido	*amusing, funny*	*amused*
enfermo	*sickly*	*sick, ill*
listo	*bright, clever, smart, shrewd*	*ready*
triste	*dull*	*sad*
vivo	*lively, alert*	*alive*

EJERCICIO 1 *¿Ser o estar?*

_____ Seleccionen el verbo apropiado.

1. El pobre Carlos toma mucho. Siempre está bebiendo. No me gusta decirlo pero la verdad es que él _____ borracho.
   a. está
   b. es

2. El pobre Tadeo está enfermo hoy. Tiene resaca. Anoche fue a una fiesta y tomó demasiado. Él _____ un poco borracho.
   a. estaba
   b. era

3. Tienes que comer más verduras. Las verduras tienen muchas vitaminas y _____ muy buenas para la salud.
   a. son
   b. están

4. ¡Qué deliciosas! ¿Dónde compraste estas verduras? _____ muy buenas.
   a. Son
   b. Están

5. No sé lo que le pasa a la pobre Marta. Tiene que estar enferma porque _____ muy pálida.
   a. es
   b. está

6. No, no está enferma. Es su color. Ella _____ muy pálida.
   a. es
   b. está

7. Él _____ tan aburrido que cada vez que empieza a hablar todo el mundo se duerme.
   a. es
   b. está

8. ¡Elena! Me encanta el vestido que llevas hoy. ¡Qué bonita _____!
   a. eres
   b. estás

9. El pobre Juanito _____ tan cansado que sólo quiere volver a casa para dormir un poco.
   a. es
   b. está

10. ¿____ listos todos? Vamos a salir en cinco minutos.
    a. Son
    b. Están
11. Ella ____ muy lista. Ella sabe exactamente lo que está haciendo y te aseguro que está haciéndolo a propósito.
    a. es
    b. está
12. Él ____ muy vivo y divertido. A mí, como a todo el mundo, me gusta mucho estar con él.
    a. es
    b. está
13. No, no se murió el padre de Josefina. Él ____ vivo.
    a. es
    b. está

NOTA Note that the verb **estar** with **vivo** means *to be alive*. The verb **estar** is also used with **muerto** *(to be dead)*, even though death is eternal.

> **Su abuelo está muerto.**

With the words **casado** *(married)*, **soltero** *(bachelor, unmarried)*, and **viudo(a)** *(widower, widow)*, one will find that both **ser** and **estar** can be used. However, there is a slight difference in meaning.

Estoy soltero.	*I am (still) a bachelor.*
Soy soltero.	*I am a bachelor.* (I belong to the unmarried rather than the married group.)
Ella es casada.	*She is (a) married (woman).*
Ella está casada.	*She is married (in contrast to being single).*

SER—TENER LUGAR

Whenever the verb *to be* has the meaning *to take place* in an expression such as *The concert will be in the auditorium*, the verb **ser** is used.

> **El concierto tendrá lugar mañana.**
> **El concierto será mañana.**
>
> **Tendrá lugar a las ocho y media.**
> **Será a las ocho y media.**
>
> **Tendrá lugar en el teatro.**
> **Será en el teatro.**

PLAZA DE TOROS
"LA FLORECITA"
Santa Cruz del Monte No. 103,
Ciudad Satélite

Domingo 22 de Abril de 1987
A las 4:30 p. m.

¿Cuándo será la corrida de toros?

EJERCICIO 2 La ópera

_____ Completen con *ser* o *estar*.

—La ópera _____ mañana, ¿no?
—Sí.
—¿Dónde _____?
—_____ en el teatro Liceo.
—¿Dónde _____ el teatro Liceo?
—_____ en la calle Oviedo.
—¿A qué hora _____ la ópera?
—_____ a las ocho y media.
—Bien, nosotros _____ allí a eso de las ocho y diez.

SER DE

Just as the expression **ser de** is used to express origin, it is also used to express ownership and to state the material from which something is made.

Este reloj es de Suiza.
El reloj es de Carlota.
No es de plata. Es de oro.

EJERCICIO 3 La casa de los Amaral

_____ Completen.

Aquí tenemos una foto de una casa bonita. La casa _____ de la familia Amaral. La casa _____ en el sur de California. La casa de los Amaral no _____ de madera. Tampoco _____ de ladrillos. _____ de adobe y el techo _____ de azulejos. Los azulejos _____ de México.

ESTAR Y EL PARTICIPIO PASADO

The verb **estar** is used with a past participle to show the result of an action. (For the passive voice, see pages 138–139.)

Él escribió el libro. El libro está bien escrito.

EJERCICIO 4

_____ Completen.

1. La puerta _____ abierta. ¿Quién la abrió?
2. ¿Por qué _____ cerradas las ventanas? Está haciendo mucho calor aquí.
3. A esa hora, ¿_____ abierta la tienda o no?
4. ¡Qué elegante! Ella _____ muy bien vestida.
5. No hay duda. El rascacielos _____ bien construido.

ACTIVIDAD

_____ **1** Describe each illustration using **ser** or **estar**. Use the words in the illustration.

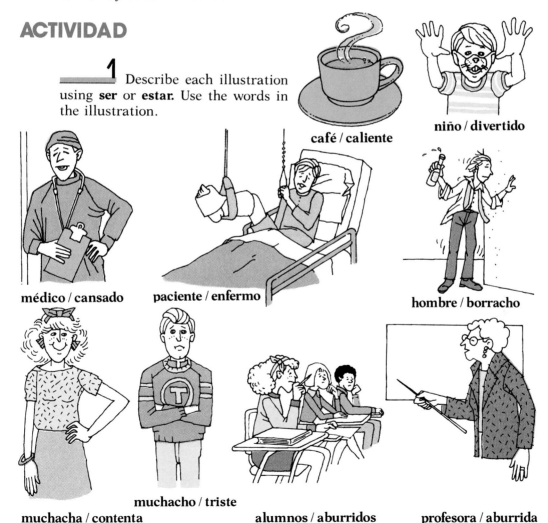

café / caliente

niño / divertido

médico / cansado

paciente / enfermo

hombre / borracho

muchacho / triste

muchacha / contenta

alumnos / aburridos

profesora / aburrida

11

LA COLOCACIÓN DE LOS PRONOMBRES DE COMPLEMENTO

CON EL INFINITIVO Y EL GERUNDIO

The direct and indirect object pronouns precede a conjugated verb in Spanish.

Él me lo dice.	Él me lo dijo.
Él me lo dirá.	Él me lo ha dicho.

However, when a direct or indirect object pronoun is used with an infinitive (**-ar, -er, -ir**) or a gerund (**-ando, -iendo**), the pronoun or pronouns can either be attached to the infinitive or gerund or precede the auxiliary verb that accompanies the infinitive or gerund. Observe the following.

Infinitive

Él quiere decír*telo*.	Él *te lo* quiere decir.
Él va a decír*telo*.	Él *te lo* va a decir.
Él acaba de decir*te* la verdad.	Él *te* acaba de decir la verdad.

Gerund

Él estaba diciéndo*melo*.	Él *me lo* estaba diciendo.
Y ahora él está diciéndo*selo* a ellos.	Y ahora él *se lo* está diciendo a ellos.
Él sigue hablándo*les*.	Él *les* sigue hablando.

Note that when two pronouns are attached to the infinitive, the infinitive carries a written accent mark to maintain the same stress. A gerund carries a written accent mark if either one or two pronouns is attached.

EJERCICIO 1   En el hotel

_____ Sigan el modelo.

Ella está hablando *al recepcionista.*
Ella le está hablando.
Ella está hablándole.

1. El recepcionista está atendiendo *a la cliente.*
2. La cliente está hablando *al recepcionista.*
3. Ellos están discutiendo *su reservación.*
4. Ella quiere hacer *la reservación* ahora.
5. Ella ha estado en el cuarto 514 antes y quiere reservar *el mismo cuarto* de nuevo.

6. El recepcionista le asegura que puede darle *el mismo cuarto*.
7. La señora está agradeciendo *al recepcionista*.
8. El recepcionista quiere ver *su tarjeta de crédito*.
9. La señora acaba de darle *su tarjeta de crédito*.
10. El recepcionista está apuntando *el número de la tarjeta*.

EJERCICIO 2 Al cine

_____ Contesten con pronombres.

1. ¿Quiere ver *la película* Celia?
2. ¿Está diciendo *a sus amigas* que la película es muy buena?
3. ¿Va a comprar *las entradas* Celia?
4. ¿Acaba de comprar *las entradas* en la ventanilla?
5. ¿Está mostrándole *las entradas a la acomodadora?*
6. ¿Está llevando *a las muchachas* a sus asientos la acomodadora?
7. De sus asientos, ¿pueden las muchachas ver *la película* bien?

CON EL IMPERATIVO

The direct and indirect object pronouns are always attached to the affirmative command. The pronouns precede the negative command.

	Formal
Hábleme Ud.	No *me* hable Ud.
Dígamelo en español.	No *me lo* diga en español.
Désela Ud. a Tomás.	No *se la* dé Ud. a Tomás.

	Informal
Háblame.	No *me* hables.
Dímelo en español.	No *me lo* digas en español.
Dásela a Tomás.	No *se la* des a Tomás.

Note that the command carries a written accent mark when either one or two pronouns is added to it.

EJERCICIO 3 Una cena en un restaurante

_____ Contesten según el modelo.

Yo voy a organizar *la cena*.
¡*Buena idea! Organízala*.

1. Yo voy a escoger *el restaurante*.
2. Yo voy a pedirle *el menú al mesero*.
3. Yo voy a seleccionar *el vino*.
4. Yo creo que voy a invitar *a Guillermo y a Susana*.
5. Yo voy a pedirle *la cuenta al mesero*.
6. Yo voy a pagar *la cuenta*.
7. Yo voy a dejarle *la propina al mesero*.

EJERCICIO 4 ¿Puedo hablarle?

_____ Contesten según el modelo.

¿Puedo hablarle?
No me parece buena idea. No le hable Ud.

1. ¿Puedo hacerlo?
2. ¿Puedo llamarlo por teléfono?
3. ¿Puedo escribirle?
4. ¿Puedo mandarle un telegrama?
5. ¿Puedo decírselo?

EJERCICIO 5 Sí, hágalo Ud.

_____ Den las siguientes órdenes en la forma afirmativa.

1. No me hable Ud.
2. No me mire Ud.
3. No me lo diga Ud.
4. No me lo explique Ud.
5. No me escuche Ud.

ACTIVIDAD

1 Imagínate que estás en la universidad. Escríbeles una carta a tus padres en español pidiéndoles unos favores; por ejemplo: si pueden mandarte dinero, comprarte discos, enviarte algo que te haga falta.

12
EL SUBJUNTIVO

LA FORMACIÓN DEL SUBJUNTIVO

The verb tenses studied thus far have mostly been in the indicative mood. The subjunctive mood is also frequently used in Spanish. The subjunctive mood is used to express an action that is desired or hoped for but that is not necessarily real. Analyze the following sentences.

Carlos paga sus gastos personales.	*Charles pays his personal expenses.*
Los padres de Carlos quieren que él pague sus gastos personales.	*Charles' parents want him to pay his personal expenses.*

The first sentence is an independent statement of fact—*Charles pays his personal expenses.* The second sentence contains a dependent clause—*that Charles pay his personal expenses.* The action expressed in this dependent clause is an action desired but not necessarily real. It is dependent upon and subordinate to the verb of the main clause *want.* What Charles' parents want may or may not occur. Since it may or may not occur, the verb in the dependent clause must be in the subjunctive mood.

To form the present subjunctive
1. drop the **-o** of the first person singular of the present indicative to get the root.

hablo	**vendo**	**recibo**	**pongo**	**salgo**	**conozco**
habl-	**vend-**	**recib-**	**pong-**	**salg-**	**conozc-**

2. add to this root the endings for the present subjunctive. The vowel of the subjunctive endings is the opposite of the vowel used for the present indicative. Verbs ending in **-ar** take the vowel **-e** and verbs ending in **-er** and **-ir** take the vowel **-a.**

Infinitive	hablar	vender	recibir	poner	salir	conocer
yo	hable	venda	reciba	ponga	salga	conozca
tú	hables	vendas	recibas	pongas	salgas	conozcas
él, ella, Ud.	hable	venda	reciba	ponga	salga	conozca
nosotros, -as	hablemos	vendamos	recibamos	pongamos	salgamos	conozcamos
(vosotros, -as)	(habléis)	(vendáis)	(recibáis)	(pongáis)	(salgáis)	(conozcáis)
ellos, ellas, Uds.	hablen	vendan	reciban	pongan	salgan	conozcan

Any verb that has an irregular **yo** form in the present tense of the indicative will maintain that irregularity in all forms of the present subjunctive.

Infinitive	Present Indicative (yo)	Present Subjunctive
poner	**pongo**	**ponga**
traer	**traigo**	**traiga**
hacer	**hago**	**haga**
tener	**tengo**	**tenga**
salir	**salgo**	**salga**
venir	**vengo**	**venga**
oír	**oigo**	**oiga**
decir	**digo**	**diga**
conocer	**conozco**	**conozca**
conducir	**conduzco**	**conduzca**
construir	**construyo**	**construya**

Stem-changing verbs of the first class have the same stem change in the subjunctive as in the present indicative.

Infinitive	pensar	contar	perder	volver
yo	piense	cuente	pierda	vuelva
tú	pienses	cuentes	pierdas	vuelvas
él, ella, Ud.	piense	cuente	pierda	vuelva
nosotros, -as	pensemos	contemos	perdamos	volvamos
(vosotros, -as)	(penséis)	(contéis)	(perdáis)	(volváis)
ellos, ellas, Uds.	piensen	cuenten	pierdan	vuelvan

Stem-changing verbs of the second class such as **preferir** and **morir** have an additional change in the present subjunctive. Note that the **nosotros** (and **vosotros**) form of **preferir** has an **-i-** and the **nosotros** (and **vosotros**) form of **dormir** has a **-u-**.

preferir prefiera, prefieras, prefiera, prefiramos, (prefiráis), prefieran
dormir duerma, duermas, duerma, durmamos, (durmáis), duerman

Stem-changing verbs of the third class such as **pedir** and **servir** change the **-e-** to **-i-** in all forms of the present subjunctive.

pedir pida, pidas, pida, pidamos, (pidáis), pidan
servir sirva, sirvas, sirva, sirvamos, (sirváis), sirvan

The following are the only verbs that do not follow the normal pattern for the formation of the present subjunctive.

dar	dé, des, dé, demos, (deis), den
estar	esté, estés, esté, estemos, (estéis), estén
ir	vaya, vayas, vaya, vayamos, (vayáis), vayan
saber	sepa, sepas, sepa, sepamos, (sepáis), sepan
ser	sea, seas, sea, seamos, (seáis), sean

EJERCICIO 1   ¿Qué quieren los padres de Carlos que él haga?

_____ Sigan el modelo.

trabajar
Los padres de Carlos quieren que él trabaje.

1. estudiar mucho en la universidad
2. sacar buenas notas
3. aprender todo lo posible
4. recibir su título
5. hacer un viaje a Europa
6. salir bien en todo
7. tener éxito
8. ser serio

EL SUBJUNTIVO EN CLÁUSULAS NOMINALES

The subjunctive is also used after the following verbs.

desear	*to desire*
esperar	*to hope*
preferir	*to prefer*
mandar	*to order*
insistir en	*to insist*
temer	*to fear*
tener miedo de	*to be afraid of*

Note that the use of the subjunctive is extremely logical in Spanish. Whether one desires, hopes, prefers, demands, insists, or fears that another person do something, one can never be sure that the person will in fact do it. Therefore, the action of the verb in the dependent clause is not necessarily real and the subjunctive must be used.

Los padres de Carlos quieren que él sea serio.
Desean que su hijo tenga éxito.
Esperan que él esté trabajando mucho en la escuela.
Pero temen que él no estudie bastante.
De todos modos, ellos insisten en que él pague sus gastos personales.

EJERCICIO 2 ¿Qué espera Teresa?

_____ Sigan el modelo.

Su amigo llega a tiempo.
Teresa espera que su amigo llegue a tiempo.

1. Su padre le permite usar el carro.
2. El tanque está lleno.
3. Su amigo viene a la casa a tiempo.
4. Ellos tienen las entradas para el concierto.
5. Ella ve a sus amigos en el concierto.

EJERCICIO 3 ¿Qué quieres?

Yo quiero que . . .

1. Uds. me esperan.
2. Uds. salen conmigo.
3. Todos nosotros vamos juntos a la tienda.
4. Uds. me ayudan a buscar un regalo para Susana.
5. Uds. no le dicen nada a Susana.

EJERCICIO 4 ¿En qué insiste mamá?

Mamá insiste en que . . .

1. Nos levantamos temprano.
2. Tomamos un buen desayuno.
3. Salimos a tiempo.
4. No llegamos tarde a la escuela.
5. Estudiamos y aprendemos.

EJERCICIO 5 ¿Qué prefiere él?

Él prefiere que . . .

1. Yo lo espero delante de la escuela.
2. Yo conduzco.
3. Vamos juntos al partido.
4. Nos sentamos en la primera fila.
5. Yo no hablo durante el partido de fútbol.

EJERCICIO 6 ¿Tienes miedo?

_____ Contesten.

1. ¿Quieres que yo vaya al médico contigo?
2. ¿Prefieres que yo conduzca?
3. ¿Deseas que yo te espere?
4. ¿Temes que el médico te dé una inyección?
5. ¿Tienes miedo de que la inyección te haga daño?
6. ¿Tienes miedo de que el médico te diga algo malo?
7. ¿Quieres que yo hable con él?
8. ¿Prefieres que yo esté contigo en el consultorio?
9. ¿Va a insistir el médico en que tú guardes cama?
10. ¿Temes que él te meta en el hospital?

EJERCICIO 7   En el banco

_____ Completen.

—Buenos días, señora. ¿En qué puedo servirle?
—Buenos días. Quiero que Uds. me _____ dólares por pesos.   **dar**
—¿Cuántos pesos quiere Ud. cambiar?
—Depende. Espero que el valor del dólar no _____ muy alto hoy.   **estar**
—Está a doscientos veinte.
—Espero que no _____ mañana.   **bajar**
—¡Ay, señora! Yo temo que nadie _____ dónde estará el dólar
mañana.   **saber**

EL SUBJUNTIVO CON EXPRESIONES IMPERSONALES

The subjunctive is also used after the following impersonal expressions.

Es posible	**Es bueno**
Es imposible	**Es mejor**
Es probable	**Es fácil**
Es improbable	**Es difícil**
Es importante	

Es posible que ellos vengan mañana.
Es imposible que lleguen a tiempo.
Es probable que haya mucho tráfico en la carretera.
De todos modos, es necesario que ellos estén para las seis.

Note that all of the above expressions take the subjunctive, since the action of the verb in the dependent clause may or may not take place.

EJERCICIO 8 ¿Qué opinas?

_____ Contesten.

1. ¿Es importante que tú te hagas rico(a)?
2. ¿Es probable que tú tengas mucho dinero algún día?
3. ¿Es posible que tú seas millonario(a)?
4. ¿Es necesario que tú llegues a ser millonario(a)?
5. ¿Es mejor que tú estés contento(a)?

EJERCICIO 9 Es probable que nos llamen.

_____ Completen.

1. Es posible que ellos _____ mañana. **llegar**
2. Es posible que ellos _____ en autobús. **venir**
3. ¿Tú lo crees? Es probable que ellos _____ el carro, ¿no? **tener**
4. Pues, yo no sé. Pero es necesario que yo _____ a qué hora van a llegar. **saber**
5. ¿Por qué es importante que tú lo _____? **saber**
6. Pues, es mejor que yo _____ en casa, ¿no? **estar**
7. Pero es difícil que tú _____ a casa antes de las cuatro de la tarde, ¿no? **volver**
8. Sí, es bastante difícil que yo _____ de la escuela antes de las tres y media. **salir**
9. ¿Quieres que yo los _____? **esperar**

EL INFINITIVO O EL SUBJUNTIVO

With the expressions that require the subjunctive, the subjunctive is used only when the subject of the dependent clause (introduced by **que**) is different from the subject of the main clause. When there is no change of subject in the sentence, the infinitive rather than a clause with the subjunctive is used. Observe the following sentences.

Yo quiero que tú invites a Claudio.	_I want you to invite Claude._
Yo quiero invitar a Claudio.	_I want to invite Claude._
Es necesario que tú llames a Claudio ahora.	_It is necessary for you to call Claude now._
Es necesario llamar a Claudio ahora.	_It is necessary to call Claude now._

EJERCICIO 10 ¿Quién quiere hacerlo?

_____ Contesten.

1. ¿Quieres salir?
2. ¿Quieres que yo salga contigo?
3. ¿Prefieres ir en carro?
4. ¿Prefieres que vayamos en carro?
5. ¿Insistes en conducir?
6. ¿Insistes en que yo conduzca?
7. ¿Es mejor salir por la mañana?
8. ¿Es mejor que salgamos por la mañana?

EJERCICIO 11   Es mejor ponernos de acuerdo.

_____ Completen.

1. Yo te quiero _____. **ver**
2. ¿Prefieres que yo _____ a tu casa? **ir**
3. ¿O quieres _____ a mi casa? **venir**
4. Es importante que nosotros _____ la situación. **discutir**
5. A mi parecer es difícil _____ por teléfono. **hablar**
6. Es mejor que nosotros _____ juntos. **estar**

ACTIVIDADES

1 Mis padres quieren que . . .

Tell some things your parents want you to do. Explain which things you think are important or necessary for you to do.

2 ¿Es fácil o es difícil?

What things are easy for you to do? On the other hand, what things are difficult for you to do?

3 ¿Es posible o es probable?

What things are possible or probable for you and your friends to do tomorrow?

Unos estudiantes de la Universidad de Barcelona, España

13
OTROS USOS DEL SUBJUNTIVO

CON EXPRESIONES DE DUDA

The subjunctive is used after any expression that implies doubt or uncertainty, since it is not known if the action in the clause will take place.

Yo dudo que ellos vengan mañana.
No creo que ellos tengan suficiente tiempo.

If the statement implies certainty rather than doubt, the indicative rather than the subjunctive is used in the dependent clause. Note that it is often the future tense that is used in a clause that follows an expression of certainty. One could argue that it would be more logical to use the subjunctive, but the emphasis is on the certainty that the event will take place and therefore the indicative is used.

Yo creo que ellos vendrán mañana.
Estoy seguro que ellos tendrán suficiente tiempo.

Note that in a question containing an expression of doubt, the speaker chooses between the use of the subjunctive or the indicative depending upon the meaning he or she wishes to convey. Observe and analyze the following questions.

¿Crees que ellos vengan mañana?

In this question the speaker is asking if you think they will come tomorrow. In the question the speaker used the subjunctive, not the indicative. The speaker's choice of the subjunctive indicates that he/she does not think they will come tomorrow. The speaker implies his/her own doubt or uncertainty.

¿Crees que ellos vendrán mañana?

In this question the speaker poses the same question. The speaker, however, used the indicative rather than the subjunctive. The speaker's choice of the indicative indicates that he/she is quite certain that they will come tomorrow.
Below is a list of common expressions of doubt or certainty.

Subjunctive	Indicative
dudar	no dudar
es dudoso	no es dudoso (no hay duda)
no estar seguro	estar seguro
no creer	creer
no es cierto	es cierto

EJERCICIO 1   ¿Lo crees o lo dudas?

_____ Sigan el modelo.

Luis cree que ellos lo saben.
Pero yo dudo que lo sepan.

1. Luis cree que ellos lo saben.
2. Él cree que tienen los resultados.
3. Él cree que ellos nos darán los resultados.
4. Él cree que los discutirán con nosotros.
5. Luis es siempre optimista. Él cree que todos nosotros estaremos de acuerdo.

EJERCICIO 2   ¿Certidumbre o duda?

_____ Seleccionen.

1. Juan: «¿Crees que ellos irán a España?»
   a. Juan cree que ellos van a ir a España.
   b. Juan duda que ellos vayan a España.
2. Teresa: «¿Crees que ellos tengan bastante dinero para hacer el viaje?»
   a. Teresa cree que ellos tienen el dinero.
   b. Teresa duda que ellos tengan el dinero.
3. Juan: «¿Crees que sus padres les den el dinero?»
   a. Juan cree que sus padres les darán el dinero.
   b. Juan duda que sus padres les den el dinero.
4. Teresa: «¿Crees que ellos puedan trabajar en España?»
   a. Teresa cree que ellos podrán trabajar.
   b. Teresa duda que ellos consigan trabajo.

CON VERBOS ESPECIALES

Many verbs imply a command, order, advice, or suggestion. Such verbs are followed by the subjunctive because even though we ask, tell, advise, or suggest that someone do something, it is not certain that the person will actually do it.

Some frequently used verbs that imply a command, order, advice, or suggestion are:

decir	*to tell*
escribir	*to write*
pedir	*to ask*
rogar	*to beg*
mandar	*to order*
exigir	*to demand, require*
aconsejar	*to advise*
recomendar	*to recommend*
sugerir	*to suggest*

Observe and analyze the following sentences.

Le digo que venga.
Les ruego que lleguen a las diez.
Les aconsejo que salgan temprano porque yo sé que habrá
mucho tráfico.
Juan me pide que (yo) lo ayude.
Te ruego que (tú) lo ayudes también.
Él nos ruega que le demos asistencia.

Note that these verbs often have an indirect object pronoun in the main clause. The indirect object pronoun is the subject of the dependent clause.

EJERCICIO 3   Manuela siempre nos pide algo.

_____ Sigan el modelo.

¿Qué les pide Manuela?   **ir con ella**
Ella nos pide que vayamos con ella.

1. acompañarla
2. esperarla delante de la taquilla
3. hacer cola

4. comprar las entradas
5. no entrar sin ella

EJERCICIO 4   Mis padres me dan consejos.

_____ Sigan el modelo.

¿Qué te aconsejan tus padres?   **trabajar**
Mis padres me aconsejan que trabaje.

1. estudiar mucho
2. sacar buenas notas
3. no gastar mucho dinero
4. ahorrar una parte de mi dinero

5. conducir con cuidado
6. no salir siempre con el (la) mismo(a) muchacho(a)

EJERCICIO 5   ¿Qué les dice Carlos a sus amigos?

_____ Contesten.

1. ¿Les dice Carlos a sus amigos que lo esperen?
2. ¿Les pide que tengan paciencia?
3. ¿Les ruega que no salgan sin él?
4. Y los amigos de Carlos, ¿le aconsejan que se dé prisa?
5. ¿Le recomiendan que llegue a tiempo?

¿Qué les dice el muchacho
a sus amigos?

Note that the subjunctive follows the verbs **decir** and **escribir** only when they imply a command. If someone writes or tells about some specific information, the subjunctive is not used. Observe the following.

Él me dice (escribe) que su tren llegará a las tres.	*He tells (writes) me that his train will arrive at three.*
Él me dice (escribe) que (yo) llegue a las tres.	*He tells (writes) me to arrive (that I arrive) at three.*

CON EXPRESIONES DE EMOCIÓN

The subjunctive is also used in a clause that modifies a verb or expression that deals with any type of emotion. Some such verbs or expressions are:

alegrarse de *to be happy*	**sorprender** *to surprise*
estar contento(a) *to be glad*	**gustar** *to like*
estar triste *to be sad*	**es (una) lástima** *it's a pity*
sentir *to be sorry, regret*	

Note that unlike the other expressions that take the subjunctive, the information in a clause following a verb or expression of emotion is real. If the information in the clause is real, why is the subjunctive used? Observe and analyze the following.

Me gusta que Juan esté aquí.
Me alegro de que él esté aquí.
¿Tú te alegras de que Juan esté aquí?
No me alegro nada. Siento que él esté aquí.
A mi parecer es una lástima que él esté aquí.

All of the above statements indicate that Juan is present. His presence is a real fact. Even though the information is real, the subjunctive is used because the clause is introduced by an expression that deals with a feeling about the action or event. As the examples above illustrate, one person is very pleased about Juan's presence. The other person's feelings about the event are quite the opposite. The person is not the least bit pleased.

The subjunctive is used in clauses that:

1. express an action or event that is not necessarily real.
2. express a subjective, emotional feeling about an action or event.

EJERCICIO 6 ¿Cómo te sientes?

_____ Contesten.

1. ¿Estás contento(a) o triste con que Juan sea el campeón?
2. ¿Sientes que Tomás no sea el campeón?
3. ¿Te sorprende que Juan sea el campeón?
4. ¿Estás triste que el padre de Tomás esté enfermo?
5. ¿Sientes que él esté en el hospital?
6. ¿Es una lástima que él no pueda ir al campeonato?

EJERCICIO 7 ¿Qué emoción o sentimiento tienes?

_____ Select an expression of feeling you would have about the following news.

1. Teresa gana el premio.
2. Teresa sale bien en todos sus exámenes.
3. Teresa está en el hospital.
4. Teresa está muy enferma.
5. Teresa se casa con Alberto.

ACTIVIDADES

_____ **1** Tell some of the things you think your best friend will really do. Also tell some things you really doubt that he/she will do.

_____ **2** What are some things that your Spanish teacher tells you to do?

_____ **3** If you have any brothers or sisters, tell what your parents advise them to do. If you have no brothers or sisters, tell what your parents advise you to do.

_____ **4** Are there some things that your parents absolutely prohibit you to do? What are some of those things?

_____ **5** What are some activities or events that you feel happy about? On the contrary, what are some activities or events you feel bad about or regret?

Una clase en la Universidad de Buenos Aires, Argentina

Irregular verbs

andar	anduvieron	anduvie-	anduviera
estar	estuvieron	estuvie-	estuviera
tener	tuvieron	tuvie-	tuviera
poder	pudieron	pudie-	pudiera
poner	pusieron	pusie-	pusiera
saber	supieron	supie-	supiera
querer	quisieron	quisie-	quisiera
venir	vinieron	vinie-	viniera
hacer	hicieron	hicie-	hiciera
leer	leyeron	leye-	leyera
oír	oyeron	oye-	oyera
decir	dijeron	dije-	dijera
conducir	condujeron	conduje-	condujera
traer	trajeron	traje-	trajera
ir	fueron	fue-	fuera
ser	fueron	fue-	fuera

LOS USOS DEL IMPERFECTO DEL SUBJUNTIVO

The same rules that govern the use of the present subjunctive govern the use of the imperfect subjunctive. It is the tense of the verb in the main clause that determines whether the present or imperfect subjunctive must be used in the dependent clause. If the verb of the main clause is in the present or future tense, the present subjunctive is used in the dependent clause.

Quiero que ellos me lo digan.
Será necesario que nosotros lo sepamos para mañana.

When the verb of the main clause is in the preterite, imperfect, or conditional, the imperfect subjunctive must be used in the dependent clause.

Yo insistí en que ellos estuvieran.
Quería que ellos me lo dijeran.
Sería necesario que nosotros lo supiéramos.

EJERCICIO 1 ¿En qué insistió el profesor?

_____ Sigan el modelo.

hablarle en español
El profesor insistió en que le habláramos en español.

1. hablar mucho
2. pronunciar bien
3. llegar a clase a tiempo
4. aprender la gramática
5. escribir composiciones
6. leer la novela
7. saberlo bien
8. hacerlo

EJERCICIO 2   ¿Qué quería?

_____ Contesten según se indica.

¿Él te llamó?
Quería que él me llamara.

1. ¿Él llegó temprano?
2. ¿Él te habló?
3. ¿Él te pagó?

4. ¿Él te dio el dinero?
5. ¿Él te pidió un recibo?

EJERCICIO 3   ¿Qué temías?

_____ Contesten según se indica.

¿No vinieron?
Yo temía que no vinieran.

1. ¿No llegaron a tiempo?
2. ¿Se perdieron?
3. ¿No podían comer con nosotros?

4. ¿No querían pasar el fin de semana aquí?
5. ¿Salieron en seguida?

EJERCICIO 4   Ellos estaban contentos . . . .

_____ Contesten según se indica.

¿Llamaste al médico?
Sí, y ellos estaban contentos con que yo lo llamara.

1. ¿Hablaste con el médico?
2. ¿Fuiste a la consulta?
3. ¿Tuviste un examen físico?

4. ¿Te hizo unos rayos equis el médico?
5. ¿Te dio los resultados?

EJERCICIO 5 Sería imposible....

_____ Contesten según se indica.

¿Él te acompañará?
Sería imposible que él te acompañara, ¿no?

En la Universidad de Barcelona

1. ¿Él tendrá bastante dinero?
2. ¿Él irá a España?
3. ¿Él hará el viaje contigo?
4. ¿Él aprenderá el español?
5. ¿Él trabajará en España?

EJERCICIO 6 Al banco

_____ Hagan los cambios necesarios.

1. Quiero que tú vayas al banco.
   Quería . . .
2. Es necesario que tú cambies el dinero.
   Era . . .
3. Prefiero que tú hables con el cajero.
   Preferiría . . .
4. Es imposible que él me comprenda.
   Sería . . .
5. Es mejor que yo te espere en casa.
   Era . . .

ACTIVIDADES

1 ¿Sería fácil o difícil?

What things would be very easy for you to do and what things would be difficult for you to do?

2 Era necesario . . . ayer.

What things were necessary for you to do yesterday?

3 Yo quería que él/ella . . . .

Tell some things that you wanted someone to do but that he/she did not do. Tell why he/she did not do them.

16
EL SUBJUNTIVO EN CLÁUSULAS ADVERBIALES

CON CONJUNCIONES ESPECIALES

The subjunctive is always used after the following conjunctions.

de manera que	*in such a way that, so that*
de modo que	*in such a way that, so that*
para que	*so that*
con tal de que	*provided that*
sin que	*without, unless*
a menos que	*unless*

Él no irá a menos que tú vayas.
Él hará el viaje con tal de que vayamos en avión.
Él no iría a menos que fueras tú.
Él haría el viaje con tal de que fuéramos en avión.

Note that the tense of the verb in the main clause determines the tense of the subjunctive in the dependent clause.

Main clause	Dependent clause
Present } Future	Present subjunctive
Preterite Imperfect Conditional }	Imperfect subjunctive

EJERCICIO 1

___ Completen.

1. Ella habló en español de modo que todos nosotros ___. **comprender**
2. Ella sabía que nadie entendería a menos que ___ español. **hablar**
3. Ella volverá mañana con tal de que nosotros ___ preguntas. **tener**
4. Ella dio instrucciones para que nosotros ___ a usar la máquina. **aprender**
5. Ella nos las explicó de manera que ___ bastante fácil de comprender. **ser**
6. Ella preparó y dio la conferencia sin que nadie la ___. **ayudar**

EJERCICIO 2

_____ Completen.

1. Ella hablará en español de modo que todos nosotros _____. **comprender**
2. Ella sabe que nadie entenderá a menos que _____ español. **hablar**
3. Ella dará la conferencia para que nosotros _____ con la máquina. **familiarizarse**
4. Ella explicará todo de manera que _____ bastante fácil de comprender. **ser**
5. Ella preparará y dará la conferencia sin que nadie la _____. **ayudar**

CON CONJUNCIONES DE TIEMPO

The subjunctive is used with adverbial conjunctions of time when the verb of the main clause is in the future, since it is not certain if the action in the adverbial clause will actually take place. When the verb in the main clause is in the past, however, the indicative is used since the action of the clause has already been realized.

> **Yo les hablaré cuando lleguen.**
> **Yo les hablé cuando llegaron.**

Commonly used adverbial conjunctions of time are:

cuando	_when_	**hasta que**	_until_
en cuanto	_as soon as_	**después de que**	_after_
tan pronto como	_as soon as_		

The conjunction **antes de que** _(before)_ is an exception. **Antes de que** is always followed by the subjunctive. When the verb of the main clause is in the past, the imperfect subjunctive is used after **antes de que.**

> **Nosotros saldremos antes de que ellos lleguen.**
> **Nosotros salimos antes de que ellos llegaran.**

EJERCICIO 3   ¿Cuándo hablaste con él?

_____ Completen la conversación.

—¿Hablaste con Tomás?
—Sí, le hablé en cuanto (él) _____. **llegar**
—¿Y has hablado con Elena también?
—No, ella no ha llegado todavía. Le hablaré tan pronto como _____. **llegar**
—Después de que tú _____ con ella, podremos reunirnos para llegar a una decisión. **hablar**
—Sí, y cuando nosotros _____ lo que vamos a hacer, se lo tenemos que decir al señor Lujano. **decidir**
—Pero antes de que tú _____ con el señor Lujano, tenemos que saber exactamente lo que le vamos a presentar. **hablar**

EJERCICIO 4

_____ Hagan los cambios necesarios.

1. Yo la vi cuando ella salió.
   _____ veré _____.

2. Ella me hablará antes de que salga.
   _____ habló _____.

3. Ella me lo dijo en cuanto tenía los resultados.
   _____ dirá _____.

4. Se lo dirá a papá tan pronto como llegue.
   _____ dijo _____.

CON *AUNQUE*

The conjunction **aunque** (*although*) may be followed by the subjunctive or the indicative depending upon the meaning of the sentence. Observe and analyze the following.

> **Nosotros saldremos aunque esté lloviendo.**
> **Nosotros saldremos aunque está lloviendo.**

In the first sentence the subjunctive is used to indicate that it is not raining now but we will go out even though it may rain. The indicative is used in the second sentence because it is a fact that it is raining and, although it is actually raining, we will still go out.

EJERCICIO 5

_____ Sigan el modelo.

Me parece que va a llover. ¿Vamos a salir?
Sí, vamos a salir aunque llueva.

1. Mira cómo está lloviendo. ¿Vamos a salir?
2. No tenemos reservación. ¿Vamos a ir al restaurante?
3. Es posible que haga mal tiempo para el fin de semana. ¿Vamos a ir a la playa?
4. María me ha dicho que no se siente bien. ¿Vendrá ella?
5. No sé si va a hacer calor mañana. ¿Vas a llevar un traje?

QUIZÁS, TAL VEZ, OJALÁ

The expressions **ojalá** (*would that, I wish*) and **quizá(s)** (*perhaps*) are always followed by the subjunctive.

> **Ojalá (que) lo veamos.**
> **Ojalá que lo viéramos.**
> **Quizás vengan a la fiesta.**

Note that **ojalá** can be followed by either the present or the imperfect subjunctive.

The expression **tal vez** *(perhaps)* can be followed by either the subjunctive or the future indicative.

Tal vez estén.
Tal vez estarán.

EJERCICIO 6   ¿Estará Alicia?

_____ Contesten según el modelo.

¿Estará Alicia?
No sé. Quizá esté.

1. ¿Vendrá Alicia en carro?
2. ¿Llegará por la mañana?
3. ¿Pasará el día con nosotros?
4. ¿Iremos a la playa?
5. ¿Comeremos en una marisquería?

EJERCICIO 7   ¡Ojalá!

_____ Contesten según el modelo.

¿Van a esperar?
Ojalá que esperen.

1. ¿Van a esperar hasta que lleguemos?
2. ¿Vamos a salir juntos?
3. ¿Vamos a ir a las montañas?
4. ¿Vamos a pasar el fin de semana allí?
5. ¿Vamos a encontrar un hotel?
6. ¿Van a tener un cuarto disponible?

ACTIVIDADES

_____ **1** Complete the road sign in the illustration with as much pertinent information as possible.

_____ **2** What are some things you would really like to see happen?
Ojalá ...

_____ **3** What are some things you might do later today?
Quizá ...

17

LOS TIEMPOS COMPUESTOS DEL SUBJUNTIVO

EL PRESENTE PERFECTO DEL SUBJUNTIVO

The present perfect subjunctive is formed by using the present subjunctive of the auxiliary verb **haber** and the past participle. Study the following forms.

Infinitive	hablar	comer	vivir
yo	haya hablado	haya comido	haya vivido
tú	hayas hablado	hayas comido	hayas vivido
él, ella, Ud.	haya hablado	haya comido	haya vivido
nosotros, -as	hayamos hablado	hayamos comido	hayamos vivido
(vosotros, -as)	(hayáis hablado)	(hayáis comido)	(hayáis vivido)
ellos, ellas, Uds.	hayan hablado	hayan comido	hayan vivido

The present perfect subjunctive is used when the verb in the main clause is in the present or future tense and the action of the subjunctive verb was prior to that of the verb in the main clause.

No creo que ellos hayan llegado.
**Ella se alegra de que tú te
hayas divertido.**

I don't believe they have arrived.
*She is happy that you had a
good time.*

EJERCICIO 1 Una carta a Susita

_____ Completen.

Querida Susita,
¿Es posible que _____ (terminar)
tus vacaciones? No creo que ya
_____ (pasar) quince días. Espero
que tú lo _____ (pasar) bien en
México y que _____ (divertirse).
Estoy contento con que tú _____
(tener) la oportunidad de visitar
el país de tus abuelos.
            Afmo,
            Jaime

EJERCICIO 2

_____ Contesten.

1. ¿No crees que ellos hayan llegado?
2. ¿Es posible que hayan salido tarde?
3. Es imposible que se hayan perdido, ¿no?
4. Es raro que Roberto no haya llamado, ¿no?
5. ¿Temes que les haya pasado algo?
6. ¿Es posible que ellos hayan llamado y que no hayamos oído el teléfono?

EL PLUSCUAMPERFECTO DEL SUBJUNTIVO

The pluperfect subjunctive is formed by using the imperfect subjunctive of the auxiliary verb **haber** and the past participle.

Infinitive	hablar	comer	vivir
yo	hubiera hablado	hubiera comido	hubiera vivido
tú	hubieras hablado	hubieras comido	hubieras vivido
él, ella, Ud.	hubiera hablado	hubiera comido	hubiera vivido
nosotros, -as	hubiéramos hablado	hubiéramos comido	hubiéramos vivido
(vosotros, -as)	(hubierais hablado)	(hubierais comido)	(hubierais vivido)
ellos, ellas, Uds.	hubieran hablado	hubieran comido	hubieran vivido

The pluperfect subjunctive is used after a verb in the past tense that requires the subjunctive, when the action of the subjunctive verb was prior to that of the verb in the main clause.

No creía que él hubiera hecho tal cosa.
I didn't believe that he would have done such a thing.

The most common use of the pluperfect subjunctive, however, is in **si** (contrary to fact) clauses.

CLÁUSULAS CON SI

Si *(If)* clauses are used to express a contrary-to-fact condition. For these clauses, there is a very definite sequence of tenses. Study the following examples.

Si tengo bastante dinero, haré el viaje.	*If I have enough money, I will take the trip.*
Si tuviera bastante dinero, haría el viaje.	*If I had enough money, I would take the trip.*
Si yo hubiera tenido bastante dinero, yo habría hecho el viaje.	*If I had had enough money, I would have taken the trip.*

Note that the sequence of tenses for **si** clauses is the following:

Main clause	*Si clause*
Future	Present <u>indicative</u>
Conditional	Imperfect subjunctive
Conditional perfect	Pluperfect subjunctive

EJERCICIO 3   Lo que haré, haría o habría hecho si...

_____ Completen.

1. **tener**
   Ellos irán si _____ el tiempo.
   Yo también iría si _____ el tiempo.
   Yo sé que tú habrías ido si _____ el tiempo.
2. **dar**
   Yo lo compraré si alguien me _____ el dinero.
   Y él también lo compraría si alguien le _____ el dinero.
   ¿Qué opinan Uds.? ¿Uds. lo habrían comprado si alguien les _____ el dinero?
3. **ir**
   Yo iré a Córdoba si _____ a España.
   Él iría a Córdoba si _____ a España.
   Yo sé que nosotros habríamos ido a Córdoba si _____ a España.
4. **contestar**
   Si tú me escribes te _____.
   Si ella me escribiera yo le _____.
   Si Uds. me hubieran escrito, yo les _____.

EJERCICIO 4   Si...

_____ Contesten.

1. Si recibes mucho dinero algún día, ¿lo gastarás todo en seguida o lo ahorrarás?
2. Si alguien te diera mil dólares, ¿qué comprarías?
3. Si tú pudieras hacer un viaje, ¿adónde irías?
4. Si tú estudias mucho, ¿qué notas recibirás?
5. Si tú hubieras estado en España, ¿qué ciudades habrías visitado?

18
LOS PRONOMBRES RELATIVOS

QUE

A relative pronoun is a pronoun that introduces a clause that modifies a noun. The most commonly used relative pronoun is **que.** The pronoun **que** can replace either a person or a thing and can be used as either the subject or the object of the clause. Observe the following sentences.

Subject
La señora que está hablando es la tía de Paquita.
El libro que está en la mesa es de ella.

Object
La señora que tú conociste ayer es la tía de Paquita.
El libro que ella escribió es muy interesante.

Note that the relative pronoun is often omitted in English. Such is not the case in Spanish. The relative pronoun **que** must be expressed.

The book (that) she wrote is very interesting.
El libro que ella escribió es muy interesante.

The relative pronoun **que** can also be used after a preposition but only when it refers to a thing.

El libro de que me hablaste era muy interesante.

EJERCICIO 1   La librería que es tan conocida

_____ Formen una sola oración según el modelo.

La librería se llama Claridad. La librería es la mejor de la ciudad.
La librería que es la mejor de la ciudad se llama Claridad.

1. La librería es muy buena. La librería está en la calle Mayor.
2. La señora trabaja en la librería. Tú conociste a la señora ayer.
3. La señora es la tía de Jaime. La señora trabaja en la librería.
4. La señora se llama Gertrudis Villasante. La señora trabaja en la librería.
5. Los libros son técnicos. Ella vende los libros en la librería Claridad.
6. La señora Villasante escribió los libros. Los libros están en el escaparate.
7. Los libros tratan de computadoras. Ella escribió los libros.
8. Ella escribió el libro. Yo compré el libro.

A QUIEN, A QUIENES

A quien or **a quienes** can be used instead of **que** when the pronoun replaces a person who is the direct object of the clause. The pronoun **que**, however, is more frequently used than **a quien**.

La señora que tú conociste es la tía de Jaime.
La señora a quien tú conociste es la tía de Jaime.

The pronoun **quien** must be used after a preposition when the pronoun replaces a person.

El señor de quien tú me hablas es periodista.
La señora con quien yo trabajé era mexicana.

EJERCICIO 2   ¿De quién o de qué hablas?

_____ Completen.

1. El libro de _____ tú me hablas es de ella.
2. Ella es la señora _____ vino a la fiesta anoche, ¿no?
3. Sí, es la señora _____ tú conociste en la fiesta.
4. ¿Es la misma señora con _____ yo hablaba?

EL QUE, LA QUE, LOS QUE, LAS QUE

The longer pronouns **el que, la que, los que,** and **las que** are used to add emphasis and they mean *the one(s) who* or *the one(s) that* in English.

De todos los libros, el que estoy leyendo ahora es el más interesante.
Of all the books, the one (that) I am reading now is the most interesting.

De todas mis hermanas, la que tiene más talento es mi hermana mayor.
Of all my sisters, the one who has the most talent is my older sister.

The pronouns **el que, la que, los que,** and **las que** often begin a sentence. Observe the following.

El que habla ahora es mi hermano.	*The one who is talking now is my brother.*
La que hablará mañana es mi hermana.	*The one who will speak tomorrow is my sister.*
Los que hablaron ayer fueron mis padres.	*The ones who spoke yesterday were my parents.*

Note the sequence of tenses in the above sentences. If the verb following **el que** is in the present or future, the present tense of **ser** is used in the main clause. If the verb that follows **el que** is in the preterite, the preterite of **ser** is used in the main clause.

EJERCICIO 3　El que lo hizo fue...

_____ Contesten según el modelo.

¿Quién entró?　**mi hermano**
El que entró fue mi hermano.

1. ¿Quién entró?　**mi hermana**
2. ¿Quién llegó tarde?　**José**
3. ¿Quién está hablando ahora?　**el director**
4. ¿Quién hablará después?　**la directora**
5. ¿Quién dio la mejor conferencia?　**el licenciado Jiménez**
6. Después de la última conferencia, ¿quiénes darán el coctel? **los directores**

LO QUE

The neuter relative pronoun **lo que** is used to replace a general idea for which there is no specific antecedent. It is equivalent to the English _what_.

Lo que necesito es más dinero.　_What I need is more money._

EJERCICIO 4　Lo que te hace falta

_____ Sigan el modelo.

Necesito más dinero.
Lo que necesito es más dinero.

1. Digo la verdad.
2. Necesito más dinero.
3. Tengo que comprarme un carro.

4. Dices la verdad.
5. Te hace falta dinero.

CUYO

The relative pronoun **cuyo** expresses possession and corresponds to the English _whose_ or _of which_. Note that **cuyo** agrees with the noun it modifies.

El señor cuya hija está hablando ahora es el director de la compañía.
The man, whose daughter is speaking now, is the director of the company.
Tiene una gran compañía cuyo nombre he olvidado.
He has a large company, the name of which I have forgotten.

EJERCICIO 5

_____ Completen.

1. El señor _____ tienda acabamos de visitar es muy rico.
2. Es un señor _____ recursos económicos son increíbles.
3. Es el señor _____ esposa conduce un Rolls.
4. Perdón. Su esposa es la señora _____ chófer conduce un Rolls.
5. Es el matrimonio _____ hijos tienen un Jaguar.
6. Es una familia _____ riqueza es increíble.

19
LA VOZ PASIVA

CON EL VERBO *SER*

The passive voice is less frequently used in Spanish than in English. Spanish speakers tend to use the active rather than the passive voice. Compare the following English sentences in both the passive and active voice.

Active: *Galdós wrote the novel.*
Passive: *The novel was written by Galdós.*

When the true passive is used in Spanish, it is formed by using the verb **ser** and the past participle. Compare the following Spanish sentences in both the active and passive voice.

Active: **Galdós escribió la novela.**
Passive: **La novela fue escrita por Galdós.**

Note that the past participle agrees with the subject. The agent or person who performed the action is introduced by the preposition **por.**

EJERCICIO 1   La conquista de México

_____ Pongan las oraciones en la voz pasiva según el modelo.

El gobernador de Cuba nombró a Cortés jefe de una expedición.
Cortés fue nombrado jefe de una expedición por el gobernador de Cuba.

1. Cortés conquistó a México.
2. Al llegar a la costa de México, Cortés quemó los barcos.
3. Doña Marina ayudó a Cortés en la conquista de México.
4. Cortés y sus soldados invadieron muchos pueblos de los indios.
5. Cortés invadió la capital, Tenochtitlán, en 1517.
6. El rey de los aztecas, Moctezuma, recibió a Cortés en la capital.
7. Cortés y sus hombres capturaron a Moctezuma.
8. Los españoles hicieron prisionero a Moctezuma.
9. Los habitantes de Tenochtitlán consideraron a Moctezuma un traidor.
10. Los indios mataron a Moctezuma.

NOTA The most frequently used preposition to introduce the agent in a sentence in the passive voice is **por.** However, when the verb deals with an emotion, feeling, or thought rather than a physical action, the preposition **de** introduces the agent.

El presidente fue admirado de todos.
El capitán valiente fue respetado de sus soldados.

CON *SE*

A very common way to express the passive in Spanish is to use the reflexive pronoun **se** with the third person singular or plural of the verb. This construction is most commonly used when the agent or person who carried out the action is not expressed.

Se habla español en México.	*Spanish is spoken in Mexico.*
Se cierran los bancos a la una de la tarde.	*The banks are closed at one in the afternoon.*

Note that the subject often follows the verb in this construction. The **se** construction is also used to convey an indefinite subject.

Se dice que no es verdad.   *They say (It is said) that it isn't true.*

EJERCICIO 2   Buenos Aires, la capital de la Argentina

_____ Completen.

1. _____ dic__ que Buenos Aires es una ciudad bonita.
2. En Buenos Aires _____ v__ mucha gente de ascendencia italiana.
3. _____ habl__ español en Buenos Aires.
4. En el puerto de Buenos Aires _____ v__ muchos barcos.
5. Los habitantes de Buenos Aires _____ llam__ porteños.
6. La palabra «porteño» _____ deriv__ de la palabra «puerto».
7. En las pampas argentinas _____ crí__ mucho ganado.
8. _____ export__ mucha carne de res.

En Buenos Aires se toma «el colectivo»—un autobús urbano.

EJERCICIO 3   ¿Qué se vende y dónde?

_____ Contesten.

1. ¿Qué se vende en la carnicería?
2. ¿Qué se vende en la frutería?
3. ¿Qué se vende en la panadería?
4. ¿Qué se vende en la pastelería?
5. ¿Qué se vende en la lechería?
6. ¿Qué se vende en la pescadería?
7. ¿Qué se vende en el departamento de ropa para caballeros?
8. ¿Qué se vende en el departamento de ropa para señoras?
9. ¿Qué se vende en el departamento de deportes?
10. ¿Qué se vende en el departamento de muebles?

20
LOS PRONOMBRES POSESIVOS Y DEMOSTRATIVOS

LOS PRONOMBRES POSESIVOS

Las formas

A possessive pronoun is used to replace a noun that is modified by a possessive adjective. The possessive pronoun must agree in number and gender with the noun it replaces. Note that the possessive pronoun is accompanied by the appropriate definite article.

Possessive adjective	*Possessive pronoun*
mi, mis	**el mío, la mía, los míos, las mías**
tu, tus	**el tuyo, la tuya, los tuyos, las tuyas**
su, sus	**el suyo, la suya, los suyos, las suyas**
nuestro, nuestra	**el nuestro, la nuestra, los nuestros, las nuestras**
(vuestro, vuestra)	**(el vuestro, la vuestra, los vuestros, las vuestras)**
su, sus	**el suyo, la suya, los suyos, las suyas**

Yo tengo mi boleto, no el tuyo.	*I have my ticket, not yours.*
Allí están las maletas de Carlos.	*There are Charles' suitcases.*
Él tiene las suyas.	*He has his.*
¿Pero dónde están las mías?	*But where are mine?*

EJERCICIO 1   ¿Quién tiene el mío y el tuyo?

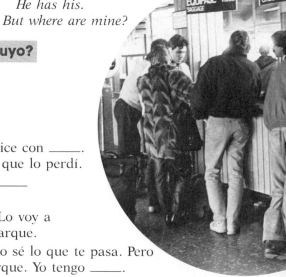

_____ Completen la conversación.

En el aeropuerto

Enrique   Carlos, ¿tienes tu boleto?

Carlos   Sí, tengo _____. Aquí está.

Enrique   ¡Ay, caramba! No sé lo que hice con _____. ¿Dónde estará? No me digas que lo perdí.

Carlos   No, no lo perdiste. Yo tengo _____ también. Lo puse con _____.

Enrique   Pues, dame _____, por favor. Lo voy a poner con mi tarjeta de embarque.

Carlos   Enrique. Cálmate, mi hijo. No sé lo que te pasa. Pero no tienes tu tarjeta de embarque. Yo tengo _____.

Enrique   ¿Tú tienes _____?

EJERCICIO 2 Su blusa y la mía

_____ Escriban las oraciones con el pronombre posesivo.

1. Teresa compró su blusa en Galerías Preciados y yo compré *mi blusa* en la tienda Sáenz.
2. *Nuestras blusas* son las mismas.
3. Pero *mi blusa* costó más que *su blusa*.
4. *Su blusa* fue una ganga.

EJERCICIO 3 Mi carro y el tuyo

_____ Escriban las oraciones con pronombres posesivos.

—Mi carro es un Fiat. ¿De qué marca es *tu carro*?
—*Mi carro* es un Seat.
—¿Cuánto te costó *tu carro*?
—*Mi carro* costó novecientos mil. ¿Y *tu carro*? ¿Cuánto te costó?

El suyo, la suya, los suyos, las suyas

Note that **el suyo, la suya, los suyos,** and **las suyas** can refer to the subjects **él, ella, Ud., ellos, ellas, Uds.** When there is possible ambiguity or confusion in meaning, these pronouns are clarified by the following prepositional phrases.

el suyo:	el de él, el de ella, el de Ud., el de ellos, el de ellas, el de Uds.
la suya:	la de él, la de ella, la de Ud., la de ellos, la de ellas, la de Uds.
los suyos:	los de él, los de ella, los de Ud., los de.ellos, los de ellas, los de Uds.
las suyas:	las de él, las de ella, las de Ud., las de ellos, las de ellas, las de Uds.

In the sentence **Juan tiene el suyo,** the meaning is *John has his,* since the subject of the sentence is also the possessor. The sentence *John has hers* would be stated **Juan tiene el de ella** in order to avoid confusion in meaning.

EJERCICIO 4

_____ Sigan los modelos.

María tiene sus maletas. *María tiene las suyas.*
María tiene las maletas de Carlos. *María tiene las de él.*

1. Carlos tiene su boleto.
2. Pero Carlos está buscando los boletos de sus amigos.
3. María ya ha facturado sus maletas.
4. Y ahora ella está facturando las maletas de Juan.
5. Juan fue a conseguir su tarjeta de embarque y la tarjeta de embarque de María.

Después del verbo *ser*

When a possessive pronoun immediately follows the verb **ser**, the definite article is often omitted.

Este boleto es mío.
¿Es tuyo el otro boleto?

The article can be used, however, for emphasis.

Este boleto es el mío. No es el tuyo.
This ticket is mine. It's not yours.

EJERCICIO 5   ¿Es tuyo?

_____ Completen la conversación.

—Carlota, ¿es tuyo este libro?
—Sí, es _____. _____ está allí en la mesa.
—No, aquel libro en la mesa no es _____ tampoco. Es de Susana.
—Ah, es _____. No lo sabía.

LOS PRONOMBRES DEMOSTRATIVOS

The demonstrative pronouns are the same as the demonstrative adjectives. The pronouns carry a written accent mark to distinguish them from the adjectives.

Adjectives	*Pronouns*
este, esta, estos, estas	**éste, ésta, éstos, éstas**
ese, esa, esos, esas	**ése, ésa, ésos, ésas**
aquel, aquella, aquellos, aquellas	**aquél, aquélla, aquéllos, aquéllas**
Me gusta éste.	*I like this one.*
Ése que tú tienes no está mal tampoco.	*That one that you have isn't bad either.*
Pero aquél, no me gusta nada.	*But that one (over there), I don't like it at all.*

Remember that the forms of **ése** refer to that which is near the person spoken to and not extremely distant from the speaker. The forms of **aquél** are used for items off in the distance, rather far from both the speaker and the person spoken to.

EJERCICIO 6   ¿Prefieres éstas o aquéllas?

_____ Completen.

1. Estas casas son más grandes que _____ (que están allá).
2. _____ (aquí) tienen ocho cuartos y _____ (allá) tienen seis.
3. Este plan es de las grandes pero _____ (que tú tienes) es de las pequeñas.
4. Esta casa tiene sólo un piso pero _____ (que ves allá) tiene dos.
5. Pero _____ (aquí) tiene un jardín fabuloso.

21
POR Y PARA

LOS USOS DE *POR* Y *PARA*

The prepositions **por** and **para** have very specific uses in Spanish and they are not interchangeable. These two prepositions are often translated into English as *for*. Such a translation is quite restrictive, since these two words express many ideas other than *for*.

The preposition **para** is used to indicate destination or purpose.

El avión salió para Bogotá.	*The plane left for Bogotá.*
Este regalo es para María.	*This gift is for Mary.*
Ella estudia para abogada.	*She is studying to be a lawyer.*

The preposition **por,** in contrast to **para,** is more circuitous. Rather than expressing a direct destination, **por** conveys the meanings *through, by, along.*

Ellos viajaron por la América del Sur.	*They traveled through South America.*
Su barco pasó por las orillas de los Galápagos.	*Their boat passed by the shores of the Galápagos.*
El ladrón entró en la casa por la ventana.	*The thief entered the house through the window.*

Por also has the meaning *in behalf of, in favor of, instead of.* Observe and analyze the difference in meaning in the following sentences.

Compré el regalo para mi madre.	*I bought the gift for my mother.* (I am going to give the gift to my mother.)
Compré el regalo por mi madre.	*I bought the gift for my mother.* (The gift is for another person, but my mother could not go buy it so I went for her.)

The preposition **por** is used after the verbs **ir, mandar, volver,** and **venir** in order to show the reason for the errand.

El joven fue a la tienda por pan.	*The young man went to the store for bread.*
Ellos mandaron por el médico.	*They sent for the doctor.*

Lección 21 • Gramática avanzada

EJERCICIO 1

_____ Contesten.

1. ¿Va a salir para Barcelona Teresa?
2. ¿Va a viajar por Cataluña?
3. ¿Va a estudiar para enfermera en Barcelona?
4. ¿Va a andar por las Ramblas Teresa?
5. ¿Va a comprar regalos para sus parientes?
6. Algunos amigos quieren que ella les compre algunas cositas y le dieron el dinero. ¿Va a comprar las cositas por ellos?

EJERCICIO 2

_____ Completen.

1. Hoy yo salí _____ el mercado a las ocho de la mañana.
2. Natalia no pudo ir. Así yo fui _____ ella.
3. Cuando salí del mercado di un paseo _____ el centro de la ciudad.
4. Pasé _____ las elegantes tiendas de la calle Serrano.
5. Entré en una de las tiendas y compré un regalo _____ mi madre. Se lo voy a dar mañana.
6. Cuando volví a casa, el hijo de Natalia vino _____ las cosas que yo había comprado en el mercado.

Con expresiones de tiempo

The preposition **para** is used to indicate a time deadline.

Ellos tienen que estar aquí para el día ocho.	_They have to be here by the eighth._

Por, in contrast to **para,** is used to define a period of time.

Van a estar aquí por una semana.	_They are going to be here for a week._

Por is also used to express an indefinite time.

Creo que ellos van a volver por diciembre.	_I think they are going to return around December._

EJERCICIO 3

_____ Contesten.

1. ¿Pueden Uds. llegar para las ocho?
2. ¿Y pueden tener los resultados para mañana?
3. Cuando vienen Uds. mañana, ¿pueden quedarse aquí por una semana?
4. La última vez que vinieron, Uds. estuvieron por dos semanas, ¿no?
5. ¿Piensan Uds. volver otra vez por Navidad?

_____ Completen.

Los árabes salieron del Norte de África _____ España en el siglo ocho. Invadieron a España en el año 711 y estuvieron en el país _____ unos ocho siglos. Viajaron _____ toda la península ibérica. Por eso si uno hace un viaje _____ España, verá la influencia de los árabes en casi todas partes del país. Y si uno viaja _____ Andalucía en el sur del país, visitará sin duda la famosa Alhambra de Granada, el Alcázar de Sevilla y la Mezquita de Córdoba, tres monumentos famosos de los árabes.

_____ mañana yo tengo que preparar un informe sobre la influencia musulmana en España _____ mi clase de español. Así yo fui hoy a la biblioteca _____ los libros que necesitaba _____ hacer mis investigaciones.

Con el infinitivo

When followed by an infinitive, **para** expresses purpose and means *in order to.*

Tengo que ir a la biblioteca	*I have to go to the library (in or-*
para hacer mis investigaciones.	*der) to do my research.*

When **por** is followed by an infinitive, it expresses what remains to be done.

No he terminado mi informe.	*I haven't finished my report.*
Me queda mucho por hacer.	*There remains (I still have) a*
	lot to be done.

The expression **estar para** means *to be about to* or *to be ready to.*

Ellos están para salir pero no	*They are about to (ready to)*
sé lo que van a hacer porque	*leave but I don't know what*
está para llover.	*they are going to do because it*
	is about to rain.

The expression **estar por** means *to be inclined to.* It does not mean that the action will immediately take place.

Estoy por salir porque hace	*I'm in the mood to go out because*
buen tiempo.	*the weather is nice.*

_____ Contesten.

1. ¿Quieres ir a tu cuarto para estudiar?
2. ¿Tienes que preparar un informe para mañana?
3. ¿Estás para trabajar o para divertirte?
4. Para el informe, ¿te queda mucho por hacer?
5. ¿Fuiste a la biblioteca por los libros que te hacían falta?
6. Yo estoy para salir. ¿Quieres que yo haga algo por ti?

_____ Completen.

1. Ya me bañé y me vestí y estoy _____ salir.
2. ¡Ay, pero mira! Está _____ llover.
3. Tendré que subir _____ mi paraguas.
4. Quiero ir al teatro. _____ ir al teatro tendré que tomar un taxi porque no hay bus que pase _____ el teatro.
5. Me pregunto si tendré que hacer cola _____ comprar las entradas.
6. Estoy _____ divertirme. Al salir del teatro voy a visitar uno de los mesones de Cuchilleros.
7. Trabajé todo el día y todavía me queda mucho _____ hacer.

OTROS USOS

Para is used to express a comparison.

Para cubano él habla muy bien el inglés.	*For a Cuban, he speaks English very well.*
Y para americano Roberto habla muy bien el español.	*And for an American, Robert speaks Spanish very well.*

Por is used to express means, manner, or motive.

La carta llegó por correo aéreo.	*The letter arrived by air mail.*
Los soldados lucharon por la libertad de su país.	*The soldiers fought for the freedom of their country.*

Por is used to express *in exchange for.*

Él me pagó cien dólares por el trabajo que hice.	*He paid me a hundred dollars for the work I did.*
Él cambió pesos por dólares.	*He exchanged pesos for dollars.*

Por is also used to express an opinion or estimation.

Yo lo tomé por francés pero es español.	*I took him for French but he is Spanish.*

Por is used to indicate measure or number.

Las papas se venden por kilo.	*They sell potatoes by the kilo.*
Este avión vuela a mil kilómetros por hora.	*This plane flies at 1000 kilometers per hour.*

_____ Completen.

1. _____ español, el señor Chaval habla muy bien el francés.
2. _____ argentina, la señora Filitti sabe mucho de los Estados Unidos.

3. Ella vino a Miami en avión. Dijo que el avión volaba a unos mil kilómetros _____ hora.
4. Ella cambió sus australes _____ dólares antes de salir de la Argentina.
5. La primera vez que yo conocí a la señora Filitti, yo la tomé _____ italiana. Pero la verdad es que ella es de ascendencia italiana pero hace años que su familia vive en la Argentina.
6. La señora Filitti sabe que a mí me gustan mucho los zapatos argentinos. Ella me trajo dos pares. No quería que yo le pagara pero yo le di el dinero _____ los zapatos.
7. Hoy llegó un paquete para la señora Filitti. El paquete llegó _____ correo aéreo.

EJERCICIO 8

_____ Contesten con *por* o *para*.

1. ¿Cuál es el destino del tren? ¿Barcelona?
2. ¿A quién vas a dar los dulces? ¿Al niño?
3. Cuando vendiste el carro, ¿te dieron mil dólares?
4. Es mexicano pero habla muy bien el inglés, ¿verdad?
5. ¿Cuándo piensas venir? ¿En abril?
6. ¿Te queda mucho o poco trabajo?
7. ¿Cuándo lo terminarás? ¿Mañana?
8. Ellos pasaron mucho tiempo en Cataluña, ¿verdad?
9. ¿Cómo mandaron el paquete que acabas de recibir?

EJERCICIO 9

_____ Escriban las oraciones con *por* o *para*.

1. Andan *en* el parque.
2. Mañana salen *con destino a* Barcelona.
3. Los chicos van ahora *en la dirección de* la ciudad.
4. Tengo que estar allí *no más tarde de* las tres.
5. *A pesar de que es* viejo, viaja mucho.
6. Hay un montón de trabajo *que tengo que* terminar.
7. Papá no podía asistir, así yo fui *en lugar de* él.
8. Los chicos corrieron *en* la calle.
9. Voy al mercado *en busca de* la carne.
10. Mis padres lo pagaron *en vez de* mí.
11. Subimos al tren *con destino a* Granada.
12. *A pesar de que es* rico, no es generoso.
13. Nos gusta viajar *en* Colombia.
14. Estaremos en Cali *durante* siete días.

1
La moda

VOCABULARIO

La joven lleva **mahones.**
Su **indumentaria** no es muy elegante.
Su **vestuario se limita** a blue jeans y T-shirts.

El color naranja **le sienta bien.**
Es un color que **le favorece.**
Ella siempre **elige** (escoge) el naranja.

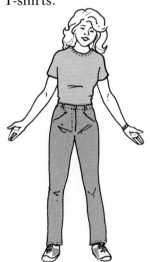

EJERCICIO 1

_____ **Contesten.**

1. ¿Qué lleva la joven?
2. ¿Cómo es su indumentaria?
3. ¿A qué se limita su vestuario?
4. ¿Qué opinas de su vestuario?

EJERCICIO 2

_____ **Pareo**

A	**B**
1. favorecerle	a. la indumentaria
2. luminoso	b. brillante
3. elegir	c. sentarle bien
4. el vestuario	d. escoger

EJERCICIO 3 _Preguntas personales_

_____ **Contesten.**

1. ¿Cuál es un color que te favorece?
2. ¿Cuál es el color que eliges con más frecuencia?
3. ¿En qué consiste tu vestuario?
4. ¿Prefieres la indumentaria elegante o casual?

Introducción

En los periódicos se encuentran anuncios para ropa. Además hay secciones enteras dedicadas a la moda. También hay revistas elegantes y caras que tratan exclusivamente de la moda. La selección que sigue trata del color y el efecto que tiene en la personalidad. El artículo fue tomado de una revista española, _Belleza y Moda._

EL SIGNIFICADO MÁGICO DEL _Color_

EN EL CAMPO DEL VESTUARIO PERSONAL, el color juega una crucial buena parte en la actitud individual, comportamiento[1] y puntos de vista. Muchas personas juran[2] que la coordinación del color ha cambiado sus vidas drásticamente. Insisten

---

[1]**comportamiento** _behavior_   [2]**juran** _swear_

en que, después de haber aplicado ciertos conocimientos básicos, tienen más confianza, consiguen mejores empleos, atraen más amigos e incluso salvan[3] relaciones amistosas. A lo mejor esto es cierto porque se sienten mejor en los colores escogidos ya que ésos realzan[4] su apariencia. Como resultado, sus actitudes han mejorado y han aparecido cambios considerables. Raymond Iwyeffort, un conocido investigador de la moda, ha creído siempre en la influencia del color, y empezó a aplicarlo en la ropa de los hombres ya en 1928. Él cree que si el color se usara libremente, podría curar el complejo de inferioridad y de desánimo.[5] Considera que el rojo hace al hombre fuerte, dinámico y valiente; el amarillo le hace sentir feliz y despreocupado;[6] el naranja ayuda a la persona a ser agresiva; el verde incita la estabilidad y el azul es aliviador.[7] Desaprueba[8] el negro, entendiendo que éste indica dolor, pena.

---

[3]**salvan** *save*   [4]**realzan** *pick up*   [5]**desánimo** *faintheartedness, listlessness*
[6]**despreocupado** *unconcerned, carefree*   [7]**aliviador** *soothing*
[8]**Desaprueba** *He disapproves of*

Un estudio realizado en la Universidad de Pennsylvania llegó a la conclusión de que los estudiantes que tenían seguridad en sí mismos escogían muchos colores neutros como el gris o el beige, y pocos colores calientes, mientras que los chicos inseguros preferían colores brillantes y sombras muy luminosas o muy oscuras. Comprar algo de un color que te siente bien y que te favorezca es importante, pero escoger un color para llevar un cierto día que te compense[9] de cómo te sientes es también importante. Si te levantas por la mañana regalando energía, ponte un color suave. Si tu «batería» mental o emocional está muerta, elige un color brillante. Si tu moral está baja, te sugerimos el blanco. Es importante señalar que el peso[10] del color no es meramente psicológico. Es primordial[11] pensar en el color como una longitud de ondas[12] de la energía radiante. Actualmente necesitamos el color más que nunca. Negros y grises, ambos deprimentes,[13] deberían ser reemplazados por colores de felicidad, inspiración, cordialidad y tran-

quilidad, no sólo en nuestra indumentaria sino también dentro de nuestro contorno[14] profesional y personal.

LAS PROPIEDADES E INFLUENCIAS DEL COLOR son variadas pero se pueden descomponer en algunas características generales relacionadas con el estado físico, mental y personal.

Belleza y Moda
Madrid, España

EJERCICIO 4   *¿Dónde dice eso?*

1. Es más importante hoy que antes el uso del color.
2. Un señor que estudiaba la moda pensaba que el color influía en la personalidad.
3. Uno debe llevar un color vivo si amanece sintiéndose con poca energía.
4. Hay gente que dice que el uso del color ha tenido un efecto profundo en sus vidas.
5. El color importa también en nuestro ambiente.

---

[9]**te compense** *makes up for*   [10]**peso** *weight*   [11]**primordial** *muy importante*
[12]**ondas** *waves*   [13]**deprimentes** *tristes*   [14]**contorno** *environment*

EJERCICIO 5 *¿A qué color se refiere?*

_____ **Pareo**

A	**B**
1. Me siento sin preocupaciones ni problemas.	a. verde
2. El hombre da una impresión de valor y dinamismo.	b. azul
3. Es el color de la tristeza y del dolor.	c. negro
4. Ud. es demasiado tímido, por eso le recomiendo este color.	d. rojo
5. Queremos crear un ambiente pacífico, estable, de gran calma.	e. amarillo
	f. naranja

ACTIVIDADES

_____ **1** ¿Qué cree Ud. de las conclusiones del estudio realizado en la Universidad de Pennsylvania y citado en este artículo de *Belleza y Moda*?

_____ **2** ¿Cuál es su color favorito en ropa y por qué? ¿Qué efecto tiene en Ud. este color?

_____ **3** Aquí tiene Ud. una lista de palabras que aparecen en el artículo que se relacionan con peculiaridades de personalidad. Emplee cada una de las siguientes palabras en una oración.

* **tener confianza**
* **el complejo de inferioridad**
* **el desánimo**
* **fuerte**
* **dinámico, -a**
* **valiente**
* **deprimente**
* **feliz**
* **despreocupado, -a**
* **agresivo, -a**
* **tener seguridad en sí mismo, -a**

_____ **4** Imanol Arias es un joven actor español. ¿Puede Ud. describir su indumentaria? ¿Qué le parece a Ud.? ¿Por qué?

2
El crimen

VOCABULARIO

un semanario de pulseras

una esclava

una sortija

El ladrón escaló la casa.
La escaló **a través de** una ventana.
Él **se apoderó de las joyas.**

Read each pair of sentences to learn the meaning of the new word.

Él **se apoderó de** las joyas.
Él las robó.

Lo **han detenido.**
Lo han arrestado.

Él es **natural de** Granada.
Él nació en Granada.

Él es **vecino de** Granada.
Él es residente de Granada.

EJERCICIO 1   *Un robo*

___ Contesten.

1. ¿Escaló la casa el ladrón?
2. ¿Cómo entró?
3. ¿Se apoderó de varias pulseras y una sortija de oro?

4. ¿Lo han detenido los policías?
5. ¿Es natural de Granada el detenido?
6. ¿Y es vecino de Granada también?

EJERCICIO 2

___ Den un sinónimo.

1. El ladrón *entró en* la casa *para robar*.
2. Él *entró por* una ventana.
3. Él *se apoderó de* una cantidad de joyas.

4. Los policías lo han *arrestado*.
5. El detenido *nació en* Sevilla.
6. Pero *reside en* Granada.

Introducción

Hay un viejo refrán que dice «en todas partes cuecen habas» que quiere decir que las cosas son iguales en todas partes. Y lamentablemente así es el crimen. El crimen no reconoce fronteras como veremos en los artículos que siguen. Los artículos tratan no de crímenes extraordinarios sino de los crímenes que ocurren a diario en todo el mundo. Hemos escogido ejemplos de crímenes en dos categorías—los robos, que desgraciadamente siempre han existido, y la plaga de nuestros tiempos cuyas víctimas tienden a ser los jóvenes—la droga.

Robo en un piso del Albaicín

Funcionarios de la Brigada Regional de Policía Judicial han detenido a José Ramón R.S. de 22 años, natural y vecino de Granada, como presunto[1] autor de un robo cometido en una casa del Albaicín. El citado había escalado el pasado día 23 a través de la ventana de un piso y se apoderó de 42.000 pesetas y diversas joyas. En el momento de su detención se le ocuparon 25.000 pesetas, un semanario de pulseras, dos pulseras más, una esclava, cuatro sortijas, todo ello de oro, y dos papelinas[2] de heroína, a la que es adicto, que había adquirido con parte del dinero sustraído.[3] El detenido pasó a disposición de la autoridad judicial junto con las diligencias instruidas.[4]

Ideal
Granada, España

---

[1]**presunto** *presumed*   [2]**papelinas** *packets*   [3]**sustraído** robado
[4]**diligencias instruidas** *authorized agents*

EJERCICIO 3 *Granada*

_____ **Escojan.**

1. ¿Qué será José Ramón R.S.?
   a. Un policía.
   b. Un autor.
   c. Un criminal.
2. ¿Dónde ocurrió el crimen?
   a. En un apartamento.
   b. En una calle de Granada.
   c. En una tienda de joyas.
3. ¿Cómo entró el criminal?
   a. Por la puerta principal.
   b. Por debajo del piso.
   c. Por la ventana.

4. ¿Qué compró el ladrón?
   a. Unas sortijas.
   b. Varias joyas de oro.
   c. Drogas.
5. ¿Cuánto dinero llevaba el criminal cuando lo capturaron?
   a. Veintitrés pesetas.
   b. Veinticinco mil pesetas.
   c. Cuarenta y dos mil pesetas.

EJERCICIO 4

_____ **¿Cómo se dice de otra manera?**

1. Funcionarios de la Brigada *han arrestado* a José Ramón R.S.
2. José Ramón R.S. *es de* Granada y *reside en* Granada.
3. Él *había entrado* en la casa *por* una ventana.
4. Él *tomó* 42.000 pesetas.
5. En el momento de *su arresto tenía* 25.000 pesetas.
6. *Él había comprado* la heroína con una parte del dinero *robado*.

Capturan $3 millones en marihuana

SANTO DOMINGO (UPI)–Las autoridades investigaban ayer un barco propiedad de una compañía dominicana que llevaba en su bodega[5] un cargamento de marihuana con un valor aproximado a los tres millones de dólares, dijeron medios periodísticos.

Según la policía, los propietarios de dos furgones[6] a bordo del barco habían declarado que llevaban mosaicos[7] hacia Miami, pero «un indiscreto» dijo que en realidad se trataba de marihuana.

El barco está anclado[8] en el puerto de San Pedro de Macorís, ciudad situada a 75 kilómetros al este de esta capital.

Unas 15 personas fueron detenidas en relación con el episodio.

El Nuevo Día
San Juan, Puerto Rico

[5]**bodega** *hold*   [6]**furgones** *trucks, vans*   [7]**mosaicos** *tiles*   [8]**anclado** *anchored*

EJERCICIO 5 *Un episodio en Santo Domingo*

_____ Completen.

1. La droga que encontraron era _____ .
2. La droga estaba en _____ de un barco.
3. Lo que llevaba la droga en el barco fue un par de _____ .
4. El destino del cargamento era la ciudad de _____ .
5. Los dueños de los camiones dijeron que su cargamento no era droga sino _____ .
6. La policía encontró el barco en _____ .

ACTIVIDADES

_____**1** A veces, cuando uno está de viaje, puede caer víctima de un crimen. Este documento es una «denuncia» presentada a la Guardia Civil. Explique Ud. lo que ha pasado.

_____**2** Muchas personas dicen que el alcohol es una droga igual que las otras y que también es adictivo y dañino. ¿Qué opina Ud.?

D. FRANCISCO BUENO GONZÁLEZ (74.748.390), Sargento de la Guardia Civil, perteneciente a la 234ª. Comandancia de dicho Cuerpo y en la actualidad Comandante de Puesto de Castellar de la Ftra.

HACE CONSTAR: Que a las 10'30 horas del día 31 de marzo de 1.986, se personó en esta Dependencia el súbdito norteamericano EMMANUEL WOODFORD PROTASE, con pasaporte nº D-1005326, actualmente con domicilio en Castillo Castellar, C/Corralete nº 25, denunciando que en la noche del 27 al 28 del actual, le habían abierto las puertas del vehículo matrícula M-2683-GH, propiedad de la Compañía Rent-A-Car AVIS, que tenía aparcado en los extramuros de dicho Castillo, robando la radio que tenía instalado en dicho vehículo.

NO SE HAN PODIDO COMPROBAR LOS HECHOS DENUNCIADOS POR SER FUNCIÓN DEL JUZGADO DE INSTRUCCIÓN DE SAN ROQUE, AL QUE SE HAN REMITIDO LAS CORRESPONDIENTES DILIGENCIAS mediante el oportuno procedimiento. — Art. 268 de la Ley de Enjuiciamiento Criminal.

Y para que conste y a petición del interesado se expide el presente en Castellar de la Frontera en la fecha anteriormente consignada.

3
Los anuncios

VOCABULARIO

el monaguillo | el novio | las arras | la novia

trasladarse	ir de un lugar a otro
fallecer	morir
efectuarse	tener lugar
el fallecimiento	la muerte
el sepelio	el entierro
el enlace	el matrimonio, la unión

EJERCICIO 1

____ Contesten.

1. ¿Entró la novia en la iglesia del brazo de su padre?
2. ¿La esperaba en el altar el novio?
3. ¿Portó las arras el sobrino de la novia?
4. ¿Sirvió de monaguillo el sobrino del novio?
5. Terminada la ceremonia, ¿se trasladaron los invitados al Hotel Emperador para una recepción?

EJERCICIO 2

_____ Contesten según la oración modelo.

1. **El señor Luis Valentín Pérez de Armiñán falleció hoy en el Hospital del Sagrado Corazón.**
¿Quién falleció?
¿Cuándo murió?
¿Dónde murió?

Introducción

La «esquela» es el aviso de la muerte de una persona que se publica en los periódicos. En los periódicos norteamericanos estos anuncios son breves y pequeños. En España y en Hispanoamérica la esquela es más adornada. También es común ver una esquela que conmemora el aniversario de una muerte. Los periódicos hispanos e hispanoamericanos dedican varias páginas a las esquelas.

La esquela se paga, no es igual que una noticia en el periódico sobre la muerte de alguna persona famosa. Las esquelas emplean un vocabulario formulario. En las esquelas nadie «muere» sino «fallece». Y a nadie se le «entierra» sino que se le da «sepelio», y nadie es sólo «bueno» sino «excelentísimo».

✝

RUBÉN D. NAVARRO PEMÁN
HA FALLECIDO

Su esposa Edna Velasco; sus hijos Ednita, Marisa, Rubén, Diana y Carlos; sus nietos; sus hermanos políticos y sus hijos políticos, Edward Rey y Jeffamyn, notifican su fallecimiento e invitan a sus amigos y relacionados al acto del sepelio a efectuarse el viernes, 29 de marzo de 1985 a las 2 P.M., partiendo la comitiva fúnebre[1] desde la funeraria Ariel Santiago en Yauco hasta el cementerio nuevo en Yauco.

EJERCICIO 3

_____ Contesten.

1. ¿Cómo se llama la esposa del señor que murió?
2. ¿Cuántas hijas tenía el señor?
3. ¿Qué relación había entre el señor Navarro Pemán y Edward Rey?
4. ¿Cuándo fueron los funerales?
5. ¿Dónde enterraron al señor?
6. ¿De dónde partió (salió) la comitiva fúnebre?

---

[1]**la comitiva fúnebre** _funeral procession_

SEGUNDO ANIVERSARIO

EXCELENTÍSIMA E ILUSTRÍSIMA SEÑORA

DOÑA FLORENTINA DE TALERO Y PALACIO ALFEREZ Y BUSTAMANTE

FALLECIÓ EN BARCELONA

EL DÍA 20 DE NOVIEMBRE DE 1984

D. E. P.²

SU FAMILIA

RUEGA una oración por su alma.

Mañana, día 20, se celebrarán misas por su eterno descanso en Renedo de Piélagos (Santander), Arjona (Jaén), Madrid y Barcelona.

EJERCICIO 4

_____ Escojan.

1. Esta esquela apareció el _____ de noviembre.
   a. 19
   b. 20
2. Se celebraron misas por el eterno descanso de la señora en _____ ciudades.
   a. dos
   b. cuatro
3. Las misas que se mencionan se celebraron en _____ .
   a. 1984
   b. 1986
4. Los nombres que aparecen entre paréntesis son de _____ .
   a. ciudades
   b. provincias

Y la vida continúa. La gente nace, cumple años, se casa, tiene hijos y se muere. Y si los individuos son ricos o famosos o importantes, estos acontecimientos se hacen públicos. Aparecen en los diarios.

Igual que las esquelas emplean un vocabulario propio, también los artículos sobre bodas tienen sus palabras formularias. El matrimonio siempre es un «enlace» que es, literalmente, la conexión o unión de dos cosas. El enlace se considera la unión, no sólo de los novios, sino de las dos familias. Y los anillos son las «arras». Arras eran trece monedas que antiguamente le daba el novio a la novia al casarse. Hoy el cambio de anillos es simbólico de esa remuneración a la novia por la dote.³

---

²**D. E. P.** Descanse en paz.   ³**dote** _dowry_

Vida social

Enlace Larrinaga de Luis-Cano Meseguer

En la parroquia[4] de San Fermín de los Navarros se ha celebrado la boda de la señorita Beatriz Cano Meseguer con don Alejandro Larrinaga de Luis.

La novia entró en la iglesia del brazo de su padre y padrino, don Filiberto Cano Nieto. El novio, con su madre y madrina, doña Manuela de Luis y Sánchez-Montoya de Larrinaga.

Oficiaron la ceremonia los RR PP[5] Vicente Villamandos y José María Maruri, S. J.[6] Actuó como monaguillo Hugo Suárez Larrinaga y portaba las arras Alejandro Suárez Larrinaga, ambos sobrinos del novio.

Firmaron el acta como testigos,[7] por parte de la novia, sus tíos don Luis Fernández, don Joaquín y don Vicente Meseguer; sus hermanos don Filiberto, don Francisco José y don Domingo Cano; don Ricardo Mayá y las señoritas Soledad Giménez y María Gómez Acebo. Por parte del novio, sus tíos, don Severiano Larrinaga y don Teófilo y don Luis de Luis; sus primos, don Javier y don Luis Larrinaga, don Teófilo y don José Manuel de Luis, y don Guillermo Escudero, don José Luis Bartolomé, don Alberto Moncada, don Ángel Martínez-Conde, don Fernando Salto y don Carlos Muñoz Torrens.

Terminada la ceremonia, los invitados se trasladaron al hotel Ritz.

A B C
Madrid, España

EJERCICIO 5   *¿Sí o no?*

1. Don Filiberto Cano Nieto es el padre de Beatriz.
2. Dos curas oficiaron la ceremonia.
3. Hugo Suárez Larrinaga llevaba los anillos.
4. El padre de la novia también sirvió de padrino en la boda.
5. Alejandro Larrinaga de Luis es el tío de Hugo y Alejandro Suárez Larrinaga.
6. La ceremonia se celebró en el hotel Ritz.

Antes de casarse, tradicionalmente, el padre del novio solicitaba la mano de la novia a los padres de ella. Esta costumbre es muy antigua y se está cayendo en desuso—excepto dentro de ciertas clases sociales.

Petición de mano

Por los señores de Urquijo (don Jaime), y para su hijo don Gonzalo Urquijo Fernández de Araoz, ha sido pedida a los condes de La Coruña la mano de su hija Marta Barreiros y Cotoner.

A B C
Madrid, España

---

[4]**parroquia**   *parish*
[5]**RR PP**   Reverendos Padres   [6]**S. J.**   Sociedad de Jesús   [7]**testigos**   *witnesses*

EJERCICIO 6

_____ Contesten.

1. ¿Cómo se llama el joven que quiere casarse?
2. ¿Quién hizo «la petición de mano»?
3. ¿A quién se la hizo?
4. ¿Quiénes son los padres de la novia?

ACTIVIDADES

_____ **1** Prepare un artículo sobre la boda de Ud. Incluya:

- los nombres de los novios
- los nombres de los padrinos y damas de honor
- el lugar de la ceremonia
- quién o quiénes oficiaron la ceremonia
- quiénes asistieron a la boda y a la recepción
- el lugar de la recepción

_____ **2** Ud. es el (la) periodista que tuvo que preparar el artículo sobre las bodas del Príncipe Andrés *(Andrew)* de Inglaterra. Prepare un artículo breve de unas 100 palabras.

_____ **3** El anuncio (abajo) es del *A B C*, un periódico de Madrid.

- ¿A qué número hay que llamar para poner una esquela?
- ¿Cómo se puede pagar la esquela?
- ¿Dónde están las oficinas del periódico?
- Ahora, llame Ud. al *A B C* y déles una esquela para el periódico de mañana.

_____ **4** Escríbale una notita a la joven felicitándole en este importante cumpleaños.

cumpliendo años

Johami Bonilla Benítez cumplió quince años de edad. La quinceañera fue obsequiada por sus padres, Gladys y Jacob Bonilla, con un viaje a Europa y una fiesta en su hogar.

El Mundo
San Juan, Puerto Rico

A B C Madrid, España

4
El automóvil

VOCABULARIO

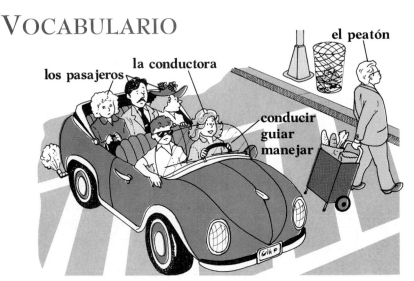

los pasajeros
la conductora
el peatón

conducir
guiar
manejar

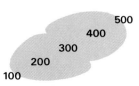

el nivel del mar

parar los pelos

la campaña

alcanzar

Hubo **555 muertos** y **42,551 heridos** en 1984, lo que significa...

destacar

superar

EJERCICIO 1

_____ Escojan.

1. El _____ conduce el automóvil.
   a. conductor
   b. pasajero
2. Este carro puede llevar cinco _____ .
   a. conductores
   b. pasajeros
3. El peatón va _____ .
   a. en coche
   b. a pie

4. El pueblo está a 600 metros sobre _____ .
   a. el nivel del mar
   b. la campaña
5. Carmen es una magnífica atleta; ella se _____ en todos los deportes.
   a. alcanza
   b. destaca

Muchos problemas de la sociedad moderna cruzan las fronteras. Es imposible imaginar la vida en el siglo XX sin el automóvil. El automóvil nos ha permitido dominar las distancias. ¿Pero a qué precio?

A continuación aparece un artículo de *El Mundo* de San Juan, Puerto Rico. Al leer el artículo trate Ud. de determinar:

- el problema de que se trata
- si la situación se está mejorando o empeorando
- cuál es el papel de las bebidas alcohólicas en este problema
- cuáles son otras causas
- quiénes son las víctimas
- lo que se está haciendo para controlar la situación

Local

MÁS ACCIDENTES EN LAS CARRETERAS

Por **Clarence Beardsley**

■ **Hubo 555 muertos y 42,551 heridos en 1984, lo que significa un incremento de 325 muertes con respecto a 1983.** ■ **El 62% de las pruebas de alcohol analizadas al registrarse muertes de conductores dieron positivo.**

El número de accidentes de tránsito aquí en 1984 alcanzó un nivel aterrador[1] de 92,002 casos.

Las bajas[2] ocasionadas por estos accidentes, en lo que a personas se refiere, fue de 42,551 heridos y 555 muertos, cifras que representan un alza[3] meteórica para tales estadísticas en los últimos años.

El total de accidentes de tránsito el año pasado superó por 9,213 los ocurridos en 1983; el número de heridos fue de 1,673 personas más y la cifra de muertos superó por 35 la del año anterior.

Los datos fueron dados a conocer durante una conferencia de prensa[4] del Departamento de Transportación y Obras Públicas y la empresa[5] Motorambar, para anunciar una campaña pro seguridad de tránsito, auspiciada[6] por esa firma privada, que llevará el título de «Lo que se quiere, se cuida».

Se destacan entre las causas de los accidentes del tránsito, el exceso de velocidad, conducir bajo los efectos de bebidas alcohólicas, pasar indebidamente, no cumplir con leyes y reglamentos de tránsito, además de un aumento en el número de conductores y de vehículos registrados.

De acuerdo a las estadísticas mencionadas—que cada una de por sí le para los pelos a cualquiera—, el año pasado el 62 por ciento de las pruebas de alcohol analizadas en las fatalidades de los conductores, dieron positivo. De esas pruebas, además, el 78 por ciento de los casos tenían una concentración de alcohol en la sangre[7] de 0.10 centésimas del 1 por ciento o más.

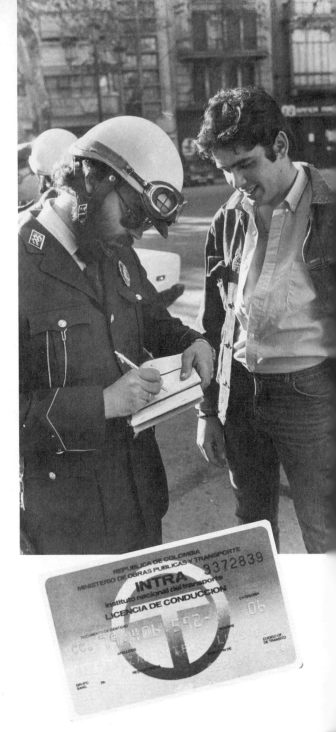

---

[1]**aterrador** que da miedo [2]**bajas** *casualties* [3]**alza** aumento [4]**prensa** *press*
[5]**empresa** compañía, sociedad [6]**auspiciada** patrocinada [7]**sangre** *blood*

Otros datos relevantes:

- En los primeros dos meses de 1985 ya se ha registrado un aumento de 18 muertes de tránsito en comparación con el mismo período el año pasado.

- De un total de 198,402 conductores autorizados que había en 1960 en la Isla, hay ahora 1,162,762. Esto significa un aumento de 964,360 conductores (486 por ciento).

- De 176,628 vehículos registrados en 1960, el total subió a 1,224,000; aumento de 1,047,372 (593 por ciento).

- Durante 1984, la Policía emitió 92,814 boletos por exceso de velocidad y 209,798 por infracciones de movimiento.

- En los últimos 10 años ocurrieron en la Isla 4,751 casos de homicidios. En ese mismo período, 5,279 personas perdieron la vida en accidentes de tránsito.

- Se estima que de las 5,279 muertes de tránsito, 3,167 fueron ocasionadas por conductores que habían ingerido[8] bebidas alcohólicas.

- En cuanto a las muertes de peatones adultos, el 51 por ciento habían ingerido bebidas alcohólicas, mientras que de éstos el 90 por ciento tenía 0.10 por ciento o más de alcohol en la sangre.

- Del total de 555 muertes en 1984, el 40 por ciento fueron peatones, 29 por ciento conductores y 24 por ciento pasajeros. Entre los conductores se destacan las edades de 21 a los 40 años. Entre los peatones la mayor frecuencia fue entre 17 y 68 años.

El secretario del DTOP, Darío Hernández, anunció los planes del gobierno de estimular[9] una mayor participación de organizaciones cívicas, la empresa privada, la industria y el comercio en campañas de orientación sobre la prevención de accidentes automovilísticos.

Esos esfuerzos,[10] dijo, estarán unidos a los que hasta ahora ha realizado su agencia y la Comisión de Seguridad en el Tránsito, que preside el ingeniero Elvin Ruiz Serrano.

La campaña se ha diseñado[11] para señalar los actos de negligencia que cometen tanto los conductores como los peatones que ponen en peligro sus vidas y las de otros.

Entre los anuncios hay uno con el lema[12] «Este fin de semana largo . . . no acorte su vida», que advierte sobre el uso exagerado del alcohol mientras se guía, el uso de los cinturones de seguridad, respeto a leyes de tránsito y guiar con prudencia.

Otro anuncio gira en torno al lema de «Hay amores que matan», advirtiendo[13] sobre la irresponsabilidad de entretenerse en otras cosas mientras se guía.

Un tercero es el de «Lo que se quiere, se cuida», destacando medidas[14] de protección a los pasajeros.

El Mundo
San Juan, Puerto Rico

---

[8]**ingerido** bebido [9]**estimular** *to encourage* [10]**esfuerzos** *efforts* [11]**diseñado** *designed* [12]**lema** *slogan, motto* [13]**advirtiendo** *warning* [14]**medidas** *measures, ways, means*

EJERCICIO 2

_____ Escojan.

1. El tema principal de este artículo es _____ .
   a. el alcoholismo
   b. la congestión en las carreteras
   c. el número de homicidios
   d. los accidentes de tránsito
2. Al comparar las estadísticas de 1984 con las de 1983 se ve que en 1984 hubo _____ .
   a. más accidentes que en 1983
   b. menos accidentes que en 1983
   c. igual número de accidentes que en 1983
   d. una falta de accidentes en ambos años
3. El número total de accidentes en 1984 era _____ .
   a. 1,672
   b. 9,213
   c. 42,551
   d. 92,002
4. _____ personas murieron en accidentes de tránsito en 1984.
   a. 35
   b. 62
   c. 555
   d. 1,673
5. Según los datos, en el 62 por ciento de los conductores muertos que se examinaron había evidencia de que _____ .
   a. eran criminales
   b. habían bebido alcohol
   c. no tenían licencia
   d. excedieron la velocidad máxima

EJERCICIO 3 _Las cifras_

_____ Completen.

1. En 1960 en Puerto Rico, había _____ conductores con licencia.
2. El por ciento de incremento en el número de conductores entre 1960 y 1984 es de _____ .
3. En 1984 había _____ vehículos registrados en Puerto Rico.
4. Del 51 por ciento de los peatones adultos que murieron en accidentes de tránsito, el 90 por ciento tenía _____ por ciento o más de alcohol en la sangre.
5. La policía en 1984 denunció a _____ conductores por exceso de velocidad.
6. Entre 1974 y 1984 hubo _____ personas muertas por accidentes de tránsito.
7. El número de infracciones de movimiento denunciadas por la policía en 1984 era _____ .

EJERCICIO 4

_____ **Contesten.**

1. Entre los grupos de víctimas—conductores, pasajeros, peatones—, ¿cuáles sufrieron el mayor por ciento de fatalidades?
2. ¿Cómo se hicieron públicas estas estadísticas?
3. Según las estadísticas de los últimos diez años, ¿cuántas más víctimas de accidentes hubo que de homicidios?
4. ¿Qué es «Motorambar» y qué va a hacer?
5. ¿Cómo han cambiado las condiciones con relación al número de conductores y vehículos en la carretera entre 1960 y 1984?
6. ¿Cuál es el propósito del anuncio «Este fin de semana largo . . . no acorte su vida»?
7. ¿De qué es director el señor Elvin Ruiz Serrano, y cuál es su profesión?

ACTIVIDADES

1 Una notita

Ud. quiere tener un automóvil en la universidad. Escriba una carta a sus padres y trate de convencerles que deben permitirle tener el auto. En la carta Ud. debe mencionar:

- el exceso de velocidad
- las leyes de tránsito
- el alcohol
- la responsabilidad

2 ¿Qué le diría Ud.?

Ud. tiene que hablarles a unos niños en una escuela elemental sobre la seguridad en la carretera. ¿Qué les dirá Ud.?

3 Éste es un anuncio que forma parte de la campaña «pro seguridad del tránsito». ¿Cómo interpretaría Ud. el mensaje?

El Mundo
San Juan, Puerto Rico

5
El tiempo

VOCABULARIO

Formas de precipitación

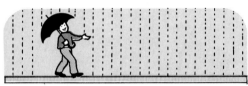

un chubasco
La lluvia cae en chubascos.

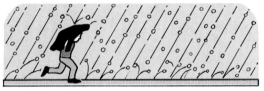

el granizo
La lluvia helada toma la forma
de granizo.

un aguacero
Cuando cae con más fuerza y en
grandes cantidades son aguaceros.

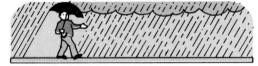

una nevada
Cuando la lluvia helada cae del cielo en
copos blancos o ligeros hay una nevada.

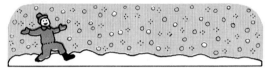

un temporal
Los temporales ocurren cuando la
lluvia cae en grandes cantidades
acompañada de vientos fuertes.

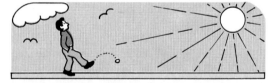

despejado y soleado
Durante un día despejado y soleado
hay sol y hace muy buen tiempo.

un huracán
Los temporales muy fuertes son
huracanes.

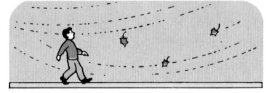

soplar
Los vientos soplan del este a cinco nudos.
Los vientos son **leves**, no son **fuertes**.

EJERCICIO 1

___ **Completen.**

1. El ___ que cayó anoche era del tamaño de bolas de golf.
2. El cielo está ___, no hay ni una nube.
3. Lloverá muy poco mañana. Sólo habrá algunos ___ por la tarde.
4. Los ___ ahora llevan nombres de hombres y mujeres. Algunos han causado millones de dólares en daños.
5. Los vientos de treinta a treinta y cinco nudos no son ___.
6. No salgas ahora. Espera que termine el ___. La calle está como un lago.

Introducción

El famoso humorista norteamericano Mark Twain dijo una vez que «Todo el mundo habla del tiempo pero nadie hace nada para cambiarlo». El tiempo es un frecuente tema de conversación. Cuando no se le ocurre a uno de qué hablar, el tiempo es siempre un tema sencillo y seguro.

Si uno quiere saber el tiempo para mañana escuchará el pronóstico meteorológico en la radio o la televisión o lo leerá en el periódico.

He aquí del periódico más importante de Cataluña, *La Vanguardia* de Barcelona, el resumen meteorológico para la región. Y para saber el tiempo en el Caribe tenemos otro pronóstico de *El Mundo* de San Juan de Puerto Rico.

> CATALUÑA: Durante la jornada[1] de ayer el tiempo en general fue bastante bueno, con predominio de los cielos despejados o casi despejados. Las temperaturas fueron muy agradables y únicamente se registraron algunas ligeras precipitaciones en puntos de los Pirineos. Los vientos aún soplaron algo fuertes en puntos de la zona del litoral[2] catalán.
>
> *La Vanguardia*
> Barcelona, España

EJERCICIO 2

___ *¿Sí o no?*

1. El tiempo ayer en Cataluña era malo.
2. Por lo general casi no había nubosidad.
3. En las costas de la región, en algunas partes, había vientos fuertes.
4. No llovió ni nevó en las montañas.

---

[1]**jornada** día [2]**litoral** costa

Y EL TIEMPO EN EL CARIBE

■ **HOY EN LA ISLA** Un clima relativamente seco prevalece sobre el área de Puerto Rico y las Islas Vírgenes. No se anticipa cambio alguno en el presente patrón[3] del tiempo hasta pasado el viernes entrante. El sol sale a las 5:48 a.m. y se ocultará a las 7:03 p.m. Hay luna nueva.

TEMPERATURAS
AYER: Máxima 90   Mínima 76
HOY: Máxima 90   Mínima 76

El Tiempo

Pronóstico del tiempo para hoy

■ **MARÍTIMO** Alta presión atmosférica al nordeste de la región. Vientos del este de 10 a 15 nudos, más leves en la noche. El oleaje[4] es de cerca de dos pies con marejadas[5] del este de tres a cinco pies.

■ **SAN JUAN** Soleado en la mañana y semisoleado en la tarde con un 20 por ciento de probabilidad de lluvia. Temperatura cerca de 89 grados con vientos del este de 10 a 15 millas por hora.

■ **PONCE Y MAYAGÜEZ** En Ponce, mayormente soleado con 20 por ciento de probabilidad de lluvia en la tarde y temperatura de cerca de 88 grados. En Mayagüez, soleado en la mañana. Parcialmente nublado por la tarde con 40 por ciento de probabilidad de aguaceros o tronadas.[6]

ATLANTA ■
65° MIN. 85° MAX.

BOSTON ■
57° MIN. 77° MAX.

CHICAGO ☆
56° MIN. 76° MAX.

DALLAS ■
70° MIN. 91° MAX.

DETROIT ■
53° MIN. 76° MAX.

HARTFORD ■
53° MIN. 76° MAX.

¿Va de pesca?
MAREA[7] ALTA: 9:03 a.m.
11:08 p.m.
MAREA BAJA: 5:33 a.m.
3:26 p.m.

El Mundo
San Juan, Puerto Rico

---

[3]**patrón** *pattern*   [4]**oleaje** *surf*   [5]**marejadas** *swells*   [6]**tronadas** *thunderstorms*
[7]**marea** *tide*

EJERCICIO 3

_____ **Escojan.**

1. El tiempo no cambiará antes _____.
   a. de esta noche
   b. de mañana
   c. del viernes que viene
2. A las 7:03 de la tarde el sol _____.
   a. se levanta
   b. está de mediodía
   c. se pone
3. Comparadas con las de ayer, las temperaturas de hoy son _____.
   a. más bajas
   b. exactamente iguales
   c. un poco más altas
4. Quince nudos representa _____.
   a. la fuerza de los vientos
   b. el tamaño de las olas
   c. la temperatura máxima en el mar
5. La ciudad de _____ tendrá la temperatura más alta mañana.
   a. San Juan
   b. Ponce
   c. Mayagüez
6. Es más probable que llueva en _____.
   a. San Juan
   b. Ponce
   c. Mayagüez
7. Hay _____ mareas en un día.
   a. dos
   b. tres
   c. cuatro
8. De todas las ciudades que se mencionan, _____ registró la temperatura más baja.
   a. Atlanta
   b. Detroit
   c. Boston

EJERCICIO 4

_____ **Contesten.**

1. ¿De dónde vienen los vientos?
2. ¿A cuántos nudos por hora soplan?
3. ¿De dónde vienen las marejadas?
4. ¿Cómo estará el tiempo en San Juan por la mañana?
5. ¿Y por la tarde?
6. ¿Cómo estará el tiempo en Ponce?
7. ¿Cuál es la probabilidad de precipitación?
8. ¿En qué ciudad estará parcialmente nublado por la tarde?
9. ¿A qué hora es la marea alta?
10. Ayer, ¿cuál fue la temperatura máxima en San Juan? ¿Y la mínima?

ACTIVIDADES

1 Estudie el mapa meteorológico un momento.

¿En qué parte de la península preferiría estar Ud. y por qué?

2 Ud. es el meteorólogo de su emisora local de televisión. Prepare Ud. el pronóstico para el día 8 de febrero. Empiece con: «Y ahora, estimado público, el pronóstico del tiempo para mañana, 8 de febrero . . .»

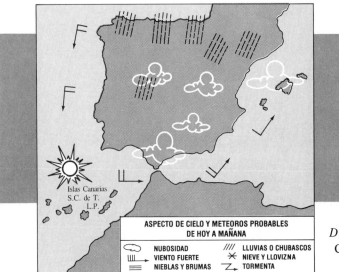

Islas Canarias
S.C. de T.
L.P.

ASPECTO DE CIELO Y METEOROS PROBABLES DE HOY A MAÑANA

NUBOSIDAD	LLUVIAS O CHUBASCOS
VIENTO FUERTE	NIEVE Y LLOVIZNA
NIEBLAS Y BRUMAS	TORMENTA

Diario de Cádiz
Cádiz, España

3 Ud. es el reportero que tiene que llamar al periódico y describir lo que está ocurriendo.

«Aquí estoy en . . .»

4 He aquí los titulares del periódico *El Alcázar*, de Madrid.

- ¿Cómo estará el tiempo?
- ¿Qué les pasó a dos montañeros?
- ¿Dónde?

EL ALCÁZAR

Las temperaturas subirán a partir de[8] hoy

Una «gota fría»[9] provoca nevadas y una ola de intenso frío

■ *Dos montañeros continúan perdidos por la nieve en el Pirineo navarro*

El Alcázar
Madrid, España

5 ¡Buenas noticias! El próximo día apareció en el *A B C* de Madrid este artículo. ¿Qué ha ocurrido a los dos montañeros que se perdieron por la nieve en el Pirineo navarro?

☐ **Los dos montañeros navarros,** Moisés Pérez y Miguel Zalba, perdidos en el Pirineo navarro desde el pasado jueves, aparecieron ayer en la localidad francesa de Tardets, informaron fuentes de la Guardia Civil. Aún se desconocen detalles concretos de cómo han pasado estos días entre la nieve y, probablemente, Moisés y Miguel llegaron a Francia porque se despistaron[10] por el temporal de nieve y tomaron la ladera[11] francesa del Pico de Orhi.

A B C
Madrid, España

---

[8]**a partir de** *beginning with*   [9]**«gota fría»** *cold front*
[10]**se despistaron** *they lost their way*   [11]**ladera** *side*

6
El horóscopo

Vocabulario

Read each pair of sentences to learn the meaning of the new word.

Él es muy **mentiroso.** No dice nunca la verdad.
Ella tiene que seguir **un régimen.** Su dieta es muy estricta.
Él es una persona **minuciosa.** Le encantan los pequeños detalles.
Ella trata muy bien **a los demás.** Siempre piensa en los otros.
Él **está al corriente** de todo. Sabe exactamente lo que está pasando.
Ella **malgasta** su tiempo. Pierde mucho tiempo no haciendo nada.
Él es muy **presumido.** Es un egoísta.
La pobre va a **padecer** mucho. Va a sufrir.

EJERCICIO 1

_____ ¿*Sí o no*?

1. Es fácil tener mucha confianza en una persona mentirosa.
2. Un presumido es muy humilde.
3. Él está al corriente de todo porque nunca sabe lo que está pasando. Siempre está en las nubes.
4. Él es tan minucioso que no se le escapa el menor detalle.
5. Ella malgasta su tiempo porque nunca pierde un minuto.
6. Una persona egoísta piensa primero en los demás.

EJERCICIO 2

_____ Completen.

1. —Di la verdad, Joselito.
   —Sí, nene. No seas _____.
2. —A ella le encantan las pequeñeces, esos detalles de poca importancia que yo no aguanto.
   —Es verdad. Ella es muy _____.
3. —¿_____ de lo que le ha pasado al pobre Luisito?
   —No, compadre. No sé nada. ¿Qué le ocurrió?
4. —Él ha estado bastante enfermo.
   —Sí, y lo que me preocupa es que no está siguiendo el _____ que le dio el médico. Y si no lo sigue, va a _____ mucho. Indudablemente se empeorará su condición.
5. —No puedo soportar a ese tío. Se considera importantísimo.
   —Es verdad que es bastante _____.

Introducción

Los antiguos griegos y romanos consultaban los astros[1] antes de hacer cualquier cosa de importancia. Los emperadores y reyes tenían sus propios astrólogos.

Hoy día son muy pocas las personas que toman en serio la astrología, pero son muchas las que se entretienen leyendo los horóscopos.

Son doce los signos del zodíaco. Los aficionados a la astrología creen que las personas que nacen bajo cierto signo del zodíaco manifiestan las características o los rasgos que van con ese signo.

Los horóscopos son tan populares en los países de habla española como en los países de habla inglesa. Las dos selecciones que siguen son horóscopos. La primera viene de *Garbo*, una revista para mujeres. La segunda selección es un típico horóscopo de los diarios, tomado del *Diario de Cádiz*.

Los signos de la primavera

ARIES

Principales rasgos de los Aries

Los Aries son vivos, rápidos, francos, directos, exclusivos, entusiastas, dinámicos, voluntariosos, apasionados, generosos. Igual que pueden tener estas cualidades también les pueden faltar otras: no tener tacto, dulzura,[2] ser ruidosos,[3] inquietos,[4] pesados, impacientes, agresivos e intolerantes.

TAURO

Principales rasgos de los Tauro

Los Tauro son personas estables, concentradas, regulares, pacientes, resistentes, tenaces,[5] prudentes. Aman el confort y les gustan la naturaleza, los animales y las plantas. En cuanto a aspectos negativos son: celosos,[6] posesivos, pesimistas, taciturnos,[7] misántropos.

GÉMINIS

Principales rasgos de los Géminis

Signo de movilidad. La excitabilidad de la primavera se manifiesta en ellos por una disponibilidad y una curiosidad incesantes por todo lo que el mundo exterior les pueda ofrecer de divertido, insólito[8] y nuevo. Los Géminis tienen cualidades como: brío,[9] improvisación fantasiosa, de juventud, de receptividad, de vivacidad. Como puntos negativos: impacientes, infieles,[10] en ocasiones mentirosos y les falta constancia, en cuanto a profundizar en las cosas.

---

[1]**astros** *stars*   [2]**dulzura** *sweetness*   [3]**ruidosos** *noisy*   [4]**inquietos** *unstable*
[5]**tenaces** *tenacious*   [6]**celosos** *jealous*   [7]**taciturnos** *quiet*   [8]**insólito** *unusual*
[9]**brío** *vigor, charm*   [10]**infieles** *unfaithful*

Su horóscopo diario

Por Frances Drake

sagitario

(23 de noviembre
al 21 de diciembre)

capricornio

(22 de diciembre
al 20 de enero)

acuario

(21 de enero
al 19 de febrero)

piscis

(20 de febrero
al 20 de marzo)

sagitario

Sus primeros intentos[24] de hacer entrar en razón a un familiar pueden no dar resultado, pero debe seguir intentándolo. Recuerde que una sonrisa puede ser mejor que una reprimenda.

capricornio

La falta de paciencia puede conducirle con facilidad a resultados que no desea. Cálmese y todo irá mucho mejor. En el horizonte se adivina una relación sentimental.

acuario

Es posible que no pueda imponer sus opiniones en un asunto profesional. De todos modos si colabora con los demás obtendrá resultados positivos.

piscis

Es posible que se sienta oprimido por la sensación de padecer un exceso de autoridad. Acaso no esté de acuerdo con un asunto familiar, pero por lo demás sus relaciones personales con sus íntimos serán satisfactorias.

SI NACIÓ USTED EN ESTA FECHA: Tiene más sensibilidad y se preocupa más por los problemas sociales que el típico miembro de su signo. Podría resultar un excelente médico. A menudo se le verá ocupado en asuntos de la comunidad. Es persona cooperadora por naturaleza, pero le hacen muy poco feliz las críticas. Necesita que se le aliente periódicamente para sacar a relucir lo mejor de usted mismo. Procure que el deseo de seguridad no le haga caer en la rutina. De vez en cuando exíjase a fondo. Por lo general las actividades creativas serán su fuerte.

---

[24]**intentos** *attempts*

EJERCICIO 7

_____ Completen con un signo del zodíaco.

1. Los que nacieron bajo el signo de _____ deben dejar el automóvil en casa hoy.
2. Se les recomienda a los _____ que actúen hoy con calma.
3. A los _____ se les aconseja que tengan cuidado con el dinero.
4. Se les dice a los _____ que no será fácil aconsejar a un miembro de la familia pero que deben hacerlo de todos modos.
5. El _____ que necesita ayuda debe pedírsela a un amigo.

EJERCICIO 8

_____ Escojan.

La persona que nació el día 2 de abril tendría éxito en el campo:

a. de los seguros
b. de la medicina
c. del periodismo
d. de la política

ACTIVIDADES

_____ **1** Ud. trabaja en un periódico de poca circulación. Quieren que Ud. invente el horóscopo para mañana. Practique un poco con un sólo signo.

_____ **2** ¿Cuál es el signo?

_____ **3** Para una clase de sociología en la universidad Ud. tiene que participar en un debate sobre los horóscopos. Ud. puede estar a favor o en contra de los horóscopos en los periódicos. Prepare una lista de por lo menos tres razones por qué los horóscopos son buenos o malos.

7
Una entrevista con Rufino Tamayo

VOCABULARIO

Es **una exposición** de arte.
La exposición **se inicia** hoy.
Hay **una litografía** de la Estatua de
la Libertad.
Ella lleva **una antorcha** en la mano.

EJERCICIO 1 *Una estatua famosa*

—— Contesten.

1. ¿De qué es la litografía?
2. ¿Dónde está la litografía?
3. ¿Cuándo se inicia la exposición?
4. ¿Qué lleva ella en la mano?
5. ¿Es famosa esta litografía?

Introducción

La entrevista periodística es mucho más común en España e Hispanoamérica que en los EE.UU. En todas clases de revistas y periódicos aparecen entrevistas. En las revistas serias de política y economía las entrevistas son con presidentes, ministros del gobierno, banqueros y financieros. En las revistas populares las entrevistas tienden a ser con actores de cine y televisión, cantantes y músicos, atletas y toreros.

Quizás la popularidad de la entrevista en la prensa hispana se debe al interés que tiene el hispano en el individuo, en los hombres y en las mujeres de carne y hueso y no en las abstracciones.

Augusto Valera Cases es un músico que se hizo periodista. A través de los años ha entrevistado a muchísimas figuras internacionales. He aquí una entrevista entre Cases y el renombrado pintor mexicano Rufino Tamayo cuyos cuadros se encuentran en colecciones privadas y en las paredes de importantes edificios como el de la UNESCO en París.

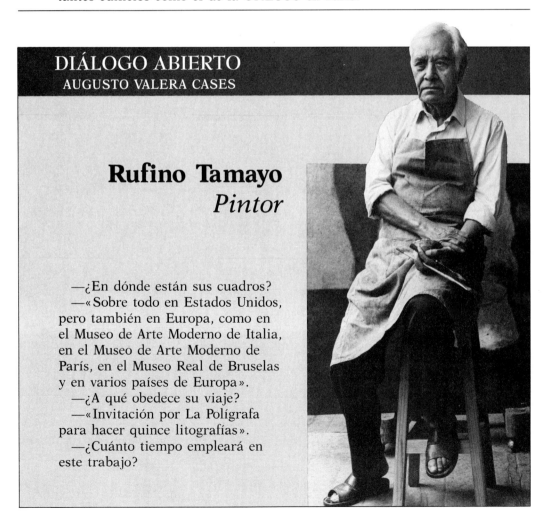

DIÁLOGO ABIERTO
AUGUSTO VALERA CASES

Rufino Tamayo
Pintor

—¿En dónde están sus cuadros?
—«Sobre todo en Estados Unidos, pero también en Europa, como en el Museo de Arte Moderno de Italia, en el Museo de Arte Moderno de París, en el Museo Real de Bruselas y en varios países de Europa».
—¿A qué obedece su viaje?
—«Invitación por La Polígrafa para hacer quince litografías».
—¿Cuánto tiempo empleará en este trabajo?

—«Acabo de empezar, pero para hacer este trabajo y sobre todo para esperar que se sequen[1] y ver los resultados finales hace falta más tiempo, tal vez, que trabajar en sí. No sé, pero me voy a estar aquí, seguramente más de un mes.»

—¿Después de Barcelona?

—«A París y me regreso a México porque tengo que arreglar[2] una exposición que me pidieron del Museo de Arte Moderno de Torino, que es el más importante de arte moderno de Italia en donde tengo que hacer una exposición el año próximo. Al año siguiente una exposición en el Museo de Arte Moderno de Tokio.»

—¿Temas de sus litografías?

—«Los usuales en mí; a mí me interesa mucho el hombre; sobre eso voy a elaborar.»

—¿Cómo se le considera a usted?

—«Pues dicen que soy el pintor mexicano más mexicano, sobre todo por mis colores, que están basados en el color que usan las gentes del pueblo en sus utensilios, en sus vestidos. Siendo mi tierra tan bárbaramente rural el color de mi país es muy fuerte, las tierras dominan completamente.»

—Hábleme de la «escuela mexicana» y lo que usted representa dentro de ella.

—«La "escuela mexicana" se originó con motivo de la revolución de pintores mayores que ya iniciaron en el deseo de hacer una pintura mexicana ciento por ciento. A mí desde el principio me pareció absurdo porque la cultura es algo universal; estuve en contra de que el tema mexicano fuese la cosa fundamental, en cambio me referí desde un principio a la gran tradición plástica[3] india. Estudié las proporciones, los colores de tierras que se usaban, como le digo mi país es telúrico[4] totalmente, mientras ellos se basaban en el tema. Rivera y Siqueiros regresaban de Europa cuando yo empezaba a pintar en los años veinte. Fue tan difícil que tuve que salir del país, no porque me corrieran sino porque el ambiente me era totalmente hostil. Me fui a los Estados Unidos, a Nueva York, en donde había no solamente dinero sino coincidencias culturales de todo tipo.»

—¿Usted ha expuesto en España?

—«Exhibieron algunas litografías en Pecanins. He tenido algunas invitaciones para exponer[5] en Madrid, pero no han sido muy concretas, he preferido esperar a una ocasión más clara.»

—¿Qué ha supuesto[6] para usted la muerte de Picasso?

—«Es la cosa más dolorosa[7] en el campo del arte; ya sabemos que él fue el padre de la pintura contemporánea.»

—¿Quién puede tomar la antorcha?

---

[1]**se sequen** *(that they) dry*   [2]**arreglar** *arrange*   [3]**plástica** *art of modeling in clay*
[4]**telúrico** *terrestrial*   [5]**exponer** *to exhibit*   [6]**ha supuesto** *has implied*
[7]**dolorosa** *painful, sad*

—«Ustedes tienen aquí a Miró, que sin duda es uno de los grandes; ustedes tienen también a Tapies, que creo que es muy importante, tanto que yo tengo un mural bastante grande de él en mi casa.»

—¿Sabe usted si Tapies tiene alguna obra suya?

—«Pues no lo sé, porque personalmente no nos conocemos. Creo que tienen ustedes la suerte de tener aquí un grupo de pintores muy importante.»

—¿Usted ha creado escuela?

—«No es ése mi propósito,[8] pero muchos pintores mexicanos y sudamericanos me siguen sin yo pretenderlo,[9] porque no me interesa. Pero mi tesis de las raíces[10] de la tradición plástica ha motivado a muchos pintores a buscar en sus propios países argumentos similares.»

—¿Cuál fue el cuadro por el que más cobró?[11]

—«Acaba de haber una subasta[12] en Parke Bernet de Nueva York, en donde se vendió uno de mis cuadros, de un metro, en cincuenta mil dólares.»

—¿Y usted cuánto cobró por este cuadro cuando lo vendió?

—«Casi nada; mire usted, me acaba de pasar una cosa. Uno de los cuadros que pinté en 1928 me gustaba especialmente, le tenía cierto cariño. En aquel tiempo, en 1928, lo vendí en doscientos pesos mexicanos y ahora lo acabo de comprar en otra subasta de la galería neoyorkina mencionada en diez mil dólares.»

—Ése es el gran drama de los pintores.

—«Bueno, pero afortunadamente no es tan grave como lo que les sucedió a los pintores del siglo pasado, que se morían de hambre. Nosotros tenemos la fortuna de que aunque pasen cosas vivimos bastante bien de nuestro trabajo.»

EJERCICIO 2

_____ ¿Dónde lo dice?

1. que el pintor compró un cuadro que él mismo había pintado y vendido años atrás
2. por qué había salido de su país para trabajar en el extranjero
3. el precio más alto en que se vendió un cuadro del pintor
4. los lugares en donde se pueden ver sus cuadros
5. a quién él considera la figura más importante de la pintura contemporánea

---

[8]**propósito** _purpose_   [9]**pretenderlo** _asking for it_   [10]**raíces** _roots_
[11]**cobró** _charged (money)_   [12]**subasta** _auction_

EJERCICIO 3

_____ **Escojan.**

1. La entrevista se habrá hecho en _____.
   a. París
   b. México
   c. Barcelona
   d. Tokio
2. Tamayo estuvo en la ciudad de la entrevista para _____.
   a. abrir una exposición
   b. hacer unas litografías
   c. fundar una escuela
   d. recibir un premio
3. El pintor va a estar en la ciudad un mes o más porque _____.
   a. tiene que arreglar muchas exposiciones
   b. quiere preparar un viaje al Japón
   c. está cansado y quiere descansar allí
   d. los cuadros tienen que secarse para ver el resultado
4. Tamayo había comprado un cuadro de _____.
   a. Rivera
   b. Miró
   c. Picasso
   d. Tapies
5. El pintor dice que a él le han llamado el pintor «más mexicano» a causa de _____.
   a. los temas que presenta
   b. su uso del color
   c. su residencia permanente en México
   d. haber fundado una escuela de pintura
6. El pintor dice que muchos pintores del siglo XIX _____.
   a. eran muy superiores a los de hoy
   b. no ganaban bastante para comer
   c. no sabían cómo emplear el color
   d. empleaban temas abstractos y no de la vida diaria

EJERCICIO 4

_____ **Para pensar un poco**

1. Valera le pregunta a Tamayo: —¿Ud. ha creado escuela? Explique Ud. en sus propias palabras la respuesta del pintor.
2. Parke Bernet y Sothebys son dos casas famosas que se dedican a la venta de arte por subasta. ¿Qué quiere decir la palabra «subasta»? Explique cómo funciona una subasta.
3. «Telúrico» es un adjetivo que significa «relativo al planeta Tierra». ¿Dónde en la entrevista usa Tamayo la palabra? ¿Para qué la usa?

ACTIVIDADES

_____ **1** Aquí hay una litografía de Rufino Tamayo. ¿Cuál es el tema de la obra?

_____ **2** Hágase Ud. mismo una entrevista. No tiene que decir la verdad.

_____ **3** Una de estas fotos fue tomada cuando el hombre tenía más de ochenta años. La otra es un autorretrato hecho en 1901. ¿Quién es él? ¿Qué cambios se le notan a través de los años? ¿Qué puede Ud. decir sobre este ilustre personaje?

_____ **4** Algunos artistas ilustres mencionados en la entrevista con Rufino Tamayo son:

- Rivera
- Siqueiros
- Picasso
- Miró
- Tapies

Seleccione a uno de estos artistas y prepare su biografía.

8
Avisos

Introducción

En casi todos los periódicos hay algunas páginas dedicadas a la sección de anuncios por palabras (clasificados). Estos anuncios clasificados son muy útiles para los que quieren comprar, vender o alquilar algo.

He aquí una muestra de anuncios por palabras tomada de periódicos españoles e hispanoamericanos.

EJERCICIO 1

_____ Escojan.

VENTA

CALI COLOMBIA
Vendo Casa Residencial Villa Luz
3 hab., studio, sala-comedor, cuarto serv., cocina integral. Salón de ropas cubierta.[1] Jardín interior, garaje cubierto 2 carros. Precio de ocasión.[2] Llamar noches.
TEL: (718) 204-1676

1. Aquí se vende _____.
   a. luz
   b. una casa
   c. flores
2. «Cuarto serv.» quiere decir que _____.
   a. existe un cuarto para máquina de lavar, etc.
   b. un cuarto sirve para fiestas
   c. la casa tiene sirviente
3. _____ es el nombre del barrio en donde está esta residencia.
   a. Villa Luz
   b. Colombia
   c. Cali
4. En este anuncio «habitaciones» quiere decir _____.
   a. salas
   b. cuartos para dormir
   c. número de personas

EJERCICIO 2

_____ Contesten.

1. ¿Dónde está la casa?
2. ¿En qué tipo de zona está?
3. ¿Cuántos cuartos para dormir tiene?
4. ¿Para cuántos carros es el garaje?
5. ¿Está separada la sala del comedor?
6. ¿Cómo dice el anuncio que el precio de la casa es bajo?

---

[1]**cubierta** _deck_   [2]**de ocasión** _bargain, reduced_

EJERCICIO 3

_____ Contesten.

1. ¿Qué se alquila en Santa Rosa?
2. ¿Quiénes serán posibles clientes?

EJERCICIO 4

_____ Escojan.

1. Aquí se venden _____.
   a. viajes
   b. clases
   c. casas
2. El «profesorado nativo» será de _____.
   a. Inglaterra o EE.UU.
   b. España o México
   c. Centro o Sudamérica
3. «3.500 mes» es _____.
   a. la dirección
   b. el teléfono
   c. el precio

EJERCICIO 5

_____ Contesten.

1. ¿Qué clase de «juego» es el que se vende?
2. ¿Cuántas sillas se venden, y de qué estilo son?
3. ¿Qué tiene 12.000 BTU?

EJERCICIO 6

_____ Contesten.

1. ¿Qué se venden?
2. ¿Cuál vale más de dos millones de pesetas?
3. El «escarabajo» es un insecto. ¿Cómo se llama en inglés?
4. ¿Qué clase de negocio se localizará en el número 37 de la calle Guzmán el Bueno?

Alquiler

250-HOSPEDAJE

SANTA ROSA: Cerca Universidad y Santa Rosa Mall. Habs. independientes y compartidas.[3] Tels. 792-1921 798-5615.

CLASES INGLÉS

Grupos reducidos. 3.500 mes. Profesorado nativo. Conversación. Empresas.[4] Universitas Center. Preciados, 35-2º (Callao). ☎ 241 11 64.

MUEBLES

JUEGO[5] SALA seccional, un conjunto español, dos butacas,[6] TV blanco y negro Sharp 19", aire acond. 12,000 BTU. **Todo $425.** **Infórmese: 761-8201**

AUTOMÓVILES

Golf GTI, M-EC, seminuevo. Baratísimo. Guzmán el Bueno, 37.

Seat 124 FL 1800, MCD, impecable. 325.000 Ptas. Guzmán el Bueno, 37.

Ford Mercury, M-EZ, seminuevo. Muy barato. Guzmán el Bueno, 37.

Volkswagen Escarabajo 1300, automático, seminuevo. Baratísimo. Guzmán el Bueno, 37.

Vendo Seat Ronda, Motor System Porsche, año 1984. Aire acondicionado. 1.000.000. ☎ 435 28 00.

Opel Ascona. 1.100.000. Facilidades.[7] ☎ 255 91 73.

Ford Granada. 950.000. Facilidades. ☎ 246 58 48.

Jaguar. 2.200.000. Facilidades. ☎ 255 96 19.

---

[3]**compartidas** _to be shared_   [4]**empresas** compañías
[5]**juego** _set_   [6]**butacas** sillas
[7]**Facilidades** _Terms of payment, Financing available_

Una de las importantes funciones del periódico es la de poner en contacto a los patronos y a los que buscan empleo. En el diario anuncian puestos de todos los tipos. Hay empleos para obreros y profesionales, para sirvientes y para directores de empresas. ¿Quieres trabajar? Abre el periódico.

I

INSTITUCIÓN HOSPITALARIA DE PRESTIGIO

Tiene oportunidad de empleo para

ENFERMERA/O GRADUADO

para la Unidad de Intensivo y Coronaria

REQUISITOS:
- Poseer Licencia Permanente
- Poseer Curso de Intensivo
- Experiencia

Ofrecemos buen salario y beneficios marginales. Unido a un ambiente de trabajo profesional.

Interesados favor de enviar résumé a:
OFICINA DE PERSONAL
Apartado 306
SANTIAGO
(Patrono con Igualdad de oportunidad M/F)

EJERCICIO 7

_____ ¿El *I*, el *II* o el *III*? Escojan.

1. Es un trabajo en el campo de la medicina.
2. Se requiere que la persona hable más de un idioma.
3. La compañía se dedica a levantar edificios u otras obras.
4. Para este puesto hay que tener cuatro o cinco años de experiencia.
5. Para este empleo es necesario tener un permiso o autorización oficial.
6. Si quiere trabajar aquí, Ud. tiene que vivir donde ellos quieran.

EMPRESA MULTINACIONAL DE SERVICIOS
NECESITA

DIRECTOR DE MARKETING

- Titulado Superior. Preferible si posee estudios específicos de Marketing (IESE, ESADE, etcétera).
- 4 o 5 años de experiencia en Empresa del Sector de Consumo, en la que habrá realizado estudios de mercado, análisis de productos, acciones publicitarias.
- Residencia en la capital
- Remuneración en función de la experiencia y valía de los candidatos.

DIRECTOR DE ADMINISTRACIÓN

- Titulado Superior, y preferiblemente con estudios de ECONOMÍA en IESE, ESADE o EOI.
- Al menos 5 años de experiencia en el Área ECONÓMICO-FINANCIERA, habiendo desarrollado funciones ejecutivas de dirección y control de la gestión[8] económica.
- Con conocimiento y experiencia en sistemas informáticos a nivel de usuario.[9]
- Residencia en la capital
- Remuneración acorde con la valía y experiencia del candidato seleccionado.

Interesados, escribir enviando «curriculum vitae», a: Departamento de Selección. C/Sol, 1, 1º. 28014 San José

III

Compañía de construcción
de reputación reconocida solicita:[10]

SECRETARIA EJECUTIVA (Bilingüe) RECEPCIONISTA (Bilingüe)

Favor de enviar résumé a:
APTDO 1377
Monterrey

ACTIVIDADES

1 Imagínese que Ud. quiere vender su casa o apartamento. Prepare el aviso que Ud. pondría en el periódico.

2 Ud. quiere encontrar trabajo para el verano. Prepare el aviso que Ud. piensa poner en el periódico informándoles que Ud. está buscando empleo.

---

[8]**gestión** *management*   [9]**usuario** *operator*   [10]**solicita** *is looking for*

9
Consejos

VOCABULARIO

medir

pesar

llorar

hacer gimnasia

obeso, -a,   gordo, -a

flaco, -a,   delgado, -a

darse cuenta de	interesarse, saber
destacar	sobresalir
ni siquiera	apenas

EJERCICIO 1   *El pobre Roberto*

_____ **Contesten.**

1. ¿Aumentó de peso Roberto?
2. ¿No se daba cuenta de cuánto estaba subiendo de peso?
3. ¿Empezó a llorar cuando se dio cuenta de que había subido cinco kilos?
4. Para perder peso, ¿tiene que hacer gimnasia?
5. ¿No debe comer ni siquiera una caloría más del mínimo necesario?

EJERCICIO 2

____ **Escojan.**

1. Cien kilos es demasiado ____ para una persona tan bajita.
   a. peso
   b. piso
2. La gente obesa a veces no ____ de su peso.
   a. se fija
   b. se da cuenta
3. Su ejercicio favorito es hacer ____.
   a. falta
   b. gimnasia
4. Ella ____ un metro sesenta.
   a. mide
   b. pesa
5. Y ella ____ sesenta kilos.
   a. mide
   b. pesa
6. Él está tan enfadado conmigo que ____ me mira.
   a. ni siquiera
   b. siempre
7. No sé lo que comí hoy. La verdad es que no me di ____.
   a. cuenta
   b. prisa
8. Él empezó a ____ cuando recibió la mala noticia.
   a. llorar
   b. reír

Reducir hasta 10 kilos en sólo 20 días

NUEVA APARIENCIA

Con nuestro tratamiento médico profesional

ESPECIAL PARA SAN VALENTIN

Introducción

Todos tenemos problemas o preocupaciones. Todos también necesitamos a alguien que nos escuche y que nos aconseje, no importa si somos niños, adolescentes, adultos o ancianos. Para mucha gente joven les es difícil hablarles a sus padres o a los maestros de sus problemas personales. Pero sí pueden dirigirse a la prensa. Los periódicos y las revistas en España e Hispanoamérica igual que en los EE.UU. ofrecen servicio de consulta a los lectores que les escriben. Publican las cartas y las respuestas de los «expertos». Nunca publican los nombres de las personas que escriben las cartas.

Aquí hay una selección de cartas escritas por gente joven. En las cartas ellos presentan sus preocupaciones. Algunos de los problemas pueden parecer no muy grandes. Pero para las personas que han escrito sí que lo son. Estas dos cartas aparecieron en la revista española *Garbo*.

Pediatra
PESO POR DEBAJO DE LO NORMAL

Hola. Soy un chico de 17 años, mido casi un metro ochenta y peso sesenta kilos. Estoy unos 5, 7 kilos por debajo de lo normal, no es mucho, pero me está entrando un complejo de delgado que no puedo evitarlo. Como normal, quizás más de lo normal. ¿Qué puedo hacer? Gimnasia, comer más . . .

Respuesta:

La relación entre la altura[1] de un individuo y el peso que le corresponde relacionado a aquélla[2] depende de varios factores, entre los que más destacan hay que citar el factor constitucional de cada individuo. Por esta causa se dividen a los individuos en tres tipos fundamentales, los más obesos o pícnicos,[3] los atléticos y, por último, los más delgados o leptosomáticos. Esto quiere decir que para cada estatura existirán tres tipos posibles de individuos, todos ellos a ser considerados normales, y es aquí donde encaja[4] usted, que puede ser considerado dentro del grupo de los delgados, aún siendo perfectamente un individuo normal. El mejor método para desarrollar su cuerpo es sin lugar a dudas[5] el efectuar deporte continuadamente.

Consejo:

Cada individuo precisa de un determinado número de calorías de acuerdo con la actividad física e intelectual que desarrolla.

Garbo
Barcelona, España

EJERCICIO 3

_____ Escojan.

1. El alto del muchacho, en metros, es de _____.
   a. 17
   b. 1,80
   c. 5,7
2. La preocupación del joven es que se considera demasiado _____.
   a. flaco
   b. alto
   c. gordo
3. El chico dice que come _____.
   a. poquísimo
   b. lo normal
   c. demasiado
4. La persona que contesta la carta es especialista en _____.
   a. pediatría
   b. psicología
   c. dietética

---

[1]**altura** *height*   [2]**aquélla** su altura   [3]**pícnicos** *squatty*   [4]**encaja** *fit in*
[5]**sin lugar a dudas** indudablemente

5. Según el experto, algo que influye mucho en el peso es ____.
   a. la cantidad de alimentos que se come
   b. el ejercicio físico
   c. el factor constitucional
6. La palabra «pícnico» se refiere a las personas ____.
   a. atléticas
   b. gordas
   c. delgadas
7. Lo más importante de lo que le dice el experto es que ____.
   a. no debe preocuparse, que él es normal
   b. él tiene que hacer un ejercicio vigoroso
   c. tiene que ponerse a dieta y comer menos

convivencia familiar
EL DOBLE LENGUAJE

Soy una chica de 14 años y salí con un chico de 16 durante cuatro meses. Nos llevamos muy bien,[6] pero un día decidí terminar con él, no sé por qué, tal vez porque quería convencerme de que me quería. Él lloró cuando se lo dije y entonces me di cuenta que me quería, pero ya era demasiado tarde para volverme atrás. Ahora pasa por mi lado y ni siquiera me mira. Yo aún le quiero y desearía que volviese a salir conmigo, pero ¿qué debo hacer? He pensado muchas veces en salir con otro chico para que me viese y volviera conmigo, pero ¿qué chico? No conozco a ninguno y sólo le quiero a él. Me gustaría saber qué puedo hacer para que se fije[7] nuevamente en mí.

Respuesta:
Una máxima[8] de San Mateo era ésta: «Sea vuestro lenguaje sí, sí y no, no», lo que significa ser auténticos en la expresión de nuestras dudas y sentimientos. Decir una cosa, para ver lo que dice el otro o decir lo contrario de lo que piensas son todo ello conductas inauténticas, que llevan a una serie de «juegos psicológicos» de malos resultados. También se le puede llamar «raquetear»,[9] o sea, ir de forma inadecuada a las personas. Con ello solamente se logra[10] incomunicación y malos sentimientos.

Puedes recuperar el tiempo perdido siendo auténtica, es decir: ir por la vía directa a las cosas, con sinceridad y sin dobleces. Una fórmula es explicar al chico lo sucedido[11] y sus deplorables consecuencias.

Garbo
Barcelona, España

---

[6]**nos llevamos muy bien** *we got along very well*   [7]**se fije** *notice*
[8]**máxima** *proverb, saying*   [9]**raquetear** *to deceive*   [10]**se logra** *achieves, comes about*   [11]**lo sucedido** *lo que ha pasado*

EJERCICIO 4

____ **Completen.**

1. La edad de la persona que escribe es de ____.
2. El muchacho tenía ____ años más que la chica.
3. Ellos salían juntos durante ____.
4. Los dos jóvenes se llevaban muy ____.
5. La ____ decidió terminar las relaciones.
6. Ella dice que lo hizo para ver si él realmente la ____.
7. Cuando ella rompió relaciones con el chico, él ____.
8. Cuando ellos se ven en la calle, el chico ni siquiera la ____.
9. El problema es que la chica ahora se da cuenta de que ella le ____ al chico.

EJERCICIO 5

____ **Contesten.**

1. ¿Cuál es la máxima de San Mateo?
2. ¿Cuál es el significado de la máxima?
3. ¿Cómo son siempre los resultados de los «juegos psicológicos»?
4. ¿Qué le recomienda el experto a la muchacha?

ACTIVIDADES

____ **1** Ud. es la persona «experta» que contesta las cartas que vienen al periódico. Responda a esta chica.

____ **2** Prepare Ud. una carta al periódico explicándoles su «grave problema». Puede Ud. ser cuán extravagante como quiera.

LOS AMORES PLATÓNICOS

Soy una chica de 13 años y desde los 12 estoy enamorada de un profesor de 50 años. Este curso no tengo ninguna clase con él y me siento triste y fracasada. No sé si debo confesarle mis sentimientos, pero la verdad es que no me atrevo. Trato de ser atractiva para que se fije en mí, aunque comprendo que soy una niña para él. Me siento deprimida, ¿qué debo hacer?

Garbo
Barcelona, España

10
La ley

VOCABULARIO

prohibirse no permitirse
Se prohibe fumar aquí.

aprobar (ue) decir que sí, aceptar
El gobernador aprobó la ley.

oponerse a decir que no; el contrario de **aprobar**
El primer ministro se opuso a la enmienda a la constitución.

firmar escribir su nombre
El gobernador firmó la ley.

ascender (ie) subir
El costo (coste) de la vida asciende cada día.

la cifra el número
Las cifras de los que fuman alcanzan el treinta y cinco por ciento.

la enmienda la corrección
Hay 26 enmiendas a la constitución de los Estados Unidos.

la empresa la compañía; una sociedad comercial o industrial
Las empresas tabacaleras no quieren que haya una ley que prohiba el fumar.

actual presente; de hoy
No tengo la cifra actual.

EJERCICIO 1

_____ Contesten.

1. ¿Asciende o baja la cifra de alumnos matriculados en su escuela?
2. ¿Cuál es la cifra actual de alumnos en su escuela?
3. ¿Se prohibe fumar en su escuela?
4. ¿Aprueba o se opone a la ley de no fumar la mayoría de los alumnos?

EJERCICIO 2

_____ Completen.

1. ¿Se permite fumar aquí? Absolutamente no. Aquí _____ fumar.
2. Yo creo que van a cambiar la constitución. Yo también. Creo que el congreso va a _____ la _____.

3. El costo de la vida de los años sesenta no era nada si se lo compara con el costo de la vida _____.
4. Yo creo que el gobernador ha aprobado la ley y que la ha _____.
5. Es increíble la _____ mensual de accidentes en las carreteras relacionados con el abuso del alcohol.
6. Ella no estará de acuerdo con ese cambio. Yo te aseguro que ella va a _____ la enmienda.

LECTURA

Introducción

Los gobiernos por medio de los parlamentos y las legislaturas establecen las leyes. Las leyes tienden a reflejar las costumbres y normas de una sociedad. Cuando las normas y costumbres cambian, las leyes o se cambian o se violan.

A continuación hay dos artículos de periódico. Cada uno trata de una ley controvertible.

Al leer los artículos determine Ud. cuál es la controversia en cada caso, y cuáles son los argumentos en pro y en contra de cada una de las leyes.

REGIONES

CATALUÑA

Se prohibe fumar por decreto
Tarragona. **Daniel de la Fuente**

En Cataluña se prohibe fumar por decreto. El consejero de Sanidad de la Generalidad de Cataluña, José Laporte, que ha visitado diversas instalaciones de su Departamento en Tarragona, ha manifestado que el pasado 27 de octubre el Consejo Ejecutivo de la Generalidad aprobó un decreto por el que se establecerán medidas[1] preventivas respecto al tabaco. «En Cataluña—afirmó el consejero—mueren prematuramente, a causa del tabaco, todos los años, cinco mil personas. En consecuencia, un número importante de enfermedades pueden evitarse dejando el tabaco».

[1]**medidas** *measures*

En relación al costo social y económico derivado del tabaquismo la cantidad asciende a 20.000 millones de pesetas sólo a nivel de[2] Cataluña. En febrero del presente año la Generalidad ya puso en práctica una campaña[3] antitabaco que tenía por finalidad principal concienciar[4] a la población joven. El 62 por 100 de las personas de edades comprendidas[5] entre los dieciséis y los veinticuatro años fuman, mientras que las cifras globales[6] a nivel de Cataluña son del 37 por 100. El decreto antitabaco establece la prohibición de la venta de tabaco en centros sanitarios, docentes[7] y deportivos dependientes de la Generalidad. Así como fumar en los medios de transporte público colectivo. También se establece la prohibición de fumar en centros docentes de Educación General Básica.

A B C
Madrid, España

EJERCICIO 3

_____ **Escojan.**

1. ¿De qué región española trata este artículo?
   a. Generalidad.
   b. Cataluña.
   c. Castilla.
2. ¿Cuántas personas mueren cada año en esa región a causa del fumar?
   a. 37.
   b. 5.000.
   c. 20.000.
3. ¿Cuál es un medio de «transporte público colectivo»?
   a. Los autobuses.
   b. Los taxis.
   c. Las motocicletas.
4. ¿Qué dice el artículo sobre las personas entre los 16 y 24 años de edad?
   a. Sufren más enfermedades como el cáncer.
   b. Muy pocos son adictos al tabaco.
   c. Fuman más que la población en general.
5. Según las cifras, de cada cien catalanes, ¿cuántos fuman?
   a. Veinticuatro.
   b. Treinta y siete.
   c. Sesenta y dos.

---

[2]**a nivel de** en   [3]**campaña** _campaign_   [4]**concienciar** _to make aware_
[5]**comprendidas** _comprised_   [6]**globales** de todos   [7]**docentes** educacionales

EJERCICIO 4

_____ **Contesten.**

1. ¿Cómo se llama el gobierno de Cataluña?
2. Según el artículo, ¿cuál es una manera de evitar enfermedades?
3. ¿A qué se refiere la cifra 20.000.000.000?
4. El nuevo decreto prohibe que se venda tabaco en ciertos lugares. ¿Cuáles son?
5. En el artículo se habla de «centros sanitarios» y de un departamento de «sanidad». ¿Qué es «sanidad» en inglés?

LOCAL

Tratará Ley de Cierre con RHC

El cardenal Luis Aponte Martínez se reunirá hoy en La Fortaleza con el gobernador Rafael Hernández Colón para hablar sobre la Ley de Cierre.[8]

Daniel Vélez, oficial de prensa del primer ejecutivo, dijo que el Cardenal tendrá una reunión con el Gobernador a las 10 a.m. Se espera que ambos hablen sobre la controversia surgida[9] en torno a[10] las posibles enmiendas que se consideran a la Ley de Cierre, particularmente en lo que se refiere a la política[11] de algunas empresas de abrir sus establecimientos los domingos durante todo el día.

El secretario de Justicia, Héctor Rivera Cruz, ha informado que su agencia continúa evaluando esa ley para someter[12] unas recomendaciones al Gobernador.

La administración de Hernández Colón hasta ahora se ha mantenido atenta[13] a la situación surgida en torno a la implementación de esa medida y no ha anunciado ningún tipo de acción contra los dueños de establecimientos que violan las disposiciones[14] de la misma.

El lunes precisamente un grupo de religiosos, reunidos frente al Capitolio junto a miles de feligreses,[15] abogaron[16] por la permanencia de la actual Ley de Cierre y se opusieron a cualquier enmienda que pueda sugerir la idea de obligar a los empleados a trabajar el día domingo.

(Abridged)
El Mundo
San Juan, Puerto Rico

---

[8]**Ley de Cierre** _Closing Law_ [9]**surgida** _that arose_ [10]**en torno a** _concerning_ [11]**política** _policy_ [12]**someter** _to submit_ [13]**se ha mantenido atenta** _has kept up with_ [14]**disposiciones** _enactments_ [15]**feligreses** _faithful_ [16]**abogaron** _pleaded_

EJERCICIO 5

_____ **Completen.**

1. La persona responsable de las relaciones que el gobernador tiene con los periódicos es _____.
2. Los dueños de tiendas violan la ley si _____ sus puertas los domingos.
3. Parece que los religiosos están _____ de la actual Ley de Cierre.
4. Héctor Rivera Cruz trabaja en el departamento de _____.

EJERCICIO 6 *¿Sí o no?*

1. Ya se ha tomado alguna acción contra los violadores de la Ley de Cierre.
2. La reunión del lunes frente al Capitolio era a favor de la Ley de Cierre.
3. Los empresarios, o algunos de ellos, están abriendo sus establecimientos los domingos.
4. Los religiosos y feligreses abogan por algunas enmiendas a la Ley de Cierre.
5. El gobernador ha expresado fuertes opiniones sobre el asunto.

EJERCICIO 7

_____ **¿Qué opina Ud.?**

1. ¿Deben prohibir que se fume en edificios públicos? ¿Por qué sí o por qué no?
2. ¿Por qué fuman tantas personas jóvenes?
3. ¿Es buena idea una ley de cierre? ¿Por qué sí o por qué no?
4. La mayoría de los religiosos parecen estar a favor de una ley de cierre. ¿Por qué?
5. ¿Qué o quién será «RHC»?

ACTIVIDADES

1 Describa algunas campañas que hay o que ha habido en la región donde vive Ud. para concienciar a la población sobre los peligros del tabaco.

2 Discuta.

¿Está Ud. a favor o en contra de los decretos que prohiben el uso del tabaco en lugares públicos? Defienda sus opiniones.

11

Una entrevista con Christian Vadim

VOCABULARIO

soberbio, -a   excelente, magnífico
El talento del actor era verdaderamente soberbio.

surgir   nacer, manifestarse
Mi interés en la música surgió de mi madre que era violinista.

mítico, -a   fabuloso, que pertenence a los mitos
Ella había estudiado con el mítico maestro Zaldavia.

felino, -a   de gato
Eso hace que tenga un aspecto un poco felino.

el oficio   el trabajo, la profesión
Mamá dice que la música es su arte y su oficio.

EJERCICIO 1

_____ Escojan.

1. _____ del señor Sampere es de carpintero.
   a. La oficina
   b. El oficio
2. Su trabajo es excelente, realmente _____.
   a. soberbio
   b. inferior
3. Yo no sé de dónde _____ ese talento.
   a. surgió
   b. llamó
4. Sampere goza de una fama casi _____ en todo el pueblo.
   a. musical
   b. mítica

Introducción

Ya sabemos que las entrevistas gozan de mucha popularidad en los periódicos y revistas hispanos. El público quiere saber qué están haciendo y cómo están pensando las figuras famosas.

He aquí una entrevista con el actor Christian Vadim, el hijo de la famosa modelo y actriz, Catherine Deneuve.

Hablamos con el hijo de Catherine Deneuve en Madrid

Christian Vadim: «Amo las fiestas, mi moto y las mujeres»

Tiene un gesto rebelde y hostil, se parece terriblemente al mítico James Dean, pero aunque esto no fuera así, Christian Vadim continuaría siendo un ejemplar de belleza extraordinaria. Es muy alto, delgado y musculoso. Se mueve en el asfalto, su medio preferido, como un salvaje felino en plena selva. Y sus ojos son de un verde fascinante, llenos de estrías doradas que hablan de paraísos perdidos.

NACIÓ en París hace 22 años y es hijo de los no menos míticos Roger Vadim y la bellísima Catherine Deneuve. Su signo del zodíaco es Géminis.

Hablando del amor

—Pero sí puedes hablarme del amor, por ejemplo, ¿no?

—¡Por supuesto! Yo puedo hablarte de muchas cosas, del amor, de política, de religión, de todo lo que tú quieras.

—Vaya, muchas gracias, esto cambia las cosas. Así que podemos hablar.

¿Te has divertido en Madrid, qué has hecho?

—A mí me encanta salir por las noches, a discotecas, a bailar, charlar, conocer chicas. Y en Madrid he salido mucho, casi como el «Borracho» de Velázquez. También he visto flamenco, pero sobre todo me he divertido mucho en las discotecas modernas, y he ido a los mejores restaurantes, se come muy bien en España. He hecho muchos amigos, aquí la gente es muy abierta, he conocido muchas chicas guapas y gente nueva, y eso me divierte mucho.

—Bueno, cuéntame lo que significa en tu vida el amor.

—El amor es muy importante en mi vida. Eso es seguro. Es necesario, es algo sin lo cual no se puede vivir. Y también es importante el amor que se siente por los amigos, y le doy un gran valor a la amistad, por el momento para mí es más importante el amor hacia mis amigos, mi gente, mi grupo, mis «copains»,[1] que el amor de una chica en concreto.

—¿Cómo te surgió la ocasión de convertirte en actor?

[1] **«copains»** amigos (en francés)

—Yo hice mi bachiller en un colegio de París, y cuando acabé pasé a la Universidad a estudiar Derecho. Pero entonces me llamó mi padre para que hiciera una película con él, «Fiesta sorpresa». Eso fue mi debut en el cine. Entonces decidí abandonar la Universidad, porque descubrí que mi oficio era ser actor.

—¿Volverías, si el cine te fuera mal, a terminar Derecho?

—No, nunca, ya no me gusta nada. Ahora estudiaría Arqueología, Historia, esas cosas me interesan, me gustan, leo mucha historia, me encanta. Pero nunca volveré a la Universidad. Porque yo hago en la vida sólo lo que me gusta, y yo soy actor por encima de todo.

El motor de su vida: amor, mujeres y trabajo

—¿Cuál es el motor de tu vida?

—Ser feliz y tener una buena salud. Y eso quiere decir tener amigos, una mujer, o varias, niños, un buen trabajo que me apasione y dinero, que es muy bueno para hacer lo que te da la gana en este mundo.

—¿Y viajar te gusta mucho, no?

—Adoro viajar. Conozco casi todo el mundo, Europa, África, los Estados Unidos. Yo empecé a viajar a los cinco meses. Iba entonces en un avión a Los Ángeles a reunirme con mi padre.

—¿Y qué ciudades te gustan más?

—Estoy enamorado de las ciudades. La vida en ellas es soberbia. Me encantan tres, París, Nueva York —donde la vida está hecha sólo para las fiestas— y Roma, ¡ah!, Roma es maravillosa. Allí la gente tiene el carácter latino, que me enamora, son abiertos, las mujeres son muy guapas, todo es una fiesta, siempre que puedo me escapo a Roma.

—¿Ahora tienes novia?

—No.

—¿Eres mentiroso?

—Sí, cuando me interesa. Yo hice una obra de teatro que se llama «Le menteur»,[2] y me iba de miedo.

—¿Te preocupa tu futuro?

—No, el futuro no me inquieta.[2] Yo soy optimista, inconsecuente, irrealista. Y pienso que tengo una buena estrella que me protege, y la mezcla de todo esto hace que yo adore la vida.

(Abridged)
Garbo
Barcelona, España

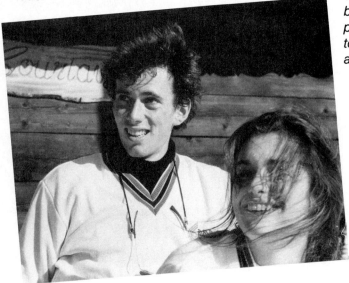

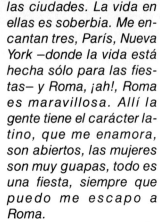

---

[2]**«Le menteur»** «El mentiroso» (en francés)   [3]**inquieta** *disturb, bother*

EJERCICIO 2

_____ **Escojan.**

1. ¿De qué nacionalidad es Christian?
   a. Es español.
   b. Es francés.
   c. Es italiano.
2. ¿Con quién le compara la entrevistadora?
   a. James Dean.
   b. Roger Vadim.
   c. Catherine Deneuve.
3. ¿Con qué tipo de animal le compara?
   a. Un ave.
   b. Un gato.
   c. Una serpiente.
4. ¿Adónde ha ido más el joven durante su visita a Madrid?
   a. A los museos.
   b. A los cines.
   c. A las discotecas.
5. ¿Cuál de «los amores» menciona Christian como muy importante?
   a. El amor por los padres.
   b. El amor por las chicas.
   c. El amor por los amigos.

EJERCICIO 3

_____ **¿Dónde dice eso?**

1. cómo es la comida en España
2. bajo qué signo nació Christian
3. los nombres de los padres del joven
4. la edad de Christian
5. cómo es él físicamente
6. lo que estudió en la universidad
7. la razón por la que él no volvería a la universidad
8. cómo llegó a ser actor

EJERCICIO 4

_____ **¿Sí o no?**

1. Lo que le motiva en su vida es ganar dinero.
2. Él hizo su primer viaje en avión a los cinco meses de edad.
3. Su ciudad favorita es Madrid.
4. Actualmente está enamorado de una chica.
5. Él siempre dice la verdad.
6. Él es optimista en cuanto al futuro.

12
La ecología

VOCABULARIO

Las aguas de **las cloacas** entran en el río.

Tiñen al río de **ocre** y otros colores **extraños.**

Se ven **las manchas.**

el colchón   la chatarra   el aluvión

EJERCICIO 1 *La contaminación*

—— **Contesten.**

1. ¿De dónde vienen las aguas?
2. ¿En dónde entran las aguas de las cloacas?
3. ¿Cómo tiñen al río?
4. ¿Qué se ven después?
5. ¿De qué consiste la chatarra?
6. ¿Corren torrentes de agua durante un aluvión?

Introducción

Arturo Uslar Pietri es uno de esos personajes multifacéticos que aparecen con frecuencia en los países hispanos. Uslar Pietri nació en Caracas, Venezuela en 1906. Es famoso como novelista y poeta. Pero además ha sido una figura importante en la política. Fundó un partido político y sirvió a su país como ministro de Educación y de Hacienda.

Un novelista de la categoría de Uslar Pietri, si escribiera en inglés en los EE.UU. por ejemplo, viviría muy bien de los derechos de autor. Desafortunadamente, el número de ejemplares de una novela que se puede vender en Hispanoamérica no es muy grande. Ha sido tradicional en Hispanoamérica que hasta los más renombrados autores aparezcan en los diarios. Los artículos de prensa proveen el pan de cada día.

El problema de la contaminación del medio ambiente es uno con el que nos enfrentamos a diario, como ya hemos visto. También preocupa a los intelectuales y pensadores como Arturo Uslar Pietri.

LECTURA

EL PROGRESO SUICIDA

ARTURO USLAR PIETRI

Cada día millones de toneladas de desperdicios[1] tóxicos y esterilizantes son arrojados[2] en el suelo, en el aire y en el agua de las grandes concentraciones industriales. Hay ciudades, como Los Ángeles y en cierto modo Londres, en las que se forma un denso colchón de niebla producido por la humedad, el humo y todos los gases de la actividad de los motores y quemadores de toda clase. El resultado es que la gente respira un aire literalmente venenoso que afecta la vida, que ataca las plantas y que corroe[3] en muchas formas todas las cosas. En menos de un siglo a la intemperie[4] de la ciudad de Washington un obelisco[5] egipcio ha sufrido más grave deterioro[6] que en los tres mil años anteriores en que estuvo al aire abierto del valle del Nilo. El caso es igual

---

[1]**desperdicios** *wastes*   [2]**arrojados** *dumped*   [3]**corroe** *rots*
[4]**intemperie** *outdoors*   [5]**obelisco** *obelisk*   [6]**deterioro** *deterioration*

con el agua. Los desperdicios de las cloacas y de las fábricas llenan de sub-stancias nocivas[7] las corrientes de agua. Hay ríos, como el Delaware en los Estados Unidos, que, prácticamente, han dejado de contener vida. Han muerto los peces, los infusorios[8] y hasta las bacterias entre el aluvión de ácidos disueltos que diariamente tiñen al río de multicolores manchas. La esterilización de un río rompe una cadena[9] de vida. Los seres del agua están estrechamente conectados con las plantas y con los animales de tierra. Un río estéril termina por hacer estéril la tierra que lo rodea. El agua utilizada para enfriar las plantas atómicas regresa a los ríos a temperaturas insopor-tables para la vida animal y vegetal. Muere el plankton, muere la bacteria y muere el pez. Los paisajes naturales desaparecen entre una constante niebla[10] de gases industriales. De los escapes[11] de los automóviles salen can-tidades aterradoras de monóxido de carbono que tiene un efecto destructivo sobre los pulmones[12] y el sistema nervioso. Los alrededores se convierten en cementerios de chatarra y cada día son más raquíticos[13] y escasos los ár-boles, preludiando[14] un futuro de desolación.[15]

---

[7]**nocivas** *harmful*   [8]**infusorios** *organisms*   [9]**cadena** *chain*   [10]**niebla** *fog*
[11]**escapes** *tailpipes*   [12]**pulmones** *lungs*   [13]**raquíticos** *scrawny*
[14]**preludiando** *forecasting*   [15]**desolación** *desolation*

Esto constituye uno de los problemas más graves y urgentes que afecta hoy directamente a los grandes países industriales y, a través de ellos y de la dinámica misma del desarrollo, a todos los hombres. Cada torre de chimenea que se alza, cada motor que se enciende, cada cañería[16] de desperdicios que sale al agua, cada derrame de petróleo en el mar, destruye vida y modifica negativamente una parte del medio natural.

Hace tiempo que los científicos saben que no hay vida aislada,[17] ni medio separado. La vida es una sola red[18] que une, en la más continua y solidaria dependencia, a todos los seres orgánicos. Desde los microorganismos de la tierra hasta los mamíferos más elevados en la escala animal, hasta el ser humano, están indisolublemente unidos y existen los unos porque existen los otros, y no puede eliminarse a ninguno sin que toda la cadena se rompa irremisiblemente. Esto es lo que se llama la Ecología, que no es una ciencia solamente, sino la condición fundamental de la existencia y de la preservación de la vida.

Cuando con los ojos de los astronautas hemos visto todos esa maravillosa esfera[19] azul y blanca, con manchas ocres, que flota en el espacio, hemos tenido presente una inolvidable lección de la unidad de toda vida. No somos

---

[16]**cañería** *sewer pipe*   [17]**aislada** *isolated*   [18]**red** *network*   [19]**esfera** *globe*

sino de la tierra, hijos de las circunstancias ambientales que se han producido en ella, y no parece que tengamos otra posibilidad que la tierra. Por
eso reviste un carácter de tan grave y trágica amenaza[20] la destrucción constante del ambiente natural que el desarrollo industrial y tecnológico ha
traído. Es como la otra faz temible de la atrayente imagen del progreso y
del desarrollo. Podemos llegar a ser poderosos y altamente productivos pero
hasta ahora lo ha sido al precio de una desconsiderada y pavorosa[21] destrucción de las condiciones ambientales que han hecho la vida posible.

Éste es el problema de la ruina ambiental, de la destrucción de la naturaleza por el pillaje[22] humano o de la polución, como también se le llama,
que hoy constituye una de las mayores preocupaciones de los gobiernos de
los grandes países industriales, y que es como el cáncer de la civilización y
del progreso. Es como si nuestro progreso se hiciera al precio de la destrucción de la naturaleza y del ambiente, que es lo mismo que decir la auto-des-
trucción del ser humano.

Detener[23] esta tendencia y sus efectos negativos y re-establecer un equili-
brio estable en la naturaleza requerirá un esfuerzo gigantesco y la coopera-
ción de todos, para dominar y equilibrar el poder destructivo y casi suicida
del progreso industrial y tecnológico.

EJERCICIO 2

_____ ¿Dónde dice eso?

1. que un monumento se ha dañado más en el último siglo que en miles de
   años anteriores
2. que un río norteamericano llegó a ser prácticamente estéril
3. cómo la Tierra parece vista desde el espacio
4. el efecto que tiene el agua que se usa para enfriar reactores atómicos
   cuando se la devuelve a los ríos o al mar
5. lo que hay que hacer para detener los malos efectos del «progreso»

EJERCICIO 3

_____ Escojan.

1. ¿Qué tienen en común Londres y Los Ángeles?
   a. Mucha contaminación del aire.
   b. Una importante industria de colchones.
   c. Toneladas de desperdicios tóxicos en sus ríos.
2. ¿Qué mató los peces del Delaware?
   a. Las bacterias.
   b. Los infusorios.
   c. Los ácidos.

---

[20]**amenaza** _threat_   [21]**pavorosa** _frightening_   [22]**pillaje** _pillaging_
[23]**Detener** _To stop_

3. ¿Por qué causa daño el agua de las plantas atómicas?
   a. Contiene mucho ácido.
   b. Está muy caliente.
   c. Lleva químicas nocivas.
4. ¿Qué menciona el autor como causa de daño al sistema respiratorio?
   a. Los gases de los motores de combustión.
   b. La contaminación de las cloacas.
   c. Los cementerios de chatarra.
5. ¿Cuál es un indicador de un futuro desolado, según el autor?
   a. La condición de los árboles.
   b. La cantidad de chatarra.
   c. El número de muertos en los cementerios.
6. ¿Qué es la esfera blanca y azul?
   a. Una planta atómica.
   b. El colchón de contaminación.
   c. La Tierra.

EJERCICIO 4

_____ **Para pensar un poco**

1. Uslar Pietri habla de «la otra faz temible de la atrayente imagen del progreso y del desarrollo». En sus propias palabras, describa Ud. esa otra cara del progreso.
2. ¿Cómo define Uslar Pietri la «Ecología»?

ACTIVIDADES

_____ **1** Ud. es el (la) representante de una empresa que quiere levantar una fábrica de químicas en un pueblo. El gobierno municipal está preocupado. Ud. tiene que convencerles de que

- no habrá peligro de contaminación ambiental.
- sería casi imposible que ocurriera un accidente.
- las químicas no son nocivas.

Escriba Ud. un ensayo sobre este tema.

_____ **2** Ud. está en una universidad hispana. Tiene que reclutar estudiantes para colaborar en un proyecto de repoblación forestal. Prepare Ud. una hoja de papel que explica la importancia ecológica del proyecto y lo que tienen que hacer los voluntarios.

213

Literatura

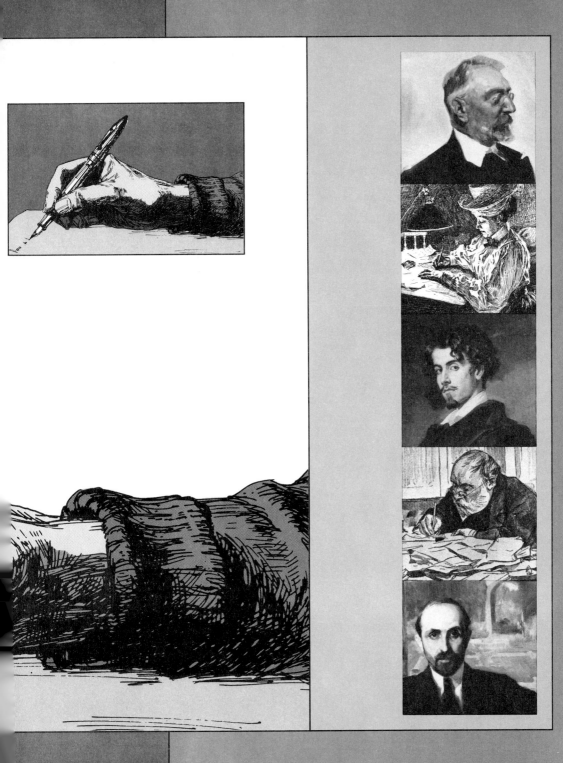

1
Mis primeros versos

RUBÉN DARÍO

Vocabulario

El **redactor** miró **la cuartilla.**
En la cuartilla había varios **rengloncitos** en **letras de molde.**
El redactor **borró** un rengloncito.

EJERCICIO 1 *En una casa editorial*

—— **Completen.**

1. El —— trabaja en una casa editorial.
2. El redactor estaba leyendo una —— de texto.
3. En cada cuartilla había treinta ——.
4. El texto estaba muy claro. Estaba en ——.

EJERCICIO 2

_____ In this short story the famous author Rubén Darío uses some very popular or colloquial expressions. Complete the following sentences to learn the meaning of these popular expressions.

1. Él quería salir con ella pero ella le dijo que no. Ella le _____.
   dar calabazas
2. Es el límite. No puedo soportar más. Eso es el _____. **colmo**
3. ¿En tu vida has visto algo tan estúpido? ¡Qué _____! **barbaridad**
4. Ese tío está muy bien vestido. Está de _____. **veinte y cinco alfileres**
5. Éste me tiene _____. Tengo que hacer lo que él quiere. **frito**

EJERCICIO 3

_____ Hagan oraciones con las expresiones siguientes.

1. el colmo
2. la barbaridad
3. tenerle frito a uno
4. de veinte y cinco alfileres
5. darle calabazas a uno

Introducción

El Príncipe de los poetas hispanoamericanos, Rubén Darío, fue también el precursor del cuento moderno hispanoamericano. Su nombre verdadero era Félix Rubén García Sarmiento. Nació en 1867 en una aldea pequeña de Nicaragua de una familia de comerciantes. Cuando sólo tenía ocho meses de edad, el niño fue abandonado por sus padres y recogido por una tía.

Rubén Darío aprendió a leer y a escribir muy joven. A los ocho años compuso versos y a los trece años publicó algunos de ellos y ganó el título de «El poeta niño».

Un joven pobre y angustiado Darío anduvo errante por muchos países de Europa y de América sin poner raíces hogareñas en ninguno. Murió en su patria en 1916 a los cuarenta y nueve años.

Mis primeros versos es un ejemplo de la manera más sencilla en que se puede escribir un cuento. Rubén Darío, narrando en la forma de «yo», describe las angustias, las esperanzas y el desengaño de un joven que aspira a ser poeta y que publica sus primeros versos en un periódico local.

Este cuento fue publicado por primera vez en el periódico _El Imparcial de Managua_ en 1886 cuando el autor tenía solamente diecinueve años.

MIS PRIMEROS VERSOS
RUBÉN DARÍO

Tenía yo catorce años y estudiaba humanidades.

Un día sentí unos deseos rabiosos[1] de hacer versos, y de enviárselos a una muchacha muy linda, que se había permitido darme calabazas.

Me encerré[2] en mi cuarto, y allí en la soledad, después de inauditos[3] esfuerzos, condensé como pude, en unas cuantas estrofas, todas las amarguras[4] de mi alma.

Cuando vi, en una cuartilla de papel, aquellos rengloncitos cortos tan simpáticos; cuando los leí en alta voz y consideré que mi cacumen[5] los había producido, se apoderó de mí una sensación deliciosa de vanidad y orgullo.

Inmediatamente pensé en publicarlos en *La Calavera*, único periódico que entonces había, y se los envié al redactor, bajo una cubierta y sin firma.

Mi objeto era saborear las muchas alabanzas[6] de que sin duda serían objeto, y decir modestamente quién era el autor, cuando mi amor propio se hallara satisfecho.

Eso fue mi salvación.

Pocos días después sale el número 5 de *La Calavera*, y mis versos no aparecen en sus columnas.

Los publicarán inmediatamente en el número 6, dije para mi capote,[7] y me resigné a esperar porque no había otro remedio.

Pero ni en el número 6, ni en el 7, ni en el 8, ni en los que siguieron había nada que tuviera apariencias de versos.

Casi desesperaba[8] ya de que mi primera poesía saliera en letras de molde, cuando caten[9] ustedes que el número 13 de *La Calavera*, puso colmo a mis deseos.

---

[1]**rabiosos** locos   [2]**Me encerré** *I locked myself*   [3]**inauditos** extraordinarios, increíbles   [4]**amarguras** *bitterness*   [5]**cacumen** *acumen, brains*
[6]**saborear las muchas alabanzas** *to savor the many praises*
[7]**para mi capote** *to myself*   [8]**desesperaba** *I gave up, I lost hope*
[9]**caten** *see*

Los que no creen en Dios, creen a puño cerrado[10] en cualquier barbaridad; por ejemplo, en que el número 13 es fatídico,[11] precursor de desgracias y mensajero de muerte.

Yo creo en Dios; pero también creo en la fatalidad del maldito[12] número 13.

Apenas llegó a mis manos *La Calavera*, me puse de veinticinco alfileres, y me lancé a la calle, con el objeto de recoger elogios, llevando conmigo el famoso número 13.

A los pocos pasos encuentro a un amigo, con quien entablé el diálogo siguiente:

—¿Qué tal, Pepe?

—Bien, ¿y tú?

—Perfectamente. Dime, ¿has visto el número 13 de *La Calavera*?

—No creo nunca en ese periódico.

Un jarro de agua fría en la espalda o un buen pisotón en un callo[13] no me hubieran producido una impresión tan desagradable como la que experimenté al oír esas seis palabras.

Mis ilusiones disminuyeron un cincuenta por ciento, porque a mí se me había figurado que todo el mundo tenía obligación de leer por lo menos el número 13, como era de estricta justicia.

—Pues bien, —repliqué algo amostazado[14]—, aquí tengo el último número y quiero que me des tu opinión acerca de estos versos que a mí me han parecido muy buenos.

Mi amigo Pepe leyó los versos y el infame se atrevió a[15] decirme que no podían ser peores.

Tuve impulsos de pegarle una bofetada[16] al insolente que así desconocía el mérito de mi obra; pero me contuve y me tragué la píldora.[17]

Otro tanto me sucedió con todos aquellos a quienes interrogué sobre el mismo asunto, y no tuve más remedio que confesar de plano . . . . que todos eran unos estúpidos.

Cansado de probar fortuna en la calle, fui a una casa donde encontré a diez o doce personas de visita. Después del saludo, hice por milésima[18] vez esta pregunta:

—¿Han visto ustedes el número 13 de *La Calavera*?

—No lo he visto, —contestó uno de tantos—, ¿qué tiene de bueno?

—Tiene, entre otras cosas, unos versos, que según dicen no son malos.

—¿Sería usted tan amable que nos hiciera el favor de leerlos?

—Con gusto.

Saqué *La Calavera* del bolsillo, lo desdoblé[19] lentamente, y, lleno de emoción, pero con todo el fuego de mi entusiasmo, leí las estrofas.

---

[10]**a puño cerrado** *with blows* (aquí, fuertemente)   [11]**fatídico** *fateful, ominous*
[12]**maldito** *bad, damned*   [13]**pisotón en un callo** *step on the foot*
[14]**amostazado** *irritated, annoyed*   [15]**se atrevió a** *dared to*
[16]**pegarle una bofetada** *give him a slap*   [17]**me tragué la píldora** *I swallowed the medicine*   [18]**milésima** *thousandth*   [19]**desdoblé** *I unfolded*

En seguida pregunté:

—¿Qué piensan ustedes sobre el mérito de esta pieza literaria?

Las respuestas no se hicieron esperar y llovieron en esta forma:

—No me gustan esos versos.

—Son malos.

—Son pésimos.

—Si continúan publicando esas necedades[20] en *La Calavera*, pediré que me borren[21] de la lista de los suscriptores.

—El público debe exigir que emplumen[22] al autor.

—Y al periodista.

—¡Qué atrocidad!

—¡Qué barbaridad!

—¡Qué necedad!

—¡Qué monstruosidad!

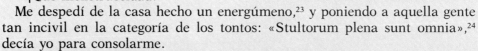

Me despedí de la casa hecho un energúmeno,[23] y poniendo a aquella gente tan incivil en la categoría de los tontos: «Stultorum plena sunt omnia»,[24] decía yo para consolarme.

Todos ésos que no han sabido apreciar las bellezas de mis versos, pensaba yo, son personas ignorantes que no han estudiado humanidades, y que, por consiguiente, carecen de los conocimientos necesarios para juzgar como es debido en materia de bella literatura.

Lo mejor es que yo vaya a hablar con el redactor de *La Calavera*, que es hombre de letras y que por algo publicó mis versos.

Efectivamente: llego a la oficina de la redacción del periódico, y digo al jefe, para entrar en materia:

—He visto el número 13 de *La Calavera*.

—¿Está usted suscrito a mi periódico?

—Sí, señor.

—¿Viene usted a darme algo para el número siguiente?

—No es eso lo que me trae: es que he visto unos versos . . .

—Malditos versos; ya me tiene frito el público a fuerza de reclamaciones.[25] Tiene usted muchísima razón, caballero, porque son, de lo malo, lo peor; pero ¿qué quiere usted?, el tiempo era muy escaso, me faltaba media columna y eché mano a esos condenados versos, que me envió algún quídam[26] para fastidiarme.

Estas últimas palabras las oí en la calle, y salí sin despedirme, resuelto a poner fin a mis días.

---

[20]**necedades** *stupid things*   [21]**borren** eliminen   [22]**emplumen** *tar and feather*
[23]**energúmeno** *wild person*   [24]**«Stultorum plena sunt omnia»** «Todo el mundo está lleno de tontos».   [25]**reclamaciones** *complaints*   [26]**quídam** *so-and-so*

Me pegaré un tiro,[27] pensaba, me ahorcaré,[28] tomaré un veneno, me arrojaré desde un campanario a la calle, me echaré al río con una piedra al cuello, o me dejaré morir de hambre, porque no hay fuerzas humanas para resistir tanto.

Pero eso de morir tan joven . . . Y, además, nadie sabía que yo era el autor de los versos.

Por último, lector, te juro que no me maté; pero quedé curado, por mucho tiempo, de la manía de hacer versos. En cuanto al número 13 y a las calaveras,[29] otra vez que esté de buen humor te he de contar algo tan terrible, que se te van a poner los pelos de punta.[30]

EJERCICIO 4

_____ Contesten.

1. ¿Cuántos años tenía el protagonista?
2. ¿Qué estudiaba?
3. ¿A quién quería enviar los versos que iba a escribir?
4. ¿A quién se los envió?
5. ¿Qué le iban a traer los versos?
6. ¿En qué número del periódico salieron sus versos?
7. En cuanto recibió el periódico, ¿por qué fue a la calle?

EJERCICIO 5

_____ En el cuento hay tres escenas breves que dramatizan la situación del protagonista que va en busca de alabanzas. Describan lo que le pasó en cada una de las siguientes situaciones.

1. Él encontró a un amigo en la calle.
2. Él leyó los versos a unas doce personas de visita.
3. Él tuvo la entrevista con el redactor del periódico, _La Calavera_.

EJERCICIO 6

_____ Al salir de la oficina del redactor, ¿qué quería hacer el pobre poeta?

ACTIVIDAD

_____ 1 Almost every person has done something in his or her life that produced results that were the opposite of those that the individual would have expected. Write a short story in which you tell something you did that resulted in something you had not expected.

---

[27]**Me pegaré un tiro** _I'll shoot myself_ [28]**me ahorcaré** _I'll hang myself_
[29]**calaveras** _skulls_ [30]**pelos de punta** _hair on end_

2
Cosas del tiempo

RAMÓN DE CAMPOAMOR

Introducción

Ramón de Campoamor (1817–1901) nació en Navia, un pueblo pequeño de Asturias en el norte de España. De joven pensó hacerse jesuita y así estudió latín y filosofía en Santiago de Compostela. Más tarde estudió medicina en Madrid y luego leyes pero nunca terminó sus estudios. Su verdadera vocación eran las letras.

Campoamor es un poeta muy conocido en el mundo hispánico. Es un poeta que tiene mucho que decir y en sus poesías casi siempre llega a una moral o a una conclusión. Hoy se le recuerda por el humor de sus poesías cortas—un humor a veces dulce pero otras veces picante. Aquí tenemos un ejemplo de una de sus poesías cortas.

COSAS DEL TIEMPO

Ramón de Campoamor

Pasan veinte años; vuelve él,
Y al verse, exclaman él y ella:
(—¡Santo Dios! ¿y éste es aquél? . . .)
(—¡Dios mío! ¿y ésta es aquélla? . . .)

EJERCICIO 1

_____ **Contesten.**

1. ¿Quién vuelve?
2. ¿A quién ve?
3. ¿Hace cuánto tiempo que no se ven?
4. ¿Se reconocen?
5. ¿Han cambiado?
6. ¿Qué dice cada uno para indicar que el otro ha cambiado?

ACTIVIDADES

1 Un _entremés_ es una pieza teatral divertida (jocosa) de un solo acto. Los hermanos Quintero eran dramaturgos españoles que escribieron un entremés titulado _Mañana de sol_. Este entremés está basado en el breve poema de Campoamor, «Cosas del tiempo». ¿De qué se tratará este entremés?

2 Trate Ud. de escribir una breve obra teatral en la que hay un señor o una señora de avanzada edad. Éste (o ésta) ve a un(a) señor(a) que cree reconocer pero ya hace muchos años que no se ven. ¿Dónde se encuentran? ¿Cómo reconoce el uno a la otra? ¿Qué dicen? ¿Cómo se habían conocido anteriormente? ¿Por qué hace tantos años que no se ven?

3
La Araucana

ALONSO DE ERCILLA Y ZÚÑIGA

Introducción

El primer poema de gran valor literario escrito en el continente americano es «La Araucana» de Alonso de Ercilla y Zúñiga (1533–1594). Ercilla llegó a las Américas de España a los veinte y un años y tomó parte en la conquista del Perú. Más tarde pasó a Chile donde chocó con las feroces tribus araucanas. Mientras peleaba, escribía, y así surgió el primer poema épico americano. El autor dedicó el poema al rey de España, Felipe II. En su dedicatoria le declaró al rey que los acontecimientos del poema representaban la verdad histórica. Así la obra «La Araucana» fue la primera en que el poeta apareció como actor en la epopeya y la primera que cantó de acontecimientos todavía en curso.

En las estrofas que siguen Ercilla describe a los indios que le esperaban a su llegada a Chile—los araucanos.

LA ARAUCANA

Alonso de Ercilla y Zúñiga

Son de gestos robustos, desbarbados,[1]
bien formados de cuerpos y crecidos,[2]
espaldas grandes, pechos levantados,
recios[3] miembros, de nervios bien fornidos,[4]
ágiles, desenvueltos,[5] alentados,[6]
animosos, valientes, atrevidos,[7]
duros en el trabajo, y sufridores
de fríos mortales, hambres y calores.

---

[1]**desbarbados** *beardless*   [2]**crecidos** grandes   [3]**recios** fuertes
[4]**fornidos** fuertes   [5]**desenvueltos** *confident*   [6]**alentados** *haughty, brave-spirited*
[7]**atrevidos** *daring*

No ha habido rey jamás que sujetase
esta soberbia gente libertada,
ni extranjera nación que se jactase[8]
de haber dado en sus términos pisada;
ni comarcana[9] tierra que se osase[10]
mover en contra y levantar espada;
siempre fue exenta,[11] indómita,[12] temida,
de leyes libre y de cerviz erguida.[13]

[8]**se jactase** *could boast*   [9]**comarcana** *vecina*   [10]**se osase** *would dare*
[11]**exenta** *free*   [12]**indómita** *unconquerable*   [13]**cerviz erguida** *head held high*

EJERCICIO 1

_____ Preparen una lista de adjetivos que caracterizan a los araucanos.

EJERCICIO 2

_____ ¿Cómo dice el autor lo siguiente?

1. Los araucanos tienen cuerpos fuertes y atléticos.
2. Los araucanos tienen muy poco pelo en el cuerpo.
3. Los araucanos trabajan mucho.
4. Los araucanos saben y pueden sufrir.

EJERCICIO 3

_____ Contesten.

1. ¿Qué rey ha podido sujetar a los araucanos?
2. ¿Qué nación ha podido entrar en territorio araucano?
3. ¿Qué vecinos han peleado con los araucanos? ¿Por qué?
4. ¿Cómo han sido siempre los araucanos?
5. ¿Por qué son de cerviz erguida?

ACTIVIDADES

_____ **1** Lea de nuevo las dos estrofas del poema «La Araucana». Luego prepare un informe o una composición en donde Ud. describe en sus propias palabras a los araucanos.

_____ **2** Escoja Ud. a un(a) amigo(a) que tiene cada una de las siguientes características. Explique por qué Ud. cree que él(ella) posee dicha característica.

• Es desbarbado.
• Es muy ágil.
• Es atrevido(a).
• Es desenvuelto(a).

4

¡Quién sabe!

JOSÉ SANTOS CHOCANO

Introducción

José Santos Chocano (1875–1934) nació en el Perú. Durante su vida tumultuosa viajó por muchos países de la América Hispana y vivió varios años en Madrid. En sus poesías Chocano cantó de las hazañas de su gente y describió la naturaleza americana: los volcanes, la cordillera andina y las selvas misteriosas.

Chocano se sintió inca. Él quería ser indio y español a la vez. Esa fusión de lo indígena y lo español la sentía en sus venas porque una de sus abuelas descendía de un capitán español y la otra era de una familia inca. La voz del poeta era la de un mestizo que conocía a su gente y su tierra. Él mismo se proclamó cantor de América, autóctono y salvaje—de la América de habla española. —Walt Whitman tiene el Norte, pero yo tengo el Sur,—dijo Chocano.

Lo que sigue es un fragmento de «Tres notas del alma indígena». Aquí Chocano habla al indio de hoy. Le pregunta si se ha olvidado de su pasado cuando era dueño de todo el continente. La contestación del indio tiene mucho significado. Contesta: «¡Quién sabe, señor!» Es muy típico en el habla del indio decir «¡Quién sabe!». Puede significar que sí o que no.

¡QUIÉN SABE!

José Santos Chocano

—Indio que labras con fatiga
tierras que de otros dueños son:
¿Ignoras[1] tú que deben tuyas
ser, por tu sangre y tu sudor?[2]
¿Ignoras tú que audaz codicia,[3]
siglos atrás te las quitó?
¿Ignoras tú que eres el Amo?[4]
————¡Quién sabe, señor!

—Indio de frente taciturna[5]
y de pupilas sin fulgor:[6]
¿Qué pensamiento es el que escondes
en tu enigmática[7] expresión?
¿Qué es lo que buscas en tu vida?
¿Qué es lo que imploras a tu Dios?
¿Qué es lo que sueña tu silencio?
————¡Quién sabe, señor!

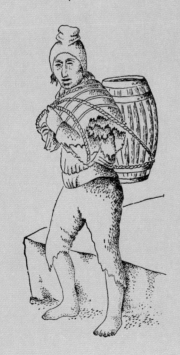

---

[1]**Ignoras** No sabes [2]**sudor** *sweat* [3]**audaz codicia** *bold greed*
[4]**Amo** *master, head* [5]**taciturna** melancólica [6]**sin fulgor** *without any*
brightness (spark) [7]**enigmática** *puzzling*

EJERCICIO 1

_____ **Contesten.**

1. ¿Qué hace el indio hasta estar rendido (muy cansado)?
2. ¿Cuáles son tres cosas que es posible que el indio no sepa?
3. ¿Cómo contesta el indio?
4. ¿Sabemos si el indio tiene las respuestas a las preguntas?

EJERCICIO 2

_____ **Expliquen.**

1. ¿Por qué le dice el autor al indio que las tierras deben ser suyas por su sangre y su sudor?
2. El autor le pregunta al indio si sabe que ya hace siglos una audaz codicia le quitó sus tierras. ¿A qué o a quiénes se refiere el autor?
3. ¿Por qué habrá escrito el autor *el Amo* con letra mayúscula?

EJERCICIO 3

_____ **Contesten.**

1. ¿Cómo describe José Santos Chocano a los indios?
2. ¿Cómo dice Chocano lo siguiente?

   • El indio parece melancólico.
   • Parece que no tiene alegría ni esperanza.
   • Tiene una mirada vaga.
   • Parece que está pensando en algo pero no se lo revela a nadie.

ACTIVIDADES

_____ 1 Dice Lewald en su libro *Latinoamérica: Sus Culturas y Sociedades:* «Según los investigadores antropológicos, el indio latinoamericano añadió a su estoicismo y rutina de tiempos precolombinos el silencio y la introversión tan propia de pueblos subyugados. Ha sido muy fácil observar que el indio en la actualidad se muestra inaccesible y pasivo frente al hombre moderno, aunque es locuaz y cooperativo dentro de su grupo comunal».

¿Cómo coinciden las palabras del poeta José Santos Chocano con las observaciones de los investigadores antropológicos?

_____ 2 Las obras de la mayoría de los intelectuales o de las figuras literarias de Latinoamérica tienen algún mensaje para el pueblo. En estos versos, ¿qué le está diciendo el poeta al indio? ¿Quiere Chocano que el indio acepte su situación con una resignación fatal?

5
La poesía negra

Introducción

En 1502 llegaron los primeros esclavos a La Española, isla que hoy está dividida entre Haïtí y la República Dominicana. Vinieron los esclavos negros para sustituir a los indios que no podían resistir los trabajos forzados en las minas. Los trajeron los españoles, los ingleses y los holandeses que traficaban en carne humana.

Hoy día hay muchos negros y mulatos, personas de sangre blanca y negra, en las Antillas, en el norte de la América del Sur, en el Brasil, en varias regiones de la costa occidental del continente sudamericano, en Panamá y en la costa del Caribe de los países centroamericanos. A través de los siglos ha habido mucha transculturación entre la población negra y criolla de estas regiones. No obstante la herencia africana se nota sobre todo en la comida, el folklore, los bailes, la música y las costumbres.

La literatura afroamericana es esencialmente poesía social, una poesía de contrastes y asimilaciones de culturas: la blanca, la negra y la mulata. Algunos temas de esta poesía son el drama de la esclavitud, el conflicto de sangres en el mulato y la descripción de danzas, instrumentos musicales, cantos populares y ceremonias religiosas.

NICOLÁS GUILLÉN

Nicolás Guillén (1904–   ), poeta afrocubano, es el mejor representante de la poesía de combate social y el más famoso de los poetas antillanos que han tratado el tema de los negros. Por un lado su poesía nos ofrece magistrales escenas costumbristas. Por otro lado él cultiva la poesía social que ataca la explotación del negro o mulato.

En su poema «Búcate plata» vemos por parte de la mulata el deseo de alcanzar una vida más cómoda—una vida que su hombre no le puede dar.

BÚCATE PLATA

Búcate[1] plata,[2]
búcate plata,
porque no doy un paso má:[3]
etoy a arró[4] con galleta,[5]
na má.[6]

Yo bien sé como etá to,[7]
pero viejo, hay que comer:
búcate plata,
búcate plata,
porque me voy a correr.

Depué[8] dirán que soy mala,
y no me querrán tratar,
pero amor con hambre, viejo,
¡qué va![9]
Con tanto[10] zapato nuevo,
¡qué va!
Con tanto reló,[11] compadre,
¡qué va!
Con tanto lujo, mi negro,
¡qué va!

---

[1]**Búcate** Búscate   [2]**plata** dinero   [3]**má** más   [4]**etoy a arró** estoy harta ahora
[5]**galleta** *dry bread*   [6]**na má** nada más   [7]**etá to** está todo   [8]**Depué** Después
[9]**¡qué va!** *nothing doing*   [10]**Con tanto** Cuando otros pueden tener tanto
[11]**reló** reloj *(watch)*

EJERCICIO 1

——— ¿Dónde y cómo se dice?

1. Yo te ruego que nos traigas dinero.
2. No puedo seguir así.
3. Ahora no me queda (no tengo) casi nada.
4. Yo comprendo cómo están las cosas. Yo sé que la vida es difícil.
5. Pero es necesario comer.
6. Si la situación no cambia, voy a salir.
7. Y todo el mundo me dejará, diciendo que soy mala.

EJERCICIO 2

——— Contesten.

1. ¿Cómo expresa la señora que aunque ella no tiene nada, ella ve que el lujo existe?
2. Hablando con su hombre, la mulata emplea tres términos de cariño. ¿Cuáles son?

LUIS PALÉS MATOS

Luis Palés Matos nació en Guayama, Puerto Rico, en 1899. Murió en 1959. Sus padres eran poetas ambos y comprendieron bien las inclinaciones poéticas de su hijo autodidacto quien empezó a escribir poesías a los catorce años. En la obra de Palés Matos se imitan el habla africana y el ritmo de sus danzas. En sus poesías aparecen infinitas palabras onomatopéyicas.

He aquí varios versos de «Falsa canción de baquiné», una poesía costumbrista. Entre los campesinos o jíbaros puertorriqueños todavía se ve el baquiné. ¿Qué es el baquiné? Pues, cuando se muere un bebé o un niño muy pequeño, la familia y los vecinos se reúnen para celebrar con música, baile y comida. No es, insisten, razón para entristecerse sino para alegrarse. Dicen que es ocasión para alegrarse porque el niño estará con Dios porque ha muerto inocente.

FALSA CANCIÓN DE BAQUINÉ

¡Ohé, nené!
¡Ohé, nené!
Adombe ganga mondé,
Adombé.
Candombe[1] del baquiné
Candombé.

Vedlo[2] aquí dormido,
Ju-jú.
Todo está dormido,
Ju-jú.
¿Quién lo habrá dormido?
Ju-jú.

Babilongo[3] ha sido,
Ju-jú.
Ya no tiene oído,
Ju-jú.
Ya no tiene oído . . .

Pero que ahora verá la playa.
Pero que ahora verá el palmar.
Pero que ahora ante el fuego grande
con Tembandumba[4] podrá bailar.
Y a la Guinea su zombí[5] vuelva . . .
—Coquí, cocó, cucú, cacá—

EJERCICIO 3

_____ ¿Dónde dice eso?

1. El niño se durmió.
2. El niño no puede oír.
3. El niño se divertirá.
4. El espíritu del niño volverá a África.

---

[1]**Candombe** una danza [2]**Vedlo** Mírenlo, Véanlo [3]**Babilongo** un espíritu
[4]**Tembandumba** otro espíritu [5]**zombí** _soul, spirit_

ADALBERTO ORTIZ

Adalberto Ortiz (1914–   ) nació en el Ecuador, un país que étnicamente se divide en dos regiones completamente diferentes. En el altiplano viven los criollos y los indios serranos; en la costa tropical y húmeda del Pacífico viven los criollos y los negros, los mulatos y los zambos, personas de sangre negra e india. El tema dominante de las novelas y poesías de Ortiz es la raza negra y sus mezclas con indios y blancos. En su poema «Contribución» expresa la triste condición sufrida por su raza a pesar de sus contribuciones a las sociedades del Nuevo Mundo.

CONTRIBUCIÓN

África, África, África,
tierra grande, verde y sol
en largas filas de mástiles[1]
esclavos negros mandó.
Qué trágica fue la brújula[2]
que nuestra ruta guió.
Qué amargos[3] fueron los dátiles[4]
que nuestra boca encontró.
Siempre han partido[5] los látigos[6]
nuestra espalda[7] de Cascol[8]
y con nuestras manos ágiles
tocamos guasa[9] y bongó.[10]
Sacuden[11] sus sones bárbaros
a los blancos, a los de hoy,
invade la sangre cálida
de la raza de color,
porque el alma, la de África
que encadenada[12] llegó
a esta tierra de América
canela y candela[13] dio.

---

[1]**mástiles** *masts of ships* [2]**brújula** *compass* [3]**amargos** *bitter*
[4]**dátiles** *dates* [5]**han partido** *broke, cracked* [6]**látigos** *whips*
[7]**espalda** *back* [8]**Cascol** *resin of a tree from Guiana used to make a black wax*
[9]**guasa** *type of music* [10]**bongó** *small drum* [11]**Sacuden** *Shake, Jolt*
[12]**encadenada** *in chains* [13]**canela y candela** *spice and fire*

EJERCICIO 4

_____ **Contesten.**

1. ¿Cómo describe el poeta a África?
2. ¿Qué simbolizará el color verde?
3. ¿Qué simbolizará el sol?
4. ¿Qué se veía en alta mar?
5. ¿Quiénes estaban a bordo?
6. ¿Quién los mandó?
7. ¿Qué guió la ruta de los esclavos?
8. ¿Cómo fue?
9. ¿Qué simbolizarán los dátiles amargos?
10. ¿Qué hicieron los látigos de los dueños de los esclavos?
11. ¿Cuál es la hipérbole que emplea el poeta para describir el color de la piel?
12. ¿Qué tipo de música tocaban los negros?
13. ¿Qué contribución le trajo el negro a esta tierra de América?

ACTIVIDADES

1 Escriba un cuento basado en el problema económico de la mulata en la poesía «Búcate plata».

2 En sus propias palabras explique Ud. exactamente lo que nos ha dicho el poeta Adalberto Ortiz en su poema «Contribución». ¿Qué efecto le ha producido en Ud. este poema?

6
Olor a cacao

JOSÉ DE LA CUADRA

Introducción

José de la Cuadra, un cuentista muy admirado, nació en Guayaquil, Ecuador en 1903. Murió en la misma ciudad en 1941. José de la Cuadra hizo estudios de abogado y fue uno de los grandes animadores del grupo literario de Guayaquil que a partir de los años treinta provocó una gran renovación de las corrientes literarias en el Ecuador.

En sus cuentos José de la Cuadra interpreta la vida montuvia o sea la vida de la región costeña del Ecuador. Presenta personajes humildes de los arrabales de Guayaquil o de las aldeas a orillas de la selva o del litoral ecuatoriano.

El cuento *Olor a cacao* tiene lugar en un café humilde y rústico de Guayaquil. Entra en el café un señor que no es de Guayaquil. Por casualidad la muchacha que trabaja en el café es de la misma región que el señor. Esta humilde sirvienta revela el amoroso asimiento a la tierra o región nativa que vive en las almas sencillas de la gente rústica de las zonas remotas y aisladas del continente sudamericano.

OLOR A CACAO

JOSÉ DE LA CUADRA

El hombre hizo un gesto de asco.[1] Después arrojó la buchada,[2] sin reparar que añadía nuevas manchas[3] al sucio mantel de la mesilla.

La muchacha se acercó, solícita, con el limpión[4] en la mano.

—¿Taba[5] caliente?

Se revolvió el hombre, fastidiado.[6]

—El que está caliente soy yo, ¡ajo![7] —replicó.

De seguida soltó a media voz una colección de palabrotas[8] brutales. Concluyó:

—¿Y a esta porquería le llaman cacao? ¿A esta cosa intomable?[9]

Mirábalo la sirvienta, azorada[10] y silenciosa. Desde adentro, de pie tras el mostrador, la patrona espectaba.[11]

Continuó el hombre:

—¡Y pensar que ésta es la tierra del cacao! A tres horas de aquí ya hay huertas.[12]

Expresó esto en un tono suave, nostalgioso, casi dulce . . .

Y se quedó contemplando a la muchacha.

Después, bruscamente, se dirigió a ella:

—Yo no vivo en Guayaquil, ¿sabe? Yo vivo allá, allá . . . en las huertas . . .

---

[1]**gesto de asco** *gesture of disgust*   [2]**la buchada** *mouthful*   [3]**manchas** *stains*
[4]**limpión** *washcloth*   [5]**Taba** Estaba   [6]**fastidiado** enojado   [7]**¡ajo!** *a coarse interjection*   [8]**palabrotas** palabras vulgares   [9]**intomable** que no se puede beber
[10]**azorada** *bewildered*   [11]**espectaba** miraba   [12]**huertas** *gardens*

Agregó, absurdamente confidencial:

—He venido porque tengo un hijo enfermo, ¿sabe?, mordido de culebra[13] ... Lo dejé esta tarde en el hospital de niños ... Se morirá, sin duda ... Es la mala pata[14] ...

La muchacha estaba ahora más cerca. Calladita, calladita.[15] Jugando con los vuelos del delantal.[16]

Quería decir:

—Yo soy de allá, también; de allá ... de las huertas ...

Habría sonreído al decir esto. Pero no lo decía. Lo pensaba, sí, vagamente. Y atormentaba los flequillos de randa[17] con los dedos nerviosos.

Gritó la patrona:

—¡María! ¡Atiende al señor del reservado!

Era mentira.[18] Sólo una señal convenida de apresurarse era. Porque ni había señor, ni había reservado. No había sino estas cuatro mesitas entre estas cuatro paredes, bajo la luz angustiosa de la lámpara de querosén. Y, al fondo, el mostrador... Nada más.

Se levantó el hombre para marcharse.

—¿Cuánto es?

La sirvienta aproximóse más aún a él. Tal como estaba ahora, la patrona únicamente la veía de espaldas;[19] no veía el accionar de sus manos nerviosas, ilógicas.

—¿Cuánto es?

—Nada ... nada ...

—¿Eh?

—Sí; no es nada ..., no cuesta nada ... Como no le gustó ...

Sonreía la muchacha mansamente,[20] miserablemente; lo mismo que, a veces, suelen mirar los perros.

Repitió, musitando:[21]

—Nada ...

Suplicaba casi al hablar.

El hombre rezongó,[22] satisfecho:

—Ah, bueno ...

Y salió.

Fue al mostrador la muchacha.

Preguntó la patrona:

—¿Te dio propina?

—No; sólo los dos reales de la taza ...

---

[13]**mordido de culebra** *bitten by a snake*   [14]**mala pata** *mala suerte*   [15]**calladita** *quiet*   [16]**vuelos del delantal** *ruffles of the apron*   [17]**flequillos de randa** *fringes*   [18]**mentira** *lie*   [19]**de espaldas** *from behind (the back)*   [20]**mansamente** *gently*   [21]**musitando** *muttering*   [22]**rezongó** *grumbled*

Extrajo del bolsillito del delantal unas monedas que colocó sobre el zinc del mostrador.

—Ahí están.

Se lamentó la mujer:

—No se puede vivir... Nadie da propina... No se puede vivir...

La muchacha no la escuchaba ya.

Iba, de prisa, a atender a un cliente recién llegado.

Andaba mecánicamente. Tenía en los ojos, obsesionante, la visión de las huertas natales, el paisaje cerrado de las arboledas de cacao. Y le acalambraba[23] el corazón un ruego para que Dios no permitiera la muerte del desconocido hijo de aquel hombre entrevisto.

EJERCICIO 1

_____ **Contesten.**

1. ¿Qué había tomado el señor?
2. ¿Le gustó?
3. ¿Qué produce la tierra cerca de allí?
4. ¿Vive en Guayaquil el señor?
5. ¿Dónde vive?
6. ¿Por qué vino a Guayaquil?
7. ¿Qué le quería decir la muchacha?
8. ¿Se lo dijo?
9. ¿Cuánto le cobró por el cacao la muchacha?
10. ¿Qué le preguntó la patrona a la muchacha cuando fue al mostrador?
11. ¿Le dejó una propina?
12. ¿Qué le dio la muchacha a la patrona?
13. ¿Estaría la muchacha enamorada de este señor? ¿Por qué le interesaba tanto?

EJERCICIO 2

_____ **Den una descripción del café.**

ACTIVIDAD

1 Prepare Ud. una conversación entre el señor que había tomado el cacao y la muchacha que trabajaba en el café desde el momento en que el señor entró en el café hasta el momento en que salió.

---

[23]**acalambraba** _ached_

7

Ejemplo de la propiedad que el dinero ha

JUAN RUIZ, ARCIPRESTE DE HITA

Introducción

Juan Ruiz, Arcipreste de Hita, es el autor de la obra más leída de toda la literatura castellana de la Edad Media. De su vida existen muy pocos datos. Lo que sabemos de ella es lo que él mismo escribió en su obra *El libro de buen amor*. Nació en Alcalá de Henares (en ¿1283?). Fue clérigo y pasó una larga prisión por orden del Arzobispo de Toledo. Se cree que escribió una gran parte de *El libro de buen amor* durante su encarcelamiento.

El libro de buen amor retrata la sociedad de la Edad Media española: los hábitos, la comida, los instrumentos musicales, los personajes y los vicios de todas las clases sociales. En el trozo que sigue el Arcipreste habla de un vicio—el dinero. ¿Es únicamente un vicio medioeval o es un vicio que perdura?

EJEMPLO DE LA PROPIEDAD
QUE EL DINERO HA

Juan Ruiz, Arcipreste de Hita

Mucho hace el dinero y mucho es de amar;
Al torpe[1] hace discreto y hombre de prestar,[2]
Hace correr al cojo[3] y al mudo[4] hablar;
El que no tiene manos, dineros quiere tomar.

Sea un hombre necio[5] y rudo labrador,
Los dineros le hacen hidalgo[6] y sabedor,[7]
Cuanto algo más tiene, tanto es de más valor;
El que no ha dineros, no es de sí señor.

---

[1]**torpe** tonto, estúpido   [2]**hombre de prestar** *one who can lend money*
[3]**cojo** *lame*   [4]**mudo** el que no puede hablar   [5]**necio** ignorante
[6]**hidalgo** noble   [7]**sabedor** inteligente

EJERCICIO 1

_____ **¿Qué opina Ud.?**

1. ¿Puede hacer mucho el dinero como dice el Arcipreste de Hita?
2. ¿Vale la pena amar el dinero? ¿Por qué dice Ud. que sí o que no?
3. ¿Es verdad que puede haber una persona realmente torpe que es considerada discreta e inteligente porque tiene mucho dinero?

EJERCICIO 2

_____ **¿Cómo lo dice el poeta?**

De tres maneras diferentes el poeta dice que una persona torpe o necia puede ser considerada importante e inteligente por tener mucho dinero. ¿Cómo lo dice el poeta?

Personajes de la sociedad de la Edad Media española

ACTIVIDAD

_____ 1 La conclusión del poema dice que «el que no ha dinero, no es de sí señor». ¿Qué significa eso? ¿Qué piensa Ud.? ¿Es verdad o no? Cite ejemplos para defender su opinión.

8
Versos sencillos

JOSÉ MARTÍ

Introducción

José Martí (1853–1895) nació en Cuba de padres españoles y dedicó su vida a la causa de la independencia de su país. Por sus actividades políticas fue deportado dos veces a España donde estudió derecho en Madrid y en Zaragoza. Martí vivió también en México, Guatemala, Honduras y Venezuela y en cada país se encontró en casa—lo que le hizo proclamar «de América soy hijo». Pasó catorce años en los Estados Unidos donde organizó un grupo revolucionario llamado *Los pinos nuevos*. Martí murió en el campo de batalla en Cuba en 1895 sin realizar su sueño de ver a Cuba libre e independiente.

José Martí se ganó la vida escribiendo para periódicos y dando conferencias. Pero su gran afición era la poesía. Rubén Darío, el gran poeta nicaragüense, conoció a Martí en Nueva York. La poesía y la oratoria de Martí le impresionaron mucho y Darío hubiera preferido que Martí se dedicara la vida a la poesía en vez de sacrificarla por la independencia y la libertad de su país. Al oír de la muerte de Martí en el campo de batalla Darío exclamó: «Oh, Maestro, ¿qué has hecho?».

VERSOS SENCILLOS

José Martí

I

Yo soy un hombre sincero
de donde crece la palma,
y antes de morirme quiero
echar mis versos del alma.

Yo vengo de todas partes
y hacia todas partes voy:
arte soy entre las artes,
en los montes, monte soy.

XXXIX

Cultivo una rosa blanca,
en julio como en enero,
para el amigo sincero
que me da su mano franca.

Y para el cruel que me arranca[1]
el corazón con que vivo,
cardo[2] ni ortiga[3] cultivo;
cultivo la rosa blanca.

EJERCICIO 1

_____ **¿Cómo nos lo dice el autor?**

1. Yo soy de una región tropical.
2. Yo quiero ser poeta.
3. Yo me siento en casa en muchos lugares diferentes.
4. Quiero ver el mundo.
5. Yo puedo cambiar o adaptarme según la situación.

EJERCICIO 2

_____ **Contesten.**

1. ¿Cuál es el tema del verso XXXIX?
2. ¿Cómo trata el autor a un buen amigo?
3. ¿Cómo lo dice?
4. ¿Y cómo trata él a una persona que no le trata bien?
5. ¿Cómo lo dice?

ACTIVIDAD

1 En estas dos poesías breves aprendemos mucho sobre la personalidad y las aspiraciones del poeta José Martí. En forma de una carta, escríbale al poeta diciéndole lo que Ud. aprendió de él después de haber leído estas dos poesías.

_____

[1]**arranca** _tears out_   [2]**cardo** _thistle_   [3]**ortiga** _nettle_

9

Mi adorado Juan

MIGUEL MIHURA

Introducción

El dramaturgo Miguel Mihura nació en Madrid en 1906. Hijo de un actor, Mihura conoció el teatro desde muy joven. De niño le encantaba mirar ensayar a su padre. Durante su vida Mihura escribió dieciséis comedias, la mayoría de ellas después de 1950. Además de ser dramaturgo Mihura escribió cuentos, artículos para varios periódicos y los guiönes de más de treinta películas. Miguel Mihura murió en 1977.

Su comedia *Mi adorado Juan* ganó el Premio Nacional de Teatro para la temporada teatral de 1955-56 en Madrid. La comedia está dividida en dos actos y cada acto está dividido en dos cuadros o escenas. Aquí tenemos un trozo del primer acto (Cuadro I) en que el padre de la protagonista, Irene, quiere saber más sobre el amigo de su hija, el adorado Juan.

MI ADORADO JUAN

MIGUEL MIHURA

(Por la puerta del foro¹ aparece IRENE. Es una muchacha de unos veinticinco años, bonita, sonriente, que viste con sencillez pero con gusto. Lleva puesto un impermeable y un sombrerillo o boina, que se empieza a quitar al entrar.)

IRENE.—Hola, buenas tardes.

PALACIOS.—¡Ah! ¿Estás ya de vuelta?

IRENE.—Sí, papá . . . Acabo de volver. ¿Querías algo?

PALACIOS.—Te prohibí que salieras.

IRENE.—Creí que era una broma² . . .

PALACIOS.—¡Yo no gasto bromas, Irene!

IRENE.—¡Qué lástima! ¡Con lo bien que se pasa!³ *(Y saluda a EMILIO.)* ¿Qué tal, Emilio? . . .

---

¹**foro** *rear*   ²**broma** *joke*   ³**Con lo bien que se pasa** *Considering all the fun it is*

MANRÍQUEZ.—Ya ves . . .

PALACIOS.—¡Quiero hablar contigo seriamente!

IRENE.—¿Más aún?

PALACIOS.—Más aún.

IRENE.—¿Siempre de lo mismo?

PALACIOS.—Siempre de lo mismo.

IRENE.—Estoy a tu disposición, papá.

    (Y se sienta cómodamente en una butaca.[4])

MANRÍQUEZ.—¿Me marcho, profesor?

PALACIOS.—No. Le ruego que se quede.

MANRÍQUEZ.—Como usted quiera, profesor.

    (El DOCTOR PALACIOS se sienta en el sillón de su mesa, IRENE en una
    butaca y MANRÍQUEZ en otra. Hay una pausa.)

IRENE.—Estoy preparada, papá. Puedes empezar cuando desees.

PALACIOS.—Pues bien, Irene . . . Desde hace una temporada, en lugar de
portarte como lo que eres, como una señorita inteligente, juiciosa[5] y formal, hija de un científico famoso, te estás portando como una peluquera[6]
de señoras.

MANRÍQUEZ.—Exactamente.

IRENE.—¿Ah, sí? ¡Qué ilusión!

---

[4]**butaca** *armchair*   [5]**juiciosa** *inteligente*   [6]**peluquera** *beautician*

PALACIOS.—¿Por qué «qué ilusión»?

IRENE.—Me encanta parecer una peluquerita de señoras . . . ¡Son tan simpáticas y tan alegres! ¡Tienen tantos temas distintos de conversación . . .!

PALACIOS.—¿Quieres callar?[7]

IRENE.—Sí, papá.

PALACIOS.—Desde que tu pobre madre faltó, tú has hecho sus veces[8] y has llevado la casa,[9] y siempre he estado orgulloso de ti . . . Por mi parte, jamás te he negado nada . . . Ningún capricho.[10] Ningún deseo . . . Pero esto sí, Irene. Te prohibo nuevamente, y esta vez muy en serio, que vuelvas a verte con ese hombre.

IRENE.—Pero, ¿quieres explicarme por qué?

PALACIOS.—Porque ni siquiera sé quién es, ni lo que hace.

IRENE.—No importa. Yo tampoco. Pero ya lo sabremos algún día.

PALACIOS.—¡No sabes aún de lo que vive!

IRENE.—Él vive de cualquier manera . . . No tiene ambiciones ni necesidades . . . Su manjar[11] preferido es el queso y duerme mucho . . . Y como está casi siempre en el café, apenas necesita dinero para vivir . . .

MANRÍQUEZ.—Entonces es un holgazán.[12]

PALACIOS.—Claro que sí.

IRENE.—Nada de holgazán, papaíto . . . A él le gusta trabajar para los demás,[13] pero sin sacar provecho de[14] ello . . . sin que se le note que trabaja . . .[15] Él dice que trabajar mucho, como comer mucho, es una falta de educación. ¡Son cosas de Juan!

PALACIOS.—¡Pero no tiene oficio!

IRENE.—¿Cómo que no? Es el número uno de su promoción.[16]

PALACIOS.—¿De qué promoción?

IRENE.—¡Cualquiera lo sabe![17] A él no le gusta hablar nunca de promociones . . . Eso me lo dijo un amigo suyo, en secreto.

PALACIOS.—¡Pero con un hombre así serás desgraciada!

IRENE.—Si estoy con él no me importa ser desgraciada . . . Estoy segura que ser desgraciada con él, debe ser la mayor felicidad.

PALACIOS.—Me has dicho varias veces que iba a venir a hablarme y no ha venido, ¿por qué?

IRENE.—Es que se le olvida . . . Pero ya vendrá.

PALACIOS.—Si se quiere casar contigo, ¿cómo se le puede olvidar una cosa así?

IRENE.—Le fastidian[18] las ceremonias y la formalidad.

PALACIOS.—¿Y cómo pretendes[19] casarte con un hombre al que le fastidian el trabajo y la formalidad? ¡Vamos, contesta!

---

[7]**callar** *to be quiet*   [8]**has hecho sus veces** *have taken her place*
[9]**has llevado la casa** *have managed the house*   [10]**capricho** *whim*   [11]**manjar** *food*
[12]**holgazán** *lazy person*   [13]**los demás** los otros   [14]**sacar provecho de**
benefitting from   [15]**sin que se le note que trabaja** *without anyone noticing
that he works*   [16]**promoción** *group*   [17]**¡Cualquiera lo sabe!** *Who knows!*
[18]**fastidian** enojan, molestan   [19]**pretendes** piensas

IRENE.—¿Quieres de verdad que te conteste?

PALACIOS.—Sí, claro . . . Te lo exijo.

IRENE.—Pues justamente porque vivo contigo y con Manríquez y estoy de formalidad hasta la punta del pelo . . . Justamente porque toda mi vida he sido formal, seria y respetuosa y he frenado[20] con mi educación todos mis sentimientos . . . Y ahora quiero sentir y padecer[21] y reír y hablar con la libertad de esa peluquerita de señoras a que tú antes te referías . . . Juan no es formal, no es, si quieres, trabajador; no tiene una profesión determinada; no se encierra en un laboratorio para hacer estudios profundos sobre biología; no es ambicioso, y el dinero y la fama le importan un pimiento[22] . . . Pero yo le adoro . . . Y quiero que tú se lo digas, papá, que hables con él, que le convenzas para que se case conmigo, porque la verdad es que no tiene ningún interés en casarse . . .

PALACIOS.—¿Pero ahora resulta que no quiere casarse contigo?

IRENE.—No, papá . . . ¡Pero si ahí está lo malo! Él dice que no ha pensado en casarse en su vida, que no quiere echarse obligaciones, y que se encuentra muy a gusto en el bar jugando al dominó con sus amigos . . .

MANRÍQUEZ.—Pero, ¿es que también juega al dominó?

IRENE.—Es campeón de su barrio.

PALACIOS.—¡Pues qué maravilla de novio, hijita!

IRENE.—Por eso, papá, tú tienes que ayudarme, para que si quiere seguir jugando al dominó, lo haga aquí, en nuestra casa, conmigo y contigo, después de cenar, y si Manríquez quiere, que haga el cuarto . . .

MANRÍQUEZ.—Eso es una impertinencia, Irene.

IRENE.—Perdóname . . . No he querido ofenderte.

PALACIOS.—Entonces tú estás loca, ¿verdad?

IRENE.—Sí, papá, estoy loca por él . . . ¿Qué quieres que le haga?

PALACIOS.—Pues muy bien. Quiero arreglar este asunto inmediatamente. ¿Dónde estará ahora ese sujeto?

IRENE.—No lo sé. Hemos ido juntos dando un paseo . . . Después me dejó y se fue . . . Cualquiera sabe dónde está.

PALACIOS.—Pero después de veros, ¿no habéis quedado en nada?[23]

IRENE.—Él nunca queda en nada, papá.

PALACIOS.—¿No le puedes llamar por teléfono a ninguna parte?

IRENE.—Sé el teléfono de una vecina de su casa que le da los recados . . . A lo mejor está allí.

> (Y al decir esto ya ha empezado a marcar un número en el teléfono que hay sobre la mesa.)

---

[20]**frenado** *restrained, held back*   [21]**padecer** *to suffer*
[22]**le importan un pimiento** *don't mean a thing*
[23]**¿no habéis quedado en nada?** *Didn't you make a date?*

EJERCICIO 1

_____ **Contesten.**

1. ¿Cómo es Irene?
2. ¿Qué está llevando ella?
3. ¿Con quién está hablando ella?
4. ¿Cómo está su padre?
5. ¿De qué le quiere hablar?
6. ¿Qué es el padre de Irene?
7. ¿Quién es el amigo de su padre?
8. ¿Tiene que salir Manríquez mientras Irene y su padre hablan?
9. Según el padre de Irene, ¿cómo es ella?
10. Pero, ¿cómo se está portando ahora?
11. ¿Está muerta la madre de Irene?
12. ¿Por qué ha estado orgulloso de Irene su padre?
13. Pero, ¿qué prohibe?

EJERCICIO 2

_____ **Corrijan las oraciones falsas.**

1. El padre de Irene ha conocido a su amigo.
2. Él sabe lo que hace.
3. Irene también sabe lo que hace su amigo.
4. Él pasa mucho tiempo en su oficina.
5. A él le gusta trabajar para sí mismo.
6. Él quiere que todo el mundo sepa que trabaja.
7. Él dice que trabajar mucho es señal de educación.

EJERCICIO 3

_____ **Completen.**

1. Es verdad que el amigo de Irene ha dicho varias veces que iba a visitar a su padre pero no lo ha hecho porque . . .
2. A él le fastidian mucho . . .
3. Irene está ya harta con . . .
4. Ha frenado sus sentimientos con . . .
5. Ahora ella quiere . . .

EJERCICIO 4

_____ **Contesten.**

1. ¿Por qué quiere Irene que su padre le diga a su amigo que se case con ella?
2. En vez de casarse y tener obligaciones, ¿qué prefiere hacer él?
3. ¿Dónde quiere Irene que él juegue al dominó?
4. ¿Cómo quiere arreglar el asunto inmediatamente el padre de Irene?
5. ¿Sabe Irene dónde está su amigo?
6. ¿Dónde le puede llamar por teléfono?

ACTIVIDADES

1 ¿Qué opina Ud.? ¿Debe Irene seguir saliendo con su amigo o no? ¿Debe ella casarse con él? Defienda sus opiniones.

2 Prepare una conversación telefónica entre Irene y la vecina de su amigo.

3 Prepare una escena de la comedia. Por fin Irene ha hablado con su adorado Juan y él ha venido a su casa a conocer a su padre. ¿Qué pasa?

4 Prepare una conversación entre Ud. y su padre o su madre (padrastro o madrastra) en la cual Ud. habla de una persona con quien Ud. quiere salir pero con quien su padre (o su madre) prohibe o sugiere que Ud. no salga.

10

La canción del Pirata

JOSÉ DE ESPRONCEDA

VOCABULARIO

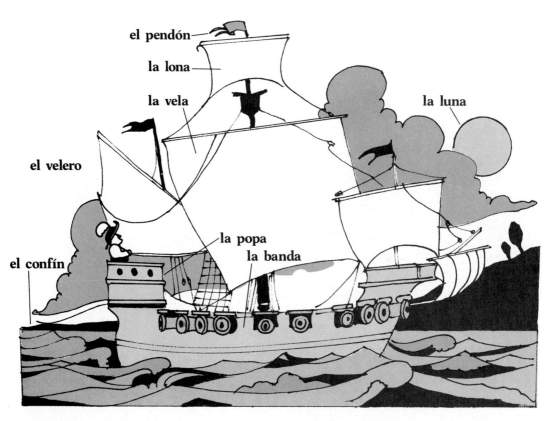

EJERCICIO 1   *El velero*

—— Contesten.

1. ¿Cuántos cañones hay en la banda del velero?
2. ¿Son de lona las velas?
3. ¿Cuántas velas tiene el velero?
4. ¿Está el capitán en la popa del velero?
5. ¿Mira él el pendón?
6. ¿Navega el velero a todos los confines del mundo?

Introducción

El poeta romántico José de Espronceda (1808–1842) nació durante un viaje que hacían sus padres de Madrid a Badajoz, en la región de Extremadura, España. Unos meses después comenzó la Guerra de la Independencia. Su nacimiento, en circunstancias un poco tumultuosas, parece indicar el rumbo de su vida. A los quince años perteneció a una organización que conspiraba para matar al rey tirano, Fernando VII. Espronceda fue encarcelado por su participación. Cuando tenía sólo dieciocho años salió para Lisboa con el deseo de huir de persecuciones políticas. Se dice que al llegar a Lisboa le quedaban sólo dos pesetas que arrojó en el río Tajo para no entrar en la capital portuguesa con tan poco dinero. Más tarde viajó a Londres, a París y a Amsterdam con el propósito de ver el mundo. Volvió a Madrid a casarse con Bernarda de Beruete quien murió repentinamente a los treinta y cuatro años de edad. Si las metas de Espronceda en la vida fueran el amor y la libertad, el amor y la libertad serían también los temas de sus poesías. En «La canción del Pirata» el poeta glorifica la libertad personal. Al tema de la libertad se unen los de la rebeldía, la aventura y la protesta.

LA CANCIÓN DEL PIRATA

José de Espronceda

Con diez cañones por banda,
Viento en popa a toda vela
No corta el mar, sino vuela
Un velero bergantín:[1]
  Bajel pirata[2] que llaman por
  su bravura *el Temido,*
En todo mar conocido
Del uno al otro confín.

La luna en el mar riela,[3]
En la lona gime[4] el viento,
Y alza[5] en blando movimiento
Olas de plata y azul;
  Y ve el capitán pirata,
  Cantando alegre en la popa,
Asia a un lado, al otro Europa
Y allá a su frente Stambul.

---

[1]**bergantín** *brig* [2]**Bajel pirata** *Pirate ship* [3]**riela** *glimmers, glows*
[4]**gime** *howls* [5]**alza** levanta

«Navega, velero mío,
  Sin temor,
Que ni enemigo navío,[6]
Ni tormenta,[7] ni bonanza[8]
Tu rumbo a torcer[9] alcanza,
Ni a sujetar tu valor».

  «Veinte presos[10]
  Hemos hecho
  A despecho[11]
  Del inglés,
  Y han rendido
  Sus pendones
  Cien naciones
  A mis pies».

  «Que es mi barco mi tesoro,
  Que es mi Dios la libertad,
  Mi ley la fuerza y el viento,
  Mi única patria la mar».

EJERCICIO 2

—— ¿Cómo lo dice el poeta?

1. Hay diez cañones a cada lado del velero.
2. El viento viene de por atrás.
3. Han alzado (levantado) todas las velas.
4. El velero va muy de prisa.
5. Todo el mundo tiene miedo del bajel pirata.
6. Se conoce el bajel en todas partes del mundo.

---

[6]**navío** *ship*   [7]**tormenta** *storm*   [8]**bonanza** *calm at sea*   [9]**torcer** *cambiar*
[10]**presos** *prisioneros*   [11]**A despecho** *In spite of*

EJERCICIO 3

_____ **Contesten.**

1. ¿Qué riela en el mar?
2. ¿Dónde gime el viento?
3. ¿Qué alza el velero?
4. ¿Qué está haciendo el capitán?
5. ¿Dónde lo está haciendo?
6. ¿Qué ve él?
7. ¿Qué ciudad está a su frente?
8. ¿A quién o a qué canta el capitán?
9. ¿Qué no debe tener el velero?
10. ¿Qué no puede torcer la dirección del velero?
11. ¿Qué podría torcer el rumbo del velero?

EJERCICIO 4

_____ **¿Qué significa?**

1. Veinte presos
   Hemos hecho
2. Y han rendido
   Sus pendones
   Cien naciones
   A mis pies.

EJERCICIO 5

_____ **Completen.**

Para el pirata
   su tesoro es _____.
   su Dios es _____.
   su ley es _____.
   su patria es _____.

ACTIVIDADES

1 En sus propias palabras explique el significado de la siguiente estrofa:
«Que es mi barco mi tesoro,
Que es mi Dios la libertad,
Mi ley la fuerza y el viento,
Mi única patria la mar».

2 Cite todas las alusiones que hace el autor a su amor por la libertad.

3 Cite las alusiones que hace el autor a su rebeldía.

4 El pirata es un personaje que vive al margen de la sociedad o de las normas sociales. ¿Por qué habrá escogido Espronceda tal personaje como protagonista de su poema?

5 Dé Ud. una descripción completa de la fotografía y luego hable de las emociones o sentimientos que evoca.

11
Canción de jinete

FEDERICO GARCÍA LORCA

Introducción

Federico García Lorca (1898-1936) nació en una aldea de la provincia de Granada en Andalucía. Hijo de una familia acomodada, él pasó una infancia feliz en el campo. Estudió derecho y filosofía y letras en la Universidad de Granada y también en la Universidad de Madrid. Desde muy joven Lorca tenía una gran afición a la pintura, al teatro y a la música. Dijo Manuel de Falla, el famoso compositor español, «si hubiera querido ser músico, hubiera sido tan bueno como el poeta que es».

Durante su vida corta Lorca viajó por varios países de Europa, la América del Sur, el Canadá y los Estados Unidos. En algunos países trabajó como director de teatro. En 1929 y 1930 pasó una temporada en Nueva York donde se matriculó en una clase de inglés en la Universidad de Columbia. Durante su estadía en Nueva York dio conferencias sobre música, folklore y poesía y escribió una colección de poesías titulada «Poeta en Nueva York». En 1936, al comenzar la guerra civil en España, García Lorca murió misteriosa y trágicamente—asesinado en su querida Granada.

A pesar de haber muerto muy joven, García Lorca dejó una producción caudalosa de poesía y de teatro. En la poesía de Lorca hay teatro y en su teatro hay poesía. Tanto su teatro como su poesía son una fusión de lo lírico y lo dramático. De todos los poetas de habla española de este siglo es García Lorca quien ha cruzado las fronteras de la lengua. Su poesía y su teatro han sido traducidos en muchos idiomas.

En el poema que sigue, «Canción de jinete», aparecen elementos que se encuentran con frecuencia en los versos de García Lorca. Son: el jinete, la luna, el destino, la muerte y el misterio.

CANCIÓN DE JINETE
Federico García Lorca

Córdoba.
Lejana y sola.

Jaca¹ negra, luna grande,
y aceitunas en mi alforja.²
Aunque sepa los caminos
yo nunca llegaré a Córdoba.

Por el llano,³ por el viento,
jaca negra, luna roja,
La muerte me está mirando
desde las torres de Córdoba.

¡Ay qué camino tan largo!
¡Ay mi jaca valerosa!
¡Ay que la muerte me espera,
antes de llegar a Córdoba!

Córdoba.
Lejana y sola.

EJERCICIO 1

_____ Lean el poema de nuevo y luego hagan
un dibujo del escenario del poema.

EJERCICIO 2

_____ Discutan.

¿Cuál es el tema principal del poema?

_____

¹**Jaca** *Pony*   ²**alforja** *saddlebag*   ³**llano** *plain*

EJERCICIO 3

_____ **Contesten.**

1. ¿Adónde va el jinete?
2. ¿Dónde está Córdoba?
3. ¿En qué está montado el jinete?
4. ¿Qué tiene en su alforja?
5. ¿Sabe el camino?
6. ¿Cree el jinete que llegará a Córdoba?
7. ¿Cómo es la luna?
8. ¿De qué color es?
9. ¿Qué simboliza la luna?
10. ¿Qué le está mirando al jinete?

EJERCICIO 4

_____ **Expliquen.**

1. El poeta dice: «¡Ay qué camino tan largo!» ¿De qué camino está hablando?
2. El poeta dice: «¡Ay mi jaca valerosa!» ¿Es la jaca que es valerosa? ¿Quién es realmente valiente? ¿Por qué?

ACTIVIDAD

1 Prepare Ud. un análisis del poema «Canción de jinete». En su análisis mencione:

- el paisaje
- la situación dramática
- el simbolismo
- la muerte
- el destino

En su análisis incluya el elemento de misterio. ¿Cuál es el gran misterio del poema? Después de haberlo leído, ¿tiene Ud. alguna pregunta? ¿Cuál es? ¿Se la ha contestado el poeta?

12
Campos de Castilla

ANTONIO MACHADO

Introducción

Antonio Machado (1875-1939) nació en Sevilla pero a lòs ocho años su familia se trasladó a Madrid donde asistió a la escuela con su hermano Manuel, que también llegó a ser un poeta célebre. Más tarde Antonio Machado estudió filosofía en la Universidad de Madrid y en varias ocasiones visitó a París. Pasó la mayor parte de su vida en ciudades pequeñas de España donde enseñó francés en institutos de segunda enseñanza. En Soria, una ciudad pequeña de Castilla la Vieja, se casó con Leonor Izquierdo en 1909 y tres años más tarde se enviudó después de la muerte repentina de la joven Leonor.

Antonio Machado fue un hombre retirado y modesto. Pero ya viejo se interesó en la política. Su fe liberal le hizo abrazar la causa de los republicanos durante la guerra civil española. En los últimos días de la guerra, él salió de España y fue a Collioure, un pueblo francés en la costa del Mediterráneo donde murió dos meses después de su llegada.

El tono de la mayoría de las poesías de Machado es melancólico y pensativo. Sus temas principales son el amor, la muerte, el recuerdo y el tiempo. En 1912 fue publicada una colección de poesías titulada *Campos de Castilla*. Aquí tenemos una poesía de esta colección en que el poeta habla del tiempo—de lo que será y de lo que fue.

CAMPOS DE CASTILLA

Antonio Machado

III

Este amor que quiere ser
acaso[1] pronto será:
pero, ¿cuándo ha de volver
lo que acaba de pasar?

Hoy dista[2] mucho de ayer.
¡Ayer es nunca jamás!

EJERCICIO 1

¿Qué opina el poeta?

1. ¿Es posible realizar lo que queremos para el futuro?
2. ¿Cuándo volverá lo que ya ha pasado?
3. ¿Es posible realizar de nuevo lo que ya hemos realizado en el pasado?
4. ¿Por qué dice el autor que «hoy dista mucho de ayer»?

ACTIVIDADES

1 Aquí tenemos un proverbio breve y sencillo de Antonio Machado. ¿Qué opina Ud. de lo que nos dice en estos tres versos?

Proverbios y cantares

El ojo que ves no es
ojo porque tú lo ves;
es ojo porque te ve.

2 Basado en los datos biográficos sobre Antonio Machado, ¿por qué diría él «¿Cuándo ha de volver, lo que acaba de pasar?»?

3 In the previous short poem from Machado's *Campos de Castilla*, the poet makes a very interesting observation concerning time. Tell whether you have ever tried to relive something from the past. Were you successful? Was the event the same as the first time? Do you agree with the poet's observation that yesterday is a great distance away from today? In fact, the poet states that yesterday is farther away from today than tomorrow is. Give your opinions concerning this concept of time.

[1]**acaso** quizá   [2]**dista** está lejos

13

El Caballero Carmelo

ABRAHAM VALDELOMAR

VOCABULARIO

Las rejas cubrían las ventanas de la casa.

Un jinete entró en **la plazoleta** delante de la casa.

Las hojas de **la higuera se mecían ligeramente** en **la brisa marina** (del mar).

El gallo cantaba en su **jaula.**

un pavo

patos

palomas

pollitos

gallinas

una cabra

En el jardín había **conejos**

EJERCICIO 1 *La plazoleta*

____ **Contesten.**

1. ¿Qué cubría las ventanas de la casa que daba a la plazoleta?
2. ¿Qué había delante de la casa?
3. ¿Quién entró en la plazoleta?
4. ¿Qué tipo de árbol había en el centro de la plazoleta?
5. ¿En qué se mecían las hojas de la higuera?
6. ¿En qué estaba el gallo?
7. ¿Quién cantaba?
8. ¿Qué otros animales había en el jardín alrededor de la casa?

EJERCICIO 2 *¿Qué es?*

____ **Identifiquen.**

1. lo que crece en las ramas de un árbol
2. un ave que tiene pollitos
3. un señor montado a caballo
4. un animalito que tiene orejas grandes
5. lo que se usa en muchos países hispanos para cubrir las ventanas
6. un ave que se come en los Estados Unidos el Día de acción de gracias

Introducción

Abraham Valdelomar, autor de cuentos, poemas, biografías y obras teatrales, nació en Ica, Perú, el 27 de abril de 1888. Pasó los años de su infancia en Pisco, un pueblo a orillas del mar. Estudió en el Colegio de Guadalupe en Lima. Al graduarse ingresó en la Universidad de San Marcos para estudiar derecho. El joven estudiante intervino activamente en la política y a los veinticinco años viajó a Italia como secretario de la Legación Peruana. Pasó también una temporada en París y en Nueva York.

Al regesar al Perú Valdelomar se dedicó a la literatura, al periodismo y a la política. El primero de noviembre de 1919 sufrió un accidente grave y tres días más tarde murió cuando sólo tenía treinta y un años.

En su cuento *El Caballero Carmelo* Valdelomar habla de los días de su infancia. Divide el cuento en cuatro partes. En la primera describe el regreso de su hermano mayor después de una ausencia bastante larga. En la segunda evoca los ruidos y las actividades familiares de su infancia en el pueblo de Pisco. Sigue con una descripción del Caballero Carmelo, un gallo que su hermano le había regalado a su padre y la decisión de éste de dejar pelear al Caballero Carmelo en una jugada de gallos. En la última parte Valdelomar revela el amor y el afecto que los niños de la familia tenían por el gallo, Caballero Carmelo.

EL CABALLERO CARMELO

ABRAHAM
VALDELOMAR

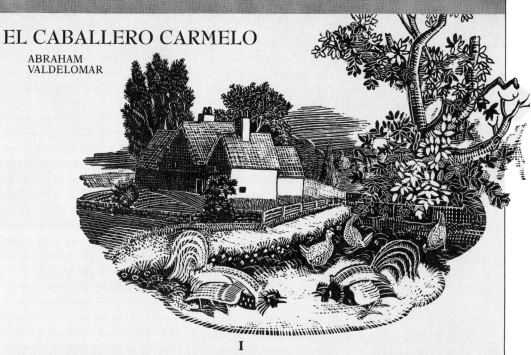

I

Un día, después del desayuno, cuando el sol empezaba a calentar, vimos aparecer desde la reja, en el fondo de la plazoleta, un jinete, en bellísimo caballo de paso, pañuelo al cuello, que agitaba el viento; sampedrano pellón[1] de sedosa cabellera[2] negra y henchida alforja,[3] que picaba espuelas[4] en dirección a la casa.

Reconocímosle. Era el hermano mayor, que años corridos volvía. Salimos, atropelladamente,[5] gritando:

—¡Roberto, Roberto!

Entró el viajero al empedrado[6] patio donde el ñorvo[7] y la campanilla[8] enredábanse[9] en las columnas como venas en un brazo, y descendió en los de todos nosotros. ¡Cómo se regocijaba[10] mi madre! Tocábalo, acariciaba su tostada piel; encontrábalo viejo, triste, delgado. Con su ropa empolvada[11] aún, Roberto recorría las habitaciones, rodeado de nosotros; fue a su cuarto, pasó al comedor, vió los objetos que se habían comprado durante su ausencia, y llegó al jardín.

—¿Y la higuerilla?[12]—dijo.

Buscaba entristecido aquel árbol cuya semilla[13] sembrara[14] él mismo antes de partir. Reímos todos:

—¡Bajo la higuerilla estás! . . .

---

[1]**sampedrano pellón** *leather saddlebag from San Pedro* [2]**sedosa cabellera** *silky hair* [3]**henchida alforja** *filled saddlebag* [4]**espuelas** *spurs* [5]**atropelladamente** *hastily* [6]**empedrado** *stoned* [7]**ñorvo (ñorbo)** *passion flower* [8]**campanilla** *bellflower* [9]**enredábanse** *entangled* [10]**se regocijaba** *rejoiced* [11]**empolvada** *dusty* [12]**la higuerilla** *little fig tree* [13]**semilla** *seed* [14]**sembrara** *planted, sowed*

El árbol había crecido y se mecía, armoniosamente, con la brisa marina. Tocólo mi hermano, limpió, cariñosamente, las hojas que le rozaban la cara, y luego volvimos al comedor. Sobre la mesa estaba la alforja rebosante;[15] sacaba él, uno a uno, los objetos que traía y los iba entregando a cada uno de nosotros. ¡Qué cosas tan ricas! ¡Por dónde había viajado! Quesos frescos y blancos envueltos por la cintura con paja de cebada[16] de la Quebrada de Humay; chancacas[17] hechas con cocos, nueces,[18] maní y almendras;[19] frijoles colados[20] en sus redondas calabacitas,[21] pintadas encima con un rectángulo del propio dulce, que indicaba la tapa, de Chincha Baja; bizcochuelos[22] de yema de huevo[23] y harina[24] de papas, leves, esponjosos,[25] amarillos y dulces, en sus cajas de papel; santitos de «piedra de Guamanga», tallados[26] en la feria serrana;[27] cajas de manjar blanco,[28] tejas rellenas[29] y una traba de gallo[30] con los colores blanco y rojo. Todos recibíamos el obsequio, y él iba diciendo, al entregárselo:

—Para mamá . . ., para Rosa . . ., para Jesús . . ., para Héctor . . .

—¿Y para papá? —le interrogamos cuando terminó.

—Nada . . .

—Cómo, ¿nada para papá?

Sonrió el amado, llamó al sirviente y le dijo:

—¡El Carmelo!

A poco volvió éste con una jaula y sacó de ella un gallo que, ya libre, estiró sus cansados miembros, agitó las alas y cantó estentóreamente:

—¡Cocorocooooooo! . . .

—Para papá, —dijo mi hermano.

Así entró en nuestra casa este amigo íntimo de nuestra infancia ya pasada, a quien acaeciera[31] historia digna de relato; cuya memoria perdura aún en nuestro hogar, como una sombra alada y triste: el Caballero Carmelo.

II

Amanecía,[32] en Pisco, alegremente. A la agonía de las sombras nocturnas, en el frescor del alba,[33] en el radiante despertar del día, sentíamos los pasos de mi madre en el comedor, preparando el café para papá. Marchábase éste a la oficina. Despertaba ella a la criada, chirriaba[34] la puerta de la calle con sus mohosos goznes;[35] oíase el canto del gallo, que era contestado a intervalos por todos los de la vecindad; sentíanse el ruido del mar, el frescor de la mañana, la alegría sana de la vida. Después mi madre venía a nosotros, nos

[15]**rebosante** *brimming* [16]**paja de cebada** *barley straw*
[17]**chancacas** *candies, goodies* [18]**nueces** *walnuts* [19]**almendras** *almonds*
[20]**colados** *strained* [21]**calabacitas** *gourds* [22]**bizcochuelos** *cookies, crackers* [23]**yema de huevo** *egg yolk* [24]**harina** *flour* [25]**esponjosos** *spongy and light* [26]**tallados** *carved* [27]**serrana** *de las montañas* [28]**manjar blanco** *a custard-like dessert* [29]**tejas rellenas** *filled pans* [30]**traba de gallo** *perch for fighting cocks* [31]**acaeciera** *happened* [32]**Amanecía** *Dawn was breaking*
[33]**alba** *dawn* [34]**chirriaba** *creaked* [35]**mohosos goznes** *rusty hinges*

hacía rezar[36] arrodillados en la cama, con nuestras blancas camisas de dormir; nos vestíamos luego y al concluir nuestro tocado[37] se anunciaba a lo lejos la voz del panadero. Llegaba éste a la puerta y saludaba. Era un viejo dulce y bueno, y hacía muchos años, al decir de mi madre, que llegaba todos los días, a la misma hora, con el pan calientito y apetitoso, montado en su burro, detrás de los dos «capachos» de acero[38] repletos de toda clase de pan: hogazas,[39] pan fresco, pan de mantecado, rosquillas.[40]

Mi madre recibía el que habíamos de tomar y mi hermano Jesús lo recibía en el cesto. Marchábase el viejo, y nosotros, dejando la provisión sobre la mesa del comedor cubierta de hule[41] brillante, íbamos a dar de comer a los animales. Cogíamos las mazorcas de apretados dientes,[42] las desgranábamos en un cesto y entrábamos al corral, donde los animales nos rodeaban. Volaban las palomas, picoteábanse las gallinas por el grano y entre ellas escabullíanse[43] los conejos. Después de su frugal comida hacían grupo alrededor nuestro. Venía hasta nosotros la cabra, refregando[44] su cabeza en nuestras piernas; piaban[45] los pollitos; tímidamente se acercaban los conejos blancos con sus largas orejas, sus redondos ojos brillantes y su boca de niña presumida; los patitos recién sacados, amarillos como yema de huevo, trepaban[46] en un panto[47] de agua; cantaba desde su rincón entrabado el «Carmelo», y el pavo, siempre orgulloso, alharaquero[48] y antipático, hacía por desdeñarnos,[49] mientras los patos, balanceándose como dueñas gordas, hacían por lo bajo comentarios sobre la actitud poco gentil del petulante.[50]

Aquel día, mientras contemplábamos a los discretos animales, escapóse del corral el «Pelado», un pollo sin plumas que parecía uno de aquellos jóvenes de diez y siete años, flacos y golosos.[51] Pero el «Pelado», a más de eso, era pendenciero[52] y escandaloso, y aquel día, mientras la paz era en el corral y los otros comían el modesto grano, él, en pos de mejores viandas,[53] habíase encaramado[54] en la mesa del comedor y roto varias piezas de nuestra limitada vajilla.[55]

---

[36]**rezar** *to pray*   [37]**tocado** *"toilette"*   [38]**«capachos» de acero** *steel baskets*
[39]**hogazas** *whole wheat bread*   [40]**rosquillas** *ring-shaped pastries*
[41]**hule** *oilcloth*   [42]**mazorcas de apretados dientes** *ears of corn with tight kernels*
[43]**escabullíanse** *would sneak away*   [44]**refregando** *rubbing*   [45]**piaban** *chirped*
[46]**trepaban** *climbed into*   [47]**panto** *pan, trough*   [48]**alharaquero** *in a fuss*
[49]**desdeñarnos** *scorn us*   [50]**petulante** *arrogant, haughty one*   [51]**golosos** *fond of sweets*   [52]**pendenciero** *belligerent*   [53]**en pos de mejores viandas** *in pursuit of better food*   [54]**encaramado** *perched*   [55]**vajilla** *dishware*

En el almuerzo tratóse de suprimirlo, y cuando mi padre supo sus fechorías,[56] dijo, pausadamente:

—Nos lo comeremos el domingo.

Defendiólo mi tercer hermano, Anfiloquio, su poseedor, suplicante y lloroso. Dijo que era un gallo que haría crías espléndidas. Agregó[57] que desde que había llegado el «Carmelo» todos miraban mal al «Pelado»; que antes era la esperanza del corral y el único que mantenía la aristocracia de la afición y de la sangre fina.

—¿Cómo no matan —decía en su defensa del gallo— a los patos, que no hacen más que ensuciar[58] el agua; ni al cabrito, que el otro día aplastó[59] un pollo; al puerco, que todo lo enloda[60] y sólo sabe comer y gritar; ni a las palomas, que traen la mala suerte? . . .

Se adujeron razones. El cabrito era un bello animal, de suave piel, alegre, simpático, inquieto, cuyos cuernos apenas apuntaban; además, no estaba comprobado que había matado al pollo. El puerco mofletudo[61] había sido criado en casa desde pequeño. Y las palomas, con sus alas de abanico,[62] eran la nota blanca, subíanse a la cornisa a conversar en voz baja; hacían sus nidos[63] con amoroso cuidado y se sacaban el maíz del buche[64] para darlo a sus polluelos.

El pobre «Pelado» estaba condenado. Mis hermanos pidieron que se le perdonase; pero las roturas eran valiosas y el infeliz sólo tenía un abogado, mi hermano, y su señor, de poca influencia. Viendo ya perdida su defensa y estando la audiencia al final, pues iban a partir la sandía[65] inclinó la cabeza. Dos gruesas lágrimas cayeron sobre el plato, como un sacrificio, y un sollozo se ahogó en su garganta. Callamos todos. Levantóse mi madre, acercóse al muchacho, lo besó en la frente y le dijo:

—No llores; no nos lo comeremos.

III

Esbelto,[66] magro,[67] musculoso y austero, su afilada cabeza roja era la de un hidalgo[68] altísimo, caballeroso, justiciero y prudente. Agallas bermejas,[69] delgada cresta de encendido color, ojos vivos y redondos, mirada fiera y perdonadora, acerado[70] pico agudo.[71] La cola hacía un arco de plumas tornasoles,[72] su cuerpo de color carmelo avanzaba en el pecho audaz[73] y duro. Las piernas fuertes que estacas musulmanas defendían, cubiertas de escamas,[74] parecían las de un armado caballero medieval.

---

[56]**fechorías** *evil deeds*   [57]**Agregó** *He added*   [58]**ensuciar** *dirty*   [59]**aplastó** *crushed*
[60]**enloda** *splatters with mud*   [61]**mofletudo** *fat-cheeked*   [62]**abanico** *fan*
[63]**nidos** *nests*   [64]**buche** *craw*   [65]**sandía** *watermelon*   [66]**Esbelto** *Graceful,*
Slender   [67]**magro** *lean*   [68]**hidalgo** *nobleman*   [69]**Agallas bermejas** *Bright-red*
temples (head)   [70]**acerado** *steel-like, strong*   [71]**agudo** *sharp*   [72]**tornasoles** *irridescent*
[73]**audaz** *bold, daring*   [74]**escamas** *scales*

Una tarde, mi padre, después del almuerzo, nos dio la noticia. Había aceptado una apuesta[75] para la jugada de gallos de San Andrés, el 28 de julio. No había podido evitarlo. Le habían dicho que el Carmelo, cuyo prestigio era mayor que el del Alcalde, no era un gallo de raza. Molestóse[76] mi padre. Cambiáronse frases y apuestas; y aceptó. Dentro de un mes toparía[77] al «Carmelo» con el «Ajiseco», de otro aficionado, famoso gallo vencedor, como el nuestro, en muchas lides[78] singulares. Nosotros recibimos la noticia con profundo dolor. El «Carmelo» iría a un combate, y a luchar a muerte, cuerpo a cuerpo, con un gallo más fuerte y más joven. Hacía ya tres años que estaba en casa, había él envejecido mientras crecíamos nosotros, ¿por qué aquella crueldad de hacerlo pelear?[79]. . .

Llegó el día terrible. Todos en casa estábamos tristes. Un hombre había venido seis días seguidos[80] a preparar al «Carmelo». A nosotros ya no nos permitían ni verlo. El día 28 de julio, por la tarde, vino el preparador, y de una caja llena de algodones sacó una media luna de acero[81] con unas pequeñas correas;[82] era la navaja,[83] la espada[84] del soldado. El hombre la limpiaba, probándola en la uña, delante de mi padre. A los pocos minutos, en silencio, con una calma trágica, sacaron al gallo, que el hombre cargó en sus brazos como a un niño. Un criado llevaba la cuchilla[85] y mis dos hermanos lo acompañaron.

---

[75]**apuesta** *bet*   [76]**Molestóse** *It bothered*   [77]**toparía** *he would meet*   [78]**lides** *fights*
[79]**pelear** *to fight*   [80]**días seguidos** *days in a row*   [81,82,83]**media luna de acero; correas; navaja** *parts of what is worn on the foot of a cock during a cockfight*   [84]**espada** *sword*   [85]**cuchilla** *razor blade*

—¡Qué crueldad! —dijo mi madre.

Lloraban mis hermanas, y la más pequeña, Jesús me dijo en secreto antes de salir:

—Oye, anda junto con él . . . Cuídalo . . . ¡Pobrecito! . . .

Llevóse la mano a los ojos, echóse a llorar, y yo salí precipitadamente y hube de correr unas cuadras para poder alcanzarlos.[86]

Llegamos a San Andrés. El pueblo estaba de fiesta. Banderas peruanas agitábanse sobre las casas por el día de la Patria, que allí solían celebrar con una gran jugada de gallos,[87] a la que solían ir todos los hacendados y ricos hombres del valle. En Ventorrillos, a cuya entrada había arcos de sauces,[88] envueltos en colgaduras,[89] y de los cuales pendían alegres quitasueños[90] de cristal, vendían chicha de bonito,[91] butifarras,[92] pescado fresco asado en brasas[93] y anegado en cebollones[94] y vinagre. El pueblo[95] los invadía, parlanchín y endomingado[96] con sus mejores trajes. Los hombres de mar lucían camisetas nuevas de horizontales franjas[97] rojas y blancas, sombrero de junco,[98] alpargatas[99] y pañuelos anudados al cuello.

Nos encaminamos a la cancha.[100] Una frondosa higuera daba aceso al circo, bajo sus ramas enarcadas. Mi padre, rodeado de algunos amigos, se instaló. Al frente estaba el juez y a su derecha el dueño del paladín[101] «Ajiseco.» Sonó una campanilla, acomodáronse las gentes y empezó la fiesta.

---

[86]**alcanzarlos** *reach (catch up to) them*   [87]**jugada de gallos** *cockfight*
[88]**sauces** *willows*   [89]**colgaduras** *hangings (ornaments)*   [90]**quitasueños** *mesmerizers*
[91]**chicha de bonito** *dried fish*   [92]**butifarras** *sandwiches made of a roll with pork and a sauce*
[93]**brasas** *coals*   [94]**cebollones** *onions*   [95]**El pueblo** *La gente*
[96]**parlanchín y endomingado** *chatting and dressed in their Sunday best*
[97]**franjas** *stripes*   [98]**junco** *type of straw*   [99]**alpargatas** *sandals*
[100]**cancha** *ring*   [101]**paladín** *champion*

Salieron por lugares opuestos dos hombres, llevando cada uno un gallo. Lanzáronlos al ruedo con singular ademán.[102] Brillaron las cuchillas, miráronse los adversarios, dos gallos de débil contextura, y uno de ellos cantó. Colérico respondió el otro, echándose en medio del circo; miráronse fijamente, alargaron los cuellos, erizadas[103] las plumas, y se acometieron. Hubo ruido de alas, plumas que volaron, gritos de la muchedumbre,[104] y a los pocos segundos de jadeante[105] lucha cayó uno de ellos. Su cabecita afilada y roja besó el suelo, y la voz del juez:[106]

—Ha enterrado el pico, señores.

Batió las alas el vencedor. Aplaudió la multitud enardecida, y ambos gallos, sangrando, fueron sacados del ruedo. La primera jornada[107] había terminado. Ahora entraba el nuestro: el «Caballero Carmelo». Un rumor de expectación vibró en el circo.

—El «Ajiseco» y el «Carmelo».

—¡Cien soles de apuesta! . . .

Sonó la campanilla del juez y yo empecé a temblar.

En medio de la expectación general, salieron los dos hombres, cada uno con su gallo. Se hizo un profundo silencio y soltaron[108] a los dos rivales. Nuestro «Carmelo», al lado del otro, era un gallo viejo y achacoso;[109] todos apostaban al enemigo, como augurio[110] de que nuestro gallo iba a morir. No faltó aficionado que anunció el triunfo del «Carmelo»; pero la mayoría de

REPRESENTATION OF COCK-FIGHTING IN HAVANA.

---

[102]**ademán** *gesture*   [103]**erizadas** *feathers bristled*
[104]**muchedumbre** *crowd*   [105]**jadeante** *panting*   [106]**juez** *judge*
[107]**jornada** *part*   [108]**soltaron** *let go*   [109]**achacoso** *sickly*
[110]**augurio** *omen*

las apuestas favorecía al adversario. Una vez frente al enemigo, el «Carmelo» empezó a picotear, agitó las alas y cantó estentóreamente. El otro, que en verdad no parecía ser un gallo fino de distinguida sangre y alcurnia,[111] hacía cosas tan petulantes cuan humanas: miraba con desprecio[112] a nuestro gallo y se paseaba como dueño de la cancha. Endureciéronse los ánimos de los adversarios, llegaron al centro y alargaron sus erizados cuellos, tocándose los picos sin perder terreno. El «Ajiseco» dió la primera embestida; entablóse[113] la lucha; las gentes presenciaban en silencio la singular batalla, y yo rogaba a la Virgen que sacara con bien a nuestro viejo paladín.

Batíase él con todos los aires de un experto luchador, acostumbrado a las artes azarosas[114] de la guerra. Cuidaba poner las patas armadas en el enemigo pecho; jamás picaba a su adversario—que tal cosa es cobardía—, mientras que éste, bravucón y necio todo quería hacerlo a aletazos[115] y golpes de fuerza. Jadeantes se detuvieron un segundo. Un hilo de sangre corría por la pierna del Carmelo. Estaba herido, mas[116] parecía no darse cuenta de su dolor. Cruzáronse nuevas apuestas en favor del Ajiseco, y las gentes felicitaban ya al poseedor del menguado.[117] En un nuevo encuentro, el «Carmelo» cantó, acordóse de sus tiempos y acometió con tal furia, que desbarató[118] al otro de un solo impulso. Levantóse éste y la lucha fue cruel e indecisa. Por fin, una herida grave hizo caer al «Carmelo», jadeante . . .

—¡Bravo!, ¡bravo el Ajiseco! —gritaron sus partidarios, creyendo ganada la prueba.

Pero el juez, atento a todos los detalles de la lucha y con acuerdo de canones, dijo:

—¡Todavía no ha enterrado el pico, señores!

En efecto, incorporóse el Carmelo. Su enemigo, como para humillarlo, se acercó a él, sin hacerle daño. Nació entonces, en medio del dolor de la caída, todo el coraje[119] de los gallos de Caucato. Incorporado el Carmelo, como un soldado herido, acometió de frente y definitivo sobre su rival, con una estocada[120] que lo dejó muerto en el sitio. Fue entonces cuando el Carmelo, que se desangraba, se dejó caer después que el Ajiseco había enterrado el pico. La jugada estaba ganada y un clamoreo incesante se levantó en la cancha. Felicitaron a mi padre por el triunfo, y, como ésa era la jugada más interesante, se retiraron del circo, mientras resonaba un grito entusiasta:

—¡Viva el Carmelo!

Yo y mis hermanos lo recibimos y lo condujimos a casa, atravesando por la orilla del mar el pesado camino, y soplando aguardiente[121] bajo las alas del triunfador, que desfallecía.[122]

---

[111]**alcurnia** *ancestry; lineage*   [112]**desprecio** *disdain*   [113]**entablóse** empezó
[114]**azarosas** *risky, hazardous*   [115]**aletazos** *blows with the wings*   [116]**mas** pero
[117]**menguado** *coward*   [118]**desbarató** *threw down*   [119]**coraje** *courage*   [120]**estocada** *stab*
[121]**soplando aguardiente** *blowing brandy*   [122]**desfallecía** *was weakening*

IV

Dos días estuvo el gallo sometido a toda clase de cuidados. Mi hermana Jesús y yo le dábamos maíz, se lo poníamos en el pico; pero el pobrecito no podía comer ni incorporarse. Una gran tristeza reinaba en la casa. Aquel segundo día, después del colegio, cuando fuimos yo y mi hermana a verlo, lo encontramos tan decaído, que nos hizo llorar. Le dábamos agua con nuestras manos, le acariciábamos,[123] le poníamos en el pico rojos granos de granada. De pronto el gallo se incorporó. Caía la tarde, y por la ventana del cuarto donde estaba entró la luz sangrienta del crepúsculo.[124] Acercóse a la ventana, miró la luz, agitó súbitamente las alas y estuvo largo rato en la contemplación del cielo. Luego abrió nerviosamente las alas de oro, enseñoreóse y cantó. Retrocedió unos pasos, inclinó el tornasolado cuello sobre el pecho, tembló, desplomóse, estiró sus débiles patitas escamosas[125] y, mirándonos, mirándonos amoroso, expiró apaciblemente.[126]

Echamos a llorar. Fuimos en busca de mi madre, y ya no lo vimos más. Sombría fue la comida aquella noche. Mi madre no dijo una sola palabra, y bajo la luz amarillenta del lamparín, todos nos mirábamos en silencio. Al siguiente día, en el alba, en la agonía de las sombras nocturnas, no se oyó su canto alegre.

Así pasó por el mundo aquel héroe ignorado, aquel amigo tan querido de nuestra niñez: el Caballero Carmelo, flor y nata de paladines, y último vástago[127] de aquellos gallos de sangre y de raza cuyo prestigio unánime fue el orgullo, por muchos años, de todo el verde y fecundo Valle de Caucato.

---

[123]**acariciábamos** *petted*　　[124]**crepúsculo** *dusk*　　[125]**escamosas** *scaly*
[126]**expiró apaciblemente** *peacefully drew his last breath*　　[127]**vástago** *offspring*

I

EJERCICIO 1

_____ **Contesten.**

1. ¿Quiénes salieron a saludar al jinete?
2. ¿Quién era el jinete?
3. ¿Cómo se llamaba?
4. ¿Qué recorrió Roberto?
5. ¿Qué sacó él de su alforja?
6. ¿A quién se los dio?
7. ¿No tenía nada para su papá?
8. ¿Qué le dio a su padre?

EJERCICIO 2

_____ **¿Cómo nos dice el autor . . .**

1. que Roberto volvió por la mañana?
2. que su madre estaba muy contenta?
3. que Roberto había cambiado desde el día de su salida?
4. que hacía bastantes años que Roberto no estaba en casa?

II

EJERCICIO 3

_____ **¿_Sí_ o _no_? Corrijan las oraciones falsas.**

1. Amanecía tristemente en Pisco.
2. Mamá siempre preparaba el café en el comedor.
3. Papá no trabajaba.
4. El único gallo que cantaba por la mañana era el Caballero Carmelo.
5. Los niños tenían que rezar cada mañana en la iglesia.
6. El panadero llegaba montado a caballo.
7. Los niños siempre les daban de comer a los animales.

EJERCICIO 4

_____ **Contesten.**

1. Un día, ¿quién se escapó del corral mientras los niños les daban de comer a los animales?
2. ¿Por qué lo llamarían el «Pelado»?
3. ¿Adónde fue el «Pelado»?
4. ¿Qué buscaba él?
5. ¿Qué rompió?
6. ¿Qué decidió el padre cuando supo lo que había hecho el «Pelado»?

EJERCICIO 5

_____ **Completen.**

1. No vamos a matar al «Pelado». ¿Por qué no matamos a los patos? Ellos . . .
2. ¿O por qué no matamos al cabrito? Él . . .
3. Es mejor matar al puerco porque él . . .
4. Es buena idea matar a las palomas porque ellas . . .
5. Mamá nos dijo que no lloráramos porque no íbamos a . . .

III

EJERCICIO 6

_____ **Contesten.**

1. En el primer párrafo de la tercera parte del cuento, ¿a quién describe el autor?
2. Una tarde, ¿qué anunció a la familia el padre?
3. ¿Por qué no podía evitar el padre que el Carmelo peleara en una jugada de gallos?
4. ¿Cómo reaccionaron los niños ante la decisión de su padre?
5. ¿Dónde tendría lugar la jugada de gallos?
6. ¿Qué había en San Andrés?
7. ¿Con quién toparía el Carmelo?
8. ¿Peleó el Carmelo en la primera jornada?
9. De los gallos que pelearon en la primera jornada, ¿quién ganó?
10. Cuando los aficionados vieron al «Carmelo» y a «Ajiseco» en la cancha, ¿para quién apostó la mayoría de ellos? ¿Por qué?
11. ¿Quién dio la primera embestida?
12. ¿Qué le hizo caer jadeante al pobre Carmelo?
13. Al incorporarse el Carmelo, ¿qué hizo?
14. ¿Quién ganó la jugada?

IV

EJERCICIO 7

_____ **Contesten.**

1. ¿Qué hacían los niños para tratar de cuidar al Carmelo?
2. ¿Hacia dónde miraba el Carmelo cuando murió?
3. El paladín Carmelo murió orgulloso. ¿Qué hizo durante sus últimos momentos para demostrar su orgullo?

ACTIVIDADES

1 En la primera parte del cuento, Valdelomar describe el regocijo y la emoción del regreso del hermano mayor. ¿Cuáles son dos alusiones al paso del tiempo que hace el autor para indicar que la ausencia era bastante larga?

2 En la cuarta parte del cuento, ¿qué comparación hace el autor entre la hora del día y la muerte del Caballero Carmelo? ¿Por qué haría eso?

3 Cite ejemplos de cómo humaniza el autor al gallo «Caballero Carmelo».

4 In this story Valdelomar describes some very routine activities of his childhood and a particular episode that he knew would live with him forever. Write a story of your own in Spanish. Describe some memories of your childhood and recount a particular episode that you will never forget.

14
Ofertorio
En paz

AMADO NERVO

Introducción

Amado Nervo (1870–1919) nació en México. Estudió para eclesiástico en el Seminario de Jacona pero en 1891 dejó la carrera religiosa. A principios del siglo XX entró en el servicio diplomático. Pasó una gran parte de su vida en Madrid, París, Buenos Aires y Montevideo. Fue en esta última ciudad donde murió mientras servía de embajador mexicano al Uruguay.

En París Amado Nervo conoció a Ana Cecilia Luisa Daillez de quien se enamoró completamente. Ella murió muy joven y su muerte le inspiró muchos versos.

Aunque Nervo escribió en varios géneros, se destacó como poeta. En las poesías de su madurez Nervo se preocupó por la muerte y el amor. Él vivió preocupado por el destino del hombre—del más allá. En sus poesías quedan elementos del hombre religioso pero en sus inquietudes por el destino del hombre hay escepticismo. Aunque Nervo vivió en una época turbulenta de la historia de su país, pasó los años de la Revolución mexicana en Madrid, lejos de las tribulaciones del pueblo. En su obra literaria no le interesaron los problemas sociales del momento—le interesó el destino final del hombre.

OFERTORIO
Amado Nervo

¡Dios mío, yo te ofrezco mi dolor;
Es todo lo que puedo ya ofrecerte!
¡Tú me diste un amor, un solo amor,
un gran amor!

      Me lo robó la muerte
. . . y no me queda más que mi dolor.
      Acéptalo, Señor;
Es todo lo que puedo ya ofrecerte! . . .

EN PAZ
Amado Nervo

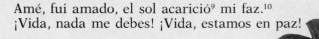

Muy cerca de mi ocaso,[1] yo te bendigo,[2] Vida,
porque nunca me diste ni esperanza fallida[3]
ni trabajos injustos, ni pena inmerecida;[4]

porque veo al final de mi rudo camino
que yo fui el arquitecto de mi propio destino;
que si extraje las mieles[5] o la hiel[6] de las cosas,
fue porque en ellas puse hiel o mieles sabrosas;
cuando planté rosales, coseché siempre rosas.

. . . Cierto, a mis lozanías[7] va a seguir el invierno;
¡mas[8] tú no me dijiste que mayo fuese eterno!

Hallé sin duda largas las noches de mis penas;
mas no me prometiste tú sólo noches buenas;
y en cambio tuve algunas santamente serenas . . .

Amé, fui amado, el sol acarició[9] mi faz.[10]
¡Vida, nada me debes! ¡Vida, estamos en paz!

---

[1]**ocaso** *sunset*   [2]**bendigo** *bless*   [3]**fallida** *disappointed*
[4]**inmerecida** *undeserved*   [5]**mieles** *honey*   [6]**hiel** *bitterness*   [7]**lozanías** *days of luxury and vigor*   [8]**mas** pero   [9]**acarició** *caressed*   [10]**faz** cara

EJERCICIO 1

_____ Contesten.

1. En el poema «Ofertorio», ¿a quién habla el poeta?
2. ¿Qué le ofrece?
3. ¿Le puede ofrecer algo más?

4. ¿Qué le dio el Señor?
5. Y luego, ¿quién se lo robó?
6. ¿Qué le queda?

EJERCICIO 2

_____ Escojan.

1. En el poema «En paz», ¿a quién habla el poeta?
   a. Dios.
   b. La muerte.
   c. La vida.
2. ¿Por qué dice el autor «muy cerca de mi ocaso»?
   a. Habla por la tarde y se va a poner el sol.
   b. Se están acercando sus días finales.
   c. La casa está muy cerca.

EJERCICIO 3   _En el poema «En paz»_

_____ ¿Qué significa?

1. «si extraje las mieles o la hiel de las cosas, fue porque en ellas puse hiel o mieles sabrosas»
2. «cuando planté rosales, coseché siempre rosas»
3. «el invierno»
4. «mayo»
5. «a mis lozanías va a seguir el invierno»
6. «mas tú no me dijiste que mayo fuese eterno»

EJERCICIO 4

_____ Contesten.

1. ¿Tenía el autor noches de pena?
2. ¿Cómo las encontró?
3. ¿Por qué las podía soportar?

4. ¿Qué le pasó durante su vida?
5. ¿Por qué dice el autor que está en paz con la vida?

ACTIVIDADES

1 ¿A qué evento de su vida está refiréndose el poeta en su poema «Ofertorio»?

2 En el poema «En paz», Amado Nervo analiza su vida y concluye que está satisfecho de ella. En sus propias palabras explique por qué el poeta ha llegado a esta conclusión feliz.

15
Las coplas

JORGE MANRIQUE

Introducción

Una de las poesías más famosas de toda la poesía castellana es «Coplas por la muerte de su padre» escrita por Jorge Manrique (¿1440?–1478) en el siglo quince. Noble de nacimiento y guerrero de profesión, Jorge Manrique murió muy joven en el campo de batalla al servicio de los Reyes Católicos, Fernando e Isabel.

Entre todas las poesías que compuso Jorge Manrique, la más famosa fue inspirada por la muerte de su padre. En las «Coplas por la muerte de su padre» el poeta considera lo que es la vida y se resigna serenamente ante la muerte que para él es el premio eterno que nos permite descansar de nuestros trabajos.

COPLAS POR LA MUERTE DE SU PADRE

Jorge Manrique

Nuestras vidas son los ríos
que van a dar en la mar
que es el morir;

allí van los señoríos
derechos a se acabar
y consumir;

allí los ríos caudales,[1]
allí los otros medianos
y más chicos,

allegados[2] son iguales
los que viven por sus manos
y los ricos.

[1]**caudales** de mucha agua
[2]**allegados** *joined together*

Este mundo es el camino
para el otro, que es morada[3]
　　sin pesar;[4]

más cumple tener buen tino[5]
para andar esta jornada
　　sin errar

Partimos cuando nacemos,
andamos mientras vivimos,
　　y llegamos

al tiempo que fenecemos;[6]
así que cuando morimos
　　descansamos.

EJERCICIO 1

_____ Completen.

1. El poeta compara nuestras vidas con _____.
2. Los _____ dan en la (el) _____.
3. Para el poeta el mar simboliza la _____.

---

[3]**morada**　_abode, dwelling place, stay_　　[4]**sin pesar**　_without sorrow or grief_
[5]**tino**　_common sense, good judgment_　　[6]**fenecemos**　terminamos

4. Los ríos _____, _____ y _____, todos llegan al mar.
5. Al llegar al mar los ríos de todos los tamaños son _____.
6. El poeta compara los ríos grandes o caudales con _____.
7. Y compara los ríos pequeños con _____.

EJERCICIO 2

_____ ¿Cómo lo dice el poeta?

En la muerte, no hay ninguna diferencia entre el rico y el pobre.

EJERCICIO 3

_____ Contesten.

1. Para el poeta, ¿qué es este mundo?
2. Y el otro, ¿qué es?
3. ¿Cómo es el otro mundo?
4. ¿Cuándo empieza el viaje al otro mundo?
5. ¿Y cuándo termina?

ACTIVIDADES

1 Haga Ud. un dibujo del escenario de esta poesía de Jorge Manrique.

2 En sus propias palabras explique lo que es la vida y lo que es la muerte para el poeta Jorge Manrique.

¿Qué opina Ud. de su interpretación de la vida y la muerte?

3 Aquí tenemos el soliloquio célebre de la obra teatral *La vida es sueño* del gran dramaturgo español del siglo XVII, Calderón de la Barca. Para él, ¿qué es la vida?

LA VIDA ES SUEÑO

Pedro Calderón de la Barca

¿Qué es la vida? Un frenesí.
¿Qué es la vida? Una ilusión.
una sombra, una ficción,
y el mayor bien es pequeño;
que toda la vida es sueño,
y los sueños sueños son.

4 El tema de la vida y la muerte aparece mucho en las letras hispánicas. Aquí tenemos un poema de Manuel González Prada (1848–1918), un poeta peruano, que toca el mismo tema.

Compare las ideas de González Prada con las de Jorge Manrique y Calderón de la Barca.

TRIOLET

Manuel González Prada

Desde el instante del nacer,
  soñamos;
y sólo despertamos, si morimos.
Entre visiones y fantasmas vamos;
desde el instante del nacer
  soñamos.
El bien seguro, por el mal
  dejamos;
y hambrientos de vivir, jamás
  vivimos;
desde el instante del nacer,
  soñamos;
y sólo despertamos, si morimos.

CULTURA

1

UNA COSTUMBRE ESPAÑOLA

VOCABULARIO

el alquiler
de coches

los trámites de la aduana

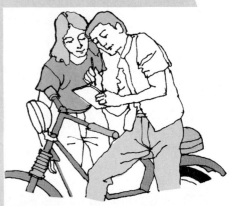

El señor **se desmontó de la moto.**
Dibujó un mapa.

la venta

EJERCICIO 1

_____ **Contesten según el dibujo.**

1. ¿Hay mucha gente en el mostrador de la agencia de alquiler?
2. ¿Hay mucha gente en la aduana?
3. A los pasajeros internacionales, ¿les gustan los trámites de la aduana o les dan asco?
4. ¿Hay una venta cerca del aeropuerto?
5. ¿Hay una moto delante de la venta?
6. ¿Se desmontó de la moto el señor?
7. ¿Tiene el señor una hoja de papel en la mano?
8. ¿Qué está haciendo él con el papel?

Read the following sentences. The context of each sentence will give you the meaning of the new word.

No es un hotel. Es sólo una humilde **venta** de un pueblo pequeño.
Podemos descansar un poco, pero pronto tenemos que **reanudar** el trabajo.
Ese señor no es de aquí. Nunca lo he visto antes. Es **forastero**.
Estaba tan cansado que sin quitarme la ropa, **me tumbé** en la cama.
Si uno va a montar a caballo, tiene que aprender a montar y a **desmontar** con cuidado.
Luis es muy amable. Él siempre les ayuda a los amigos **de buena gana**. Él nunca se queja.

EJERCICIO 2 _El jinete misterioso_

_____ **Completen.**

Ayer llegó un _____ al pueblo. Él _____ de su caballo y se dirigió a la _____ del pueblo. Estaba tan cansado (rendido) que _____ en seguida en la cama. De _____ el ventero cuidó al caballo y lo puso en el corral. Muy temprano, la mañana siguiente, el forastero montó a su caballo y _____ su viaje.

Un mapa (plano) de una zona de Madrid

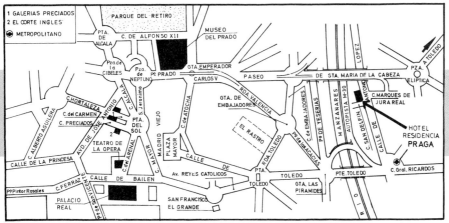

LECTURA

UNA FORMA DE CORTESÍA

Una amiga mía llegó al aeropuerto internacional de Barajas, en las afueras de Madrid. Alquiló un coche y continuó su viaje camino del Campo de Gibraltar en Andalucía. Esto es lo que me contó:

—Llegué a Barajas a las 7:30 de la mañana. Después de recoger el equipaje, pasar por aduana y hacer los trámites para el alquiler del coche, eran las 9:30. Tomé la Nacional IV hacia el sur. A la una ya había pasado por Puerto Lápice, el pueblo en cuya venta Don Quijote se hospedó. Poco después pasé por Despeñaperros y entré en Andalucía.

Después de demasiadas horas al volante decidí descansar en Córdoba. Tenía el nombre de un hotel bueno y no muy caro. Ante un semáforo, le pregunté a un señor en una moto:

—Por favor, ¿dónde queda la calle Torrijos?

—Ah, Ud. busca el Hotel Maimónides. Es un poco complicado, estaciónese Ud. allí.

Con eso el señor se desmontó de la moto y me dio unas indicaciones detalladísimas para ir al hotel. Lamentablemente[1] no había habitaciones en ese hotel ni en ningún hotel de Córdoba. En las guías que tenía mencionaban un par de hostales en Écija. Por consiguiente, reanudé la marcha en la Nacional IV hasta llegar a Écija donde le pregunté al primer señor que vi dónde estaba uno de los hostales.

—Siga Ud. todo derecho,—dijo el señor. —Está al final.

---

[1]**Lamentablemente** Desgraciadamente

Llegué hasta el final y no había nada. En una calle estrechísima² paré al conductor de un coche que iba en dirección contraria a la mía.

—¿Voy bien para el Hostal Ciudad del Sol?—le pregunté.

—No, no, señorita. Al contrario. Hay que dar la vuelta. Tiene Ud. que entrar por la plaza donde está la catedral . . . Espere. ¿Tiene Ud. un papel?

El señor comenzó a dibujarme un excelente mapa con el cual llegué al hostal en unos minutos. Allí conseguí un cuarto, me tumbé en la cama y dormí como un bendito.³

¿Cuáles son las lecciones aprendidas de este relato? Pues, la cortesía con que el español trata al forastero es casi legendaria. A pesar de las invasiones turísticas en los centros de turismo como Toledo, Córdoba y Granada, el español sigue tratando a todos con respeto y con un verdadero deseo de ayudar. Al preguntarle a un español las direcciones a un lugar, es muy común que él le acompañe a uno a su destino aunque le quede fuera de su camino.

Ahora, bien. También tiene su aspecto negativo este sentido de cortesía. Como al español no le gusta nunca tener que decir que no, o no poder ayudar al forastero, es posible que le dé a uno direcciones erróneas. Se las da, no por malicia, sino por cortesía. Por esa razón es recomendable pedirles direcciones a más de una persona. Y hay que tener mucho cuidado si por casualidad alguien le da unas direcciones muy simples y generales como «todo seguido», «por allá», «allí al final», «todo derecho». Estas direcciones generales y vagas suelen indicar que la persona no sabe exactamente dónde está el lugar que Ud. está buscando, pero no se lo quiere decir.

---

²**estrechísima**   *extremely narrow*   ³**bendito**   *blessed soul*

EJERCICIO 3

_____ **Escojan.**

1. La Nacional IV será una _____.
   a. marca de coche
   b. carretera
2. Barajas será un _____.
   a. aeropuerto
   b. centro de turismo
3. Despeñaperros está en _____.
   a. Castilla la Nueva
   b. Andalucía
4. El Maimónides es _____.
   a. una calle
   b. un hotel

EJERCICIO 4

_____ **Completen.**

1. La que hizo el viaje estuvo _____ horas en el aeropuerto antes de poder salir.
2. La persona más famosa que pasó por Puerto Lápice fue _____.
3. El hombre que le dio direcciones a nuestra viajera en Córdoba iba en _____.
4. Ella no se quedó en Córdoba porque lamentablemente no había _____ en ningún hotel.
5. Así ella fue a _____ a buscar un hostal.

EJERCICIO 5

_____ **Escojan.**

1. Parece que Despeñaperros está cerca de la frontera de _____.
   a. Barajas
   b. Andalucía
   c. España
2. Por fin la joven pudo conseguir un cuarto en _____.
   a. Écija
   b. Córdoba
   c. Toledo
3. Ella se hospedó en un _____.
   a. hotel
   b. coche
   c. hostal
4. En las guías, hablaron de _____ hostales en Écija.
   a. dos
   b. tres
   c. cuatro
5. El primer hombre a quien la joven pidió direcciones en Écija le _____.
   a. dibujó un mapa
   b. dio instrucciones muy detalladas
   c. indicó un camino equivocado

EJERCICIO 6

_____ **Contesten.**

1. ¿Cómo es la cortesía de los españoles?
2. ¿Cómo sigue tratando a los turistas extranjeros el español?
3. A veces, ¿qué hará un español cuando un forastero le pide direcciones?
4. ¿Es posible que le dé direcciones erróneas?
5. ¿Por qué hace eso?
6. ¿Cuándo debe el forastero tener mucho cuidado?
7. ¿Qué suelen significar las direcciones generales y simples?

ACTIVIDADES

_____ **1** Dibuje un mapa del recorrido de la joven viajera.

_____ **2** El primer hombre a quien la joven pidió direcciones en Écija le dio información incorrecta. ¿Por qué? ¿Qué opina Ud.?

_____ **3** ¿Qué haría Ud. si alguien le pidiera direcciones a un lugar que Ud. desconocía?

_____ **4** Aquí tiene Ud. el mapa de un pueblo. El señor que está en el coche le pregunta dónde está la Clínica Santa Mercedes. ¿Qué le contesta Ud.?

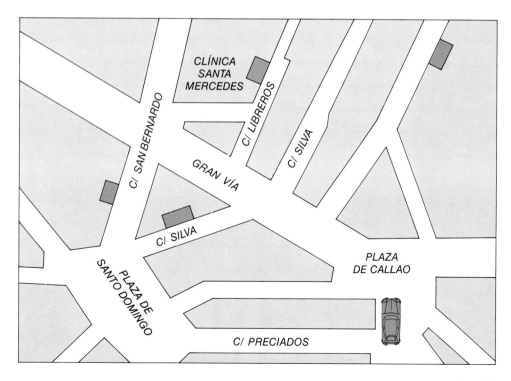

2

UN LUGAR INTERESANTE DE ESPAÑA

VOCABULARIO

algunos animales salvajes (mamíferos)

el ciervo

el jabalí

el conejo

el lince

algunas aves

el águila

el ganso

el flamenco

la manada de ciervos

la colonia de flamencos

el pino

la superficie

El cazador va de caza.
Tiene **una escopeta.**

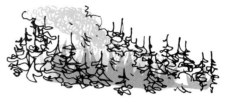

A lo lejos se ve **un incendio.**
Las llamas salen del **bosque.**

EJERCICIO 1

_____ **Escojan.**

1. Don Benito _____ ciervos con
   un rifle.
   a. caza
   b. fuma
2. Las _____ del fuego destruyeron
   el bosque.
   a. lejanas
   b. llamas
3. El _____ es un animal feroz.
   a. conejo
   b. lince
4. El ganso es un _____.
   a. animal salvaje
   b. ave

5. Un mamífero es
   un _____.
   a. animal
   b. ave
6. La arena cubre _____ del terreno.
   a. la superficie
   b. el área
7. El cazador mató al jabalí con
   una _____.
   a. escopeta
   b. llama

EJERCICIO 2

_____ *¿Sí o no?*

1. Los ciervos suelen viajar
   en manadas.
2. El jabalí es más pequeño que
   el conejo.
3. El conejo es un animal feroz.
4. Se ven muchos pinos en las
   selvas tropicales.

5. El pino es un árbol.
6. El flamenco rosa es un ave.
7. El ganso es un mamífero.
8. Un incendio es un fuego.
9. La escopeta es un arma de fuego.
10. El cazador protege animales
    y aves.

COTO DOÑANA

Coto Doñana es una gran extensión de tierra en el sur de España donde desemboca[1] el río Guadalquivir en el Océano Atlántico. Se dice que Coto Doñana lleva el nombre de doña Ana de Austria, una de las reinas de España. A través de los siglos las setenta y siete mil hectáreas (250.000 acres) del Coto han pertenecido a diferentes familias nobles. Los dueños de esas tierras sólo las visitaban cuando querían entretenerse[2] matando animales y aves. Las cacerías[3] que preparaban los nobles para los Reyes y los otros grandes de España eran fabulosas—«fabulosas» en el sentido de difícil de imaginar. Cientos de ciervos y jabalíes y miles de conejos y aves caían víctimas de los rifles y las escopetas de los nobles cazadores.

Los residentes humanos del Coto siempre han sido muy pocos. Eran hombres duros que vivían de la caza y servían de guardias de las tierras de los nobles. Uno de aquellos hombres del Coto es Cristóbal Rodríguez. Cristóbal dice que cuando él era niño, uno de los dueños le pagaba cinco duros (viente y cinco pesetas) por cada águila imperial que él mataba. Cristóbal acabó con veinte, él solito—veinte de una de las aves más raras y valiosas[4] del mundo. Pero Cristóbal ha dejado de matar animales y aves y hoy día él gana dinero sirviendo de guía a los que visitan el Coto, que desde 1963 es un parque nacional.

A través de los años «la civilización» iba robándole terreno a Coto Doñana y este importante refugio estaba en peligro de desaparecer y con él sabe Dios cuántas especies. Afortunadamente, un grupo de naturalistas europeos se interesaron en proteger este tesoro ecológico cuya destrucción afectaría la

---

[1]**desemboca** *empties*   [2]**entretenerse** *divertirse*   [3]**cacerías** *hunts*
[4]**valiosas** *valuable*

ecología de Europa y una parte significativa de África. Así en 1963 el gobierno español y el World Wildlife Fund establecieron la Reserva del Coto Doñana.

Coto Doñana se divide en tres partes y cada una es un ecosistema. Primero son las dunas. Las dunas están en constante movimiento. Los vientos del Atlántico soplan las arenas, formando nuevas dunas. En las depresiones entre las dunas hay «corrales» donde crecen pinos y otra vegetación. Cuando las dunas se mueven y cubren los corrales, la vegetación muere allí y nuevos corrales se forman.

El segundo ecosistema es el de las marismas.[5] Esta área es muy baja y pantanosa.[6] Como está casi a nivel del mar,[7] las aguas del mar entran frecuentemente y se quedan en las depresiones. Lo mismo ocurre con las lluvias. El suelo es muy calizo[8] y las aguas permanecen en la superficie. Todo esto crea unas condiciones ideales para las aves. ¡Y cuántas aves hay allí! En febrero, cada año, más de 80.000 gansos vienen al Coto, más de 14.000 flamencos rosa, probablemente la última colonia de estas aves en Europa, y cientos de miles de otras aves. Pero el monarca de las aves sobre Coto Doñana es el águila imperial, tristemente reducida en número pero majestuosa[9] e impresionante. Las marismas del Coto se parecen en mucho al área del Chesapeake en los EE.UU. Las dos áreas son pantanosas, ricas en alimentación para las aves y justamente en las rutas de las aves migratorias que van de norte a sur o de sur a norte. Las aves del Chesapeake se escapan del frío del Canadá, las de las marismas abandonan Escandinavia y el Norte de Europa camino de África.

El tercer ecosistema de Coto Doñana es el de los matorrales[10] o cotos. En esta área las dunas se han establecido a causa de la vegetación, las matas[11] y la maleza.[12] Es en los matorrales donde se ve la mayor actividad mamífera. Los ciervos y los gamos[13] son muy comunes y se pueden ver en grandes manadas. También son abundantes los jabalíes—feos, feroces y deliciosos. La persona que visita a Coto Doñana y ve un lince es muy afortunada. El lince ha desaparecido prácticamente de Europa. Los linces tienen fama de ser cazadores inteligentísimos y de una vista excepcional. Decir que una persona es «un lince» quiere decir que es muy lista, muy aguda.[14]

Las aves y los animales que aquí se han mencionado constituyen un pequeño ejemplo de la gran variedad de fauna que se encuentra en Coto Doñana. Aves, mamíferos y reptiles—grandes y pequeños—viven en los tres ecosistemas de Coto Doñana. Ahora los animales del Coto están protegidos de los hombres, pero siempre existe el peligro como atestigua este artículo del A B C del 7 de septiembre de 1985.

[5]**marismas** *salt marshes*   [6]**pantanosa** *marshy, swampy*
[7]**nivel del mar** *sea level*   [8]**calizo** *limy*   [9]**majestuosa** *majestic*
[10]**matorrales** *thicket, underbrush*   [11]**matas** *shrubs*   [12]**maleza** *undergrowth of weeds*   [13]**gamos** *variety of deer*   [14]**aguda** *sharp*

Doñana: El fuego destruyó la décima parte de la reserva biológica

Ochocientas de las casi siete mil hectáreas de la reserva biológica de Doñana, englobada dentro del parque nacional y dependiente del Consejo Superior de Investigaciones Científicas, fueron pasto[15] de las llamas en el incendio que desde el miércoles afectó a la primera área natural del país y que ayer había sido totalmente sofocado, según confirmaron a *A B C* fuentes de la propia estación. El fuego, sin embargo, no afectó sólo a la reserva, pues se extendió también a la Algaida. Se trata del siniestro[16] más importante de los últimos años, ya que el 11 por ciento de la reserva ha quedado destruida, fundamentalmente zona de monte mixto, refugio de especies animales. En las tareas de extinción colaboraron más de cien personas, que se valieron de once tractores, dos carrocetas[17] antincendios y una avioneta procedente de Jerez.

A B C
Madrid, España

EJERCICIO 3

_____ Contesten.

1. ¿Dónde está Coto Doñana?
2. ¿De dónde viene el nombre Doñana?
3. ¿Quiénes eran los dueños del Coto Doñana?
4. ¿Cuándo visitaban el Coto?
5. ¿Quiénes caían víctimas de las escopetas de los nobles cazadores?

EJERCICIO 4

_____ Corrijan.

1. Muchos seres humanos habitaban el Coto.
2. Los residentes del Coto eran débiles y vivían de la pesca.
3. Cuando era niño, Cristóbal Rodríguez mató una sola águila imperial.
4. Hoy día Cristóbal gana dinero cazando en el Coto Doñana.

---

[15]**pasto** *food*   [16]**siniestro** *desastre*   [17]**carrocetas** *trucks*

EJERCICIO 5

_____ Explique.

¿Por qué se estableció la Reserva del Coto Doñana? ¿Quiénes compraron el terreno para establecer la reserva?

EJERCICIO 6

_____ Completen.

1. Coto Doñana se divide en _____ partes.
2. Cada parte constituye _____.
3. El primer ecosistema son _____.
4. El área de las marismas, o el segundo ecosistema, es muy _____.
5. En las marismas hay _____.
6. Las marismas se parecen a _____.
7. En los matorrales, o el tercer ecosistema, se ven muchos _____.

EJERCICIO 7

_____ Escojan.

1. El Chesapeake de los EE.UU. es similar a _____.
   a. las marismas
   b. los matorrales
2. Las dunas se forman por los _____.
   a. vientos
   b. corrales
3. Hay mucha actividad mamífera en _____.
   a. las dunas
   b. los matorrales
4. Las áreas pantanosas de las marismas son ricas en alimentación para _____.
   a. las aves
   b. los animales
5. Un ave en peligro es el _____.
   a. ganso
   b. águila imperial
6. Las aves que pasan por el Coto van de Escandinavia _____.
   a. a África
   b. al Canadá
7. Un animal que tiene muy buena vista y que tiene fama de ser excelente cazador es el _____.
   a. lince
   b. ciervo

ACTIVIDADES

1 Si ahora tiene Ud. algún interés en visitar Coto Doñana aquí tiene alguna información.

PARQUE NACIONAL DE DOÑANA

DOÑANA

COOPERATIVA «MARISMAS DEL ROCÍO» DE GUÍAS DEL PARQUE NACIONAL DE DOÑANA.

Reserva de plazas e información de cualquier tipo en los teléfonos:

(955) 43 04 32
       40 61 40

ORIENTACIÓN SOBRE VISITAS

Para visitar el Parque Nacional de Doñana no se precisa autorización especial. Y para efectuar el recorrido por el interior del mismo («itinerario en profundidad»), basta con conectar con los teléfonos arriba referenciados y proceder a la necesaria reserva de plaza en los vehículos dispuestos al efecto. En horas no hábiles, atenderá su llamada un contestador automático.

Desde el Centro Principal de Acogida e Interpretación de El Acebuche salen los vehículos para efectuar el «itinerario en profundidad», con dos salidas diarias en visitas de mañana y tarde, horarios variables según época del año, número máximo de 56 personas/visita, e importe de 1.250 pta/persona.

¿Cómo expresa el aviso lo siguiente?

- It is not necessary to have special permission to visit the national park.
- During nonworking hours, your telephone call will be handled by an automatic answering device.
- There are two daily departures for the in-depth tour—one in the morning and one in the afternoon.
- The departure hours change according to the time of year.
- The price for the tour is 1.250 pesetas per person.

2 ¿Dónde y durante qué estación debe uno visitar el Coto

- para ver despertar a los reptiles?
- para ver el mayor número de aves acuáticas?
- para ver los jabalíes y gamos en su actividad máxima?
- para ver nacer las crías de los mamíferos?
- para ver la llegada de las aves del norte?
- para ver los mamíferos protegiéndose del sol?

PARQUE NACIONAL DE DOÑANA

ORIENTACIÓN SOBRE VISITAS

ESTADO DE LOS TRES ECOSISTEMAS QUE INTEGRAN DOÑANA SEGÚN LA ESTACIÓN DEL AÑO

	DUNAS Y CORRALES	MATORRALES	MARISMAS
PRIMAVERA	—Arena seca. —Despiertan del letargo reptiles e insectos. —Floración en corrales.	—Reproducción de mamíferos. —Alcornocales colmados de aves. —Floración.	—Vegetación exuberante. —Acuáticas estivales criando.
VERANO	—Arena muy suelta y seca.	—Refugio de mamíferos a la sombra.	—Reseca, excepto lucios y lagunas encharcadas en que se concentra la fauna.
OTOÑO	—Arenas húmedas: observación de huellas animales.	—Mamíferos deambulando en busca de incipientes huellas frescas.	—Primeras lluvias. —Comienza la llegada de aves invernantes procedentes de toda Europa.
INVIERNO	—Arenas muy húmedas: observación de huellas animales.	—Vegetación espesa. —Mamíferos en plena actividad.	—Repleta de agua y aves acuáticas. —Mamíferos pastando por sus alrededores. —Es la mejor época para los visitantes.

3
INFLUENCIAS ESPAÑOLAS

VOCABULARIO

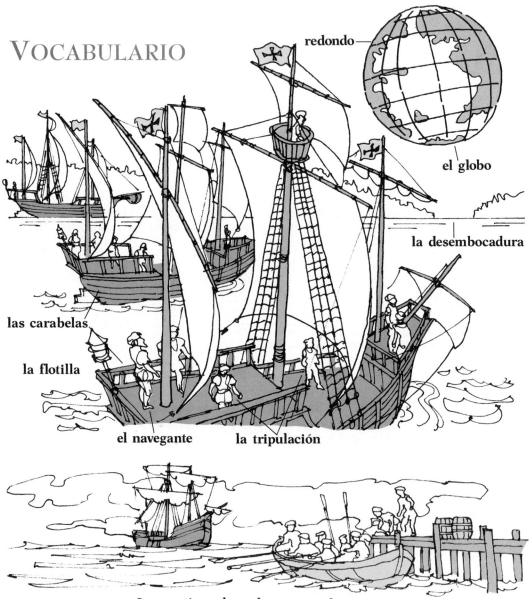

redondo

el globo

la desembocadura

las carabelas

la flotilla

el navegante   la tripulación

Los marinos desembarcan en el puerto.

EJERCICIO 1

_____ Contesten.

1. ¿De cuántas carabelas consiste la flotilla?
2. ¿Está hablando con su tripulación el navegante?
3. ¿Se ve la desembocadura del río?
4. ¿Desembarcan los marinos en el puerto?
5. ¿Mira el globo el navegante?
6. ¿Es redondo el globo?

EJERCICIO 2

_____ Escojan.

1. Los tres barcos de Cristóbal Colón eran _____.
   a. carabelas
   b. caramelos
2. Hay ocho barcos en la _____ del almirante.
   a. pastilla
   b. flotilla
3. La ciudad de Nueva York está en la _____ del río Hudson.
   a. boca
   b. desembocadura
4. El capitán Nemo era _____.
   a. un gran navegante
   b. una gran tripulación
5. La mesa no es cuadrada; es _____.
   a. firmada
   b. redonda
6. Los marinos _____ en cuanto llegaron al puerto.
   a. despegaron
   b. desembarcaron

LECTURA

LOS ESPAÑOLES EN LA AMÉRICA DEL NORTE

Fecha	Hecho
1492	**Cristóbal Colón** al mando de una flotilla de tres carabelas—la Pinta, la Niña y la Santa María—sale de Palos de Moguer (Huelva) el 3 de agosto y llega a la isla de Guanahaní el 12 de octubre. Funda la primera colonia española «Navidad» en La Española (Santo Domingo).
1512	**Juan Ponce de León**, gobernador de Puerto Rico, llega a la Florida.
1526	**Lucas Vázquez de Ayllón** establece una colonia, San Miguel de Guadalupe, en Carolina del Sur.
1533	**Fortún Jiménez** llega a las costas de California.
1527–1534	**Álvaro Núñez Cabeza de Vaca** explora el área desde Tampa, Florida, hasta el golfo de California.
1540	**Hernán de Soto** pasa por las Carolinas y llega hasta Coosa (Birmingham, Alabama).
1540	**Francisco Vázquez de Coronado** viaja por el territorio de Arizona y Nuevo México.

1540	**García López de Cárdenas** llega al Gran Cañón en Colorado.
1541	**De Soto** cruza el río Misisipí y entra en Arkansas y, después, Oklahoma. **Coronado** llega hasta el centro de Kansas.
1542	**Juan Rodríguez Cabrillo** desembarca en San Diego (California).
1543	**Bartolomé Ferrelo**—a cargo de la expedición de Rodríguez Cabrillo, éste habiéndose muerto en las islas del canal de Santa Bárbara—navega hasta la desembocadura del río Rogue en Oregon.
1607	Los ingleses fundan **Jamestown** en **Virginia**, la primera colonia británica en lo que hoy son los EE.UU.
1620	En **Plymouth, Massachusetts** los ingleses fundan una colonia.

Todo el mundo sabe que los españoles descubrieron y colonizaron la mayor parte de Centro y Sudamérica. Menos conocido es el hecho de que los españoles también exploraron y colonizaron gran parte de la América del Norte. Al dar una ojeada[1] a los hechos históricos ya citados, aprendemos que en 1512 don Juan Ponce de León, el gobernador de Puerto Rico, llegó a la Florida en busca de la fuente de la juventud. Poco después Lucas Vázquez de Ayllón fundó una colonia en la Carolina del Sur mientras Álvaro Núñez Cabeza de Vaca exploraba todo el sudoeste desde Tampa, Florida hasta el golfo de California. Durante los años subsiguientes[2] Hernán de Soto y Francisco Vázquez de Coronado viajaron por toda la región sur, sur-central y suroeste de lo que hoy son los Estados Unidos. Y sólo hay que fijarse en las fechas para ver que había colonias españolas el siglo anterior al de la fundación de Jamestown por los ingleses. Se ha dicho que quien escribe la historia determina la verdad. Durante muchos años se les enseñaba a los estudiantes norteamericanos que la primera colonia europea en lo que hoy son los Estados Unidos fue Jamestown, Virginia. La verdad es que en la Florida y toda la zona del suroeste hasta e incluso California los colonos eran hispanos y el primer idioma europeo que se habló en estas tierras fue el castellano y no el inglés.

Cristóbal Colón descubre el Nuevo Mundo.

---

[1]**ojeada** *glance*   [2]**subsiguientes** *following*

    ¡Otros hechos históricos interesantes sobre el descubrimiento y colonización del Nuevo Mundo! Cristóbal Colón, el navegante genovés, tenía la idea revolucionaria de que el mundo era un globo, que era redondo. Él presentó su teoría a Isabel la Católica, la reina de España. Ella le dio el apoyo³ material y moral que necesitaba. El tres de agosto de 1492, en tres carabelas, salieron del puerto de Palos, en el sur de España, Colón y los capitanes de la Pinta y la Niña, los hermanos Pinzón, con sus tripulaciones de marinos españoles. Colón pensaba descubrir una ruta más rápida a la India para conseguir⁴ especias. Cuando Colón llegó a las Américas él no quería creer que era un «Nuevo Mundo». Creía haber llegado a la India. Por eso las islas adonde llegaron Colón y sus marinos españoles se nombraron las Indias.

    Colón hizo cuatro viajes a las Américas y fue él quien fundó la primera colonia europea en el Nuevo Mundo. La fundó en su primer viaje en la isla de La Española, hoy Santo Domingo. El verdadero nombre del famoso navegante italiano Cristóbal Colón era Cristóforo Colombo. Pero como él hizo sus viajes con barcos y tripulaciones españoles, patrocinado⁵ por la Corona española, él decidió españolizar su nombre. Pero los historiadores ingleses y norteamericanos siempre han insistido en la nacionalidad italiana del gran almirante. Pero cuando los navegantes italianos Sebastiano y Giovanni Caboto navegaban por las costas del continente norteamericano, patrocinados por la Corona inglesa, se hablaba de la gran hazaña⁶ de aquellos intrépidos⁷ navegantes británicos, John y Sebastian Cabot. Los antepasados de los renombrados⁸ Cabot de Massachusetts eran Sebastiano y Giovanni Caboto. Italianos y holandeses navegaban bajo la bandera británica, portugueses e italianos bajo la española. La verdad es que la tremenda obra de descubrimiento y colonización del continente norteamericano se debe a la imaginación, a la dedicación y al valor de individuos de muchos países.

---

³**apoyo** *help, support*   ⁴**conseguir** *to get, obtain*   ⁵**patrocinado** *sponsored*
⁶**hazaña** *deed*   ⁷**intrépidos** *fearless*   ⁸**renombrados** *famosos*

EJERCICIO 3 *Fechas*

_____ **Completen.**

1. Los españoles llegan a la costa del estado de Oregon en _____.
2. La primera colonia británica en los EE.UU. se establece en el año _____.
3. Un explorador español es el primer europeo que ve el Gran Cañón en _____.
4. Los españoles llegan a lo que hoy es Alabama en _____.
5. Probablemente el primer europeo que toca tierra en los EE.UU. lo hace en la Florida en _____.

EJERCICIO 4 *Nombres*

_____ **Escojan.**

1. _____ estableció una colonia en Santo Domingo.
   a. Colón
   b. Cabeza de Vaca
   c. Coronado
2. _____ murió en la costa de California.
   a. De Soto
   b. Cabrillo
   c. Ferrelo
3. El primer gobernador de Puerto Rico fue _____.
   a. Ponce de León
   b. Vázquez de Ayllón
   c. Cabeza de Vaca
4. El primero de los exploradores que tocó tierra en California fue _____.
   a. De Soto
   b. Colón
   c. Cabrillo
5. El puerto de donde partió Colón en su primer viaje fue _____.
   a. Guadalupe
   b. San Diego
   c. Palos

EJERCICIO 5

_____ **Contesten.**

1. ¿Qué saben todos en cuanto a la historia del Nuevo Mundo?
2. ¿Cuál es un hecho menos conocido?
3. ¿Por cuánto tiempo había colonias españolas en la América del Norte antes de la fundación de Jamestown?
4. ¿Quiénes eran los primeros colonos europeos de la América del Norte?
5. ¿Y cuál fue el primer idioma?

EJERCICIO 6

_____ **Corrijan.**

1. Colón tenía la idea revolucionaria de que la tierra era un rectángulo.
2. Colón hizo sus expediciones patrocinado por la nobleza italiana.
3. Los hermanos Pinzón eran italianos.
4. Los hermanos Pinzón eran capitanes de la Santa María.
5. Los marinos a bordo de las carabelas de Colón eran ingleses.

EJERCICIO 7

_____ **Contesten.**

1. ¿Cuántos viajes hizo Colón al Nuevo Mundo?
2. ¿Qué había pensado él descubrir?
3. ¿Dónde y cuándo fundó Colón la primera colonia europea del Nuevo Mundo?
4. ¿Por qué cambió Cristóforo Colombo su nombre en Cristóbal Colón?
5. ¿Quiénes cambiaron los nombres de Sebastiano y Giovanni Caboto?
6. ¿De quiénes son antepasados los famosos navegantes italianos Sebastiano y Giovanni Caboto?

ACTIVIDADES

_____ **1** Aquí tiene Ud. el itinerario de los cuatro viajes de Cristóbal Colón. Sea Ud. cartógrafo y dibuje un mapa de los viajes de Colón.

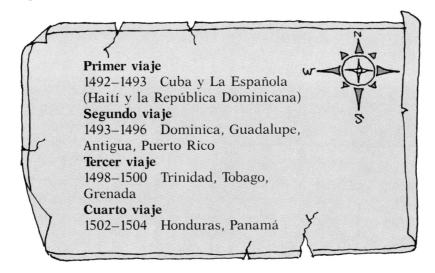

Primer viaje
1492–1493 Cuba y La Española
(Haití y la República Dominicana)
Segundo viaje
1493–1496 Dominica, Guadalupe,
Antigua, Puerto Rico
Tercer viaje
1498–1500 Trinidad, Tobago,
Grenada
Cuarto viaje
1502–1504 Honduras, Panamá

2 En 1492 Colón descubrió las Américas para España. Con este descubrimiento patrocinado por la reina Isabel la Católica, empezó la expansión española. Por unos cinco siglos España dominaba gran parte del mundo. Perdió sus últimas colonias (Cuba, Puerto Rico, Guam, las Filipinas) en 1898 en la guerra contra los Estados Unidos.

Aquí tiene Ud. un mapa de todas las posesiones españolas. Explique por qué durante el reinado de Felipe II en el siglo XVI se decía «En el imperio español nunca se pone el sol».

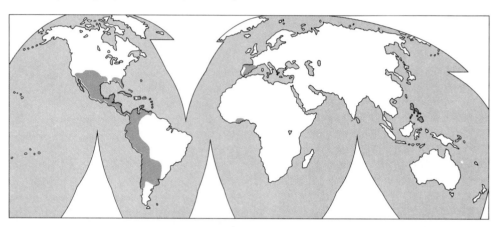

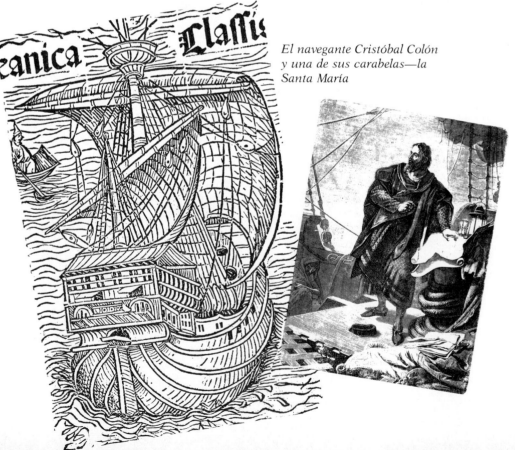

El navegante Cristóbal Colón y una de sus carabelas—la Santa María

4

LA ESPAÑA DEL SIGLO XX

VOCABULARIO

el destierro   el exilio
El rey abdicó el trono, huyó del país y murió en el destierro.

la huelga   el tiempo que está uno sin trabajar voluntariamente
Los trabajadores están en huelga y no volverán a trabajar sin un aumento de sueldo.

el asesinato   el acto de matar a alguien
Los terroristas han cometido muchos asesinatos.

el terrateniente   el dueño o propietario de tierra
Los grandes terratenientes tienen casi toda la tierra. Los campesinos tienen muy poca.

el partidario   se aplica a la persona que por encontrar algo o alguien bueno, lo sigue
Él es partidario del liberalismo.

el levantamiento   la rebelión
Esperan un levantamiento popular contra la política del gobierno.

apoyar   ayudar, sostener
El gobierno de los Estados Unidos apoyó a los aliados durante la Segunda Guerra Mundial.

ingresar   entrar
Ya han ingresado más de cien jóvenes en la universidad.

derrocar   hacer caer
Han derrocado al gobierno y el presidente ha huido al destierro.

respaldar   apoyar, ayudar
Varios políticos han dicho que respaldarán a los rebeldes.

EJERCICIO 1

_____ **Den un sinónimo.**

1. El monarca constitucional *ayudó* al primer ministro.
2. España *entró* en la CEE (Comunidad Económica Europea).
3. En un sólo mes había más de cien *rebeliones*.
4. Yo sé que él no es *discípulo* de esa filosofía política.
5. Los rebeldes *hicieron caer* al gobierno.
6. Los terratenientes *apoyaron a* la monarquía.
7. El rey murió en *el exilio*.

EJERCICIO 2

_____ Contesten.

1. ¿Iban en huelga los trabajadores para tratar de derrocar al gobierno?
2. ¿Apoyaron al rey los terratenientes?
3. ¿Organizaron muchos levantamientos los rebeldes?
4. ¿Respaldaron a los rebeldes los monárquicos?
5. Por fin, ¿derrocaron al gobierno los partidarios del jefe militar?
6. ¿Salió para el destierro el primer ministro?

EJERCICIO 3

_____ ¿Cuál es el significado de los siguientes términos? Si es necesario, búsquenlos en el diccionario o en la enciclopedia.

1. la monarquía absoluta
2. la monarquía constitucional
3. el liberalismo
4. el tradicionalismo

5. el anarquismo
6. la democracia
7. el fascismo

LECTURA

LA GUERRA CIVIL ESPAÑOLA Y LA POSGUERRA

El 12 de abril de 1931 hubo elecciones municipales en toda España. En las ciudades más importantes ganaron los republicanos y perdieron los monárquicos. Esa misma noche salió de Madrid el rey don Alfonso XIII de Borbón camino al destierro—destierro que duró hasta su muerte. Así desapareció una de las más antiguas monarquías sin la pérdida de una gota[1] de sangre. Se declaró entonces la Segunda República—una república que existió por cinco años y que durante tres años más resistió. Casi desde el principio la República se vio obligada a defenderse de enemigos de ambos extremos—de izquierda y de derecha. Los extremistas de los dos lados fomentaron[2] el desorden por todas partes. Hubo huelgas, asesinatos y complots.[3] Poco a poco llegó lo que hoy se llamaría la polarización del pueblo. Los terratenientes, la Iglesia y los militares en su mayoría se opusieron al gobierno republicano.

La tarde del 17 de julio de 1936 el ejército del Marruecos Español se levantó en armas contra la República. Aquel mismo día el general Francisco Franco salió de las Islas Canarias y se dirigió a Marruecos donde asumió el mando[4] de las tropas rebeldes. Al día siguiente en todas partes de España hubo levantamientos de guarniciones.[5] La lucha se había extendido a cada rincón del país.

---

[1]**gota** _drop_   [2]**fomentaron** _fomented, encouraged_   [3]**complots** _plots_
[4]**mando** _command_   [5]**guarniciones** _garrisons_

De 1936 a 1939 los españoles lucharon con ferocidad contra los españoles en una guerra fratricida. (Por ejemplo, uno de los pilotos de las fuerzas aéreas republicanas era Ramón Franco, el hermano del líder rebelde, Francisco Franco.) Los militares rebeldes y sus partidarios—los monárquicos, la aristocracia, los tradicionalistas, gran parte de la Iglesia y los conservadores—se dieron el nombre de «nacionalistas». Los defensores de la República—desde los liberales hasta los comunistas y los anarquistas—se llamaban «republicanos». Al principio la guerra era puramente española— *nacionalistas españoles* luchaban contra *republicanos españoles*. Pero como pronto se hizo evidente que la guerra iba a prolongarse, ambos campos comenzaron a buscar ayuda desde afuera. Para los que querían hacerse amos[6] del mundo, España ofrecía una magnífica oportunidad para ensayar[7] sus armas y sus tácticas. «Il Duce», Mussolini, y «Der Führer», Hitler, enviaron tropas y equipo militar al general Franco y los rebeldes mientras que Stalin y la Internacional comunista apoyaban al gobierno republicano. Así para los republicanos todos sus enemigos eran «fascistas» y para los nacionalistas o los rebeldes, todos los republicanos eran «rojos». La verdad es que en ambos bandos los verdaderos fascistas y rojos eran muy pocos.

Los meses se hacían años y la lucha entre «republicanos» y «nacionalistas» continuaba. Los centros urbanos, Madrid, Barcelona, Valencia, quedaron casi hasta lo último en manos de los republicanos. Las tropas de Franco entraron en Barcelona el 26 de enero de 1939 y Madrid, cercado[8] desde noviembre, cayó el 28 de marzo con lo que se dio fin[9] a la guerra. Miles de refugiados[10] salieron para Francia y el exilio en Latinoamérica y los Estados Unidos. Por todo el país se bajaba la bandera de la República y se izaba[11] la antigua roja y gualda[12] de la monarquía, ahora con un águila en el centro. Y se veía la falange,[13] insignia del partido fascista español.

---

[6]**amos** dueños   [7]**ensayar** *to try out*   [8]**cercado** *surrounded*   [9]**se dio fin** terminó
[10]**refugiados** *refugees*   [11]**se izaba** se levantaba   [12]**gualda** amarilla
[13]**la falange** *political party of Spain founded in 1933, symbolized by a phalanx*

Al terminar la guerra civil en España, estaba para estallar[14] la Segunda Guerra Mundial. Sola, débil, pobre y hambrienta, España tuvo que curar sus propias heridas.

Epílogo

El general Franco murió el 20 de noviembre de 1975, poniendo fin a casi cuarenta años de dictadura. Dos días más tarde ascendió al trono Don Juan Carlos de Borbón, el nieto de Alfonso XIII. Don Juan Carlos es un monarca constitucional. Hoy España goza de una verdadera democracia. Se permiten partidos políticos y hay elecciones populares. En 1986 España ingresó en la Comunidad Económica Europea.

Hay problemas, claro está. Los extremistas de derecha y de izquierda siguen tratando de fomentar la discordia. En 1981 un grupo de Guardias Civiles armados penetraron en las Cortes Constitucionales y trataron de derrocar al gobierno. Pero el rey Don Juan Carlos firmemente respaldó la constitución y el gobierno y los guardias fueron arrestados. Los separatistas vascos de la ETA (*Euskadi ta Askatusuna*) siguen sembrando[15] el terror con secuestros,[16] asesinatos y bombas.

Pero parece que la democracia y la libertad que esperaban los soñadores[17] de los siglos diecinueve y veinte han llegado por fin. Y es el nieto de ese triste Alfonso que abandonó su patria para nunca volver a verla, que lo ha hecho posible.

EJERCICIO 4

—— ¿Qué pasó?

1. el 12 de abril de 1931
2. el 17 de julio de 1936
3. el 26 de enero de 1939
4. el 28 de marzo de 1939
5. el 20 de noviembre de 1975
6. el 22 de noviembre de 1975

EJERCICIO 5

—— ¿Quiénes son?

1. Alfonso XIII de Borbón
2. Francisco Franco
3. Ramón Franco
4. Il Duce
5. Der Führer
6. Stalin
7. Juan Carlos de Borbón

EJERCICIO 6

—— Escojan.

1. En 1931 hubo en España ____.
   a. elecciones municipales
   b. muchos levantamientos
   c. una nueva dictadura

2. La Segunda República duró ____.
   a. cinco años
   b. tres años
   c. once años

---

[14]**estallar** *to break out*   [15]**sembrando** *sowing, spreading*
[16]**secuestros** *kidnappings*   [17]**soñadores** *dreamers*

3. Una característica de los años de la Segunda República era _____.
   a. la paz
   b. el desorden
   c. la prosperidad
4. El primer levantamiento de la guerra civil española tuvo lugar en _____.
   a. Madrid
   b. Barcelona
   c. Marruecos

EJERCICIO 7

_____ **Contesten.**

1. ¿Quiénes eran los «nacionalistas»?
2. ¿Quiénes eran los «republicanos»?
3. ¿Por qué llamaban a los «nacionalistas» «fascistas»?
4. ¿Y por qué llamaban a los «republicanos» «rojos»?
5. ¿Eran justas estas etiquetas? Explique por qué.

EJERCICIO 8

_____ *¿Sí o no?*

1. No había ninguna influencia extranjera en la guerra civil española.
2. Los grandes centros urbanos de España apoyaron en seguida a los militares rebeldes.
3. La última ciudad que cayó a las tropas de Franco fue Barcelona.
4. La caída de Madrid dio fin a esta guerra fratricida y sangrienta.

EJERCICIO 9

_____ **Contesten.**

1. ¿Cuándo murió Franco?
2. ¿Por cuántos años había sido Franco el dictador de España?
3. ¿Quién es Don Juan Carlos de Borbón?
4. ¿Qué es él?
5. ¿Qué se permite hoy día en España?
6. ¿Cuándo ingresó España en la Comunidad Económica Europea?
7. ¿Quiénes siguen tratando de fomentar la discordia en España?
8. ¿Qué hizo un grupo de Guardias Civiles?
9. ¿Por qué lo hicieron?
10. ¿Cómo es que no tuvieron éxito?
11. ¿Qué siguen haciendo los separatistas vascos?

ACTIVIDADES

1 Durante casi cuatro años había dos Españas, la nacionalista y la republicana. Cada una tenía su gobierno, su ejército, su jefe de estado, su bandera y hasta su dinero.

He aquí las fotos del último presidente de la república y del «caudillo» o jefe de las fuerzas nacionalistas.

Prepare Ud. la biografía de uno de estos personajes.

Manuel Azaña

Francisco Franco Bahamonde

2 Mire Ud. estas monedas españolas. Note los años de las monedas. ¿Quiénes son las personas que aparecen en las monedas? ¿Qué sabe Ud. de ellos?

3 Aquí tiene Ud. algunos detalles sobre algunos españoles que vivían en los años treinta. ¿Qué opina Ud.? ¿Serían ellos nacionalistas o republicanos? Defienda sus opiniones.

- El señor Roque entró en el ejército cuando tenía solamente dieciséis años. Llegó a ser capitán a los treinta años. A él le gustaba mucho la vida militar. Tenía mucho orgullo de servir a la patria.

- La señorita Iglesias era profesora de literatura en la Facultad de Filosofía y Letras de la Universidad de Santiago de Compostela. Era intelectual y tomaba una parte activa en la vida política de su provincia.

- El señor Suárez era de un pueblo pequeño de Andalucía. Trabajaba en los campos de un terrateniente que vivía en Madrid. El señor Suárez tenía ocho hijos y vivía en una casa humilde en Carmona a unos kilómetros de Sevilla.

- La señora Castelomar era una señora acomodada. Tenía un piso (apartamento) en Madrid y una casita en la sierra donde pasaba los fines de semana. A la señora Castelomar le gustaba mucho su vida y los cambios le daban miedo. La verdad es que ella tenía ideas muy conservadoras y tradicionalistas.

5

BORINQUEN QUERIDO

VOCABULARIO

El **jíbaro** trabaja su **parcela** de tierra. Trabaja duro pero tiene muy poco dinero. Sufre de la **pobreza.** Él quiere **remediar** su situación. Se oye su **lamento,** su viva expresión de dolor.

La yegua lleva **una carga.**

EJERCICIO 1

_____ **Contesten.**

1. ¿Quién trabaja la tierra?
2. ¿Tiene mucha tierra el jíbaro?
3. ¿De qué sufre él?
4. ¿Por qué sufre de la pobreza?

5. ¿Quiere él cambiar su situación?
6. ¿Qué se oye?
7. ¿Qué lleva la yegua?

felicidad   el estado de ser feliz y estar satisfecho
La gente pobre busca sólo un poco de felicidad.

valer   tener el valor de
Le darán un millón por la tierra. Vale mucho.

perdurar   durar mucho tiempo
Esa situación no va a cambiar nunca. Va a perdurar para
siempre.

EJERCICIO 2

_____ **Escojan.**

1. La depresión económica tiene que terminar pronto. No puede _____.
   a. perdurar
   b. acabar
2. Los campesinos quieren abandonar el campo y vender sus _____ de tierra.
   a. fábricas
   b. parcelas
3. Aquí nadie tiene dinero. Lo único que se ve es la _____.
   a. felicidad
   b. pobreza
4. Esta tierra es tan árida que no _____ casi nada.
   a. vale
   b. perdura
5. Yo no sé cómo podremos _____ esta situación triste y penosa.
   a. perdurar
   b. remediar

Introducción

LAMENTO BORINCANO

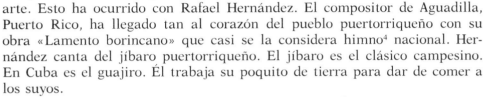

La historia de los pueblos no es siempre una historia de guerras y revoluciones. La historia de un pueblo es también un cuento de la lucha[1] diaria[2] para ganar el pan de cada día, educar a los hijos y conseguir[3] un poco de felicidad.

De vez en cuando un músico llega a captar el alma de su pueblo en su arte. Esto ha ocurrido con Rafael Hernández. El compositor de Aguadilla, Puerto Rico, ha llegado tan al corazón del pueblo puertorriqueño con su obra «Lamento borincano» que casi se la considera himno[4] nacional. Hernández canta del jíbaro puertorriqueño. El jíbaro es el clásico campesino. En Cuba es el guajiro. Él trabaja su poquito de tierra para dar de comer a los suyos.

Cuando los españoles gobernaban en Puerto Rico durante casi cuatro siglos, el jibarito trabajaba su parcelita de tierra. La bandera de rojo y gualda[5] se cambió por otra de rojo, blanco y azul, en 1898. Poco le importaba al jibarito que seguía con el trabajo, las preocupaciones[6] y los sueños[7] de siempre. La gran depresión económica mundial de 1929 a 1939 afectó cruelmente a los pobres en todas partes. El jibarito también sufrió. El trabajo duro en el campo no le valía para nada, porque nadie tenía con qué comprar el fruto de su labor. Muchos se escaparon de la pobreza en el campo para meterse en una pobreza aun más opresiva en las grandes ciudades del «continente».[8]

Puerto Rico es hoy un Estado Libre Asociado de los Estados Unidos. La capital, San Juan, es una gran ciudad con industrias, bancos, teatros, grandes hoteles y universidades. Muchos de los hijos de los jíbaros de ayer hoy se encuentran trabajando en fábricas o programando computadoras. Los menos afortunados están buscando empleo en las ciudades.

El terreno en el campo hoy tiene un valor enorme, no como tierras agrícolas sino como lugar para levantar un «Levittown» o un centro comercial o un bloque de apartamentos.

Cada día son menos los jibaritos. Algunos, ya mayores, no abandonarían su vida en el campo para nada. Pero los atractivos de la ciudad, del progreso y del dinero son fuertes. Por tales motivos los jóvenes están abandonando el campo. Sin embargo, el jibarito perdura como símbolo del pueblo. El campesino sencillo, honesto y trabajador. Es de este campesino que cantaba Rafael Hernández y del que sigue cantando cada borincano.

---

[1]**lucha** batalla   [2]**diaria** de todos los días   [3]**conseguir** *attain*
[4]**himno** *anthem*   [5]**gualda** amarilla   [6]**preocupaciones** *worries*
[7]**sueños** *dreams*   [8]**«continente»** Estados Unidos

LAMENTO BORINCANO
Rafael Hernández

Sale, loco de contento
con su cargamento[9]
para la ciudad, ay, para la ciudad.
Lleva en su pensamiento
todo un mundo lleno de felicidad
ay, de felicidad.
Piensa remediar la situación
del hogar[10] que es toda su ilusión, sí.
Y alegre el jibarito va
pensando así, diciendo así
por el camino.
Si yo vendo esta carga, mi Dios querido,
un traje a mi viejita voy a comprar.
Y alegre también su yegua va
al presentar que aquel cantar
es todo un himno de alegría.
En eso lo sorprende la luz del día
y llegan al mercado de la ciudad.
Pasa la mañana entera
sin que nadie quiera
su carga comprar, ay, su carga comprar.
Todo, todo está desierto
el pueblo está muerto
de necesidad, ay, de necesidad.
Y oye este lamento por doquier[11]
en mi desdichada[12] Borinquen, sí.
Triste, el jibarito va
cantando así, diciendo así,
llorando así, por el camino.
¿Qué será de Borinquen,
mi Dios querido?
¿Qué será de mis hijos y
de mi hogar?
Borinquen, la tierra del Edén,
la que al cantar, el gran Gautier[13]
llamó la Perla[14] de los mares.
Ya que tú te mueres con tus pesares,
déjame que te cante yo también.

«El jíbaro» por Ramón Frade

---

[9]**cargamento** *load, cargo*   [10]**hogar** *home*   [11]**doquier (dondequiera)** *wherever*
[12]**desdichada** *unfortunate*   [13]**el gran Gautier** Hernández se refiere al poeta
romántico puertorriqueño José Benítez Gautier (1851–1880)
[14]**Perla** *pearl*

EJERCICIO 3

_____ **Escojan.**

1. Rafael Hernández nació en _____.
   a. Aguadilla
   b. San Juan
   c. Cuba
2. Una obra de Hernández es _____.
   a. «Guajiro»
   b. «El jíbaro»
   c. «Lamento borincano»
3. Hoy, el número de campesinos en Puerto Rico es _____.
   a. menor que en el pasado
   b. igual que en el pasado
   c. mayor que en el pasado
4. Aproximadamente en el año 1929 ocurrió _____.
   a. una guerra mundial
   b. un cambio de bandera en Puerto Rico
   c. una crisis económica en el mundo
5. Algunos de los jíbaros que abandonaron sus tierras se fueron a _____.
   a. los EE.UU.
   b. Cuba
   c. España

EJERCICIO 4

_____ **¿Dónde dice eso?**

1. por cuánto tiempo Puerto Rico era colonia española
2. la definición de «jíbaro»
3. lo que ha podido hacer Rafael Hernández
4. cuándo pasó Puerto Rico de España a los EE.UU.
5. el «status» actual de Puerto Rico
6. los colores de la bandera española

EJERCICIO 5

_____ **Completen.**

1. El jíbaro y el guajiro trabajan en _____.
2. La capital de Puerto Rico es _____.
3. Muchos jóvenes abandonan el campo para ir a _____.
4. Los productos agrícolas son el _____ de la labor del campesino.
5. Los que más sufrieron de la depresión económica fueron los _____.

EJERCICIO 6   *¿Qué quiere decir eso?*

_____ **Comenten.**

1. la lucha diaria para ganar el pan de cada día
2. captar el alma de un pueblo
3. nadie tenía con qué comprar el fruto de su labor
4. una pobreza aun más opresiva en las grandes ciudades del «continente»

EJERCICIO 7

_____ ¿**Sí** or **no?**

1. El «Lamento borincano» es una poesía clásica.
2. El cambio de soberanía de su patria afectó muy poco al jíbaro.
3. Cada año hay más y más campesinos trabajando la tierra.
4. El jíbaro es un símbolo del campesino honrado y trabajador.

EJERCICIO 8

_____ **Completen.**

1. El jibarito va a la ciudad montado en una _____.
2. La gran ilusión del jibarito es su _____.
3. El regalo que el jibarito piensa hacerle a su mujer es un _____.
4. Cuando se levanta el sol el jibarito está en el _____ a la ciudad.
5. En el mercado nadie quiere _____ el producto que lleva el jibarito.

ACTIVIDADES

1 En la poesía el uso de la metáfora es muy común. «La primavera de la vida» para significar «juventud» es un ejemplo de una metáfora. En las canciones populares la metáfora también es muy frecuente. En el «Lamento borincano», ¿qué metáforas encuentra Ud.?

2 La prosopopeya o la personificación es otro recurso retórico. Los poetas atribuyen a las cosas o a los animales cualidades humanas. En el «Lamento borincano» la nación se personifica. Busque Ud. un ejemplo de prosopopeya en la canción.

3 Describa las figuras en la escultura en la foto de arriba y diga qué es lo que representa.

4 Hoy la «industria agrícola», la mecanización y la necesidad de tener fincas (_ranches_) y granjas (_farms_) de gran escala están acabando con el tradicional campesino y agricultor pequeño en todo el mundo. ¿Es esto bueno o malo? ¿Qué cree Ud.? Comente.

6

EL DOMINGO POR LA TARDE

VOCABULARIO

Todo el mundo acude a la plaza.
La banda toca **un pasodoble**.
Los músicos están **lujosamente
uniformados**.

Los viejos **dormitan** y
los niños **corretean**.

El vendedor de helados tiene
mantecado y otros gustos.

La chica es **linda** y lleva un vestido
lindo.
El varón está **peinado** y **afeitado**.

Lección 6 • Cultura

EJERCICIO 1 *En la plaza*

___ **Contesten.**

1. ¿Adónde acude la gente?
2. ¿Quién toca un pasodoble?
3. ¿Cómo están vestidos los músicos?
4. ¿Qué hacen los viejitos?
5. Y los niños, ¿qué hacen?
6. ¿Quién vende helados?
7. ¿Cómo es la chica?
8. ¿Y el chico?

Lean las siguientes oraciones para aprender el significado de la palabra nueva.

Ese barrio es tan sucio, tan repulsivo, que me da **asco** caminar por sus calles.

A Elena le encantan los chocolates y caramelos y come muchos. Ella es muy **golosa.**

No quiero estar un minuto más en este carro, ya estoy **harto** de viajar. No puedo más.

Paco es de Benalup de Sidonia. Benalup no es ni un pueblo. Es pequeñísimo. Es sólo **una aldea.**

Las cosas que él hace son tan cómicas que la gente no puede contener **la risa.** Se ríen y se ríen de él.

La verdad es que Paco es tan antipático, que nadie lo puede **soportar.**

EJERCICIO 2 *Cándido del gusto curioso*

___ **Escojan.**

1. Cándido López es un niño curioso. No sólo no le gusta el helado, el helado le da ___.
   a. arco
   b. asco
2. A sus hermanos les encantan los dulces y los helados y comen muchos. Ellos sí que son ___.
   a. golosos
   b. hartos
3. La verdad es que ese niño es tan desagradable que nadie lo puede ___.
   a. sostener
   b. soportar
4. Pero su hermano es un tipo feliz y jovial. Tiene una ___ contagiosa.
   a. risa
   b. rima
5. La ciudad le da asco. Prefiere vivir en una ___.
   a. metrópoli
   b. aldea

EJERCICIO 3 *No lo aguanto.*

___ **Completen la conversación.**

—Me da ___ caminar por estas calles tan sucias.
—La verdad es que no puedo ___ más la ciudad.
—Ni yo tampoco. Estoy ya ___.
—Me parece buena idea comprarnos una casita en una ___ lejos de la metrópoli.

LECTURA

Es un domingo por la tarde. Pronto va a empezar la retreta.[1]
Pero antes de acudir a la plaza la gente habla entre sí.

══ LA RETRETA ══

Antes . . .

Señora Roberto, vamos a la plaza. Casi es hora para la retreta.

Señor Lo sé, mujer. Y los niños están locos por ir también. Y yo tendré que soportar la musiquilla de nuestros «maestros».

Niño Papi dijo que nos llevaría a la retreta.

Niña Tú no quieres oír música. Tú quieres comer helado.

Niño ¿Y tú, golosa? Lo primero que haces es pedir un mantecado. Y papi nunca te dice que no.

Muchacho 1° Oye, Tito, ¿quieres ir a la plaza esta tarde?

Muchacho 2° Sí, hombre. Creo que Luisa y Lupe Rojas van a la retreta con sus primas de San José.

Muchacho 1° Si las primas son tan lindas como Lupe y Luisa, sabes que estaré allí.

Muchacha 1ª Luisa, aquí en el pueblo todavía se dan las retretas los domingos, ¿verdad?

Muchacha 2ª Sí, Rosita. La Banda Municipal no es gran cosa, pero uno se divierte.

Muchacha 3ª Pero yo no voy. El gran tonto[2] de Tito Vilar estará. Ese muchacho me da asco.

Durante . . .

La tarde del domingo en los pueblos de España e Hispanoamérica la gente acude a la plaza. Allí, ya instalados antes de la llegada de los ciudadanos de todas las edades están los músicos. Si se trata de una aldea humilde, habrá

---

[1] **retreta** *outdoor concert*   [2] **tonto** *fool, jerk*

media docena de músicos aficionados[3] en manga de camisa.[4] Pero si el pueblo es de alguna importancia habrá veinte o treinta músicos lujosamente uniformados. La banda podría ser la Banda Municipal o bien podría pertenecer al Cuerpo de Bomberos[5], o a la Policía o a algún regimiento militar de la zona. Por tradición la retreta se abre y se cierra con un pasodoble. Los viejitos se sientan en los bancos dormitando. La gente mayor está de pie disfrutando de la música, y los niños corretean entre los árboles y las plantas mientras comen un helado. Y al final, el paseo. ¡A dar la vuelta a la plaza! Es ésta la oportunidad que los jóvenes esperan para galantear[6] y coquetear.[7]

Los varones andan en una dirección alrededor de la plaza y las muchachas caminan en dirección contraria. Cuando se encuentran, si se conocen, se saludan. Si no se conocen, pero quieren conocerse, se miran,

---

[3]**aficionados** *amateur*   [4]**manga de camisa** *informally dressed, literally "in shirt sleeves"*
[5]**Cuerpo de Bomberos** *fire department*   [6]**galantear** *to court*   [7]**coquetear** *to flirt*

sonríen[8] y hacen comentarios con sus compañeros o compañeras. Una, dos, cinco, diez vueltas a la plaza. Las chicas con su vestido de domingo y los jóvenes bien peinados y afeitados, dando la vuelta en grupillos de tres o cuatro con mucha risa y muchas miradas.

Se ha puesto el sol. Las madres, con esos ojos a los que no se les escapa un detalle, recogen a sus hijas. Los niños, hartos de helados y de mucho correr, tienen cara de sueño.

Después . . .

Señora	Vamos ya, Roberto. Que estas criaturas[9] tienen sueño.
Señor	Bueno, mujer. Algo siempre tienen, si no sueño, hambre. No sé cuántos helados habrán devorado.
Niño	Te comiste tres. Te lo vi, cochina.[10] Te vas a poner como un hipopótamo.
Niña	Dos comí. Y si le dices una palabra a mamá, verás.
Muchacho 1º	No vi a Lupe Rojas esta tarde. Parece que no fue a la retreta.
Muchacho 2º	Habrá estado mala. Ella siempre va.
Muchacha 1ª	Me divertí mucho. Lástima que no haya retreta en la capital. Y ese chico Tito. Es simpatiquísimo. Me gusta.
Muchacha 2ª	Díselo a Lupe cuando lleguemos a casa.

EJERCICIO 4 *Antes de la retreta*

_____ Contesten.

1. ¿Adónde quiere ir la señora?
2. ¿Qué piensa el señor de los músicos del pueblo?
3. ¿Qué siempre le pide la niña a su padre?
4. ¿Quiénes están de visita?
5. ¿Qué piensa Tito de las hermanas Rojas?

EJERCICIO 5 *Antes de la retreta*

_____ Escojan.

1. El señor llama «maestros» a los músicos porque cree que son _____.
   a. profesores
   b. excelentes
   c. muy malos
2. Cuando el padre dice que los niños están «locos por ir» quiere decir que _____.
   a. no quieren ir
   b. quieren mucho ir
   c. están enfermos por haber ido
3. El niño cree que su padre _____.
   a. nunca le niega un helado a su hermana
   b. no quiere ir nunca a la retreta
   c. no quiere que los niños coman helado

---

[8]**sonríen** *smile*   [9]**criaturas** niños   [10]**cochina** *little pig*

4. Tito quiere ir a la plaza para ____.
   a. ver a las muchachas
   b. comer helado
   c. escuchar la música
5. Una de las muchachas dice que no va a la retreta porque ____.
   a. no le gusta la banda
   b. no quiere ver a Tito
   c. estará en San José

EJERCICIO 6 *Después de la retreta*

____ *¿Sí o no?*

1. La señora quiere ir a casa porque los niños tienen hambre.
2. La niña dice que sólo comió dos helados.
3. El niño le dice que ella va a ponerse como un elefante.
4. Lupe Rojas por fin fue a la retreta.
5. A una de las chicas de San José le ha gustado Tito.

EJERCICIO 7 *Para pensar y discutir*

1. ¿Por qué ya no hay «retretas» o conciertos de banda los domingos en muchas grandes capitales?
2. ¿Qué papel tiene la retreta en la vida social de los pueblos? Explique.
3. Donde Ud. vive, ¿hay una banda municipal? ¿Cuándo toca?
4. Donde Ud. vive, ¿cómo pueden conocerse los chicos y las chicas?
5. Describa el «paseo» al final de la retreta.

ACTIVIDADES

____ **1** En las conversaciones de las muchachas, Lupe dijo que Tito Vilar «le daba asco». ¿Cuáles son tres cosas que le dan asco a Ud. y por qué?

____ **2** Acaba de terminar la retreta. Prepare un pequeño diálogo entre un joven y una joven que acaban de conocerse en la retreta.

7

EL ORGULLO Y LA DIGNIDAD

VOCABULARIO

la metrópoli	una ciudad principal o la capital de un país Visitamos a Chicago, una gran metrópoli de los Estados Unidos.
encaminarse	dirigirse, ir hacia Yo me encaminé hacia la Plaza Mayor al salir de la estación de ferrocarril.
castizo, -a	puro, en particular cuando se refiere a las costumbres y a la lengua Ese lugar es el más castizo de todo Madrid.
el propósito	el fin, la intención ¿Cuál es el propósito del viaje que él piensa hacer?
la plata	un metal blanco de mucho valor; el dinero Él es muy rico. Tiene mucha plata.
la señal	una indicación con la mano Ella me hizo una señal como si quisiera hablarme.
la sobremesa	la conversación después de la comida A veces la sobremesa dura más que la comida.
el, la peatón, -a	el (la) que anda a pie Los peatones no pueden cruzar la calle hasta que cambie la luz.
apetecer	gustar, se dice para invitar a alguien a tomar algo ¿Te apetece un café?
la marca	el nombre del producto, por ejemplo, *Ford, Exxon* ¿Cúal es la marca de su coche?
saber a	tener el sabor de Este vino sabe a vinagre. No está bueno.
equivocarse	cometer un error, no tener razón Si tú dices que dos y dos son cinco, te aseguro que te equivocas.

EJERCICIO 1

_____ Contesten según la oración modelo.

1. **Los peatones se encaminaron hacia los lugares más castizos de la metrópoli.**

   ¿Quiénes se encaminaron hacia los lugares más castizos?
   ¿Hacia dónde se encaminaron los peatones?
   ¿Cómo eran los lugares?
   ¿Dónde estaban los lugares castizos?
   ¿Qué hicieron los peatones?

2. **Como el vino no sabía a la marca pedida, el cliente le hizo una señal al camarero.**

   ¿Qué no sabía a la marca pedida?
   ¿Quién hizo una señal?
   ¿A quién le hizo la señal?
   ¿Por qué le hizo el cliente una señal al camarero?

EJERCICIO 2

_____ Den un sinónimo.

1. Ella no sabe _la intención_ que tienen.
2. _Me dirigí_ hacia el centro de la metrópoli.
3. Esto no _tiene el sabor de_ fruta.
4. Él no tiene _dinero_.
5. ¿_Quieres tomar_ una copita?
6. Él _cometió un error._

LECTURA

CINCO DUROS

Llegué esa misma tarde a la Villa[1] y desde la estación fui en taxi al hotel. La ciudad había cambiado mucho en los pocos años que me encontré en el extranjero. Por todas partes estaban construyendo edificios, aparcamientos, «bares americanos», todas las cosas típicas de una gran metrópoli.

Subí a la habitación y después de bañarme y ponerme decente, bajé y me encaminé hacia la Plaza de San Miguel, uno de los lugares más castizos del Madrid Viejo.

Mi propósito era ver a mi viejo amigo José, pintor de gran talento y poca plata. Bien sabía yo que a esa hora del atardecer[2] estaría él instalado en su balcón observando la animación de la plaza, el ir y venir[3] de la gente por la calle y en las terrazas.

---

[1]**Villa** nombre dado a Madrid   [2]**atardecer** la tarde   [3]**ir y venir** _going and coming_

De hecho, allí estaba. Como si no hubieran intervenido años enteros. Tal como le había dejado años atrás. Me vio. Le hice una señal y bajó en seguida a la calle. Después de un abrazo y los saludos le invité a cenar.

Comimos un sabroso cochinillo[4] que regamos con un tinto[5] de Valdepeñas. La sobremesa también daba gusto. Hablamos de arte, de política, de todo lo que nos venía a la mente.[6] Me contó de lo difícil que le iban las cosas con su arte; de lo penosa[7] que era su situación económica.

Salimos del restaurante y pasamos por la Plaza Mayor.

—¿Te apetece un buen café y una copita?,—me preguntó José.

—¡Hombre! ¡Qué magnífica idea!

En un pequeño café a dos pasos del Palacio Real nos metimos a tomarnos un «buen café» y a continuar una conversación que parecía haber comenzado diez años antes.

Llegó el camarero.

—¿Qué desean los señores?

—Tráiganos un café y una copa de coñac. De lo mejor de la casa.

Mencionó José entonces una marca que es de las caras. Nos trajeron café y copa.

—Este coñac me sabe a coñac de garrafa.[8] Pruébalo[9] tú,—dijo José.

—Tienes razón. No es el que pediste,—respondí.

Llamó al camarero y le dijo que no nos había servido lo que pedimos. También pidió la cuenta.

El camarero desapareció y volvió con una botella del coñac que queríamos.

—La cuenta por favor,—dijo José.

—Aquí está el coñac que pidió Ud., don José.

—No, sólo quiero pagar mi cuenta. ¿Qué se debe?

—A ver. Dos cafés, son cuatro pesetas.

—¿Y los coñacs?

—Pero no los tomaron Uds. No se los cobro.[10]

—Pero los pedimos. Lo que pido, pago. ¿Cuánto le debo?

—Ay, señor. Bueno. Son cuatro de café más dieciséis de coñac. Veinte pesetas.

—Tome Ud.

Y veo que José le da una moneda de cinco duros.

Con eso volvemos a la calle sin tomarnos la copa. Se abre la puerta del café y sale el dueño.

—¡Don José! Tome sus cinco duros.

—No, señor. Pago lo que pido.

—Pero Ud. no tomó nada.

—No importa. Lo que pido, pago.

—Pues yo no se lo acepto.

[4]**cochinillo** lechón (en España)
[5]**tinto** vino rojo [6]**mente** *mind*
[7]**penosa** difícil y triste [8]**de garrafa** barato, inferior
[9]**Pruébalo** *Try it* [10]**cobro** *charge*

La Plaza Mayor, Madrid

—Déselo pues al chico,[11] si quiere.

—Ay, don José. ¡Qué duro es Ud.!

—Nada, nada. Sencillamente[12] pago lo que pido.

—Bueno, don José. Como Ud. quiera.

Seguimos andando un rato y por fin le digo a mi amigo:

—Oye, tú. ¿Qué te pasa? ¿Estás loco o qué?

—¿Por qué me preguntas eso?,—responde.

—Bastante escasas[13] son tus monedas para permitirte tirarlas, hijo mío.

—Ahí es donde te equivocas, mi hermano.

—Explícame eso, si puedes,—le digo.

—Muy sencillo. Me ha salido baratísimo.

—¡Baratísimo! Estás chiflado,[14] pero de veras.

—Es que tú no comprendes. Por cinco miserables duros me quedo yo un caballero.

EJERCICIO 3

_____ Escojan.

1. El cuento tiene lugar en la ciudad de _____.
   a. la Villa
   b. San Miguel
   c. Madrid

2. Parece que el autor llegó a la ciudad en _____.
   a. tren
   b. avión
   c. automóvil

3. Al llegar a la ciudad el autor fue directamente _____.
   a. a la Plaza de San Miguel
   b. al hotel
   c. a un bar americano

4. Antes de ir a ver a su amigo, él _____.
   a. se lavó
   b. lo llamó por teléfono
   c. salió al balcón

5. Cuando el autor vio a José, José estaba en _____.
   a. su balcón
   b. la calle
   c. una terraza

6. Después de saludarse, los dos amigos _____.
   a. dieron un paseo por la Plaza Mayor
   b. se sentaron en un café
   c. fueron a comer

[11]**chico** muchacho que ayuda en el café
[12]**Sencillamente** Simplemente [13]**escasas** pocas [14]**chiflado** loco

EJERCICIO 4

_____ **¿Dónde dice eso?**

1. que José no tenía mucho dinero
2. que José era un artista bueno
3. qué vino tomaron
4. dónde estaba el café adonde fueron después de comer
5. que el coñac que sirvieron no era bueno
6. el precio del café

EJERCICIO 5

_____ **¿Que sí o que no?**

1. En el restaurante ellos comieron pollo.
2. El coñac que pidieron era barato.
3. El camarero sólo iba a cobrarles el café.
4. El camarero salió a la calle detrás de José.

EJERCICIO 6

_____ **Contesten.**

1. ¿Cómo se divertía José todas las tardes?
2. ¿Por qué le invitó el autor a José a comer y no vice versa?
3. ¿Por qué insistiría José en invitar a su amigo a tomar café?
4. ¿Por qué quería el camarero cobrarle sólo cuatro pesetas?
5. El dueño dice que no acepta los cinco duros. José le dice,
   —Déselo pues al chico, si quiere.
   ¿Qué quiere decir eso?
6. El dueño le dice a José, —Ay, don José. ¡Qué duro es Ud.!—Explique Ud.
7. En el quinto párrafo se habla de «la sobremesa». ¿Qué es la sobremesa?

ACTIVIDADES

1 Las reacciones del pintor ante las circunstancias de este episodio sirven para ilustrar algo esencial del carácter hispano. Explique lo que puede ser.

2 ¿Cuál es el punto de vista del amigo de José en cuanto a lo ocurrido?

3 Escriba Ud. una nueva versión del episodio en el café incluso el diálogo, cambiando el local a los Estados Unidos y los protagonistas a norteamericanos.

4 ¿Algo semejante a lo que le pasó a José en el café le ha pasado a Ud. o a algún amigo o pariente? Describa lo que pasó.

5 Por error o con intención, le sirvieron a José un producto inferior y más barato. Sabemos cómo reaccionó José. ¿Qué haría Ud. en tal circunstancia?

8

LA REVOLUCIÓN MEXICANA

VOCABULARIO

las tropas

el cuartel

la fila

el fusil

el ejército

el soldado

EJERCICIO 1 *Paco el recluta*

_____ Completen.

1. Paco es militar. Está sirviendo de _____ en el _____ desde el año pasado.
2. Él no vive en casa. Tiene que dormir en el _____.
3. A las seis de la mañana tiene que estar en _____ para la inspección.
4. Todos los días tiene que limpiar su _____. Es importante porque es su defensa.

el, la catedrático, -a	el, la profesor, -a El señor Rosas es catedrático de historia en la universidad.
ameno, -a	agradable Sus clases son muy amenas.
escoger	seleccionar, elegir Yo escogí la clase que él da porque es un profesor excelente.
apenas	casi no La señora Rosas apenas tiene 30 años.
el, la consejero, -a	una persona que da consejos (aconseja) Juan Antonio Morales era uno de los consejeros del presidente.
la maniobra	algo que se hace con las manos *(maneuvers)* Morales hizo varias maniobras en contra del presidente.
traicionar	hacer algo que destruye la fidelidad y la lealtad Morales traicionó al presidente.
escaparse	huirse El criminal se escapó de la cárcel.
refugiarse	retirarse en un asilo para protección Ella salió del país y se refugió en Europa.
ejecutar	matar El presidente dio órdenes para ejecutar al criminal.

EJERCICIO 2

_____ Escojan.

1. Está muy cerca de aquí, a _____ cien metros.
   a. apenas
   b. más de
2. Me encanta esa revista. Es muy _____.
   a. rica
   b. amena
3. Doña Eloísa es _____; ella enseña biología.
   a. abogada
   b. catedrática
4. Doña Catalina _____ las mejores frutas de la cesta.
   a. escapó
   b. escogió

5. En el pasado los pobres y los viajeros iban a las iglesias para _____.
   a. refugiarse
   b. escoger

6. El _____ recomendó los cursos que debo seguir.
   a. ejército
   b. consejero

7. El rey se _____ de la capital el día que derrocaron al gobierno.
   a. refugió
   b. escapó

8. El presidente tuvo que protegerse contra las _____ de los políticos.
   a. maniobras
   b. filas

9. Todos dicen que deben _____ a un criminal tan feroz.
   a. liberar
   b. ejecutar

Lean las siguientes oraciones para aprender el significado de las palabras nuevas.

Parece que van a meter a Ramón en la cárcel. Si lo encuentran le van a **encarcelar.**

Y no son sus **hechos,** las cosas que él hace, sino sus palabras que causan problemas.

Él es **netamente,** puramente honesto y franco.

Hace poco él publicó **la letra** de una canción satírica. Y sus palabras insultaban al dictador.

Yo le **rogué,** le imploré a Ramón que no lo hiciera.

El Ministro de Cultura le **propuso** a Ramón, le sugirió que sería buena idea hacer un viaje largo.

El Ministro dijo que Ramón podría viajar en un **buque** de guerra. El barco iba a salir en dos días.

Pero Ramón ha desaparecido sin dejar **huella.** No hay ninguna indicación de donde ha ido.

Todos sus amigos le **echan de menos,** sienten su ausencia.

EJERCICIO 3

_____ Completen.

1. Para mí los _____ son más importantes que las palabras.
2. Siempre hay personas que son completamente y _____ honestos.
3. Ayer uno de mis amigos me _____ que no fuera a ver esa película tan mala.
4. No se ve ninguna _____ del ladrón en la casa.
5. Cuando Elena va a la universidad, va a _____ a su familia.

EJERCICIO 4

____ Pareo

A	B
1. fusil	a. universidad
2. catedrático	b. recomendaciones
3. consejero	c. penitenciaria
4. letra	d. arma de fuego
5. encarcelar	e. canción
6. huella	f. señal del pie

LECTURA   ADELITA

Los pueblos se conocen por su música. Aunque el jazz se toca en París y Moscú, es, y siempre será, netamente norteamericano. Igual que la tarantela es italiana; el tango, argentino; el corrido, mexicano.

Si uno escucha con cuidado la letra de algunas canciones tradicionales puede darse una interesante y amena lección de historia. Lo interesante de estas «lecciones de historia» es que nos presentan la historia desde el punto de vista del pueblo y no de las grandes figuras militares o políticas o de los catedráticos de historia.

Cincuenta años después de haberse independizado México de España, todavía existía en México gente que echaba de menos a la monarquía, que preferiría un emperador al sistema republicano que tenían. Los deseos de esa minoría se dejaron conocer en Europa. En Francia, el emperador Napoleón III se dio cuenta de que había una magnífica oportunidad para establecerse de nuevo en las Américas. Los Estados Unidos, a pesar de[1] la Doctrina Monroe, no estaba en condiciones para oponerse porque estaba envuelto[2] en una guerra civil. El año era 1864. Napoleón III escogió al joven (32 años) Archiduque de Austria, Maximiliano, como «Emperador de México». Maximiliano y su elegante esposa Carlota creían que el pueblo mexicano los invitaba a gobernar y no que era simplemente una maniobra de Napoleón. Un ejército francés hizo posible que reinara Maximiliano, pero no por mucho tiempo. El presidente de México, Benito Juárez, se instaló con sus tropas en El Paso del Norte, la ciudad mexicana frente a El Paso, Tejas. Esa ciudad hoy lleva el nombre del héroe mexicano—Ciudad Juárez.

Napoleón III   Maximiliano   Benito Juárez   Porfirio Díaz

---

¹**a pesar de**   *in spite of*   ²**envuelto**   *wrapped up*

«Pancho» Villa con su pequeño ejército de peones y campesinos

Terminada la guerra civil en los EE.UU. los norteamericanos reconocieron al gobierno de Juárez y le ayudaron moral y materialmente. Y le recordaron a Napoleón la Doctrina Monroe. Napoleón III abandonó al pobre Maximiliano. Los mexicanos lo capturaron y lo ejecutaron en Querétaro en 1867. Volvió Juárez a la capital desde donde gobernó a su país hasta morir de un ataque al corazón el 18 de julio de 1872. Asumió entonces la presidencia de la república, el vicepresidente Don Porfirio Díaz.

Porfirio Díaz había luchado junto a Benito Juárez contra las tropas francesas del «Emperador» Maximiliano. A través de los años, el hombre que había sido un héroe nacional se convirtió en el hombre fuerte que dominó a su país durante más de treinta años, desde 1876 hasta 1911. Ya en 1911, viejo y cansado, el dictador, a los 86 años de edad, renunció a la presidencia y abandonó a México. Murió en París en 1915.

Durante muchos años Francisco I. Madero había luchado contra la dictadura de Díaz. Madero, hijo de una familia rica, patriota e idealista, fue encarcelado por el dictador. Se escapó y se refugió en Tejas.

Al mismo tiempo en el norte de México un bandido, «Pancho» Villa, había organizado un pequeño ejército de peones,[3] campesinos e indios. Lo que los motivaba era la idea de la redistribución de las tierras. Ellos habían escuchado las palabras de Madero. Madero proponía la reforma agraria y la redistribución de tierras a los campesinos.

Villa y Madero se unieron, y cuando Díaz dejó la presidencia, ellos, triunfantes, entraron en la capital en el verano de 1911. En octubre hubo elecciones. Madero ganó las elecciones con una tremenda mayoría. Madero era idealista, intelectual, honesto y patriota. Pero no era administrador ni líder. Fue traicionado por uno de sus consejeros, el general Victoriano Huerta, y asesinado en 1913.

[3]**peones** *laborers*

A veces las palabras valen[4] tanto como o más que los hechos. Madero, vivo, probablemente hubiera hecho muy poco. Pero muerto, sus palabras y sus sueños despertaban e inspiraban al pueblo mexicano.

La década después de la desaparición de Porfirio Díaz es un período de confusión, lucha y violencia. Es la época de la Revolución Mexicana. Es la época de figuras legendarias como el soñador Madero, Pancho Villa y Emiliano Zapata—el indio que luchó hasta la muerte por dar las tierras a quienes las trabajaban. En 1917 Venustiano Carranza, presidente de la república, convocó[5] el Congreso de Querétaro. De allí salió la Constitución que sigue vigente[6] hoy. Asesinaron a Carranza en Puebla en 1920.

Díaz, Madero, Huerta, Villa, Zapata, grandes figuras, las que aparecen en los libros de historia. ¿Y qué de aquellos miles de campesinos, peones y labradores que se encontraron, fusil en mano, luchando en un bando u otro? Hombres sencillos que apenas entendían por qué luchaban.

Hoy los mexicanos siguen cantando la canción que cantaban sus abuelos cuando iban en las filas de Pancho Villa o Zapata para luchar por la Patria:

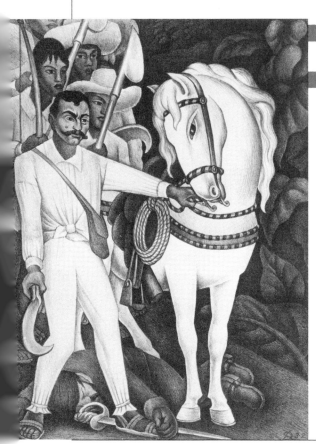

ADELITA

Si Adelita se fuera con otro
La seguiría la huella sin cesar
Por vapores[7] y buques de guerra
Y por tierra en un tren militar.

Si Adelita quisiera ser mi esposa
Si Adelita ya fuera mi mujer
Le compraría un vestidito de seda[8]
Para llevarla en un coche al cuartel.

Y si acaso yo muero en la guerra
Y si mi cuerpo en la sierra va a quedar
Adelita por Dios te lo ruego
Que por mí no vayas a llorar.

Que no llores por mí yo te lo ruego
Porque muero cumpliendo mi deber[9]
De libertar a mi amada Patria
De el que quiere imponer su poder.

«Zapata» por Diego Rivera

---

[4]**valen** *are worth* [5]**convocó** *called together* [6]**vigente** *in effect*
[7]**vapores** *ships* [8]**seda** *silk* [9]**deber** *duty*

EJERCICIO 5

_____ Pareo

A

1. Emiliano Zapata
2. Victoriano Huerta
3. Francisco Madero
4. Porfirio Díaz
5. Maximiliano
6. Benito Juárez
7. Napoleón III

B

a. un general que mandó matar al presidente de México
b. un líder de los indígenas que quería la reforma agraria
c. un noble austríaco que fue nombrado Emperador de México por Napoleón III
d. un héroe mexicano que echó a los franceses de su país
e. el presidente de México después de Díaz, un hombre pacífico e idealista
f. el hombre que fue presidente de México por más tiempo que nadie
g. la persona que mandó a Maximiliano a México

EJERCICIO 6

_____ Contesten.

1. ¿Cómo buscaría el que canta a su Adelita, si ella lo abandonara?
2. ¿Qué regalo le haría a Adelita?
3. ¿Qué le ruega a Adelita en el caso de su muerte?
4. ¿Por qué no debe llorar Adelita?

EJERCICIO 7

_____ Escojan.

1. Maximiliano fue a México para servir al monarca _____.
   a. austríaco
   b. mexicano
   c. francés
2. A Maximiliano lo mataron en _____.
   a. Querétaro
   b. Ciudad México
   c. El Paso del Norte
3. Napoleón decidió retirar sus tropas de México porque _____.
   a. el país se había pacificado
   b. quería evitar problemas con los EE.UU.
   c. el pueblo mexicano se lo pidió

4. El héroe mexicano que gobernó después de Maximiliano era _____.
   a. Benito Juárez
   b. Porfirio Díaz
   c. Francisco I. Madero
5. El aliado de Francisco Madero era _____.
   a. Victoriano Huerta
   b. Emiliano Zapata
   c. Pancho Villa

EJERCICIO 8

_____ *¿Sí o no?*

1. Los franceses ejecutaron a Benito Juárez.
2. Porfirio Díaz gobernó unos treinta y cinco años.
3. Victoriano Huerta era responsable de la muerte de Madero.
4. Madero era un hombre práctico y excelente administrador.
5. Zapata era un luchador por la reforma agraria.
6. Los militares de Villa eran oficiales y aristócratas monárquicos.

EJERCICIO 9

_____ **¿Qué opina Ud.?**

1. ¿Pueden ser, a veces, más importantes las palabras que los hechos? Dé Ud. ejemplos.
2. ¿Por qué era tan fuerte motivación para los campesinos mexicanos la idea de la reforma agraria?
3. ¿Qué es la Doctrina Monroe?

ACTIVIDADES

_____ **1** Haga una pequeña lista de canciones en inglés que tienen un valor histórico y explique por qué.

_____ **2** Indique Ud. en el mapa los lugares donde:

- ejecutaron a Maximiliano
- entró Madero victorioso
- se refugió Juárez
- operaba Pancho Villa
- asesinaron a Carranza
- prepararon la Constitución mexicana

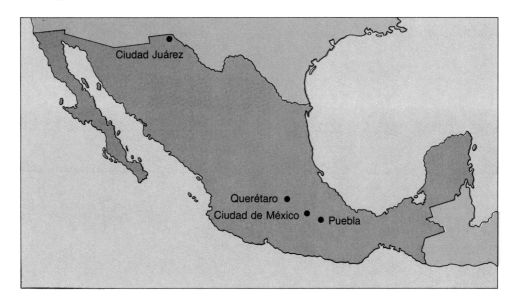

3 Ésta es otra canción popular de la Revolución Mexicana. ¿A qué dos figuras históricas menciona la canción?

La cucaracha

. . . ya se van los carrancistas,
porque vienen los villistas
. . . una cosa me da risa,
Pancho Villa sin camisa.

4 ¿Quién es este hombre y por qué es famoso?

5 En la foto en la página 330 aparece Emiliano Zapata. ¿Puede Ud. identificarlo?

9

HISTORIA LINGÜÍSTICA

VOCABULARIO

hacer caso   hacer o prestar atención
parecerse   ser similar o semejante
dominar   aprender bien y poder usar

EJERCICIO 1

____ Contesten.

   1. ¿A quién se parece el profesor? **a un actor de cine**
   2. ¿Domina él el español? **sí**
   3. ¿Le haces caso cuando él te habla? **siempre**

EJERCICIO 2

____ Expresen de otra manera.

   1. El español *es similar* al italiano.
   2. Teresa *habla muy bien* el español pero todavía no *ha aprendido a defenderse en* italiano.

Un rótulo en catalán y en español—Barcelona, España

LECTURA

— LAS LENGUAS DE ESPAÑA —

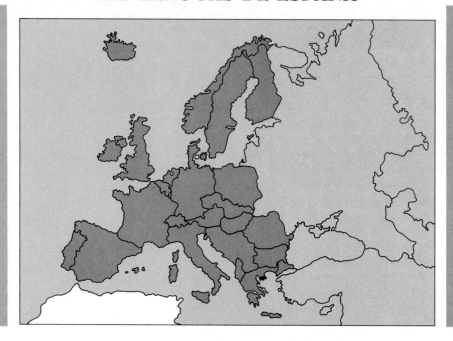

Todos estamos acostumbrados a hablar con compatriotas que pronuncian las palabras de nuestro idioma un poco distinto. El sureño estadounidense tiene un acento muy distinto al neoyorkino. El anglo-canadiense de la Nueva Escocia tiene un habla distinta al de Vancouver o Toronto. No obstante,[1] el idioma les es común. Es el inglés. Asimismo[2] el cubano entiende al mexicano, y el mexicano al chileno, el chileno al panameño, porque todos hablan español, o mejor dicho, castellano—el idioma que se desarrolló[3] en Castilla, en el centro de España.

El castellano es una lengua romance, una lengua derivada del latín. Miremos el mapa. Hace muchos siglos los legionarios romanos conquistaron la península ibérica donde establecieron dos provincias—en el oeste, Lusitania; y en el centro y el este, Hispania. La lengua de las provincias romanas era el latín, lengua romana.

A través de[4] los siglos, en las provincias desde Italia hasta Portugal, en Rumania, Francia y toda la península ibérica, el latín se iba transformando. Influencias de adentro[5] y de afuera hacían que el latín que se hablaba en un lugar iba alejándose[6] del latín que se hablaba cien kilómetros más allá.

En Hispania y Lusitania, las dos provincias romanas de la península ibérica, el latín se desarrolló en tres ramas[7] diferentes. Mientras en el centro se desarrollaba el castellano, en el este se desarrollaba el provenzal-catalán y en el oeste el galaico-portugués.

---

[1]**No obstante** *Nevertheless*   [2]**Asimismo** *Likewise*   [3]**se desarrolló** *developed*
[4]**A través de** *Throughout*   [5]**adentro** *within*   [6]**alejándose** *becoming different*
[7]**ramas** *branches*

Anuncios y avisos en vascuence, catalán, español y francés

Los políticos imponían fronteras, pero las personas no les hacían caso. Aunque se establecieron fronteras entre Francia y España y entre Portugal y España, hoy día la lengua de Provenza en Francia se parece más al catalán que se habla en Barcelona que al francés que se habla en París. El ciudadano de Lugo o de Pontevedra en Galicia puede hablar su propia[8] lengua y hacerse entender mejor en Lisboa, Portugal, que en Madrid, España.

En toda la zona oriental desde Provenza a Valencia y las Islas Baleares se habla un mismo idioma, con numerosas variantes.[9] Existen el catalán, el provenzal, el valenciano y el mallorquín, distintos pero muy semejantes y con poquísima semejanza al francés o al castellano.

El galaico-portugués se habla en todo el oeste de la península ibérica. En las cuatro provincias de Galicia en el noroeste de España la lengua se llama «gallego». En Portugal, obviamente, es el portugués.

Hasta aquí hemos hablado de las lenguas romances de la península ibérica. Hay otro idioma muy importante en España que no se deriva del latín. Es uno de los pocos idiomas del mundo cuyo origen es un misterio. Es el éuskara o euskalduna, o sea el vascuence—la lengua de los vascos del norte de España y del sudoeste de Francia. El vascuence es único. No tiene semejanza con ningún otro idioma.

El vascuence o éuskara es la lengua del *pueblo*. No hay una literatura en vascuence. La lengua hablada en el país vasco se ha clasificado en veinticinco dialectos.

Como hay tantas variantes de lenguas que se hablan en la península ibérica, el bilingüismo es muy común en España. Los gallegos, catalanes, valencianos, mallorquines y vascos, si piensan salir de su pueblo o ejercer una profesión, tienen que dominar el castellano, la lengua oficial del país. En las escuelas la primera enseñanza se da muchas veces en el idioma local y después se pasa al castellano.

---

[8]**propia** *own*   [9]**variantes** *variations*

EJERCICIO 3

_____ **Escojan.**

1. El «sureño» será una persona que vive en _____.
   a. Vancouver
   b. Nueva York
   c. Atlanta
2. El idioma que se habla en Chile y Panamá es el _____.
   a. chileno
   b. americano
   c. castellano
3. El _____ no es una lengua romance.
   a. inglés
   b. rumano
   c. portugués

4. Lusitania e Hispania eran _____.
   a. provincias romanas
   b. ciudades portuguesas
   c. zonas lingüísticas
5. A través de los siglos el latín _____.
   a. no cambió nada
   b. iba pareciéndose más al inglés
   c. iba transformándose

EJERCICIO 4

_____ **Contesten.**

1. ¿En cuántas ramas se desarrolló el latín en la península ibérica?
2. ¿Cuáles son?
3. ¿Dónde se desarrolló el castellano?

EJERCICIO 5

_____ **¿Dónde dice eso?**

1. La lengua que se habla en Galicia es muy parecida al portugués.
2. El provenzal que se habla en el sur de Francia es semejante al catalán.
3. Las fronteras políticas no determinan la lengua que se hablará en una región.
4. En España se habla también una lengua que no es romance.

EJERCICIO 6

_____ **Contesten.**

1. ¿Cuál es el origen del vascuence?
2. ¿A qué otro idioma se parece el vascuence?
3. ¿Cómo se dice «vascuence» en vascuence?
4. ¿Dónde se habla?
5. ¿En qué idioma no hay una literatura?
6. ¿Por qué existe mucho bilingüismo en España?
7. ¿Cuál es el idioma oficial de España?

ACTIVIDADES

1
Éste es el primer verso de un poema en tres versos que lleva el título *Nadal*. *Nadal* es catalán. Quiere decir **Navidad**. Lea el verso para ver cuánto puede Ud. comprender.

NADAL
Sento el fred de la nit i la
  simbonba fosca
Aixi el grup d'homes joves
  que ara passa cantant
Sento el carro dels apis que
  l'empedrat recolza
i els altres que l'avancen
  d'adreca al mercat.

Ahora lea la traducción española
  del verso.

Siento el frío nocturno y la
  zambomba[1] oscura,
el grupo de hombres jóvenes
  que ahora pasa cantando,
el rodar[2] en la esquina del
  carro de verduras,
los otros que le siguen,
  camino del mercado.

2
He aquí un verso de la gran poetisa gallega Rosalía de Castro. El poema está escrito en gallego. Con un poco de imaginación Ud. podrá leerlo.

POEMA VI
¿Qué pasa o redor de min?
¿Qué me pasa qu'eu non sei?
Teño medo d'un-ha cousa
que vive e que non se ve.
Teño medo á desgracia traidora
que ven, e que nunca se sabe ónde
  ven.

Ahora lea el poema traducido al
  español.

POEMA VI
¿Qué pasa alrededor de mí?
¿Qué me pasa que no sé?
Tengo miedo de una cosa
  que vive y que no se ve.
Tengo miedo a la desgracia
  traidora[3]
que viene, y que nunca se sabe
  adónde viene.

3
Esta poesía popular que se titula *Zerena* está escrita en euskalduna o vascuence. Trate de leerla.

ZERENA
Ur andian ba umen da
Kantazale eder bat
Zerena deitzenden bat
Itsasoan inganatzen
Ditu hak pasaierak
Hala nola no maitenak.

Aquí tiene Ud. una traducción
  de la poesía.

LA SIRENA
Existe en el Océano
una buena cantora
que llaman Sirena.
Ella es la que encanta
y seduce a los pasajeros en alta
  mar,
como igualmente a mí, mi bien
  amada.

[1]**zambomba** *rustic instrument in shape of a drum*   [2]**rodar** *roll*
[3]**traidora** *traitor*

10

ASPIRACIONES

VOCABULARIO

el, la fontanero, -a   el, la catedrático, -a

el, la ingeniero, -a

el, la artesano, -a

el, la farmacéutico, -a

el, la lavandero, -a

el, la electricista

el, la periodista

el, la técnico, -a
(de computadoras)

el, la contable

La muchacha **ingresa**
en la universidad.

El muchacho está en
el ejército. Es militar.
Recibe **el pago** o **el sueldo.**

EJERCICIO 1

_____ **Escojan.**

1. ¡No puedo parar el agua! ¡Todo se está mojando! Llama al _____.
   a. aguacero
   b. fontanero
2. Le di mis blusas _____ porque estaban sucias.
   a. a la lavandera
   b. al lavaplatos
3. Los _____ son profesores que dedican unas horas a la enseñanza en las universidades.
   a. contables
   b. catedráticos
4. Ella trabaja en la farmacia como _____.
   a. farmacéutica
   b. funcionaria
5. Un electricista o fontanero es un _____ maestro.
   a. banquero
   b. artesano

EJERCICIO 2

_____ **¿Cuál es su profesión?**

1.

4.

2.

5.

3.

6.

EJERCICIO 3

_____ **Contesten.**

1. ¿En dónde ingresa la muchacha?
2. ¿Dónde está el muchacho?
3. ¿Qué es él?
4. ¿Qué recibe ahora?

LECTURA

EDUCACIÓN Y CARRERAS

En el Viejo Mundo y en Latinoamérica la estratificación social ha sido mucho más firme que en Norteamérica. En las sociedades más tradicionales es muy probable que la hija de la lavandera sea lavandera; el hijo del campesino, campesino; el del médico, médico.

La educación o la instrucción formal sirve de entrada a las profesiones y, por consiguiente, al éxito económico y social. Entonces para muchos la puerta se ha cerrado muy temprano.

El sistema escolar latinoamericano tiende a reforzar[1] las diferencias sociales. Los niños pobres asisten a las escuelas públicas donde todos los niños son pobres. Los hijos de los ricos y de la clase media asisten a una variedad de escuelas privadas que varían según la matrícula que cobran.

En casi todos los países hispanos existe la instrucción pública gratuita. En casi todos los países la educación primaria, por lo menos, es obligatoria. El problema es la calidad de la instrucción. Por lo general, la calidad de la instrucción en las escuelas públicas no es muy buena, ni tampoco el material docente[2] en los centros educativos. Los maestros hacen lo que pueden con poca preparación, poco material y clases enormes.

Por eso, en los países hispanos, los padres de clase media hacen cualquier sacrificio para que sus hijos asistan a una escuela o colegio privado o particular. Para muchas familias de la clase media es realmente un sacrificio, porque las escuelas privadas son caras.

En algunos países no existe la educación secundaria pública. La tasa de deserción[3] en las escuelas públicas es muy alta. Los niños abandonan las escuelas mayormente por razones económicas. Los padres necesitan su mano de obra.[4]

Por tradición, la universidad ha sido gratis en los países hispanos. ¿Pero quiénes pueden asistir? Aquéllos que han tenido una preparación apropiada—los que se han graduado de los colegios privados—y los que tienen los recursos[5] económicos que les permiten cuatro años o más sin ganar dinero.

La idea y la definición de «profesión» entre los hispanos se limita a las ciencias y las artes. Y no todas las profesiones tienen el mismo valor social.

Para los ricos o «las viejas familias» algunas profesiones aceptables serían la de médico, arquitecto, abogado, diplomático, banquero y catedrático.

Hasta recientemente en muchos países hispanos la clase media era pequeña y de poca importancia. Los hijos aspiraban a ingresar en la iglesia o

---

[1]**reforzar** *to reinforce*   [2]**docente** *teaching*   [3]**tasa de deserción** *drop-out rate*
[4]**mano de obra** *manual labor*   [5]**recursos** *resources*

en el ejército. En esas dos instituciones uno podía adelantarse[6] por sus propios méritos y no sólo por pertenecer[7] a una familia importante.

Otras profesiones que han atraído a la clase media son la de farmacéutico, ingeniero, dentista, funcionario del estado, contable y comerciante, aunque los últimos dos no se consideran estrictamente profesiones.

¿Y qué de todas esas personas que no han tenido carrera universitaria y que no ejercen[8] una «profesión»? ¿Cómo ganan ellos su pan de cada día? Pues, igual que en todas partes. Hay artesanos y técnicos, secretarios y enfermeros, hombres y mujeres cuya labor permite que la sociedad funcione. Otra diferencia entre Norteamérica y los países hispanos está en el pago. En Norteamérica es bastante común que un artesano o técnico maestro como un electricista o fontanero gane tanto como un profesional. Eso sería muy raro en Hispanoamérica o España.

Durante las últimas dos décadas la industrialización ha tenido un gran impacto en varios países hispanos cuya economía tradicional había sido agrícola.[9] La industria requiere técnicos y obreros diestros.[10] Estos trabajadores vienen de la clase obrera[11] y entran en la clase media. Sus sueldos son mayores y mayores también son sus aspiraciones, para ellos mismos y para sus hijos. La hija del campesino es técnica de computadoras. Ella quiere que su hija tenga una carrera universitaria, que sea ingeniera o dentista.

¿A qué pueden aspirar los pobres? Cuando uno anda por las calles de las ciudades de Hispanoamérica uno ve a centenares[12] de niños abandonados, niños sin familia. Sobreviven limpiando zapatos, lavando los parabrisas de los automóviles, vendiendo chicle[13] y haciendo otros trabajos.

Pero, es igual en todas partes. Joselito quiere ser futbolista y Maruja, cantante. Otros serán boxeadores o toreros, bailarinas o acróbatas o músicos.

Lo importante es que existan oportunidades para todos, para que las aspiraciones puedan convertirse en realidad, para que no sean siempre sólo material de sueños. No obstante, hay que señalar que en muchos países en vías de desarrollo[14] no es fácil realizar el sueño de encontrar trabajo para ganarse el pan de cada día. No es raro que haya una tasa de desempleo[15] de cuarenta por ciento. Y de los sesenta por ciento que tienen trabajo, más de la mitad pueden ser funcionarios del gobierno.[16]

---

[6]**adelantarse** *to get ahead*   [7]**pertenecer** *belong*   [8]**ejercen** *practice*   [9]**agrícola** *related to farming or agriculture*   [10]**diestros** *skillful*   [11]**clase obrera** *working class*   [12]**centenares** *hundreds*   [13]**chicle** *chewing gum*   [14]**vías de desarrollo** *developing*   [15]**tasa de desempleo** *unemployment rate*   [16]**funcionarios del gobierno** *government employees*

EJERCICIO 4

_____ ¿*Sí o no?*

1. La estratificación social es más fuerte en los EE.UU. que en Europa.
2. En las sociedades más tradicionales es común que los hijos hagan el mismo trabajo que los padres.
3. La instrucción formal es necesaria para entrar en las profesiones.
4. La educación pública gratuita existe sólo en los EE.UU.
5. El éxito social y económico depende en parte de la educación que se recibe.

EJERCICIO 5

_____ Pareo

¿Cuáles son los oficios o profesiones típicos de cada clase?

A	B
1. médico	a. ricos o aristócratas
2. torero	b. clase media
3. militar	c. clase obrera
4. contable	d. pobres
5. electricista	
6. arquitecto	
7. ingeniero	
8. boxeador	
9. fontanero	
10. dentista	

EJERCICIO 6

_____ En otras palabras

1. El autor dice que «. . . para muchos la puerta se ha cerrado muy temprano». ¿Qué significa esa frase?
2. «Por lo general, la calidad de la instrucción . . . no es muy buena, ni tampoco el material docente en los centros educativos.» Explique Ud. en otras palabras.
3. Ha dicho el autor que las escuelas privadas «varían según la matrícula que cobran». ¿Qué quiere decir eso?
4. ¿Qué son «recursos económicos»?

EJERCICIO 7

_____ ¿Dónde dice eso?

1. que una buena educación para sus hijos es importante para los padres de la clase media
2. que muchos niños pobres no pueden completar su educación formal
3. lo que cuesta asistir a la universidad
4. quiénes son los que ingresan en la universidad
5. quiénes son los que van a las escuelas públicas

EJERCICIO 8

_____ **Para pensar y contestar**

1. ¿Cuál es un efecto del sistema de educación primaria en muchos países hispanos?
2. ¿Por qué es alta la tasa de deserción en las escuelas públicas?
3. Los padres de la clase media tienen que sacrificar para la educación de sus hijos tanto en los EE.UU. como en los países hispanos. Pero hay una diferencia. ¿Cuál es?
4. ¿Por qué les era atractiva una carrera en la iglesia o en el servicio militar a los jóvenes de la clase media?

ACTIVIDADES

_____ **1** La industrialización tiene un profundo impacto en la sociedad. En los EE.UU. ocurrió hace mucho tiempo. En algunos países hispanos está ocurriendo hoy. Describa Ud. algunos cambios que causa la industrialización en la sociedad.

_____ **2** Éstos eran niños pobres que llegaron a ser ricos. ¿Cómo lo hicieron ellos?

_____ **3** Hágales una entrevista a tres compañeros de clase y pregúnteles qué quieren ser en el futuro y por qué.

ELEMENTAL

¡Ay, no! ¡Los verbos de cambio radical!

1
EL COMPARATIVO Y EL SUPERLATIVO

FORMAS REGULARES

The comparative construction is used to compare one item with another. In English the suffix *-er* is added to a short adjective and the word *more* is used in front of a longer adjective. To form the comparative in Spanish, the word **más** is placed before the adjective. The word **que** follows the adjective. Review the following.

> **No hay duda. Juan es más inteligente que su primo.**
> **Él lee más libros que nadie.**
> **Y él recibe notas más altas que yo.**

Note that when a pronoun follows the comparative construction, either the subject pronoun (**yo, tú, él, ella, Ud., nosotros(as), ellos, ellas, Uds.**) or a negative word (**nadie**) is used.

The superlative expresses that which is the most. In English the suffix *-est* is added to a short adjective and *most* is used in front of a longer adjective. To form the superlative in Spanish, the definite article (**el, la, los, las**) plus **más** is used before the adjective. The adjective is usually followed by **de.** Review the following.

> **Juan es el joven más estudioso de todos.**
> **Él recibe las notas más altas de toda la clase.**

The opposite of **más** is **menos** *(less)*, **el menos** *(least)*.

> **Teresa es la joven menos estudiosa de todos.**
> **Ella lee menos libros que nadie.**

EJERCICIO 1 Mi familia

_____ Contesten.

1. En tu familia, ¿quién es más alto que tú?
2. ¿Quién es más bajo que tú?
3. ¿Quién es más aficionado a los deportes que tú?
4. ¿Quién es más aficionado a la música clásica que tú?
5. ¿Quién lee más que tú?
6. ¿Quién es el (la) más alto(a) de toda la familia?

7. ¿Y quién es el (la) más bajo(a) de la familia?
8. ¿Quién es el (la) más aficionado(a) a los deportes?
9. De todos tus parientes, ¿quién tiene la casa más grande?
10. ¿Quién tiene el carro más nuevo?

EJERCICIO 2   La geografía de España

_____ Formen oraciones con el superlativo.

1. Barcelona / puerto / grande / España
2. Bilbao / ciudad / industrial / país
3. El Tajo / río / largo / España
4. Andalucía / región / grande / país
5. Extremadura / región / pobre / España
6. Los Pirineos / montañas / altas / España

FORMAS IRREGULARES

The adjectives **bueno** and **malo** have irregular forms in the comparative and superlative. Review the following.

	Comparative	Superlative	
bueno	**mejor**	**el (la) mejor**	**los (las) mejores**
malo	**peor**	**el (la) peor**	**los (las) peores**

The adjectives **mayor** and **menor** are used to express age and quantity.

Mi hermano menor es Tadeo. _My younger brother is Ted._
Abuelita es la mayor de la familia. _Grandma is the oldest in the family._

la mayor parte _the largest, greatest part (majority)_
la mayor cantidad _the largest, greatest quantity_

EJERCICIO 3   Mi clase de español

_____ Contesten.

1. ¿Quién es el (la) mejor estudiante de su clase de español?
2. ¿Quién recibe la mejor nota?
3. ¿Recibes tú las mejores notas?
4. ¿Recibes las peores notas?
5. ¿Quién es el (la) mayor de la clase de español? ¿Cuántos años y meses tiene?
6. ¿Quién es el (la) menor de la clase? ¿Cuántos años y meses tiene?

EL COMPARATIVO DE IGUALDAD

Very often we compare two items that have the same characteristics. Such a comparison is called the *comparison of equality*. In English we use the expression *as . . . as*.

> *I am as tall as my brother.*

In Spanish the expression **tan . . . como** is used to express the comparison of equality. Note that **tan** can precede either an adjective or an adverb.

> **José es tan buen atleta como su hermana.**
> **Él juega tan bien como ella.**

The comparison of equality can also be used with nouns.

> *He has as much money as I.*
> *He has as many records as I.*

In Spanish the expression **tanto . . . como** is used with nouns. Note that **tanto** must agree with the noun it modifies.

> **Él tiene tanto dinero como yo.**
> **Él tiene tantos discos como yo.**

EJERCICIO 4   España e Italia

_____ Completen.

1. España tiene montañas e Italia tiene montañas también. España es _____ montañosa _____ Italia.
2. España tiene 505 mil kilómetros cuadrados e Italia tiene 301 mil kilómetros cuadrados. Italia no es _____ grande _____ España.
3. España tiene 36 millones de habitantes e Italia tiene 56 millones. España no tiene _____ habitantes _____ Italia.
4. Milán es una ciudad _____ industrial _____ Bilbao.
5. El aceite es casi _____ importante en la cocina italiana _____ en la cocina española.
6. Pero los tomates no tienen _____ importancia en la cocina española _____ en la cocina italiana.

ACTIVIDAD

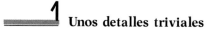 **1** Unos detalles triviales

Tell something about each of the following places using a form of the comparative or superlative.

- **la ciudad de Nueva York**
- **el Sears Tower de Chicago**
- **el río Misisipí**
- **las Montañas Rocosas**
- **el río Amazonas**
- **los Andes**
- **el Brasil**
- **China**
- **Shanghai**

2
LOS VERBOS *SER* Y *ESTAR*

COLOCACIÓN Y ORIGEN

There are two verbs to express *to be* in Spanish. They are **ser** and **estar.**
Each of these verbs has specific uses and they are not interchangeable.

The verb **estar** is always used to express location. **Estar** is used for both a temporary and a permanent location.

Permanent
Madrid está en España.
Mi casa está en los suburbios de Nueva York.

Temporary
Mis primos están en Madrid ahora.
Mis amigos están en mi casa.

On the other hand, the verb **ser** is used to express origin—where someone or something is from.

Yo soy de los Estados Unidos.
Mi abuelo es de España y mi abuela es de Cuba.
Este vino es de Chile.

The following sentence illustrates both origin and location.

El señor Rosas es de Colombia pero ahora está en Puerto Rico.

EJERCICIO 1   ¿Dónde estoy?

_____ Contesten.

1. ¿Dónde estás ahora?
2. ¿Dónde está tu escuela?
3. Y tu casa, ¿dónde está?
4. ¿Dónde está tu profesor(a) de español?
5. Y tus amigos, ¿dónde están?

EJERCICIO 2   ¿Es de España?

_____ Contesten según el modelo.

¿Es español el señor Suárez?
Sí, sí. El señor Suárez es de España.

1. ¿Son españoles los señores Guzmán?
2. ¿Es español el jamón serrano?

3. ¿Es español el queso manchego?
4. ¿Es español el vino de Rioja?
5. ¿Es español el jabón Magno?

EJERCICIO 3   Unos primos mexicanos

_____ Completen con la forma apropiada de *ser* o *estar*.

1. Carmen y Felipe _____ de la Ciudad de México.
2. Su apartamento _____ en la calle Niza.
3. La calle Niza _____ en una sección de la ciudad que se llama la Zona Rosa.
4. El primo de Carmen y Felipe no _____ de México.
5. Él _____ de California.
6. Pero ahora él _____ en México. Él está visitando a sus primos.

CARACTERÍSTICA Y CONDICIÓN

The verb **estar** is used to express a temporary state or condition.

El agua está muy fría.
Y el té está muy caliente.
No sé por qué yo estoy tan cansado.

On the other hand, the verb **ser** is used to express an inherent quality or characteristic.

El hermano de Juan es muy simpático.
Y él es guapo.
Acaba de comprar un carro nuevo. Su carro es muy caro.

EJERCICIO 4   Yo

_____ Contesten.

1. ¿Eres alto(a) o bajo(a)?
2. ¿Eres fuerte o débil?
3. ¿Eres americano(a) o español(a)?
4. ¿Eres simpático(a) o antipático(a)?
5. ¿Cómo estás hoy?
6. ¿Estás bien o enfermo(a)?
7. ¿Estás contento(a) o triste?
8. ¿Estás cansado(a)?
9. ¿Estás de buen humor o de mal humor?

EJERCICIO 5   Bogotá, la capital de Colombia

_____ Completen con *ser* o *estar*.

1. Bogotá _____ en Colombia.
2. Bogotá _____ la capital de Colombia.

3. La ciudad de Bogotá _____ muy bonita.

4. La ciudad _____ grande.

5. Bogotá _____ en una meseta de los Andes.

6. Los Andes _____ muy altos.

7. El barrio colonial de Bogotá _____ muy antiguo.

8. El barrio colonial _____ en el centro de la ciudad.

9. Las plazas del barrio colonial _____ pintorescas.

10. No toda la ciudad de Bogotá _____ antigua.

11. Muchas partes de la ciudad _____ modernas.

12. Los rascacielos de los barrios modernos _____ impresionantes.

13. El Museo del Oro _____ en Bogotá.

14. Este museo _____ fabuloso.

ACTIVIDADES

1 Pepe Morales

Tell about Pepe Morales. Include the following words or expressions as you talk about him: **de Lima, peruano, inteligente, un poco triste, de mal humor, simpático, enfermo, en cama, en el hospital, con el médico**

Casandra

2 La casa de Casandra

Describe Cassandra's house. In your description use the following words or expressions: **grande, bonita, elegante, en las Lomas de Chapultepec, un barrio elegante, cerca del Bosque de Chapultepec, la Ciudad de México**

3
EL PRETÉRITO DE LOS VERBOS REGULARES

LOS VERBOS EN -AR, -ER E -IR

The preterite is the most commonly used past tense in Spanish. It is used to state actions that both began and ended sometime in the past.

To form the root for the preterite, drop the infinitive ending of the verb.

hablar	habl-ar	habl-
comer	com-er	com-
vivir	viv-ir	viv-

The personal endings for the preterite are added to this root. Review the following forms.

Infinitive	hablar	comer	vivir
yo	hablé	comí	viví
tú	hablaste	comiste	viviste
él, ella, Ud.	habló	comió	vivió
nosotros, -as	hablamos	comimos	vivimos
(vosotros, -as)	(hablasteis)	(comisteis)	(vivisteis)
ellos, ellas, Uds.	hablaron	comieron	vivieron

Some frequently used time expressions that accompany past actions in the preterite are:

ayer
anoche
ayer por la tarde, ayer por la mañana
el año (mes) pasado
la semana pasada
hace una semana (un año)

EJERCICIO 1 Anoche

_____ Contesten.

1. ¿Estudiaste anoche?
2. ¿Qué asignaturas estudiaste?
3. ¿Escribiste una composición para la clase de inglés?
4. ¿Leíste un libro?
5. ¿Qué libro leíste?
6. ¿Lo terminaste?
7. ¿Llamaste a un(a) amigo(a) por teléfono?
8. ¿Contestó el (la) amigo(a)?
9. ¿De qué hablaron Uds.?
10. ¿Hablaron Uds. en inglés o en español?
11. ¿Miraste la televisión?
12. ¿Con quién miraste la televisión?
13. ¿Qué programa vieron Uds.?
14. ¿Comiste algo antes de ir a la cama?

EJERCICIO 2 ¿Saliste anoche?

_____ Completen en el pretérito.

—Anita, ¿_____ (tú) anoche? **salir**

—Sí, _____ a un concierto de Julio Iglesias. **asistir**

—¿Qué tal te _____? **gustar**

—Mucho. Como siempre, él _____ muy bien. **cantar**

—¿Te _____ Teresa? **acompañar**

—Teresa, no. Bárbara me _____. **acompañar**

—¿A qué hora _____ el concierto? **empezar**

—_____ a las ocho y media y nosotras no _____ del concierto hasta las once menos cuarto. **Empezar, salir**

—¿A qué hora _____ Uds. a casa? **volver**

—_____ a eso de las once y cuarto. **Volver**

—Dime. ¿Cuánto les _____ las entradas? **costar**

—Mil pesos cada una.

—Yo quería ir al concierto. ¿Por qué no me _____ tú? **invitar**

—Yo te _____ la semana pasada antes de comprar las entradas pero no _____ nadie. **llamar, contestar**

—Entiendo. Si me _____ el viernes por la noche, (yo) no _____ porque todos nosotros _____ para el fin de semana. **llamar, contestar, salir**

EJERCICIO 3 Un concierto

_____ Rewrite the conversation from Ejercicio 2 in the form of a story.

Cambios ortográficos

Note the special spelling of the **yo** form of the preterite of verbs that end in **-car, -gar, -zar.**

Infinitive	buscar	jugar	empezar
yo	bus<u>qu</u>é	ju<u>gu</u>é	empe<u>c</u>é
tú	buscaste	jugaste	empezaste
él, ella, Ud.	buscó	jugó	empezó
nosotros, -as	buscamos	jugamos	empezamos
(vosotros, -as)	(buscasteis)	(jugasteis)	(empezasteis)
ellos, ellas, Uds.	buscaron	jugaron	empezaron

EJERCICIO 4   ¿Quién jugó? Yo jugué.

_____ Escriban el siguiente párrafo cambiando *nosotros* a *yo*.

Anoche nosotros llegamos al parque a eso de las seis y media. Buscamos a unos amigos y empezamos a jugar al fútbol. La verdad es que jugamos muy bien. Lanzamos el balón y marcamos tres tantos en unos quince minutos.

ACTIVIDADES

1 En la clase de español

Tell at least five things that you did yesterday in Spanish class.

2 Anoche

Tell what you did yesterday afternoon when you got home from school. Continue by telling what you did last night after dinner.

3 El verano pasado

Tell a friend that you spent last summer at the beach. Say that you swam a lot and that you even waterskied. One day you and a friend learned how to windsurf. Say that one night you went to the movies and you saw a very attractive boy/girl and the two of you started to talk. After the movie you went to a cafe together and you had a snack. Tell your friend that unfortunately you met this boy/girl during your last week of vacation but during that last week you spent a lot of time together on the beach. You are very anxious to see him/her again, but unfortunately he/she lives far away. In the meantime, you write him/her one letter a week. In fact, you received a letter from him/her yesterday so last night you wrote him/her another letter. You may even make a trip to visit him/her during the school year.

4
EL PRETÉRITO DE LOS VERBOS IRREGULARES

LOS VERBOS *TENER, ANDAR* Y *ESTAR*

Many commonly used verbs are irregular in the preterite. Many irregular preterite verbs can be grouped together, since they have common irregularities.

Review the preterite forms of **tener, andar,** and **estar.** Note that all have a **-uv-** in the preterite.

Infinitive	tener	andar	estar
yo	tuve	anduve	estuve
tú	tuviste	anduviste	estuviste
él, ella, Ud.	tuvo	anduvo	estuvo
nosotros, -as	tuvimos	anduvimos	estuvimos
(vosotros, -as)	(tuvisteis)	(anduvisteis)	(estuvisteis)
ellos, ellas, Uds.	tuvieron	anduvieron	estuvieron

LOS VERBOS *PONER, PODER* Y *SABER*

Review the preterite forms of the verbs **poner, poder,** and **saber.** Note that they all have a **-u-** in the preterite.

Infinitive	poner	poder	saber
yo	puse	pude	supe
tú	pusiste	pudiste	supiste
él, ella, Ud.	puso	pudo	supo
nosotros, -as	pusimos	pudimos	supimos
(vosotros, -as)	(pusisteis)	(pudisteis)	(supisteis)
ellos, ellas, Uds.	pusieron	pudieron	supieron

LOS VERBOS *QUERER, HACER* Y *VENIR*

Review the preterite forms of the verbs **querer, hacer,** and **venir.** Note that they all have an **-i-** in the preterite.

Infinitive	querer	hacer	venir
yo	quise	hice	vine
tú	quisiste	hiciste	viniste
él, ella, Ud.	quiso	hizo	vino
nosotros, -as	quisimos	hicimos	vinimos
(vosotros, -as)	(quisisteis)	(hicisteis)	(vinisteis)
ellos, ellas, Uds.	quisieron	hicieron	vinieron

LOS VERBOS *DECIR, TRAER* Y *TRADUCIR*

Review the forms of the verbs **decir, traer,** and **traducir** in the preterite. Note that they all have a **-j-** in the preterite and the third person plural ending is **-eron** rather than **-ieron**.

Infinitive	decir	traer	traducir
yo	dije	traje	traduje
tú	dijiste	trajiste	tradujiste
él, ella, Ud.	dijo	trajo	tradujo
nosotros, -as	dijimos	trajimos	tradujimos
(vosotros, -as)	(dijisteis)	(trajisteis)	(tradujisteis)
ellos, ellas, Uds.	dijeron	trajeron	tradujeron

LOS VERBOS *SER* E *IR*

Note that the verbs **ser** and **ir** are identical in the preterite. However, their meaning is made clear by the context of the sentence.

Infinitive	ir	ser
yo	fui	fui
tú	fuiste	fuiste
él, ella, Ud.	fue	fue
nosotros, -as	fuimos	fuimos
(vosotros, -as)	(fuisteis)	(fuisteis)
ellos, ellas, Uds.	fueron	fueron

EJERCICIO 1   ¿Qué hiciste anoche?

_____ Completen la conversación.

—Carmen, ¿qué _____ tú anoche?   **hacer**

—Pues, Ricardo _____ a mi casa y después nosotros _____ a Galerías Preciados.   **venir, ir**

—¿_____ Uds. en carro?   **Ir**

—No. Papi no _____ darme el carro. Nosotros _____ que tomar el metro.   **querer, tener**

EJERCICIO 2   De compras

_____ Contesten según la conversación del Ejercicio 1.

1. ¿Qué hizo Carmen anoche?
2. ¿Quién vino a su casa?
3. ¿A qué tienda fueron los dos?
4. ¿Cómo fueron?
5. ¿Por qué no pudieron ir en carro?

EJERCICIO 3   No vino nadie.

_____ Contesten según el modelo.

¿Por qué no vinieron Uds.?
No vinimos porque no quisimos venir y no tuvimos que venir.

1. ¿Por qué no viniste?
2. ¿Por qué no vino Tomás?
3. ¿Por qué no vinieron los amigos de Teresa?
4. ¿Por qué no vinieron Uds.?
5. ¿Por qué no vino Adela?

EJERCICIO 4 ¿Qué dijeron todos?

_____ Contesten según el modelo.

¿Qué dijo Israel?
Israel dijo que no lo pudo hacer, no lo quiso hacer y no lo hizo.

1. ¿Qué dijo Enrique?
2. ¿Qué dijo Maripaz?
3. ¿Qué dije yo?
4. ¿Qué dijiste?

5. ¿Qué dijeron Pablo y Catalina?
6. ¿Qué dijimos?
7. ¿Qué dijeron Uds.?

SIGNIFICADOS ESPECIALES

Many of these irregular verbs are not used very often in the preterite. Some of the verbs have a special meaning when used in the preterite. Observe the following.

querer
Él no quiso darme el carro.   *He refused to give me the car.*
Él quiso hablar pero no pudo.   *He tried to talk but he couldn't.*

poder
Trató pero no pudo.   *He tried but he couldn't.*
Por fin él pudo hacerlo.   *(After much effort) he managed to do it.*

saber
Yo lo supe ayer.   *I learned it (found it out) yesterday.*

EJERCICIO 5

_____ Expresen las siguientes ideas en español.

1. He refused to leave.
2. They refused to talk.
3. He tried and wanted to talk but he couldn't.
4. I refused to go.

5. He worked but he couldn't finish.
6. I managed to answer the question.
7. He found it out yesterday.
8. How did you learn about it (find it out)?

ACTIVIDAD

1 En la gasolinera

Explain that you had to take your car to the garage yesterday. You spent the entire day there because the mechanic did a lot of things. He put air in the tires, but he also had to change one tire. He checked the oil and changed it. He put water in the radiator and changed the spark plugs. He washed the windshield and fixed the windshield wiper. Then he tried to fix the transmission but he couldn't. That's what took so much time. The mechanic thinks you are going to need a new transmission and you know that a new transmission is going to cost a lot of money.

5
EL PRETÉRITO DE LOS VERBOS DE CAMBIO RADICAL

LOS VERBOS DE LA SEGUNDA Y TERCERA CLASES

The verbs **sentir, preferir,** and **sugerir** have a stem change in the preterite. In the third person singular and plural forms **(él, ellos)**, the **-e-** changes to **-i-.** The **-o-** of the verbs **dormir** and **morir** changes to **-u-** in the third person singular and plural forms. Review the following.

Infinitive	preferir	dormir
yo	preferí	dormí
tú	preferiste	dormiste
él, ella, Ud.	prefirió	durmió
nosotros, -as	preferimos	dormimos
(vosotros, -as)	(preferisteis)	(dormisteis)
ellos, ellas, Uds.	prefirieron	durmieron

The stem of the verbs **pedir, servir, freír, medir, repetir, seguir,** and **sonreír** also changes from **-e-** to **-i-** in the third person singular and plural forms.

Infinitive	pedir	servir
yo	pedí	serví
tú	pediste	serviste
él, ella, Ud.	pidió	sirvió
nosotros, -as	pedimos	servimos
(vosotros, -as)	(pedisteis)	(servisteis)
ellos, ellas, Uds.	pidieron	sirvieron

EJERCICIO 1   ¿Qué pediste en el restaurante?

_____ Contesten según se indica.

1. ¿Qué pediste anoche cuando fuiste al restaurante?   **mariscos en salsa verde**
2. ¿Y qué pidieron tus amigos?   **una combinación de biftec y langosta**
3. ¿Qué prefirieron? ¿El biftec o la langosta?   **la langosta**
4. ¿Con qué sirvieron el biftec y la langosta?   **tostones, arroz y frijoles**
5. Después, ¿pidieron Uds. un postre?   **sí**
6. ¿Y tú? ¿Qué pediste?   **flan**
7. ¿Te gustó?   **sí, mucho**
8. ¿Te mediste la cintura (*waist*) después de comer todo eso?   **no**
9. No seguiste tu régimen, ¿verdad?   **es verdad**
10. ¿Dormiste después de tanta comida?   **no**

EJERCICIO 2   Un problema en el restaurante

_____ Completen.

—¡Oiga, camarero!

—Sí, señor.

—Perdón, pero yo _____ una langosta y Ud. me _____ camarones.
   pedir, servir

—Lo siento, señor. Pero la verdad es que yo le _____ la langosta pero Ud. _____ los camarones.   **sugerir, pedir**

—De ninguna manera. Yo sé lo que _____.   **pedir**

—Y yo también sé lo que Ud. _____.   **pedir**

—Y además yo le _____ un puré de papas y Ud. me _____ arroz.
   pedir, traer

—Es imposible, señor. No tenemos puré de papas. Yo sé exactamente lo que Ud. _____, señor. Y yo le _____ la orden y Ud. no _____ nada.
   pedir, repetir, decir

—Lo siento pero lo que Ud. _____ no es lo que Ud. _____.   **repetir, servir**

—Señor, al fin y al cabo, no hay problema. Si Ud. quiere una langosta, se la puedo servir con mucho gusto. Pero lo siento mucho. El puré de papas no se lo puedo servir porque no lo tenemos.

ACTIVIDAD

1   ¿Qué pasó entre el cliente y el mesero?

In your own words relate the story of the misunderstanding this customer had at the restaurant. Tell who you think was right, the customer at the restaurant or the waiter.

6

LAS PALABRAS INTERROGATIVAS

FORMAS INTERROGATIVAS

Review the following commonly used interrogative or question words in Spanish.

¿Qué?	**¿Dónde? ¿Adónde?**
¿Cómo?	**¿Cuánto?**
¿Cuándo?	**¿Quién? ¿Quiénes?**

¿Qué hizo Juan?   **Un viaje.**
¿Cómo lo hizo?   **En autobús.**
¿Cuándo lo hizo?   **El verano pasado.**
¿Dónde lo hizo?   **Por España.**
¿Cuánto le costó?   **Quinientos dólares.**
¿Quién fue con Juan?   **Su hermana.**
¿Quiénes fueron con Juan?   **Sus amigos.**

Note that **¿adónde?** rather than **¿dónde?** is used in a question dealing with motion to a place.

¿Dónde está Juan?
¿Adónde fue?

The personal **a** must be used with **quién (quiénes)** when **quién** is the direct object of the sentence.

¿Quién dio la fiesta?
¿A quién viste en la fiesta?
¿A quiénes invitó Carlos a la fiesta?

EJERCICIO 1   Preguntas

_____ Contesten con una sola palabra o expresión.

1. Carlos fue al mercado ayer con sus primos. Todos fueron al mercado a pie y compraron una docena de rosas para abuelita.
   a. ¿Quién fue al mercado?
   b. ¿Adónde fue él?
   c. ¿Con quiénes fue?
   d. ¿Cuándo fue?
   e. ¿Cómo fueron?
   f. ¿Qué compraron?
   g. ¿Cuántas compraron?
   h. ¿Para quién compraron las rosas?

EJERCICIO 2 ¡Perdón! No oí.

_____ Completen con una palabra interrogativa.

1. Carlos y Teresa fueron al cine.
   ¿_____ fueron al cine?
   ¿_____ fueron ellos?
2. Ellos fueron con un amigo.
   ¿Con _____ fueron?
3. El amigo compró las entradas.
   ¿_____ compró el amigo?
   ¿_____ compró las entradas?
4. Él las compró en la ventanilla.
   ¿_____ compró él las entradas?
5. Él compró tres entradas.
   ¿_____ entradas compró?
6. Vieron una película americana.
   ¿_____ vieron?
7. Vieron una película muy buena.
   ¿_____ era la película?

CUÁL, CUÁLES

Cuál (**cuáles** in the plural) is the interrogative word that corresponds to the English _which_ (or _which ones_).

> **¿Cuál de las novelas prefiere Ud.?**
> **¿Cuál prefiere Ud.?**

Note that in Latin America **cuál** (**cuáles**) is often used as either an adjective or a pronoun. In Spain **cuál** is very seldom, if ever, used as an adjective.

> _Latin America_ **¿Cuál ciudad es tu favorita?**
> _Spain_   **¿Cuál de las ciudades es tu favorita?**
>   _or_
>   **¿Qué ciudad es tu favorita?**

EJERCICIO 3

_____ Completen.

1. De todas las ciudades mexicanas, ¿_____ es su favorita?
2. ¿_____ son las calles principales de la ciudad?
3. De todos los museos de la ciudad, ¿_____ prefiere Ud.?
4. ¿_____ es el mejor medio de transporte de la ciudad? ¿El bus o el metro?

CUÁL Y QUÉ

The words **cuál** and **qué** can both mean *what* in English. However, the word **cuál** is more frequently followed by the verb *ser* than is **qué**. The word **qué** is used with **ser** only when the speaker is asking for a definition.

> **¿Cuál es la capital de la Argentina? Buenos Aires.**
> **¿Cuáles son las montañas que forman la frontera entre la Argentina y Chile? Los Andes.**
> **¿Qué es la capital? La capital es la ciudad del país que sirve de sede al gobierno de la nación.**
> **¿Qué es esto? Es un mapa de la América del Sur.**

EJERCICIO 4   ¿Cuál o qué?

_____ Completen.

1. ¿_____ es la capital del Perú? Lima.
2. ¿_____ es la moneda del Perú? ¿El peso o el sol? El sol.
3. ¿_____ es un peruano? Es un ciudadano del Perú.
4. ¿Y _____ es un limeño? Es un habitante de Lima, la capital.
5. ¿_____ es una plaza impresionante de la ciudad? La Plaza de Armas.
6. ¿_____ es una calle comercial de la ciudad? El Jirón de la Unión.
7. ¿_____ es una calle comercial? Es una calle donde hay muchas tiendas, oficinas y otros negocios.

ACTIVIDAD

1   ¿Cuál es . . . ?

Ask a friend in class about his/her favorite:

- television program
- movie
- sport
- record
- subject in school
- day of the week
- actor/actress

Be sure to use interrogative words in your questions.

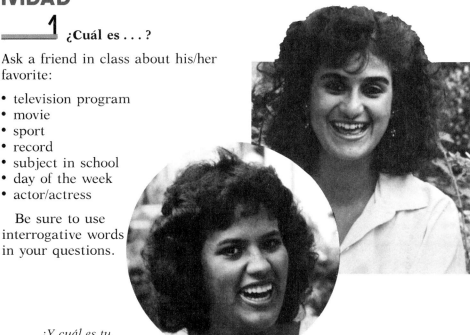

¿Y cuál es tu asignatura favorita?

7
EL IMPERFECTO

LA FORMACIÓN DEL IMPERFECTO

In addition to the preterite, the imperfect tense is used frequently to express past actions. First, review the forms of the imperfect. Note that the endings for both **-er** and **-ir** verbs are the same in the imperfect tense.

Infinitive	hablar	leer	escribir
yo	hablaba	leía	escribía
tú	hablabas	leías	escribías
él, ella, Ud.	hablaba	leía	escribía
nosotros, -as	hablábamos	leíamos	escribíamos
(vosotros, -as)	(hablabais)	(leíais)	(escribíais)
ellos, ellas, Uds.	hablaban	leían	escribían

Note that verbs that have a stem change in either the present or preterite have no stem change in the imperfect.

querer quería, querías, quería, queríamos, (queríais), querían
sentir sentía, sentías, sentía, sentíamos, (sentíais), sentían
pedir pedía, pedías, pedía, pedíamos, (pedíais), pedían

The following verbs are the only irregular verbs in the imperfect.

Infinitive	ir	ser	ver
yo	iba	era	veía
tú	ibas	eras	veías
él, ella, Ud.	iba	era	veía
nosotros, -as	íbamos	éramos	veíamos
(vosotros, -as)	(ibais)	(erais)	(veíais)
ellos, ellas, Uds.	iban	eran	veían

The imperfect of the impersonal expression **hay** is **había.**

LOS USOS DEL IMPERFECTO

The imperfect tense is used to express habitual or repeated actions in the past. When the event began or ended is not important. Several important time expressions that often accompany the imperfect are:

todos los sábados, los sábados
todos los días, cada día
siempre
muchas veces, a menudo, con frecuencia
a veces, de vez en cuando

Nuestro profesor siempre hablaba español en clase.
Los viernes él nos daba un examen.
A veces nosotros escribíamos una composición en español.
Y leíamos sobre la cultura hispana muy a menudo.

EJERCICIO 1   Durante los veranos

_____ Contesten.

1. Durante los veranos, ¿ibas con frecuencia a la playa?
2. ¿Nadabas muy a menudo?
3. ¿Tomabas el almuerzo en la playa o volvías a casa para el almuerzo?
4. ¿Esquiabas en el agua todos los días?
5. ¿Qué más hacías en la playa?

EJERCICIO 2   Al rey le gustaba esquiar.

_____ Contesten según se indica.

1. Al rey Juan Carlos de España, ¿le gustaba esquiar?   **sí, mucho**
2. ¿Cuándo esquiaba él?   **cada invierno**
3. ¿Adónde iba para esquiar?   **a Suiza o a la Sierra de Guadarrama**
4. ¿Cómo iba a las canchas de esquí?   **en avión o en helicóptero**
5. ¿Cómo subía él las montañas?   **en un telesilla o en un telecabina**
6. ¿Qué pistas bajaba él?   **las pistas para los expertos**
7. ¿Eran sus hijos muy aficionados al esquí también?   **sí**
8. ¿Cuándo esquiaban ellos?   **siempre que podían**
9. ¿Esquiaban ellos cuando eran muy jóvenes?   **sí, desde que eran niños**
10. ¿Siempre acompañaban ellos a su padre?   **sí**

OTROS USOS DEL IMPERFECTO

The imperfect is also used to describe persons, places, and things in the past.

El señor estaba en la ciudad.
Pero él era de un pueblo pequeño.
Él tenía unos veinticinco años.
Era alto y tenía el pelo castaño.

Estaba muy cansado y triste.
Tenía ganas de volver a casa.
Quería descansar.
Pero no podía porque tenía que trabajar.
Eran las once de la noche y él seguía trabajando.
Hacía frío y nevaba.

Note that the imperfect is used to describe location, time, weather, age, physical appearance, physical and emotional conditions or states, attitudes, desires, and needs in the past.

EJERCICIO 3   El pícaro Lazarillo de Tormes

_____ Contesten según se indica.

1. ¿Cómo se llamaba el muchacho? **Lazarillo de Tormes**
2. ¿De dónde era él? **Salamanca**
3. ¿Cuántos años tenía? **ocho**
4. ¿Era pobre o rico? **pobre**
5. ¿Cómo estaba él? **cansado**
6. ¿Qué tenía? **hambre**
7. ¿Qué quería hacer? **comer y dormir**
8. ¿Dónde estaba él? **en un mesón**
9. ¿Con quién estaba? **un ciego**
10. ¿Cómo lo trataba el ciego? **muy mal**
11. ¿Tenía él ganas de volver a casa? **sí**
12. ¿Por qué no podía volver a casa? **no tenía dinero**
13. ¿Qué tenía que aprender Lazarillo? **a vivir en un mundo cruel**

EJERCICIO 4   Lazarillo de Tormes

_____ Den una descripción de Lazarillo.

ACTIVIDADES

1 **Cuando yo era niño(a) . . .**

Tell many of the things that you often did when you were a young child.

2 **Mi maestro(a)**

Describe one of your elementary school teachers. Begin with **Mi maestro(a) en el _____ grado era . . .**

3 Find an old photograph of one of your relatives or friends. Describe him/her when he/she was young.

8
EL IMPERFECTO Y EL PRETÉRITO

ACCIÓN REPETIDA Y ACCIÓN TERMINADA

The choice of the preterite or imperfect depends upon whether the speaker is describing an action completed in the past or a continuous, recurring action.

The preterite is used to express actions or events that began and ended at a definite time in the past.

Yo salí anoche.
Fui de compras en Galerías Preciados.
Cuando salí de Galerías Preciados, fui a un café donde tomé una merienda.

In contrast to the preterite, the imperfect is used to express a continuous, repeated, or habitual action in the past. The moment when the action began or ended is not important.

Yo salía cada noche.
Iba de compras casi todos los días.

Contrast the following sentences.

Él salía cada noche y salió anoche también.
Él siempre volvía a las diez y anoche también volvió a las diez.

Since most mental processes involve duration or continuance, verbs that deal with mental processes are more often expressed in the imperfect than in the preterite. Common verbs of this type are:

querer	preferir	poder
saber	desear	creer
pensar	sentir	

EJERCICIO 1   ¿Qué hacían Marta y su novio?

_____ Seleccionen.

1. Marta salía con su novio _____.
   a. cada noche
   b. anoche

2. Ellos fueron al cine ____.
   a. los viernes
   b. el viernes pasado
3. ____ ellos hacían un viajecito al campo.
   a. El sábado pasado
   b. Los sábados
4. ____ ellos iban a Navacerrada, en la Sierra de Guadarrama.
   a. Una vez
   b. A veces
5. ____ ellos esquiaban en Navacerrada.
   a. De vez en cuando
   b. Una vez
6. Pero ____ que ellos fueron a Navacerrada no esquiaron porque hacía muy mal tiempo.
   a. cada vez
   b. la última vez

EJERCICIO 2 Los viajes a Puerto Rico

____ Contesten.

1. ¿Hacía Pablo un viaje a Puerto Rico todos los veranos?
2. ¿Iba él a Puerto Rico en avión?
3. Y el verano pasado, ¿hizo él un viaje a Puerto Rico?
4. Cada vez que él iba a Puerto Rico, ¿visitaba a sus parientes?
5. Y la última vez que fue, ¿visitó a sus parientes?
6. Mientras él estaba en Puerto Rico, ¿iba con sus parientes a Luquillo?
7. Cuando ellos estaban en Luquillo, ¿nadaban en el mar?
8. El verano pasado, ¿fue Pablo a Luquillo?
9. Durante su última visita, ¿fueron él y sus parientes a Ponce en el sur de Puerto Rico?
10. ¿Se divertía Pablo cada vez que volvía a Puerto Rico?
11. ¿Y se divirtió la última vez que volvió?

EJERCICIO 3 Todo lo que yo quería hacer

____ Tell several things you wanted to do yesterday.

EJERCICIO 4 Todo lo que yo pensaba hacer

____ Tell several things you always planned to do.

EJERCICIO 5 Yo quería... pero mi amigo prefería....

____ Tell several things you *wanted* to do but what your friend *preferred* to do.

DOS ACCIONES EN LA MISMA ORACIÓN

Many sentences in the past tense have two verbs, which can either be in the same tense or in a different tense. Look at the following sentences.

Yo entré y los otros salieron.

In the above sentence both verbs are in the preterite because they express two simple actions or events that began and ended in the past.

Durante los veranos yo trabajaba y mis amigos iban a la playa.

In the above sentence the two verbs are in the imperfect because they both express continuous actions and it is not known if these actions have been completed.

Yo miraba la televisión cuando mi amigo llegó.

In the above sentence one verb is in the imperfect and the other is in the preterite. The verb in the imperfect (**miraba**) describes what was going on. The verb in the preterite (**llegó**) expresses an action or event that intervened and interrupted what was going on.

EJERCICIO 6 Anoche

_____ Completen.

1. Anoche yo _____ cuando _____ el teléfono.   **trabajar, sonar**
2. Yo _____ y _____ a contestar el teléfono.   **levantarse, ir**
3. Yo _____ por teléfono cuando _____ mi amigo José.   **hablar, llegar**
4. José _____ en la sala. Mientras yo _____ por teléfono él _____ el periódico.   **sentarse, hablar, leer**
5. Cuando yo _____ de hablar por teléfono, mi amigo y yo _____. _____ a un café.   **terminar, salir, Ir**
6. En el café nosotros _____ un refresco. Mientras nosotros _____ y _____ el refresco, _____ otros amigos en el café.   **pedir, hablar, tomar, entrar**
7. Ellos _____ con nosotros y todos nosotros _____ a hablar. **sentarse, empezar**
8. Nosotros _____ cuando el mesero _____ a la mesa.   **hablar, venir**
9. El mesero les _____ a nuestros dos amigos lo que ellos _____ tomar y cada uno _____ un helado.   **preguntar, querer, pedir**

ACTIVIDADES

1 Tell several things that happened this morning as you were getting ready for school.

2 Mis vacaciones favoritas

Write a short story about your favorite vacation. Tell why it was your favorite vacation. Include where you went, what you did, what you saw, what the weather was like, and so on.

9
LOS COMPLEMENTOS DIRECTOS E INDIRECTOS

ME, TE, NOS

A direct object is the direct receiver of the action of the verb. An indirect object is the indirect receiver of the action of the verb. In Spanish, the object pronouns **me, te,** and **nos** function as both direct and indirect object pronouns.

Direct	**Carlos me vio.**	*Charles saw me.*
Indirect	**¿Te habló Carlos?**	*Did Charles speak to you?*

Note that the object pronoun precedes the conjugated form of the verb in Spanish.

EJERCICIO 1   Una llamada

_____ Contesten.

1. ¿Te llamó anoche un(a) amigo(a)?
2. ¿Quién te llamó?
3. ¿Te habló en español o en inglés?
4. ¿Te invitó a hacer algo?
5. ¿Qué te invitó a hacer?

EJERCICIO 2   ¿Te visitó o no?

_____ Completen.

—¿_____ visitó Carlos?
—No, no _____ visitó pero _____ habló.
—¿Cómo es que _____ habló?
—Pues, _____ llamó por teléfono.

—¿Y qué _____ dijo?
—_____ dijo que su amigo Enrique _____ ha invitado (a Carlos y a mí) a una fiesta que va a dar el quince de este mes.

LO, LA, LOS, LAS, LE, LES

In the third person the direct and indirect object pronouns have different forms. The direct object pronouns are **lo, la, los, las.** The direct object pronouns can replace a person or a thing. Review the following.

Conozco el pueblo de Ronda. Lo conozco.
Conozco la ciudad de Madrid. La conozco.

Conocí a Juan en Ronda. Lo conocí en Ronda.
Conocí a Cristina en Madrid. La conocí en Madrid.

The third person indirect object pronouns are **le** and **les.** The pronoun **le** can be either masculine or feminine and the pronoun **les** is used for either the masculine or feminine plural. Review the following.

Cristina le habló a Juan.
Y Juan le habló a Cristina.
Juan y Cristina les hablaron a sus amigos en español.

Note that the indirect object pronouns **le** and **les** are often accompanied by a prepositional phrase as in the examples above. Since **le** and **les** can refer to more than one person, they are often clarified as follows:

	a él.		a ellos.
Le hablé	a ella.	Les hablé	a ellas.
	a Ud.		a Uds.

EJERCICIO 3   ¡A esquiar!

_____ Contesten con el pronombre apropiado.

1. ¿Tenía Carlos *sus esquís*?
2. ¿Tenía *sus bastones* también?
3. ¿Los puso en el carro?
4. Cuando llegaron a la cancha de esquí, ¿compró Carlos *los boletos para el telesilla*?
5. ¿Bajó Carlos *la pista más avanzada*?
6. ¿Cuántas veces la bajó?
7. ¿Vio *a Marta* en la cancha de esquí?
8. ¿Le habló a ella?
9. ¿Y ella le habló a él?
10. ¿La invitó Carlos a tomar un refresco después de esquiar?

EJERCICIO 4   Un viaje en avión

_____ Escriban la oración con el pronombre apropiado.

1. Teresa hizo *el viaje* sola.
2. Ella visitó *a su prima* en Panamá.
3. Ella no hizo el viaje en tren. Ella hizo *el viaje* en avión.
4. En el aeropuerto, ella mostró su boleto *al agente de la línea aérea*.
5. El agente miró *su boleto*.
6. Él pidió *a Teresa* su pasaporte.
7. Luego él devolvió *a Teresa* su boleto y su pasaporte y dio *a Teresa* su tarjeta de embarque.
8. Antes de pasar por el control de seguridad para ir a la puerta de salida, Teresa dijo «adiós» *a sus amigos*. Ellos habían acompañado *a Teresa* al aeropuerto. Ella se despidió de sus amigos.

DOS COMPLEMENTOS EN LA MISMA ORACIÓN

In many sentences both a direct and an indirect object pronoun are used. When both pronouns are used, the indirect object pronoun always comes before the direct object pronoun.

Elena me compró el boleto. Elena me lo compró.
Y ella me prestó las maletas. Y ella me las prestó.

EJERCICIO 5 ¿Quién te lo compró?

_____ Contesten según el modelo.

¿Quién te compró la camisa?
Mamá me la compró.

1. ¿Quién te compró los zapatos?
2. ¿Quién te compró las botas?
3. ¿Quién te compró el bañador?
4. ¿Quién te compró los esquís acuáticos?
5. ¿Quién te compró la mochila?

EJERCICIO 6 ¿Dónde te lo compró?

_____ Contesten según el modelo.

Mi padre me compró la mochila.
Me gusta. ¿Dónde te la compró?

1. Mi padre me compró los esquís.
2. Mi padre me compró los bastones.
3. Mi padre me compró las botas.
4. Mi padre me compró el anorak.
5. Mi padre me compró los guantes.

SE LO

The indirect object pronouns **le** and **les** change to **se** when accompanied by either **lo, la, los,** or **las.** Since the pronoun **se** can refer to several people, it is frequently clarified by a prepositional phrase.

El mesero le dio el menú.	**El mesero les dio el menú.**
a él.	a ellos.
El mesero se lo dio a ella.	**El mesero se lo dio a ellas.**
a Ud.	a Uds.

EJERCICIO 7 Una carta a una amiga

_____ Contesten con los pronombres apropiados.

1. ¿Escribiste *la carta a tu amiga*?
2. ¿Le mandaste *la carta* la semana pasada?
3. En tu carta, ¿le describiste *tu casa nueva*?
4. ¿Le diste *tu nueva dirección*?
5. ¿Le diste *tu número de teléfono* también?
6. ¿Le mandaste *las fotos que tomaste de la casa*?
7. ¿Ella te contestó *la carta*?

10
LOS TIEMPOS PROGRESIVOS

EL PARTICIPIO PRESENTE

The present participle or gerund (*-ing,* in English) is formed by dropping the ending of the infinitive and adding **-ando** to **-ar** verbs and **-iendo** to **-er** and **-ir** verbs.

hablar	**comer**	**vivir**
habl-	com-	viv-
hablando	comiendo	viviendo

Many stem-changing **-ir** verbs also have a stem change in the present participle or gerund.

| **sentir** sintiendo | **pedir** pidiendo | **venir** viniendo |
| **preferir** prefiriendo | **decir** diciendo | **dormir** durmiendo |

The following **-er** and **-ir** verbs have a **-y-** in the present participle.

| **creer** creyendo | **traer** trayendo | **construir** construyendo |
| **leer** leyendo | **oír** oyendo | **distribuir** distribuyendo |

EL PARTICIPIO PRESENTE CON EL VERBO *ESTAR*

The present participle is used with the verb **estar** to form the progressive tenses. First review the forms of the present and imperfect progressive.

		Present	
Infinitive	**hablar**	**comer**	**vivir**
yo	estoy hablando	estoy comiendo	estoy viviendo
tú	estás hablando	estás comiendo	estás viviendo
él, ella, Ud.	está hablando	está comiendo	está viviendo
nosotros, -as	estamos hablando	estamos comiendo	estamos viviendo
(vosotros, -as)	(estáis hablando)	(estáis comiendo)	(estáis viviendo)
ellos, ellas, Uds.	están hablando	están comiendo	están viviendo

Imperfect			
Infinitive	**hablar**	**comer**	**vivir**
yo	estaba hablando	estaba comiendo	estaba viviendo
tú	estabas hablando	estabas comiendo	estabas viviendo
él, ella, Ud.	estaba hablando	estaba comiendo	estaba viviendo
nosotros, -as	estábamos hablando	estábamos comiendo	estábamos viviendo
(vosotros, -as)	(estabais hablando)	(estabais comiendo)	(estabais viviendo)
ellos, ellas, Uds.	estaban hablando	estaban comiendo	estaban viviendo

A progressive tense is used to describe an action that is actually taking place at the time in question. The most commonly used progressive tenses are the present and the imperfect and sometimes the future. The present progressive indicates what is taking place right now and the imperfect progressive is used to indicate what was actually taking place at the past time in question.

Present progressive
En este momento Susana está tocando el piano.
Ella está tocando el piano y su amigo está cantando.
Imperfect progressive
Mientras Susana estaba tocando el piano y su amigo estaba cantando, su hermano menor estaba comiendo un helado.

EJERCICIO 1   ¿Qué están haciendo en la fiesta?

_____ Contesten con *sí* o con *no*.

En este momento Pedro está dando una fiesta.

1. ¿Están bailando sus amigos?
2. ¿Están escuchando discos o cintas?
3. ¿Se están divirtiendo mucho?
4. ¿Están sirviendo refrescos?
5. ¿Están comiendo todos?
6. ¿Están leyendo novelas interesantes?
7. ¿Están hablando?
8. ¿Están durmiendo?

EJERCICIO 2   Lo que estaba haciendo en aquel entonces

_____ Den las oraciones en el imperfecto progresivo.

1. En aquel entonces Paco vivía en el dormitorio de la universidad.
2. Estudiaba medicina en la Facultad de Medicina.
3. Cuando no asistía a clase trabajaba en el hospital.
4. Trabajaba mucho pero no ganaba mucho dinero.
5. En aquel entonces él salía con Sofía.
6. Ella seguía cursos en la Facultad de Filosofía y Letras.
7. Cuando no estudiaba daba clases de inglés.

11
LOS VERBOS REFLEXIVOS

LOS VERBOS REGULARES

A reflexive verb is one in which the action of the verb is both executed and received by the subject.

Me lavo. *I wash myself.*

Since the subject also receives the action of the verb, an additional pronoun is used. This pronoun is called a reflexive pronoun. Review the following forms.

Infinitive	lavarse	bañarse
yo	me lavo	me baño
tú	te lavas	te bañas
él, ella, Ud.	se lava	se baña
nosotros, -as	nos lavamos	nos bañamos
(vosotros, -as)	(os laváis)	(os bañáis)
ellos, ellas, Uds.	se lavan	se bañan

Other frequently used reflexive verbs are:

cepillarse   **peinarse**
ducharse   **ponerse**
levantarse   **quitarse**

LOS VERBOS DE CAMBIO RADICAL

The following verbs have a stem change in the present tense.
(See Appendix.)

acostarse (ue)
despertarse (ie)
sentarse (ie)

The following verbs have a stem change in both the present and preterite tenses. (See pages 361-362.)

despedirse (i,i)	**sentirse (ie,i)**
vestirse (i,i)	**dormirse (ue,u)**
divertirse (ie,i)	

EJERCICIO 1   Algunas costumbres mías

_____ Contesten.

1. ¿A qué hora te acuestas?
2. ¿Te duermes en seguida o pasas la noche dando vueltas en la cama?
3. ¿A qué hora te levantas?
4. ¿Te despiertas fácilmente?
5. ¿Te bañas o te duchas antes de acostarte o después de levantarte?
6. ¿Te desayunas antes de salir para la escuela?
7. ¿Te cepillas los dientes después de tomar el desayuno?
8. ¿Te pones un uniforme para ir a la escuela?
9. ¿Te vistes elegantemente para ir a la escuela?
10. ¿Te diviertes con tus amigos en la escuela?
11. ¿Te despides de tus amigos cuando sales de la escuela?

EJERCICIO 2

_____ Escriban las siguientes oraciones en el pretérito.

1. Juan se acuesta a las diez y media.
2. Se duerme en seguida.
3. Desgraciadamente, yo no me duermo en seguida.
4. ¿A qué hora se acuestan Uds.?
5. ¿Y a qué hora se levantan?
6. Nosotros nos desayunamos en casa.
7. ¿Te desayunas en casa o en la escuela?
8. Juan se despide de sus padres antes de salir para la escuela.
9. Juan y sus amigos se divierten mucho en la escuela.

¿REFLEXIVO O NO?

Remember that a reflexive pronoun is used only when the subject also receives the action of the verb. If a person or object other than the subject receives the action of the verb, no reflexive pronoun is used. Look at the following sentences.

María se lava.
María lava el carro.

Papá se acuesta.
Papá acuesta al bebé.

Ella se mira en el espejo.
Ella mira al niño.

EJERCICIO 3   ¿Reflexivo o no?

_____ Completen con el pronombre reflexivo cuando sea necesario.

1. Yo _____ acuesto a las once de la noche.
2. Yo _____ baño antes de acostarme.
3. Mamá _____ lava al bebé y luego papi _____ acuesta al bebé.
4. Cada mañana yo _____ despierto a mi hermano. Si no lo hago yo, él no _____ despertará nunca.
5. Mi perrito tiene el pelo muy largo. Yo _____ cepillo al perrito tres o cuatro veces a la semana.

EL SENTIDO RECÍPROCO

A reciprocal verb is one in which people do something to or for each other. A reciprocal verb in Spanish functions the same as a reflexive verb.

Ellos se vieron pero no se hablaron.
They saw one another but they didn't speak to one another.

Nos besamos en la mejilla.
We kissed each other on the cheek.

Los dos hermanos se parecen mucho.
The two brothers look a lot like each other.

EJERCICIO 4

_____ Completen.

1. Él me vio y yo lo vi. Nosotros _____ _____ en la tienda por departamentos.
2. Ella me conoció y yo la conocí. Nosotros _____ _____ en la fiesta de Alejandro.
3. Ella le escribió a él y él le escribió a ella. Ellos _____ _____ la semana pasada.
4. Él la quiere y ella lo quiere. Ellos _____ _____ mutuamente.
5. El niño ayuda a la niña y la niña ayuda al niño. Los niños _____ _____ mucho.
6. Carlos encontró a María y María encontró a Carlos. Ellos _____ _____ por casualidad en la esquina de Niza y la Alameda.

ACTIVIDAD

1 ¿Cómo te cuidas?

Make a list of the things that you do to practice good health habits.

12

LOS PRONOMBRES
DESPUÉS DE UNA PREPOSICIÓN

LOS PRONOMBRES CON LA PREPOSICIÓN

A prepositional pronoun is one that follows a preposition (**a, de, en,** etc.). In Spanish the prepositional pronouns are the same as the subject pronouns with the exception of **yo** and **tú. Yo** becomes **mí** after a preposition and **tú** becomes **ti.** Review the following.

Subject	After a preposition	Subject	After a preposition
yo	mí	nosotros, -as	nosotros, -as
tú	ti	(vosotros, -as)	(vosotros, -as)
él	él	ellos	ellos
ella	ella	ellas	ellas
Ud.	Ud.	Uds.	Uds.

Yo creo que él está hablando de mí.
No sé quién es pero sé que vive cerca de nosotros.
¿Sabes quién es el señor que está con él?

With the preposition **con,** the pronouns **mí** and **ti** become **conmigo** and **contigo.**

Juan quería ir conmigo pero por una razón u otra no quería ir contigo.

EJERCICIO 1   ¿Quién y con quién?

_____ Sigan el modelo.

Él habló de ti.
Y tú hablaste de él.

1. Ellos hablaron de mí.
2. Yo fui con él.
3. Ellos volvieron sin Uds.
4. Yo vivía cerca de él.
5. Nosotros íbamos a la escuela con ellos.
6. Tú querías ir conmigo.
7. Yo tenía confianza en él.
8. Ella tenía miedo de nosotros.

13
LAS PALABRAS NEGATIVAS

FORMAS NEGATIVAS

The most frequently used negative words in Spanish are:

nada
nadie
nunca
ni . . . ni
ninguno

Review and contrast the following negative and affirmative sentences.

Affirmative	*Negative*
Yo sé que él tiene algo.	**Yo sé que él no tiene nada.**
Yo sé que alguien está allí.	**Yo sé que nadie está allí.**
Yo sé que él ve a alguien.	**Yo sé que él no ve a nadie.**
Yo sé que él siempre está.	**Yo sé que él nunca está.**
Yo sé que él tiene o un perro o un gato.	**Yo sé que él no tiene ni perro ni gato.**
Yo sé que él tiene algún dinero.	**Yo sé que él no tiene ningún dinero.**

Note that in Spanish the placement of the negative word can vary and that unlike English more than one negative word can be used in the same sentence.

Él nunca va allá.   Él no va allá nunca.
Nadie está.   No está nadie.
Él nunca dice nada a nadie.

Note that the personal **a** must be used with **alguien** or **nadie** when either of these words is the direct object of the sentence.

Él vio a alguien.   Él no vio a nadie.

EJERCICIO 1   Nadie nunca hace nada.

_____ Den la forma negativa.

1. El bebé tiene algo en la boca.
2. El bebé está con alguien.
3. Alguien está con el bebé.

4. El bebé está jugando o con el gato o con el perro.
5. El bebé tiene algún miedo.
6. El bebé ve a alguien.
7. El bebé siempre quiere algo de alguien.

TAMPOCO

Tampoco is the negative word that replaces **también**.

Él lo sabe también.	**Él no lo sabe tampoco.**
Él no lo sabe.	**Ni yo tampoco.**
A mí no me gusta.	**Ni a mí tampoco.**

EJERCICIO 2

_____ Den la forma negativa.

1. Él lo sabe y yo lo sé también.
2. Ella quiere ir y yo quiero ir también.
3. A él le gusta y a mí me gusta también.
4. Yo voy a ir y ellos van también.

SINO Y PERO

The word **pero** means _but_. **Sino** is used after a negative statement to contradict the negative statement. It conveys the meaning _but rather._

Él no es rico, sino pobre.

EJERCICIO 3

_____ Formen oraciones según el modelo.

alto / bajo
Él no es alto, sino bajo.

1. débil / fuerte
2. perezoso / ambicioso
3. gordo / flaco
4. interesante / aburrido

ACTIVIDAD

_____ **1** It's Saturday—your day off from school! Tell what you _never_ do on weekends or on your days off from school. For example: **Nunca me levanto temprano.**

14
EL FUTURO Y EL CONDICIONAL

EL FUTURO
Los verbos regulares

The future of regular verbs is formed by adding the appropriate personal endings to the entire infinitive of the verb. Review the following forms.

Infinitive	hablar	comer	vivir	Endings
yo	hablaré	comeré	viviré	-é
tú	hablarás	comerás	vivirás	-ás
él, ella, Ud.	hablará	comerá	vivirá	-á
nosotros, -as	hablaremos	comeremos	viviremos	-emos
(vosotros, -as)	(hablaréis)	(comeréis)	(viviréis)	(-éis)
ellos, ellas, Uds.	hablarán	comerán	vivirán	-án

The future tense is used the same in Spanish as it is in English. The future expresses an event or action that will take place sometime in the future. Some common adverbial expressions that express future time are:

mañana (por la mañana, por la tarde)
pasado mañana
la semana
el mes
el año ⎬ **que viene**
el verano

Él me hablará mañana por teléfono.
Pero yo lo veré pasado mañana.
La semana que viene él y yo iremos a Wáshington.

Remember too that the expression **ir a** plus an infinitive is very frequently used in Spanish to express a future event. It is equivalent to the English expression *to be going to.*

Él me va a hablar mañana por teléfono.
Pero yo lo voy a ver pasado mañana.
Vamos a ir a Wáshington la semana que viene.

EJERCICIO 1   Un viaje futuro

_____ Contesten.

1. ¿Irás a México algún día?
2. Si vas a México, ¿irás en avión o en carro?
3. ¿Cuánto tiempo pasarás en México?
4. ¿Visitarás la Ciudad de México?
5. ¿Irás a un hotel o vivirás con una familia?
6. ¿Comerás en los excelentes restaurantes de la Zona Rosa?
7. ¿Comprarás algunas artesanías mexicanas en el famoso mercado de San Ángel?
8. ¿Pasarás una tarde en el bonito Bosque de Chapultepec?
9. ¿Visitarás el castillo de Chapultepec donde vivían Maximiliano y Carlota cuando él era emperador de México?
10. ¿Irás al célebre Museo de Antropología?
11. ¿Verás la exposición de artefactos indios en el museo?

EJERCICIO 2   El fin de semana

_____ Contesten con el futuro.

Este fin de semana . . .

1. ¿Van a ir al cine tus amigos?
2. ¿Tú vas a ir con ellos?
3. ¿Qué van a ver Uds.?
4. ¿Quién va a comprar las entradas?
5. Después de salir del cine, ¿van Uds. a ir a un café?
6. ¿Qué vas a pedir en el café?
7. ¿A qué hora van a volver Uds. a casa?

Los verbos irregulares

The following frequently used verbs have irregular roots in the future tense.

decir	**diré**	poder	**podré**	poner	**pondré**
hacer	**haré**	saber	**sabré**	salir	**saldré**
querer	**querré**			tener	**tendré**
				valer	**valdré**
				venir	**vendré**

The future endings for these irregular verbs are the same as those used for regular verbs. Review the following.

Infinitive	decir	poder	poner
yo	diré	podré	pondré
tú	dirás	podrás	pondrás
él, ella, Ud.	dirá	podrá	pondrá
nosotros, -as	diremos	podremos	pondremos
(vosotros, -as)	(diréis)	(podréis)	(pondréis)
ellos, ellas, Uds.	dirán	podrán	pondrán

EJERCICIO 3   ¿Qué hará el fanfarrón?

_____ Escriban las siguientes oraciones en el futuro.

1. Él dice que lo sabe todo.
2. Él dice que puede hacer lo imposible.
3. ¿Lo hace o no?
4. Antes de creerlo, yo tengo que verlo.
5. Él quiere impresionar a todos.
6. Todos sus amigos vienen a ver lo que él hace.
7. ¿Vale la pena ir a verlo o no?
8. Tenemos que esperar a ver lo que él hace.

EL CONDICIONAL

Los verbos regulares e irregulares

The conditional of regular verbs is also formed by adding the appropriate personal endings to the entire infinitive. Note that the personal endings for the conditional are the same as the endings used in the imperfect tense of **-er** and **-ir** verbs. Review the following forms.

Infinitive	hablar	comer	vivir	Endings
yo	hablaría	comería	viviría	**-ía**
tú	hablarías	comerías	vivirías	**-ías**
él, ella, Ud.	hablaría	comería	viviría	**-ía**
nosotros, -as	hablaríamos	comeríamos	viviríamos	**-íamos**
(vosotros, -as)	(hablaríais)	(comeríais)	(viviríais)	**(-íais)**
ellos, ellas, Uds.	hablarían	comerían	vivirían	**-ían**

The same verbs that have an irregular root in the future use the same root to form the conditional.

decir	**diría**	poder	**podría**	poner	**pondría**
hacer	**haría**	saber	**sabría**	salir	**saldría**
querer	**querría**			tener	**tendría**
				valer	**valdría**
				venir	**vendría**

The conditional is used in Spanish the same as in English to express what would take place if it were not for some other circumstances.

Yo iría pero no puedo porque tengo que trabajar.
I would go but I can't because I have to work.

Me gustaría hacer el viaje pero desgraciadamente costaría demasiado.
I would like to take the trip but unfortunately it would cost too much.

EJERCICIO 4 ¿Lo harías o tendrías miedo?

_____ Contesten.

1. ¿Esquiarías o tendrías miedo de esquiar?
2. ¿Bajarías las pistas para los expertos o tendrías miedo de bajarlas?
3. ¿Montarías la plancha de vela o tendrías miedo de caerte?
4. ¿Harías un viaje en avión o tendrías miedo de volar?
5. ¿Tomarías un curso de cálculo o tendrías miedo de ser suspendido(a)?

¿Vendrías a visitarme en la Argentina o tendrías miedo de venir?

ORACIONES INDIRECTAS

Indirect discourse means that rather than state directly what you will do, you restate it indirectly. Observe the following.

Direct discourse   **«Yo iré contigo».**
Indirect discourse   **Yo te digo que iré contigo.**

Note that when the verb of the main clause is in the present tense **(digo),** the verb in the following dependent clause is in the future **(iré).** If the verb of the main clause is in the preterite, the verb in the dependent clause is in the conditional.

Yo te digo que iré contigo.   _I am telling you that I will go with you._
Yo te dije que iría contigo.   _I told you that I would go with you._

Sequence of tenses—Indirect discourse

Main clause	_Dependent clause_
Present	Future
Preterite	Conditional

EJERCICIO 5 ¿Qué dijo?

_____ Cambien _dice_ en _dijo_ y hagan los cambios necesarios.

1. Él dice que estará aquí a las cinco.
2. Él dice que Teresa vendrá con él.
3. Él dice que ellos irán con nosotros a la tienda por departamentos.
4. Él dice que nosotros no tendremos que tomar el autobús porque podremos ir en su carro.
5. Él nos dice que Teresa y él nos ayudarán a seleccionar un televisor.
6. Él me dice que el televisor será más barato en la tienda por departamentos.

15
VERBOS ESPECIALES
CON EL COMPLEMENTO INDIRECTO

LOS VERBOS COMO *IMPORTAR* Y *SORPRENDER*

Verbs such as the following function the same in Spanish as in English.

asustar	*to scare*
encantar	*to enchant (really like)*
enfurecer	*to infuriate, make angry*
enojar	*to bother*
importar	*to matter*
sorprender	*to surprise*

These verbs are always accompanied by an object pronoun which is an indirect object in Spanish. Look at the following sentences.

Aquellos pájaros grandes me asustan.
Y a Roberto le encantan los pájaros.
A él no le asusta nada.
Roberto me enfurece.
Me enojan todos sus animalitos.
Y a él le sorprende mi reacción.

Note that in Spanish the subject of the sentence often comes after the verb.

Me sorprendió su reacción.
A Juan le enojaron mis opiniones.
Pero la verdad es que tampoco me encantaron sus ideas.

EJERCICIO 1   Algunas emociones

_____ Completen.

1. A mí _____ encant__ bailar.
2. A mí y a mis amigos _____ encant__ los discos de rock.
3. Pero a mamá y a papá _____ enoj__ el ruido de la música rock.
4. Ellos dicen que la música _____ molest__ mucho.
5. La verdad es que a mí _____ enfurec__ cuando ellos me dicen que no debo escuchar tantos discos de rock.

EJERCICIO 2 Lo que me asusta

¿Cuáles son cinco cosas que te asustan?
Me asusta(n). . . .

EJERCICIO 3 A mi mamá le enoja . . . .

¿Cuáles son cinco cosas que le enojan a su madre?
A ella le enoja. . . .

EJERCICIO 4 A mí y a mis amigos nos encanta . . . .

¿Cuáles son cinco cosas que a ti y a tus amigos les encantan?
Nos encanta(n). . . .

LOS VERBOS *GUSTAR* Y *FALTAR*

The verbs **gustar** and **faltar (hacer falta)** function the same as the preceding verbs. The verb **gustar** is translated into English as *to like* and **faltar (hacer falta)** is translated as *to need* or *to lack*. These translations are misleading since the true message conveyed by **gustar** is *to be pleasing to* and the true meaning of **faltar** is *to be lacking*. Therefore, the subject of the English sentence *I like food* becomes an indirect object in Spanish—*Food is pleasing to me*. Note too that the direct object of the English sentence *(food)* becomes the subject of the Spanish sentence. Review the following.

A mí me gusta la comida.
¿A ti también te gusta comer?
A mi hermano le gusta mucho la carne.
Pero a mis padres les gustan los mariscos.
¿A Uds. les gusta la carne?
¿O les gustan más los mariscos?

Note that there is a slight but important difference in meaning between the expressions **faltar** and **hacer falta**. **Faltar** means *to be lacking* in the sense that there is not enough. **Hacer falta** conveys the meaning *to need*.

EJERCICIO 5 Lo que me gusta

_____ Contesten.

1. ¿Te gustan las legumbres?
2. ¿Cuáles son las legumbres que te gustan más?
3. ¿Te gusta la carne?
4. ¿Te gusta más la carne o el pescado?
5. ¿Te gustan los mariscos?
6. ¿Qué mariscos te gustan?

EJERCICIO 6 Lo pedí porque me gusta.

_____ Contesten según el modelo.

¿Por qué pediste sopa?
La pedí porque me gusta.

1. ¿Por qué pediste ensalada?
2. ¿Por qué pediste tostones?
3. ¿Por qué pediste arroz?
4. ¿Por qué pediste papas fritas?
5. ¿Por qué pediste camarones?

EJERCICIO 7 Algunas actividades que me gustan

_____ Contesten.

1. ¿Te gusta jugar al fútbol?
2. ¿Te gusta bailar?
3. ¿Te gusta nadar?
4. ¿Te gusta esquiar?
5. ¿Te gusta trabajar?
6. ¿Te gusta leer?
7. ¿Te gusta estudiar?

EJERCICIO 8 Gustos literarios

_____ Completen.

1. A Juan _____ gust_ las tragedias de Shakespeare pero a sus amigos
   _____ gust_ más las comedias.
2. A los amigos de Teresa _____ gust_ las novelas románticas
   pero a Teresa _____ gust_ más las novelas de ciencia ficción.
3. ¿A ti _____ gust_ más las revistas o los periódicos?
4. A nosotros _____ gust_ leer. No _____ import_ lo que leemos.
5. A José _____ gust_ mucho la poesía pero la verdad es que a mí no
   _____ fascin_ la poesía. Como género literario _____ gust_ más la
   novela.

EJERCICIO 9 Lo que me hace falta

_____ Contesten según el modelo.

¿Necesitas papel?
Sí, me hace falta papel.

1. ¿Necesitas dinero?
2. ¿Necesitas cambio?
3. ¿Necesitas una tarjeta de crédito?
4. ¿Necesitas un cheque?
5. ¿Necesitas billetes de cien pesos?
6. ¿Necesitas monedas?

EJERCICIO 10 Lo que me falta

_____ Contesten según el modelo.

¿Te falta papel?
Sí, me falta papel. No tengo suficiente.

1. ¿Te falta papel?
2. ¿Te faltan estampillas?
3. ¿Te faltan sobres?
4. ¿Te falta tinta?

Appendix

VERBS

Regular Verbs

	Infinitive	**hablar**	**comer**	**vivir**
		to speak	*to eat*	*to live*
	Present Participle	hablando	comiendo	viviendo
	Past Participle	hablado	comido	vivido

Simple Tenses

INDICATIVE

Present	hablo	como	vivo
	hablas	comes	vives
	habla	come	vive
	hablamos	comemos	vivimos
	habláis	coméis	vivís
	hablan	comen	viven
Imperfect	hablaba	comía	vivía
	hablabas	comías	vivías
	hablaba	comía	vivía
	hablábamos	comíamos	vivíamos
	hablabais	comíais	vivíais
	hablaban	comían	vivían
Preterite	hablé	comí	viví
	hablaste	comiste	viviste
	habló	comió	vivió
	hablamos	comimos	vivimos
	hablasteis	comisteis	vivisteis
	hablaron	comieron	vivieron
Future	hablaré	comeré	viviré
	hablarás	comerás	vivirás
	hablará	comerá	vivirá
	hablaremos	comeremos	viviremos
	hablaréis	comeréis	viviréis
	hablarán	comerán	vivirán
Conditional	hablaría	comería	viviría
	hablarías	comerías	vivirías
	hablaría	comería	viviría
	hablaríamos	comeríamos	viviríamos
	hablaríais	comeríais	viviríais
	hablarían	comerían	vivirían

SUBJUNCTIVE

Present	hable	coma	viva
	hables	comas	vivas
	hable	coma	viva
	hablemos	comamos	vivamos
	habléis	comáis	viváis
	hablen	coman	vivan
Past	hablara	comiera	viviera
	hablaras	comieras	vivieras
	hablara	comiera	viviera
	habláramos	comiéramos	viviéramos
	hablarais	comierais	vivierais
	hablaran	comieran	vivieran

Compound Tenses

INDICATIVE

Present Perfect	he			
	has			
	ha			
	hemos	hablado	comido	vivido
	habéis			
	han			
Pluperfect	había			
	habías			
	había			
	habíamos	hablado	comido	vivido
	habíais			
	habían			
Future Perfect	habré			
	habrás			
	habrá			
	habremos	hablado	comido	vivido
	habréis			
	habrán			
Conditional Perfect	habría			
	habrías			
	habría			
	habríamos	hablado	comido	vivido
	habríais			
	habrían			

SUBJUNCTIVE

Present Perfect	haya			
	hayas			
	haya			
	hayamos	hablado	comido	vivido
	hayáis			
	hayan			

	Pluperfect			
	hubiera			
	hubieras			
	hubiera			
	hubiéramos	hablado	comido	vivido
	hubierais			
	hubieran			

Direct Commands

INFORMAL
(Tú *and* vosotros *forms*)

	-ar / habla	-er / come	-ir / vive
Affirmative	habla (tú)	come (tú)	vive (tú)
	hablad	comed	vivid
Negative	no hables	no comas	no vivas
	no habléis	no comáis	no viváis
FORMAL	(no) hable Ud.	(no) coma Ud.	(no) viva Ud.
	(no) hablen Uds.	(no) coman Uds.	(no) vivan Uds.

Stem-Changing Verbs
First Class

	-ar verbs		-er verbs	
	e → ie	o → ue	e → ie	o → ue
Infinitive	**sentar**[1]	**contar**[2]	**perder**[3]	**poder**[4]
	to seat	*to tell*	*to lose*	*to be able*
Present Participle	sentando	contando	perdiendo	pudiendo
Past Participle	sentado	contado	perdido	podido

INDICATIVE

Present	siento	cuento	pierdo	puedo
	sientas	cuentas	pierdes	puedes
	sienta	cuenta	pierde	puede
	sentamos	contamos	perdemos	podemos
	sentáis	contáis	perdéis	podéis
	sientan	cuentan	pierden	pueden

SUBJUNCTIVE

Present	siente	cuente	pierda	pueda
	sientes	cuentes	pierdas	puedas
	siente	cuente	pierda	pueda
	sentemos	contemos	perdamos	podamos
	sentéis	contéis	perdáis	podáis
	sienten	cuenten	pierdan	puedan

[1] *Cerrar, comenzar, despertar, empezar,* and *pensar* are similar.
[2] *Acordar, acostar, almorzar, apostar, colgar, costar, encontrar, jugar, mostrar, probar, recordar, rogar,* and *volar* are similar.
[3] *Defender* and *entender* are similar.
[4] *Disolver, doler, envolver, llover,* and *volver* are similar; however their present participles are regular—*disolviendo, doliendo, envolviendo, lloviendo, volviendo.*

Second and Third Classes

	second class		third class
	e → ie, i	o → ue, u	e → i, i
Infinitive	**sentir**[5]	**dormir**[6]	**pedir**[7]
	to regret	*to sleep*	*to ask for, request*
Present Participle	sintiendo	durmiendo	pidiendo
Past Participle	sentido	dormido	pedido

INDICATIVE

Present	siento	duermo	pido
	sientes	duermes	pides
	siente	duerme	pide
	sentimos	dormimos	pedimos
	sentís	dormís	pedís
	sienten	duermen	piden

Preterite	sentí	dormí	pedí
	sentiste	dormiste	pediste
	sintió	durmió	pidió
	sentimos	dormimos	pedimos
	sentisteis	dormisteis	pedisteis
	sintieron	durmieron	pidieron

SUBJUNCTIVE

Present	sienta	duerma	pida
	sientas	duermas	pidas
	sienta	duerma	pida
	sintamos	durmamos	pidamos
	sintáis	durmáis	pidáis
	sientan	duerman	pidan

Imperfect	sintiera	durmiera	pidiera
	sintieras	durmieras	pidieras
	sintiera	durmiera	pidiera
	sintiéramos	durmiéramos	pidiéramos
	sintierais	durmierais	pidierais
	sintieran	durmieran	pidieran

Irregular Verbs

andar *to walk, to go*

Preterite	anduve, anduviste, anduvo, anduvimos, anduvisteis, anduvieron

caber *to fit*

Present	quepo, cabes, cabe, cabemos, cabéis, caben
Preterite	cupe, cupiste, cupo, cupimos, cupisteis, cupieron
Future	cabré, cabrás, cabrá, cabremos, cabréis, cabrán
Conditional	cabría, cabrías, cabría, cabríamos, cabríais, cabrían

---

[5] *Mentir, preferir,* and *sugerir* are similar.
[6] *Morir* is similar; however, the past participle is irregular—*muerto.*
[7] *Conseguir, despedir, elegir, freír, perseguir, reír, sonreír, repetir,* and *seguir* are similar. Past participle of *freír* is *frito.*

	caer[8] *to fall*
Present	caigo, caes, cae, caemos, caéis, caen

	conocer *to know, to be acquainted with*
Present	conozco, conoces, conoce, conocemos, conocéis, conocen

	dar *to give*
Present	doy, das, da, damos, dais, dan
Present Subjunctive	dé, des, dé, demos, deis, den
Preterite	di, diste, dio, dimos, disteis, dieron

	decir *to say, to tell*
Present Participle	diciendo
Past Participle	dicho
Present	digo, dices, dice, decimos, decís, dicen
Preterite	dije, dijiste, dijo, dijimos, dijisteis, dijeron
Future	diré, dirás, dirá, diremos, diréis, dirán
Conditional	diría, dirías, diría, diríamos, diríais, dirían
Direct Command (tú)	di

	estar *to be*
Present	estoy, estás, está, estamos, estáis, están
Present Subjunctive	esté, estés, esté, estemos, estéis, estén
Preterite	estuve, estuviste, estuvo, estuvimos, estuvisteis, estuvieron

	haber *to have*
Present	he, has, ha, hemos, habéis, han
Present Subjunctive	haya, hayas, haya, hayamos, hayáis, hayan
Preterite	hube, hubiste, hubo, hubimos, hubisteis, hubieron
Future	habré, habrás, habrá, habremos, habréis, habrán
Conditional	habría, habrías, habría, habríamos, habríais, habrían

	hacer *to do, to make*
Past Participle	hecho
Present	hago, haces, hace, hacemos, hacéis, hacen
Preterite	hice, hiciste, hizo, hicimos, hicisteis, hicieron
Future	haré, harás, hará, haremos, haréis, harán
Conditional	haría, harías, haría, haríamos, haríais, harían
Direct Command (tú)	haz

	incluir[9] *to include*
Present	incluyo, incluyes, incluye, incluimos, incluís, incluyen

	ir[10] *to go*
Present	voy, vas, va, vamos, vais, van
Present Subjunctive	vaya, vayas, vaya, vayamos, vayáis, vayan
Imperfect	iba, ibas, iba, íbamos, ibais, iban
Preterite	fui, fuiste, fue, fuimos, fuisteis, fueron
Direct Command (tú)	ve

	oír[11] *to hear*
Present	oigo, oyes, oye, oímos, oís, oyen

[8] Spelling changes are found in the present participle—*cayendo;* past participle—*caído;* and preterite—*caí, caíste, cayó, caímos, caísteis, cayeron.*

[9] Spelling changes are found in the present participle—*incluyendo;* and preterite—*incluyó, incluyeron.* Similar are *atribuir, constituir, contribuir, distribuir, fluir, huir, influir,* and *sustituir.*

[10] A spelling change is found in the present participle—*yendo.*

[11] Spelling changes are found in the present participle—*oyendo;* past participle—*oído;* and preterite—*oí, oíste, oyó, oímos, oísteis, oyeron.*

	poder *to be able*
Present Participle	pudiendo
Preterite	pude, pudiste, pudo, pudimos, pudisteis, pudieron
Future	podré, podrás, podrá, podremos, podréis, podrán
Conditional	podría, podrías, podría, podríamos, podríais, podrían

	poner *to put, to place*
Past Participle	puesto
Present	pongo, pones, pone, ponemos, ponéis, ponen
Preterite	puse, pusiste, puso, pusimos, pusisteis, pusieron
Future	pondré, pondrás, pondrá, pondremos, pondréis, pondrán
Conditional	pondría, pondrías, pondría, pondríamos, pondríais, pondrían
Direct Command (tú)	pon

	producir *to produce*
Present	produzco, produces, produce, producimos, producís, producen
Preterite	produje, produjiste, produjo, produjimos, produjisteis, produjeron

	querer *to wish, to want*
Preterite	quise, quisiste, quiso, quisimos, quisisteis, quisieron
Future	querré, querrás, querrá, querremos, querréis, querrán
Conditional	querría, querrías, querría, querríamos, querríais, querrían

	saber *to know*
Present	sé, sabes, sabe, sabemos, sabéis, saben
Present Subjunctive	sepa, sepas, sepa, sepamos, sepáis, sepan
Preterite	supe, supiste, supo, supimos, supisteis, supieron
Future	sabré, sabrás, sabrá, sabremos, sabréis, sabrán
Conditional	sabría, sabrías, sabría, sabríamos, sabríais, sabrían

	salir *to leave, to go out*
Present	salgo, sales, sale, salimos, salís, salen
Future	saldré, saldrás, saldrá, saldremos, saldréis, saldrán
Conditional	saldría, saldrías, saldría, saldríamos, saldríais, saldrían
Direct Command (tú)	sal

	ser *to be*
Present	soy, eres, es, somos, sois, son
Present Subjunctive	sea, seas, sea, seamos, seáis, sean
Imperfect	era, eras, era, éramos, erais, eran
Preterite	fui, fuiste, fue, fuimos, fuisteis, fueron
Direct Command (tú)	sé

	tener *to have*
Present	tengo, tienes, tiene, tenemos, tenéis, tienen
Preterite	tuve, tuviste, tuvo, tuvimos, tuvisteis, tuvieron
Future	tendré, tendrás, tendrá, tendremos, tendréis, tendrán
Conditional	tendría, tendrías, tendría, tendríamos, tendríais, tendrían
Direct Command (tú)	ten

	traer[12] *to bring*
Present	traigo, traes, trae, traemos, traéis, traen
Preterite	traje, trajiste, trajo, trajimos, trajisteis, trajeron

	valer *to be worth*
Present	valgo, vales, vale, valemos, valéis, valen
Future	valdré, valdrás, valdrá, valdremos, valdréis, valdrán
Conditional	valdría, valdrías, valdría, valdríamos, valdríais, valdrían

[12] Spelling changes are found in the present participle—*trayendo;* and the past participle—*traído.*

venir *to come*

Present Participle	viniendo
Present	vengo, vienes, viene, venimos, venís, vienen
Preterite	vine, viniste, vino, vinimos, vinisteis, vinieron
Future	vendré, vendrás, vendrá, vendremos, vendréis, vendrán
Conditional	vendría, vendrías, vendría, vendríamos, vendríais, vendrían
Direct Command (tú)	ven

ver *to see*

Past Participle	visto
Present	veo, ves, ve, vemos, veis, ven
Imperfect	veía, veías, veía, veíamos, veíais, veían

SPANISH-ENGLISH VOCABULARY

The following Spanish-English and English-Spanish Vocabularies contain the words and expressions that appear in this text. Obvious, easily recognizable cognates have been omitted along with some very fundamental and basic vocabulary from levels 1 and 2. If the article of a noun does not indicate gender, the noun is followed by *m. (masculine)* or *f. (feminine)*. Verbs are listed in their infinitive forms. For verb forms, see the verb charts in the Appendix.

A

a to, at, by
  a eso de about
  a lo lejos far, in the distance
  a veces sometimes
el abanico fan
abdicar to abdicate
abdominal pertaining to the stomach
abierto, -a open
el, la abogado, -a lawyer
abogar to plead
abordar to board, to get on
abrazar to hug, to embrace
el abrazo hug
el abrebotellas bottle opener
abrir to open
abrochado, -a fastened
abrochar to buckle
la abuela grandmother
el abuelo grandfather
los abuelos grandparents
aburrido, -a boring
acabar to finish
  acabar de + *inf.* to have just
acaecer to happen
acalambrarse to get a cramp
acariciar to caress
acaso perhaps
  por si acaso just in case
el acaso chance
el aceite oil
la aceituna olive
aceptar to accept
acercarse to approach
el acero steel
acomodado, -a rich, well-off
el, la acomodador, -a usher
acomodar to set (a broken bone)
acompañar to accompany
aconsejable advisable
aconsejar to advise
el acontecimiento event, happening

acordarse (ue) to remember
acortar to shorten
acostarse (ue) to go to bed
la actitud attitude
actual present
acudir to go to, to gather
el acuerdo agreement
  de acuerdo OK
achacoso, -a sickly
adelantarse to advance
el ademán skill
además besides, moreover
adentro within
la adivinanza guess
adivinar to guess
¿adónde? where?
adorar to adore
la aduana customs
advertir (ie, i) to warn
aéreo, -a pertaining to the air
el aeropuerto airport
afeitado, -a shaved
la afición fondness
aficionado, -a fond of
el afilalápices pencil sharpener
afortunadamente fortunately
afortunado, -a fortunate
afuera outside
ágil agile
agradable pleasant
agradecer to thank
agregar to add
agrio, -a bitter
el agua *(f.)* water
el aguacero downpour
el águila *(f.)* eagle
el agujero hole
ahogar to drown
ahora now
ahorcar to hang
ahorrar to save
aislado, -a isolated
el ala *(f.)* wing
alargar to stretch
la alabanza praise
el alba *(f.)* dawn
alcanzar to reach, to achieve

la alcurnia ancestry
la aldea village
la alegría happiness
alejarse to go away from
alemán, -a German
alentado, -a haughty
la aleta fender
el alfiler needle
la alforja saddlebag
algo something, anything
el algodón cotton
alguien someone, somebody
algún, -a some
algunos, -as some
el aliado ally
el alimento food
aliviador, -a soothing
el alma *(f.)* soul
la almendra almond
la almohada pillow
almorzar (ue) to have lunch
el almuerzo lunch
la alpargata sandal
el alquiler rent
alquilar to rent
alrededor (de) around
el altavoz loudspeaker
el altiplano high plateau
alto, -a tall, high
la altura height, altitude
el aluvión flood, large current of water
el alza *(f.)* rise
alzar to raise, to rise
allá over there
allí there
amanecer to dawn
amar to love
amargo, -a bitter
la amargura bitterness
amarillo, -a yellow
ambicioso, -a ambitious
el ambiente atmosphere
ambos, -as both
la amenaza threat
ameno, -a pleasing
la amistad friendship
amistoso, -a friendly

el, la amo, -a head, boss
el amor love
amoroso, -a loving
amostazado, -a annoyed
anaranjado, -a orange
el, la anciano, -a old person
anclado, -a anchored
andaluz, -a of or from Andalucía
andar to go
el andén platform
andino, -a of or from the Andes
la angustia anguish
angustiado, -a worried
animoso, -a lively
anoche last night
el anorak hooded, waterproof jacket
el ante suede
el antepasado ancestor
anterior previous
antes (de) before
antes de que before
antiguo, -a old, ancient
antillano, -a West Indian, Caribbean
antipático, -a unpleasant
el anuncio advertisement, announcement
añadir to add
el año year
añudado, -a tied
apagar to turn off
el aparato apparatus
aparecer to appear
la apariencia appearance
apenas hardly
la apertura opening
la apertura de curso beginning of classes
apetecer to feel like
aplastar to crush
aplaudir to applaud
apoderarse (de) to take charge; to rob
apostar (ue) to bet
el apoyo support
apreciar to appreciate
aprender to learn
apresurarse to hurry
apretado, -a tight
aprobar (ue) to approve
aproximarse to approach, to get close
la apuesta bet
apuntar to note, to jot down

el apunte note
aquel, -la that
aquí here
el árbol tree
la arboleda grove
el abrelatas can opener
el arco arch
la arena sand
árido, -a dry
el arma (f.) weapon
el arma de fuego firearm
el arra (f.) ring
el arrabal suburb
los arrabales outskirts; city slums
arrancar to tear out
arreglar to arrange
arriba on top
arrodillado, -a kneeling
arrojar to throw
el arroz rice
arrugado, -a wrinkled
arterial: la tensión arterial blood pressure
la artesanía craftwork
el, la artesano, -a artisan
asado, -a roasted
la ascendencia origin, background
ascender (ie) to go up
el asco disgust
asegurar to assure
el aseo cleanliness, toilet facility
así so, thus
el asiento seat
la asignatura (school) subject
el asimiento attachment, fondness
asimismo likewise
asistir to attend
el asma (f.) asthma
el, la asociado, -a associate
la aspiración desire, aspiration
aspirar to hope
el astro star
el asunto matter, business
asustar to scare
el atardecer afternoon
atender (ie) to attend to, to wait on, to take care of
aterrador, -a frightening
el aterrizaje landing
aterrizar to land
atestiguar to witness
el, la atleta athlete
el atletismo athletics, track

atrás behind, back
atravesar (ie) to cross
atreverse to dare
la atrocidad atrocity
atropelladamente hastily
el atún tunafish
audaz bold
el audífono earphone
el augurio omen, wish
el aula (f.) classroom
el aumento increase
aunque although
el auricular receiver (phone)
la ausencia absence
auspiciar to sponsor
autóctono, -a native
autodidacto, -a self-taught
la autopista highway
el autorretrato self portrait
el autostop hitchhiking
avanzado, -a advanced
avaro, -a greedy, stingy
el ave (f.) bird
el avión airplane
avisar to advise, to notify
el aviso sign, notice
ayer yesterday
la ayuda help
ayudar to help
azaroso, -a risky
azorado, -a bewildered
el, la azteca Aztec
azul blue
el azulejo glazed tile

B

el bachillerato bachelor's degree, high school diploma
bailar to dance
el baile dance
la baja casualty, decrease
bajar to get off, to descend
el bajel ship
bajo under
bajo, -a short, low
el balón ball (soccer)
bancario, -a relating to a bank
la bandera flag
el banquero banker
el bañador bathing suit
bañarse to bathe
el baño bathroom
el traje de baño bathing suit

el **baquiné** funeral rite of African origin (for a baby or child)

barato, -a cheap

la **barba** beard

la **barbaridad** foolishness

bárbaro, -a barbaric

el **barco** boat

el **barrio** neighborhood

bastante enough, rather, somewhat

bastar to be enough

la **batalla** battle

batir to beat

el **baúl** trunk (of a car)

el **bebé** baby

beber to drink

la **bebida** drink

la **beca** scholarship

la **belleza** beauty

bendecir to bless

bendito, -a blessed

el **bergantín** brig

besar to kiss

la **biblioteca** library

la **bicicleta** bicycle

bien well

    bien hecho well done

la **bienvenida** welcome

el **biftec** steak

el **bigote** mustache

el **billete** ticket, bill

el **bizcocho** biscuit, pastry

el **bizcochuelo** cookie, cake

blanco, -a white

blando, -a soft

el **bloc** notebook

la **boca** mouth

la **bocacalle** intersection

la **bocina** horn

la **boda** wedding

la **bodega** grocery store

la **bofetada** slap

el **boleto** ticket

    el **boleto de ida y vuelta** round-trip ticket

el **bolígrafo** pen

la **bolsa** bag

el **bolsillito** little pocket

el **bolsillo** pocket

el **bombero** fire fighter

la **bonanza** calm at sea

bonito, -a pretty

el **bordo** border, edge

    a bordo on board, aboard

borincano, -a of or from Puerto Rico

borracho, -a drunk

borrar to erase

el **bosque** forest

la **bota** boot

el **bote** tin can

la **botella** bottle

el **botón** button

la **brasa** coal

la **bravura** bravery

el **brazo** arm

breve brief

brillar to shine

el **brío** charm

la **brisa** breeze

la **broma** joke

la **brújula** compass

bucear to go snorkeling

la **buchada** mouthful

bueno, -a good

la **bujía** spark plug

el **buque** ship

buscar to look for

la **butaca** seat

C

el **caballero** gentleman

    el **caballero andante** knight-errant

la **cabellera** hair

la **cabeza** head

la **cabina** cabin

    la **cabina telefónica** telephone booth

el **cabo** leader, boss

la **cabra** goat (female)

el **cabrito** kid, young goat

el **cacao** cocoa

la **cacería** hunt

el **cacumen** acumen, brains

cada each

la **cadena** chain

la **cadera** hip

caerse to fall

la **caja** box, cash register

el, la **cajero, -a** bank teller, cashier

la **calabacita** gourd

la **calavera** skull

la **calidad** quality

cálido, -a warm

caliente hot

calificar to modify

calmar to calm

la **calle** street

el **calor** heat

    hacer calor to be hot (weather)

calladito, -a quiet

callar to be quiet

la **calle** street

el **callo** callus (foot)

la **cama** bed

la **cámara** camera

el, la **camarero, -a** waiter

el **camarón** shrimp

cambiar to change

el **cambio** change, rate of exchange

la **camilla** stretcher

caminar to walk

el **camino** road

el **camión** truck, bus

la **camisa** shirt

el **campanario** bell tower

el **campeón** champion

el **campeonato** championship

el **campesino** farmer

el **campo** field, country

canadiense Canadian

el **canal** channel, station

la **canción** song

la **cancha** ring, court, field

    la **cancha de esquí** ski resort

el **canino** canine (tooth)

cansado, -a tired

el, la **cantante** singer

cantar to sing

la **cantatriz** singer

la **cantidad** quantity

el **canto** song, singing

el **cañón** cannon

el **capacho** basket

el **capítulo** chapter

capote: para mi capote to my understanding

el **capricho** whim

captar to capture

capturar to capture

la **cara** face

la **carabela** caravel, sailing ship

¡caramba! gracious!

el **cardo** thistle

carecer to lack

la **carga** load, cargo

el **cariño** affection

cariñoso, -a affectionate

caritativo, -a charitable

el **cargo** charge

la **caries** cavity

la **carne** meat

    la **carne de res** beef

la **carnicería** butcher shop

el **carnicero** butcher
caro, -a expensive
la **carrera** career
la **carretera** highway
la **carta** letter
el **cartógrafo** mapmaker
la **casa** house
  la **casa editorial**
    publishing house
casarse to get married
casi almost
castaño, -a brown
castellano, -a Castilian
el **castillo** castle
castizo, -a of pure breed
catalán Catalan
el, la **catedrático, -a** professor
caudaloso, -a abundant,
  plentiful
causar to cause
el, la **cazador, -a** hunter
la **cebada** barley
la **cebolla** onion
el **cebollón** onion
célebre well-known
celoso, -a jealous
la **cena** dinner
cenar to have dinner
el **centavo** cent, penny
el **centro** center
cepillar to brush
cepillarse to brush one's
  hair
cerca (de) near
el **cerdo** pig
  la **chuleta de cerdo** pork
    chop
cerrar (ie) to close
la **certidumbre** certainty
la **cicatriz** scar
ciego, -a blind
el **cielo** sky
cien, ciento one hundred
cierto, -a certain
el **ciervo** deer, stag
las **cifras** numerical statistics
el **cine** movie theater
la **cinta** tape, ribbon
  la **cinta adhesiva** adhesive
    tape
  la **cinta para máquina de**
    escribir typewriter
    ribbon
la **cintura** belt, waist
el, la **cirujano, -a** surgeon
la **cita** date, appointment
la **ciudad** city

el, la **ciudadano, -a** citizen
claro, -a clear, light
¡claro! of course!
la **clave** key
  la **clave de área** area code
el **claxon** horn
el **clérigo** clergy
el **clima** climate
la **cloaca** sewer
la **cobardía** cowardice
cobrar to charge, to collect
  cobrar un cheque to cash
    a check
el **coco** coconut
la **cocina** kitchen, cuisine
el, la **cocinero, -a** cook
el **coctel** cocktail party
el **coche** car
el **cochinillo** pig
la **codicia** greed
el **codo** elbow
cojo, -a lame
la **cola** tail, line
  hacer cola to stand in
    line
colado, -a strained
el **colchón** mattress
la **colección** collection
el **colegio** high school
colgar (ue) to hang up
la **colina** hill
el **colmado** grocery store
  (Puerto Rico)
el **colmo** height
colocado, -a located
colocar to place, to put
el, la **comandante** pilot
el **comedor** dining room
comenzar (ie) to begin
comer to eat
el, la **comerciante** business person
el **comestible** food
cometer to commit, to make
la **comida** meal
comilón, -a big eater
como as, like, since
¿cómo? how?
  ¿a cómo es . . .? How
    much is . . .?
la **comodidad** comfort
comoquiera however
compensar (ie) to make up
  for, compensate
el **complejo** complex
completar to complete
componer to compose
el **comportamiento** behavior

la **compra** purchase
  las **compras** shopping
comprar to buy
comprender to understand
la **computadora** computer
comunicar to communicate,
  to talk
concienciar to make aware
el **concierto** concert
la **concordancia** agreement
concordar (ue) to agree
el **conde** count
condensar to condense
conducir to drive
  el **permiso de conducir**
    driver's license
el, la **conductor, -a** driver
el **conejo** rabbit, hare
el, la **conferenciante** lecturer,
  speaker
la **confianza** trust
el **confín** border
congelado, -a frozen
la **congestión** traffic
conmigo with me
conocer to know
conocido, -a famous
el **conocimiento** knowledge,
  acquaintance
la **conquista** conquest
conquistar to conquer
conseguir (i, i) to get
el, la **consejero, -a** adviser
el **consejo** advice
construir to construct
la **consulta** consultation, office
el **consultorio** office
el, la **contable** accountant
la **contaminación** pollution
  la **contaminación del aire**
    air pollution
contar (ue) to count, to tell
contento, -a happy
contestar to answer
contigo with you
el **contorno** environment
  los **contornos** surrounding
    area
contra against
contribuir to contribute
el **control** control, check
  el **control de seguridad**
    security check
controlar to control
convencer to convince
conversar to converse, to
  speak

convocar to convene

el **coraje** courage

el **corazón** heart

la **corbata** tie

el **corcho** cork

la **cordillera** mountain range

corregir (i, i) to correct

el **correo** post office

   la **casa de correos** post office

  correr to run

   correr las olas to ride the waves

corretear to race around

la **corriente** trend, current

el **cortalápices** pencil sharpener

el **cortaplumas** penknife

  cortar to cut

  corto, -a short

la **cosa** thing

  coser to sew

  cosmopolito, -a cosmopolitan

  costar (ue) to cost

  costarricense Costa Rican

el **coste** cost

el **costo** cost

la **costumbre** custom, tradition

  costumbrista folkloric

  crear to create

  crecer to grow

  creer to think, to believe

la **crema** cream

el **crepúsculo** dusk

la **criada** maid

  criar to raise

  criollo, -a Creole

  crudo, -a rare, raw

la **crueldad** cruelty

  cruzar to cross

el **cuaderno** notebook

  cuadrado, -a square

la **cuadra** (street) block

el **cuadro** painting, picture

  ¿cuál? which one?

  cualquiera whatever

  cuando when

  ¿cuándo? when?

  cuandoquiera whenever

  ¿cuánto, -a? how much?

   ¿a cuánto está? how much is?

el **cuartel** barrack

la **cuartilla** printed page of copy

  cuarto, -a quarter

el **cuarto** room

  cuatrocientos, -as four hundred

la **cubierta** cover

  cubrir to cover

el **cuchillo** knife

el **cuello** neck

la **cuenta** bill, check

   la **cuenta de ahorros** savings account

   la **cuenta corriente** checking account

el, la **cuentista** story writer

el **cuento** short story

el **cuerno** horn

el **cuerpo** body

el **cuidado** care

  cuidadosamente carefully

  cuidar (de) to take care (of)

la **culebra** snake

  cultivar to cultivate

el **cumpleaños** birthday

  cumplir to fulfill

  cuyo, -a whose

CH

el **chaleco** vest

   el **chaleco salvavidas** life jacket

el **champú** shampoo

la **chancaca** type of candy

la **chaqueta** jacket

  charlar to chat

  charlatán, -a gabby

la **chatarra** scrap iron, junk

la **chequera** checkbook

la **chica** young girl

el **chicle** gum

el **chico** young boy

  chiflado, -a crazy

  chileno, -a of or from Chile

la **chincheta** thumbtack

  chirriar to creak

  chocar (con) to crash (into)

el **chubasco** downpour, heavy shower

la **chuleta** chop

   la **chuleta de cerdo** pork chop

D

la **dama** lady

   la **dama de honor** bridesmaid

  dañado, -a damaged, broken

  dañino, -a harmful

el **daño** damage

  dar to give

   dar a to face

   dar asco to repulse

   dar calabazas to reject

   dar las gracias to thank

   dar un paseo to go for a walk

   dar prisa to hurry

   dar la vuelta to turn around

   darse cuenta de to realize

el **dátil** date

el **dato** date

  de of, from

   de antemano beforehand

   de nuevo again

   de repente suddenly

  debajo (de) under

  deber ought to, should

el **deber** duty

  débil weak

la **década** decade

el, la **decano** head of a department, dean

  decir to say, to tell

   es decir that is

el **decreto** decree

la **dedicatoria** dedication

el **dedo** finger

   el **dedo del pie** toe

  dejar to leave

el **delantal** apron

  delante (de) in front (of)

  delantero, -a front

  delgado, -a thin

los **demás** the rest

la **demora** delay

  dentro (de) within

el, la **dependiente** salesclerk, employee

  deportar to deport

el **deporte** sport

  deprimente depressing

  deprimido, -a depressed

la **derecha** right

  derecho straight

el **derecho** law

   los **derechos de matrícula** registration fees

  derrocar to demolish; to overthrow

  desaparecer to disappear

la **desaparición** disappearance

desaprobar (ue) to disapprove
desarrollarse to develop
desayunarse to have breakfast
el desayuno breakfast
desbaratar to throw down
desbarbado, -a beardless
descansar to rest
el descanso rest
descender (ie) to descend from
descolgar (ue) to unhook, to take off
descompuesto, -a broken, not working
desconocer to be unfamiliar with
desconocido, -a unknown
el descubrimiento discovery
desde since
desdeñar to scorn
desdichado, -a unlucky
desdoblar to unfold
desear to wish, to want
la desembocadura mouth (of a river)
desembocar to empty (body of water)
el desempleo unemployment
el desengaño deceit, disillusionment
desenvuelto, -a confident
el deseo desire
desesperar to give up, to become desperate
desfallecer to get weak
desgraciadamente unfortunately
desgranar to shuck corn
desmayarse to faint
desmontarse to get off
despacio slowly
despegar to take off (airplane)
el despegue takeoff
despejado, -a clear
los desperdicios waste, leftovers
despertarse (ie) to wake up
despistarse to get lost
el desprecio disdain, scorn
después (de) after
destacarse to stand out
el destierro exile
destruir to destroy
detallado, -a detailed
el detalle detail

detener to stop
detrás (de) behind
devolver (ue) to return, to give back
devorar to devour
diario, -a daily
el diario daily paper
dibujar to draw
el dibujo drawing
dicho, -a said
la dictadura dictatorship
el diente tooth
diestro, -a skilled
la dieta diet
¡diga! Hello! (when answering telephone)
la dignidad dignity
el dinero money
el dinero en efectivo cash
digno, -a worthy
Dios God
la direccional turn signal
directamente directly
la dirección direction, address
dirigirse to go, to head for
el disco record
el disco a cintas tape
diseñar to design
disfrutar to enjoy
disminuir to diminish
disponible available
la disposición disposal, disposition
dispuesto, -a ready
distar to be far
distinto, -a different
divertirse (ie, i) to enjoy oneself
doblar to turn, to bend
la docena dozen
docente teaching
el doctorado doctorate
el dólar dollar
doler (ue) to hurt, to ache
el dolor pain, ache
el domicilio residence
dominar to dominate, to master
el dominó dominoes
donde where
¿dónde? where?
dondequiera wherever
dormilón, -a sleepyhead
dormir (ue, u) to sleep
dormitar to doze
el dormitorio bedroom
la dote dowry

dramatizar to dramatize
el dramaturgo playwright
la droga drug
ducharse to take a shower
la duda doubt
dudar to doubt
dudoso, -a doubtful
el, la dueño, -a owner
dulce sweet
la dulzura sweetness
durante during
duro, -a hard, strong

E

el ecosistema ecological division
ecuatoriano, -a of or from Ecuador
echar to throw
echar de menos to miss
el eclesiástico clergyman
la edad age
la Edad Media Middle Ages
el edificio building
efectuarse to take place
ejecutar to execute, to kill
ejercer to practice
el ejército army
elegir (i,i) to choose, to elect
el elogio praise
el, la embajador, -a ambassador
el embarque boarding, loading
embotellado, -a bottled, jammed up (traffic)
empaquetado, -a packaged
empastar to put in filling, to fill
el empaste filling
empatado, -a tied
empeorar to get worse
el emperador emperor
la emperatriz empress
empezar (ie) to begin
el, la empleado, -a employee
emplear to use
el empleo job
emplumar to tar and feather
empolvado, -a dusty
la empresa company
en in
en seguida immediately
en torno a concerning
enamorado, -a in love
encadenado, -a in chains

encaminarse a to go toward
encantador, -a charming
encantar to enchant
encaramado, -a perched
el encarcelamiento
   incarceration
encarcelar to put in jail
encerrar (ie) to lock
encerrarse (ie) to lock up
la encía gum (of the mouth)
encima (de) on top (of)
encogerse to shrink
encontrar (ue) to find
endosar to endorse
el, la energúmeno, -a wild person
enfadado, -a annoyed, angry
la enfermedad sickness
el, la enfermero, -a nurse
enfermo, -a sick
enfrente (de) in front (of)
enfurecer to infuriate
el engrapador stapler
enigmático, -a puzzled
enjuagar to rinse
el enlace union, marriage
enlatado, -a canned, in a tin
   can
enlodar to splatter with
   mud
la enmienda amendment
enojar to annoy
el enojo annoyance
enorme enormous
enredarse to entangle
la ensalada salad
ensalmar to set (a broken
   bone)
ensayar to try
la enseñanza teaching
enseñar to teach
ensuciar to dirty
entablar to begin, to start
entender (ie) to understand
entero, -a entire, whole
el entierro burial
entonces then, so
   en aquel entonces at that
      time
la entrada admission ticket
entrar to enter
entre between, among
el entremés one-act play
entretenerse to entertain
la entrevista interview
el, la entrevistador, -a interviewer
entristecerse to get sad
el envase container

envejecer to grow old
enviudar to become a
   widow, widower
enviar to send
envuelto, -a wrapped
enyesar to put a cast on
la epopeya epic poem
el equipaje luggage
el equipo team
equivocado, -a wrong,
   incorrect
equivocarse to make a
   mistake
erizado, -a bristly, spiny
errante wandering
erróneo, -a wrong
esbelto, -a slender
escabullirse to sneak away
escalar to scale (a wall)
la escama scale
escapar to escape
el escaparate store display
   window
el escape tailpipe
escaso, -a scarce
la escena scene
el escenario stage, scenery
la esclava bangle bracelet
la esclavitud slavery
el esclavo slave
escoger to choose
escolar (pertaining to)
   school
la escopeta shotgun
escribir to write
   escribir a máquina to
      type
   una máquina de escribir
      typewriter
escuchar to listen to
el escudero squire
la escuela school
ese, -a that
la esfera globe
el esfuerzo effort
la esmeralda emerald
eso that
   a eso de about
el espacio space
la espada sword
el espagueti spaghetti
la espalda back
la especia spice
espectar to look
el espejo mirror
la esperanza hope
esperar to wait, to hope

espeso, -a thick
la espinaca spinach
esponjoso, -a spongy
la esposa wife
la espuela spur
la esquela obituary
el esquí ski, skiing
   la cancha de esquí ski
      resort
   el esquí acuático water
      skiing
esquiar to ski
la esquina corner
establecer to establish
la estación station, season
   la estación de ferrocarril
      railroad station
   la estación de servicio
      service station
estacionarse to park
la estadía stay
el estado state
   los Estados Unidos
      United States
estar to be
   estar para to be ready
este, -a this
estimar to estimate, to
   esteem
estimular to encourage
estirar to stretch
esto this
la estocada stab
estos, -as these
estrecho, -a narrow
la estrella star
la estrofa stanza, verse
el, la estudiante student
estudiar to study
eterno, -a eternal
étnico, -a ethnic
europeo, -a European
evitar to avoid
evocar to evoke
exactamente exactly
el examen examination, test
   sufrir un examen to take
      an exam
examinar to check, to
   examine
exento, -a free
exigir to demand, to
   expect
existir to be
experimentar to
   experience
explicar to explain

la **explotación** exploitation
exponer to expose
extraer to take out
extranjero, -a foreign
extraño, -a strange

F

la **fábrica** factory
fácil easy
facturar to check (baggage)
la **facultad** school (of a university)
la **falda** skirt
la **falta** lack
hacer falta to be lacking
faltar to need
fallecer to die
el **fallecimiento** death
fallido, -a disappointed; dead
el, la **fanfarrón, -a** braggart
el **fantasma** ghost
el, la **farmacéutico, -a** pharmacist
fascinar to fascinate
fastidiar to annoy
la **fatalidad** fate
fatídico, -a fateful
la **fatiga** fatigue
la **fauna** fauna, animal life
el **favor** favor
favor de please
por favor please
favorecer to favor
fecundo, -a fertile, prolific
la **fecha** date
la **fecha de vencimiento** due date
la **fechoría** deed
la **felicidad** happiness
felicitar to congratulate
felino, -a catlike
feliz happy
feo, -a ugly
feroz ferocious
el **fiambre** cold meat
fiel faithful
la **fiesta** party
fijarse to notice
fijo, -a fixed
la **fila** row, line
el **filete** fillet
el **fin** end
el **fin de semana** weekend
a fines de at the end of
financiero, -a financial
la **finca** ranch

la **firma** signature
firmar to sign
flaco, -a thin
el **flamenco** flamingo
el **flan** a custard-like dessert
la **flor** flower
la **flotilla** fleet
el **fondo** background
los **fondos** funds
el, la **fontanero, -a** plumber
el, la **forastero, -a** stranger, foreigner
el **formulario** form
fornido, -a strong
el **foro** rear
forzado, -a forced
fracasado, -a failed
la **fractura** break
la **franja** fringe, stripe
la **frase** phrase
freír (i,i) to fry
frenar to hold back, to brake
la **frente** forehead
frente (a) in front (of), compared (to)
la **fresa** strawberry; dentist's drill
fresco, -a cool, fresh
el **frescor** freshness
el **frijol** bean
frío, -a cold
hacer frío to be cold (weather)
frito, -a fried; done in
la **frontera** boundary, border
la **frutería** fruit store
el **fuego** fire
la **fuente** fountain
fuera outside
fuera de servicio out of order
fuerte strong
el **fulgor** brightness
fumar to smoke
funcionar to work (operate, function)
fundar to found
la **furia** anger, fury
el **fusil** rifle
el **fútbol** soccer

G

la **galleta** biscuit, cracker
la **gallina** hen
el **gallo** rooster
el **gamo** buck

la **gana** desire, hope
tener ganas de to feel like
el **ganado** cattle
ganar to earn, to win
la **ganga** bargain
el **ganso** goose
la **garganta** throat
la **garita** gate
la **garita de peaje** tollbooth
la **gasolinera** gas station
gastar to spend
el **gasto** expense
el **gato** jack (of a car)
el, la **gato, -a** cat
gemir (i,i) to moan, to howl
el **género** genre, kind
la **gente** people
el **gesto** gesture
glorificar to glorify
el, la **gobernador, -a** governor
el **gobierno** government
goloso, -a greedy
el **golpe** blow
la **goma** eraser; tire
la **goma de repuesto** spare tire
gordo, -a fat
la **gota** drop
gozar to enjoy
el **gozne** hinge
el **grado** grade
graduarse to graduate
la **gramática** grammar
grande large, big
el **granizo** hail
la **grapa** fastener, staple
gratis free
gratuito, -a free
grave serious
la **granja** farm
el **grano** grain
griego, -a Greek
gris gray
gritar to shout
grueso, -a thick
el **guajiro** peasant farmer (Cuba)
el **guante** glove
la **guantera** glove compartment
guapo, -a good looking, handsome
el **guardafango** fender (of a car)
el **guardametas** goalie
guardar to guard, to keep
guardar cama to stay in bed

la **guarnición** garrison
la **guerra** war
guerrero, -a warlike
el, la **guía** (tour) guide
guiar to guide
el **guión** script; instruction
el **guisante** pea
gustar to like, to be pleasing
el **gusto** taste, liking

H

haber to have
la **habitación** room
el, la **habitante** inhabitant
habitar to inhabit
hablador, -a talkative
hablar to speak
de habla española
Spanish-speaking
hace ago
el, la **hacendado, -a** landowner
hacer to do, to make
hacer calor to be hot
(weather)
hacer caso a to pay
attention to
hacer cola to form a line
hacer falta to need
hacer frío to be cold
(weather)
hacer gimnasia to do
gymnastics, to exercise
hacer la maleta to pack
(the suitcase)
hacia toward
el **hacha** (f.) ax
hallar to find
la **hamaca** hammock
el **hambre** (f.) hunger
la **harina** flour
harto, -a fed up
hasta until, even
hay there is, there are
hay que it is necessary
la **hazaña** deed
el **hecho** fact, deed
helado, -a freezing, frozen
el **helado** ice cream
la **herencia** inheritance,
heredity
la **herida** wound
la **hermana** sister
el **hermano** brother
hermoso, -a beautiful
hidalgo, -a noble
el **hidalgo** nobleman

la **hiel** bile
higiénico, -a hygienic
la **higuera** fig tree
la **hija** daughter
el **hijo** son
el **hilo** thread
hinchado, -a swollen
hispano, -a Hispanic
hispanoamericano, -a
Spanish American
el **hogar** home
hogareño, -a pertaining to
the home
la **hoja** sheet, leaf
hola hello
holandés, -a of or from
Holland
el, la **holgazán, -na** lazy person
el **hombre** man
el **hombro** shoulder
la **hora** hour, time
el **horario** schedule
hospedar to lodge (at)
hoy today
hoy día these days,
nowadays
la **huelga** strike
la **huella** track
la **huerta** vegetable garden
el **hueso** bone
el **huevo** egg
huir to flee
el **hule** oilcloth
la **humanidad** humanity
húmedo, -a humid
el **humo** smoke
el **huracán** hurricane

I

ibérico, -a Iberian
identificar to identify
el **idioma** language
la **iglesia** church
igual equal
ilimitado, -a unlimited
iluminado, -a lighted, lit
ilustre famous
imaginar to imagine
el **impermeable** raincoat
implorar to ask for, to beg
imponer to impose
importar to be important, to
matter
impresionante impressive
impresionar to impress

imprevisto, -a unforeseen
inaudito, -a extraordinary
el **incendio** fire
incluir to include
incorporarse to join
increíble incredible,
unbelievable
indicar to indicate
indígena native
indómito, -a unconquerable
la **indumentaria** clothing
el **infame** scoundrel
infiel unfaithful
informar to inform
informarse to find out
el **informe** report
los informes news
el, la **ingeniero, -a** engineer
ingerir (ie, i) to drink, to
ingest
inglés, -a English
el **inglés** English (language)
ingresar to enroll, to enter,
to deposit
inicial initial
el pago inicial down
payment
iniciarse to begin
inmerecido, -a undeserved
inolvidable unforgettable
inquietar to bother
inscribirse to register for a
course for credit
(education)
insensibilizar to numb
insolente arrogant
insólito, -a unusual
instalarse to establish
oneself
intentar to try
el **intento** attempt
interesar to interest
la **intermitente** turn
(directional) signal
interrogar to ask
intomable undrinkable
la **intervención quirúrgica**
surgery
intrépido, -a fearless
introducir to put in, to
introduce
el **invierno** winter
el, la **investigador, -a**
investigator
el, la **invitado, -a** guest
invitar to invite
la **inyección** injection

ir to go
   ir a to be going to
   ir de caza to hunt
irlandés, -a Irish
la isla island
la izquierda left

J

el jabalí wild boar
el jabón soap
   el jabón en polvo (el polvo de jabón) soap powder
la jaca pony
jactarse to boast
jadeante panting
jamás ever, never
el jamón ham
japonés, -a Japanese
el jardín garden
el jarro pitcher
la jaula cage
el, la jefe, -a chief
el jesuita Jesuit priest
el jíbaro peasant farmer (Puerto Rico)
el jinete horseman, rider
la jornada day, part
joven young
el, la joven young person
la joya jewel
el juego game; set
el juez judge
la jugada game
el, la jugador, -a player
jugar (ue) to play
juicioso, -a intelligent
juntar to join, to attach
juntos, -as together
jurar to swear
justamente exactly, precisely
justiciero, -a fair
la juventud youth
juzgar to judge

K

el kilo(gramo) kilogram
el kilometraje mileage
el kilómetro kilometer

L

el, la labrador, -a worker
labrar to work
la laca hairspray

la lactosa lactose
la ladera side
el lado side
el ladrillo brick
el, la ladrón, -a robber, thief
el lago lake
la lágrima tear
lamentablemente unfortunately
lamentar to cry
el lamento cry
la lámpara lamp, light
la lana wool
la langosta lobster
lanzar to throw
el lápiz pencil
largo, -a long
la lástima pity
la lata tin can
el látigo whip
el lavado wash
el lavamanos washbasin
la lavandería laundry
el, la lavandero, -a launderer
el lavaplatos dishwasher
lavar to wash
la lealtad loyalty
la lección lesson
la leche milk
la lechería dairy store
el lechón suckling pig
la lechuga lettuce
leer to read
legendario, -a legendary
la legumbre vegetable
lejano, -a distant
lejos far
el lema motto
la lengua language
lentamente slowly
lento, -a slow
el león lion
la letra letter
   la letra de molde printed letter
   las letras words
el levantamiento uprising
levantarse to get up
leve light
la ley law
liberar to free
la libertad liberty
libertado, -a freed
libre free
la librería bookstore
la libreta bankbook
el libro book

la licenciatura license, master's degree
el, la licenciado, -a holder of a licentiate or master's degree
la lid fight
ligero, -a light
limeño, -a of or from Lima
el limpiaparabrisas windshield wiper
el limpiabotas bootblack
limpiar to clean
   limpiar en seco to dry clean
la limpieza cleaning
   la limpieza en seco dry cleaning
el limpión washcloth
el lince lynx
lindo, -a pretty
la línea line
   la línea aérea airline
lírico, -a lyrical
liso, -a straight
listo, -a smart, ready
el litoral coast, shore
loco, -a crazy
locuaz talkative
lograr to achieve
la lona sail cloth
la lonja slice of meat
la lucha fight, struggle
el, la luchador, -a fighter
luego then
el lugar place
   tener lugar to take place
el lujo luxury
lujoso, -a rich, luxurious
luminoso, -a bright
la luna moon
la luz light
   las luces altas high beams
   las luces bajas low beams
   las luces intensas high beams

LL

la llama llama
la llamada call
   la llamada de larga distancia long-distance call
   la llamada de persona a persona person-to-person call
   la llamada por cobrar collect call

llamar to call
llamarse to be named
el **llano** plain
la **llanta** tire
  la llanta baja flat tire
  la llanta de repuesto spare tire
la **llegada** arrival
llegar to arrive
llenar to fill, to fill out
lleno, -a full
llevar to take, to carry; to wear
llorar to cry
lloroso, -a tearful
llover (ue) to rain
la **llovizna** drizzle

M

la **madera** wood
la **madre** mother
madrileño, -a of or from Madrid
la **madrina** godmother
el, la **maestro, -a** teacher
magistral skillful; dignified
magro, -a lean
los **mahones** jeans
el **mal** evil
maldito, -a bad, damned
la **maleta** suitcase
  hacer la maleta to pack (the suitcase)
el **maletero** trunk (car)
malgastar to waste
la **malicia** evil
malo, -a bad
mallorquín, -a of or from Mallorca
mamífero, -a mammal
la **manada** herd
la **mancha** stain
manchar to stain
manchego, -a of or from La Mancha
mandar to send
el **mando** command
manejar to drive
la **manera** way
  de manera que so that
la **maniobra** maneuver
el **manjar** food
la **mano** hand
  a mano by hand
el **manojo** handful, bunch

la **manta** blanket
mantener to keep
manso, -a gentle
el **mantecado** ice cream; milk shake
el **mantel** tablecloth
el **mañana** tomorrow
  pasado mañana the day after tomorrow
la **mañana** morning
la **máquina** machine
  escribir a máquina to type
  la máquina de escribir typewriter
el **mar** sea
la **maravilla** wonder
la **marca** kind, brand, mark
marcar to score
  marcar el número to dial the number
marcharse to go away
la **marea** tide
el **mareo** nausea, sickness
el **marido** husband
marino, -a marine, navy
el **marino** sailor
el **marisco** shellfish
la **marisma** salt marsh
marrón chestnut, brown
mas but
más more
la **máscara** mask
  la máscara de oxígeno oxygen mask
el **mástil** mast of a ship
la **mata** shrub
matar to kill
materno, -a maternal
el **matorral** underbrush
la **matrícula** registration
  los derechos de matrícula registration fees, tuition
matricularse to register
el **matrimonio** marriage
mayor larger, older
la **mayoría** majority
mayúsculo, -a capital
la **mazorca** ear of corn
me me, to me, for me
mecer to swing, to sway
mechado, -a chopped, ground
médico, -a medical
el, la **médico, -a** doctor
la **medida** measure, way, size
medio, -a half, medium

el **medio** means, middle
medioeval medieval
medir (i,i) to measure
la **mejilla** cheek
mejor better
el, la **menguado, -a** coward
menor younger, youngest
menos less
  a lo menos at least
  a menos que unless
el **mensaje** message
el, la **mensajero, -a** messenger
mensual monthly
la **mente** mind
la **mentira** lie
mentiroso, -a liar
menudo: a menudo often
el **mercado** market
la **merienda** snack
el **mes** month
la **mesa** table
  la mesa de operaciones operating table
la **mesera** waitress
el **mesero** waiter
el **mesón** pub, inn
el, la **mestizo, -a** mestizo, person of Spanish and Indian origin
meter to put, to place
  meter un gol to score a goal
el **metro** meter, subway
la **mezcla** mixture
mi my
mí me
el **miedo** fear
la **miel** honey
mientras while
mil one thousand
el **millón** million
minucioso, -a detailed
mío, -a mine
la **mirada** look
mirar to look at, to watch
la **misa** mass
mismo, -a same
el **misterio** mystery
la **mitad** half
mítico, -a fabulous
el **mito** myth
la **mochila** knapsack
la **moda** fashion
  de moda in style
el **modo** way
  de modo que so that
  de todos modos anyway

mofletudo, -a fat-cheeked
mohoso, -a moldy
mojar to get wet
molestar to bother
el **monaguillo** altar boy
la **moneda** coin
la **montaña** mountain
el, la **montañero, -a** mountain climber
montañoso, -a mountainous
montar to mount, to ride
  montar las olas to ride the waves
el **monte** mountain
el **montón** large amount
morder (ue) to bite
morir (ue,u) to die
el **mosaico** tile
el **mostrador** counter
mostrar (ue) to show
la **moto** motorcycle
la **muchedumbre** crowd
mudo, -a dumb, unable to speak
los **muebles** furniture
la **muela** molar tooth
la **muestra** show, sample
  la muestra de sangre blood sample
la **muerte** death
muerto, -a dead
la **mujer** woman, wife
la **muleta** crutch
multiplicar to multiply
el **mundo** world
  todo el mundo everyone
la **muñeca** wrist
el **museo** museum
musitar to mutter
musulmán, -a Moslem
el **mutismo** silence
mutuamente mutually

N

nacer to be born
el **nacimiento** birth
nada nothing
nadar to swim
nadie no one, nobody
la **naranja** orange
la **nariz** nose
narrar to narrate
la **nata** cream
la **natación** swimming
el, la **navegante** navigator
navegar to sail
la **Navidad** Christmas

la **necedad** stupid thing
necesitar to need
necio, -a ignorant
negar (ie) to deny
el **negocio** business
negro, -a black
el, la **nene, -a** baby, infant
neoyorkino, -a of or from New York
netamente clearly
el **neumático** tire
  el neumático de repuesto spare tire
el, la **neurólogo, -a** neurologist
la **nevada** snowfall
nevar (ie) to snow
ni . . . ni neither . . . nor
nicaragüense Nicaraguan
el **nido** nest
la **niebla** fog
la **nieta** granddaughter
el **nieto** grandson
la **nieve** snow
la **niñez** childhood
ningún, ninguno, -a no, none
el, la **niño, -a** child
los **niños** children
el **nivel** level
  el nivel del mar sea level
la **nobleza** nobility
nocivo, -a harmful
la **noche** night
el **nombre** name
nos us, to us, for us
la **nota** note, (class) grade
notar to (take) note
la **noticia** notice
  las noticias news
la **novia** girlfriend, fiancée
el **novio** boyfriend, fiancé
la **novocaína** novocaine
la **nubosidad** cloudiness
el **nudo** knot
nuestro, -a our
nuevo, -a new
  de nuevo again
la **nuez** nut
nunca never, ever

O

obeso, -a fat
el **objeto** objective
la **obra** work
el, la **obrero, -a** worker
obstante: no obstante nevertheless
el **ocaso** sunset

occidental western
el **ocre** ocher
ocupado, -a busy
ocupar to be busy
ochocientos, -as eight hundred
el **oeste** west
ofender to offend
oficiar to officiate
la **oficina** office, business, job
ofrecer to offer
oír to hear
ojalá I hope
la **ojeada** glance
el **ojo** eye
la **ola** wave
  correr las olas to ride the waves
  montar las olas to ride the waves
el **oleaje** surf
olvidar to forget
la **onda** wave
el **ondulado permanente** permanent wave
onomatopéyico, -a onomatopoeic
la **operación** operation
  la mesa de operaciones operating table
  la sala de operaciones operating room
opinar to feel, to think
oponer to oppose
optimista optimistic
opuesto, -a opposite
la **oración** sentence
la **oratoria** oratory
el **orden** order
  a sus órdenes at your service
la **oreja** ear
el **orgullo** pride
el **origen** origin
la **orilla** shore, bank
la **ortiga** nettle
osar to dare
oscuro, -a dark
otro, -a other, another
el **oxígeno** oxygen
el, la **oyente** listener, auditor

P

el, la **paciente** patient
padecer to suffer
el **padre** father
el **padrino** godfather

pagar to pay (for)
la **página** page
el **pago** payment, salary
  el **pago inicial** down payment
el **país** country
el **paisaje** countryside
el **pájaro** bird
la **palabra** word
la **palabrota** bad word
el **paladín** champion
  pálido, -a pale
la **palma** palmtree
la **paloma** dove
la **pampa** plain
el **pan** bread
la **panadería** bakery
los **pantalones** pants
el **pañuelo** handkerchief
la **papa** potato
  las **papas fritas** fried potatoes
el **papel** paper
  el **papel higiénico** toilet paper
la **papelería** stationery store
  papi Daddy
el **paquete** package
el **par** pair
  para for, in order to
  estar para to be ready
  para que so that
el **parabrisas** windshield
el **paraguas** umbrella
  parar to stop
  parar los pelos to make one's hair stand on end
la **parcela** plot, piece
  parecer to seem, to appear
  a mi parecer it seems to me
  parecerse to be similar
la **pared** wall
el, la **pariente, -a** relative
el **parque** park
el **párrafo** paragraph
la **parte** part
  de parte de on behalf of
el, la **partidario, -a** partisan
el **partido** party (political); game (sports)
  partir to leave
  a partir de from (this moment), as of
  pasado, -a last, past
  pasado mañana the day after tomorrow

el, la **pasajero, -a** passenger
el **pasaporte** passport
  pasar to happen, to pass, to spend (time)
el **pasillo** hall, aisle
el **paso** step
el **pasodoble** a musical march and dance
la **pastelería** pastry shop
  paterno, -a paternal
las **patillas** sideburns
el **pato** duck
la **patria** native country
  patrocinar to sponsor
el, la **patrono, -a** owner, boss
la **patrulla** patrol
el **pavo** turkey
  pavoroso, -a frightening
la **paz** peace
el, la **peatón, -a** pedestrian
el **pecho** chest
el, la **pediatra** pediatrician
  pedir (i,i) to ask for
  pegar to strike, to hit
el **peinado** hair style
  peinado, -a combed, styled
  peinarse to comb one's hair
  pelear to fight
la **película** movie
el **peligro** danger
  pelirrojo, -a redhead
el **pelo** hair
  el **corte de pelo** haircut
  peludo, -a hairy
la **peluquería** barbershop, beauty salon
el, la **peluquero, -a** hairdresser
el **peluquero** barber
el **pellón** saddlebag
la **pena** pain, trouble, grief
  pendenciero, -a belligerent
  pender to hang
el **pendón** banner
  penoso, -a painful
el, la **pensador, -a** thinker
el **pensamiento** thought
  pensar (ie) to think
la **pensión** boarding house
el **pentotal sódico** sodium pentothal
el **peón** laborer
  peor worse, worst
  pequeño, -a small
  perder (ie) to lose
  perdón pardon
  perdurar to last
  perezoso, -a lazy

el **periódico** newspaper
el, la **periodista** newspaper reporter
  permanecer to remain
el **permiso** permission, permit
  el **permiso de conducir** driver's license
  permitir to permit, to allow
  pero but
el **perro** dog
  pertenecer to belong
  peruano, -a of or from Peru
  pesar to weigh
  a pesar de in spite of
la **pesca** fishing, catch
la **pescadería** fish store
el **pescado** fish
  pescar to fish
la **peseta** peseta, monetary unit of Spain
  pésimo, -a worst
el **peso** weight; peso, monetary unit of several Latin American countries
  petulante haughty
  piar to chirp
  picado, -a pricked, punctured
  picante spicy
  picar to sting
  picotear to peck
el **pie** foot; down payment
la **piedra** rock
la **piel** skin
la **pierna** leg
la **pieza** piece
la **píldora** pill
el, la **piloto, -a** pilot
el **pimiento** pepper
el **pinchazo** flat tire
el **pino** pine tree
la **pinta** paint
  tener buena pinta to look good
  pintar to paint
el, la **pintor, -a** painter
  pintoresco, -a picturesque
la **pintura** painting
el **piso** apartment; floor
la **pista** ski slope; runway
  placentero, -a pleasant
el **placer** pleasure
la **plancha** plank, plate
  la **plancha de vela** sailboard
el **planchado** ironing
  planchar to iron

la **plata** silver
la **playa** beach
la **plaza** public square
la **plazoleta** small square (in a garden)
la **pluma** feather, pen
la **población** population
pobre poor
la **pobreza** poverty
poco, -a little, few
poder (ue) to be able
el **poder** power
la **poesía** poetry
la **póliza** policy
el **pollito** chick
el **polvo** dust, powder
poner to put, to place
ponerse to put on, to become
la **popa** stern (of a ship)
por for, in order to
por acaso by chance
por casualidad by chance
por ciento percent
por consiguiente consequently
por favor please
por poco almost, nearly
¿**por qué?** why?
porque because
portarse to behave
porteño, -a of or from Buenos Aires
la **portería** goal area, gate
el, la **portero, -a** goalie
portugués, -a Portuguese
poseer to possess
el **postre** dessert
el **precio** price
precisar to need
el, la **precursor, -a** forerunner
preferir (ie,i) to prefer
preguntar to ask
preguntón, -a inquisitive
el **premio** prize
la **prensa** press
la **preocupación** worry
preocupar to worry
la **presilla** clip
el, la **preso, -a** prisoner
la **presión** pressure
el **préstamo** loan
prestar to lend, to loan
presumido, -a conceited
presunto, -a presumed
pretender to think, to intend
primero, -a first

el, la **primo, -a** cousin
primordial important
principal main
el **príncipe** prince
el **principio** beginning
a principios de at the beginning of
la **prisa** haste
dar prisa to hurry
el, la **prisionero, -a** prisoner
probablemente probably
probar (ue) to try
proclamar to proclaim
el **profesorado** faculty, teaching staff
prohibir to prohibit
el **pronóstico** prognosis, forecast
pronto soon
tan pronto como as soon as
el **pronto** down payment
la **propiedad** property
la **propina** tip
propio, -a own
el **propósito** purpose
a propósito by the way
la **prosopopeya** personification
el, la **protagonista** protagonist
proteger to protect
la **provisión** food, provision
próximo, -a next
el **provenzal** Provençal (language)
provocar to incite
prudente wise
la **prueba** test
publicar to publish
el **pueblo** town
el **puerco** pork, pig
la **puerta** door, gate
la puerta de salida departure gate
el **puerto** port
puertorriqueño, -a Puerto Rican
pues well
el **pulmón** lung
la **pulsera** bracelet
el semanario de pulseras a set of seven bracelets
el **pulso** pulse
el **punto** stitch, point
de punto knitted
el punto de vista viewpoint
la **pupila** pupil (of eye)

Q

que that, than
¿**qué?** what?
quedar to be left, to remain
quejarse to complain
quemar to burn
querer (ie) to want
querido, -a dear
el **querosén** kerosene
el **queso** cheese
quidám so-and-so
¿**quién?** who?
quienquiera whoever
la **química** chemical, chemistry
quinientos, -as five hundred
el **quirófano** operating room
quisiera would like
quitar to remove, to take away
quitarse to take off
el **quitasueños** mesmerizer
quizá(s) perhaps

R

rabioso, -a furious, angry
el, la **radio** radio
la radio de transistores transistor radio
la **radiografía** x-ray
el, la **radiólogo, -a** radiologist
la **raíz** root
la **rama** branch
la **ranura** coin slot
el **rascacielos** skyscraper
el **rasgo** trait
el **rato** little while, short time
la **raya** part (hair)
el **rayo** ray
los rayos equis x-rays
la **raza** race
la **razón** reason
el **real** real (Spanish coin)
realizar to fulfill, to achieve
realzar to pick up, to highlight
reanudar to resume
el, la **rebelde** rebel
la **rebeldía** rebellion
rebosante overflowing
el **recado** message
recibir to receive
el **recibo** receipt
recio, -a strong
la **reclamación** complaint
recoger to pick up
reconocer to recognize
el **recorrido** distance traveled

recomendar (ie) to recommend
reconstruir to rebuild
recordar (ue) to remember
recorrer to cover (miles driven)
recortar to trim
el **recorte** trim
el, la **rector, -a** principal, president, director
el **recuerdo** memory, souvenir
el **recurso** resource
el, la **redactor, -a** editor
redondo, -a round
reemplazar to replace
reforzar (ue) to reinforce
el **refrán** proverb
refregar (ie) to rub
el **refresco** refreshment, drink
refugiarse to take refuge
el **refugio** refuge
el **regalo** gift
el **régimen** diet
la **regla** rule, ruler
el **reglamento** rule
regocijarse to rejoice
el **regocijo** joy, gladness
regresar to return
el **regreso** return
la **reina** queen
el **reinado** reign
reinar to reign
reír (i,i) to laugh
la **reja** iron grating
el **relato** story
el **reloj** watch
remediar to remedy
el **remedio** remedy
remendar (ie) to mend
rendir (i,i) to surrender
el **renglón** line (of letters or words)
el **rengloncito** short line (of letters or words)
renombrado, -a famous
renunciar to renounce
repasar to review
el **repaso** review
repentinamente suddenly
repentino, -a sudden
repetir (i,i) to repeat
repleto, -a full
replicar to reply
requerer (ie) to require
el **requisito** prerequisite, requirement
la **resaca** hangover, undertow

resonar (ue) to resound
respaldar to support
el **respaldo** back (of a seat)
respetado, -a respected
respirar to breathe
restar to subtract
retirado, -a shy
retirar to withdraw (funds)
retratar to portray
la **retreta** outdoor band or concert with evening parade
retroceder to go back
reunir(se) to get together
revelar to reveal
revisar to check
la **revista** magazine
el **rey** king
rezar to pray
rezongar to grumble
rico, -a rich
rielar to glimmer, to shine brightly
el **riesgo** risk
  de/contra todo riesgo full coverage (insurance)
el **rincón** corner
el **río** river
la **riqueza** wealth
la **risa** laughter
el **ritmo** rhythm
rizado, -a curly
el **rizado** curled (hair)
robar to steal
el **robo** robbery
rodear to surround
la **rodilla** knee
rogar (ue) to ask, to beg
rojo, -a red
romper to break
la **ropa** clothing, clothes
roto, -a broken
la **rueda** wheel
  la silla de ruedas wheelchair
el **ruido** noise
el **rumbo** path, direction
la **ruta** route

S

sabedor, -a intelligent
saber to know
  saber a to taste like
saborear to taste
el **sacacorchos** corkscrew
el **sacapuntas** pencil sharpener
sacar to pull out, to take out

el **saco** bag
sacudir to shake, to jolt
la **sala** living room
  la sala de emergencia emergency room
  la sala de espera waiting room
  la sala de operaciones operating room
salado, -a salty
la **salchicha** sausage
la **salchichería** pork butcher's shop
el **saldo** balance
la **salida** exit, departure
salir to leave
la **salsa** sauce, dressing
la **salud** health
saludar to greet
el **saludo** greeting
salvaje wild, savage
salvar to save
el **salvavidas** lifesaver
la **sandía** watermelon
la **sangre** blood
sangriento, -a bloody
santo, -a holy
el, la **santo, -a** saint
el, la **sastre, -a** tailor, seamstress
satisfecho, -a satisfied
se himself, herself, themselves, yourself, yourselves
secar to dry
el **secador** dryer
seco, -a dry
la **secreta** glove compartment
el **secuestro** kidnapping
la **seda** silk
la **sede** seat (of government)
sedoso, -a silky
seguir (i,i) to follow, to continue
según according to
segundo, -a second
seguramente surely
la **seguridad** safety
seguro, -a sure
el **seguro** insurance
seleccionado, -a chosen
seleccionar to choose
la **selva** jungle
el **semáforo** traffic light
la **semana** week
  el fin de semana weekend
  la semana que viene next week

el semanario de pulseras set of seven bracelets
sembrar (ie) to plant, to sow
semejante similar
la semejanza likeness, similarity
la semilla seed
la sencillez simplicity
sencillo, -a simple
la sensación feeling
sentado, -a seated
sentarse (ie) to sit down
el sentimiento feeling
sentir (ie,i) to feel, to be sorry
la señal signal, sign
señalar to note
el sepelio burial
ser to be
sereno, -a serene, quiet
serio, -a serious
serrano, -a mountain, highland
el servicio service
fuera de servicio out of order
servir (i,i) to serve
servir de to serve as
siempre always
el siglo century
significar to mean
siguiente following
silencioso, -a quiet, silent
la silla seat, chair
la silla de ruedas wheelchair
simpático, -a nice
sin without
sin embargo nevertheless
sin que without
sino but rather
el sino fate, destiny
el sinónimo synonym
el síntoma symptom
siquiera: ni siquiera not even
la sirena siren
el, la sirviente, -a waiter, waitress, server
soberbio, -a superb
sobre on, above
el sobre envelope
la sobremesa after-dinner talk, dessert
sobresalir to stand out
sobrevivir to survive
sobrevolar (ue) to fly over
la sobrina niece

el sobrino nephew
la sociedad society
el sol sun; Peruvian money
tomar el sol to sunbathe
solamente only
el soldado soldier
soleado, -a sunny
la soledad solitude
soler (ue) to be accustomed to
solicitar to ask for
la solicitud application, help
solo, -a alone
sólo only
soltar (ue) to let go
el soltero bachelor
el sollozo sob
la sombra shade
el sombrerillo little hat
someter to submit
el son sound
sonar (ue) to ring
sonreír (i,i) to smile
sonriente smiling
la sonrisa smile
el, la soñador, -a dreamer
la sopa soup
soplar to blow
soportar to bear, to endure
sorprender to surprise
la sortija ring
sostener to sustain
su his, her, its, your, their
la subasta auction
subir to go up
subir al tren to board the train
subyugado, -a subjugated, subdued
sucio, -a dirty
sucumbir to succumb
sudamericano, -a South American
el sudor sweat
el sueldo salary, pay
suelto, -a loose
el suelto loose change (coins)
el sueño dream
la suerte luck
el suéter sweater
suficiente enough
sufrir to suffer
sufrir un examen to take an exam
sugerir (ie,i) to suggest
sumar to add
superar to win

la superficie surface
suplementario, -a supplementary
suplicante begging
suplicar to beg
el sur south
surgir to arise, to come from
el, la suscriptor, -a subscriber
el sustantivo noun
sustituir to substitute
la sutura suture, stitch

T

tabacalero, -a pertaining to tobacco
taciturno, -a quiet, melancholy
tajado, -a sliced, chopped
la tajada slice
tal such, such a
con tal de que provided that
tal vez perhaps
el talonario checkbook
tallar to carve
también too, also
tampoco either
tan so, as
el tanque tank
tanto, -a so much
el tanto score
marcar un tanto to score
el tapacubo hubcap
el tapón stopper, cork, plug
la taquilla ticket window
tarde late
la tarde afternoon
la tarea work, task
la tarjeta card
la tarjeta de crédito credit card
la tarjeta de embarque boarding pass
la tasa rate
te you, to you, for you
el té tea
el techo roof
el telecabina tram
telefónico, -a of or pertaining to a telephone
el telesilla chairlift
el tema theme
temblar (ie) to tremble
temer to fear

el **temor** fear
la **temporada** (time) period, season
el **temporal** wind and rainstorm
temprano early
tender (ie) a to tend to
tener to have
  tener buena pinta to look good
  tener ganas de to feel like
  tener hambre to be hungry
  tener miedo to be afraid
  tener que to have to
  tenerle frito a uno to be sunk, to be done for
la **tensión** tension
  la **tensión arterial** blood pressure
tentar (ie) to tempt
teñir (i,i) to stain
tercero, -a third
terminar to end
la **terminación** ending
el **término** end
  término medio medium (cooked)
la **ternera** veal
el, la **terrateniente** landowner
el **terremoto** earthquake
el **terreno** terrain
el **tesoro** treasure
ti you
la **tía** aunt
el **tiempo** time; weather
la **tienda** store
  la **tienda por departamentos** department store
  la **tienda de ultramarinos** grocery store
las **tijeras** scissors
la **tinta** ink
el **tinte** dye, color
el **tinto** red wine
la **tintorería** dry cleaners
tirano, -a tyrannical
el **tiro** shot
titulado, -a entitled
el **titular** headline
el **título** title
la **toalla** towel
el **tobillo** ankle
el **tocadiscos** record player
tocar to touch, to play
todavía yet, still
todo, -a all, everything

tomar to take
  tomar puntos to stitch
  tomar el sol to sunbathe
el **tono** tone, signal
topar to try out (two cocks in a fight)
torcer (ue) to twist, to change, to sprain
la **tormenta** storm
tornasolado, -a changeable, irridescent (fabric)
torpe clumsy, awkward
la **torre** tower
el **tostón** fried banana
trabajador, -a hard-working
trabajar to work
el **trabajo** work
traducir to translate
traer to bring
traficar to trade, to deal
tragar to swallow
traicionar to betray
el **traje** suit
  el **traje de baño** bathing suit
el **trámite** step, procedure, formality
  los **trámites de la aduana** customs procedures
transformar to change
el **transporte** transportation
tras behind
trasero, -a back
trasladar to move
tratar to treat
  tratar (de) to try
través: a través de through
el **tren** train
trepar to climb
la **tribu** tribe
la **tripulación** crew
triste sad
la **tristeza** sadness
el **triunfo** triumph
la **tronada** thunderstorm
el **trono** throne
el **trozo** piece
tu your
tú you
tumbarse to fall (into), to lie down

U

u or
Ud. you
Uds. you

último, -a last
los **ultramarinos** groceries, foodstuffs
  la **tienda de ultramarinos** grocery store
unir to unite
unos, -as some
útil useful

V

vago, -a vague
la **vajilla** dishware
¡vale! OK
valenciano, -a of or from Valencia
valer to be worth
  valer la pena to be worth the trouble
valeroso, -a brave
valiente brave
valioso, -a valuable
el **valle** valley
la **vanidad** vanity
el **variante** variation
el **varón** man, male
vasco, -a Basque
el **vástago** offspring
la **vecindad** neighborhood
el, la **vecino, -a** neighbor
la **vela** sail
el **velero** sailboat
la **velocidad** speed, velocity
la **vena** vein
el, la **vencedor, -a** winner
vendar to bandage
vender to sell
el **veneno** poison
venir to come
la **venta** inn
la **ventana** window
la **ventanilla** ticket window, little window
ver to see
  a ver let's see
el **verano** summer
la **verdad** truth
  verdadero, -a real, true
verde green
la **verdura** green vegetable
la **vergüenza** shame
el **vestido** dress
la **vestimenta** clothes, garments
vestirse (i,i) to get dressed
el **vestuario** wardrobe

la vez time
    a veces sometimes
    de vez en cuando from time to time
    en vez de instead of
    otra vez again
la vía means, way, track
viajar to travel, to take a trip
el viaje trip
    la agencia de viajes travel agency
el, la viajero, -a traveler
    el cheque de viajero traveler's check
la vianda food; meat
vibrar to vibrate
el vicio vice
la vida life
viejo, -a old

el viento wind
la vigencia watch
    en vigencia in effect
el vinagre vinegar
el vino wine
virar to turn
la vista sight, view
la viuda widow
el viudo widower
vivir to live
vivo, -a lively, alive, bright
el volante steering wheel
volar (ue) to fly
volver (ue) to return
    volver en sí to regain consciousness
el vuelo flight
la vuelta turn
vuestro, -a your

Y

ya already, now
la yegua mare
la yema yolk
    la yema de huevo eggyolk

Z

el zambo person of black and Indian blood
la zanahoria carrot
el zapato shoe
zurcir to mend

ENGLISH-SPANISH VOCABULARY

A

to **abdicate** abdicar
able: to be able poder (ue)
aboard a bordo
about a eso de (with time)
above sobre
absence la ausencia
abundant caudaloso, -a
to **accompany** acompañar
according to según
accountant el, la contable
accustomed: to be accustomed to
  soler (ue)
ache el dolor
to **ache** doler (ue), acalambrarse
to **achieve** realizar, lograr,
  alcanzar
acquaintance el conocimiento
to **add** añadir, sumar, agregar
address la dirección
adhesive tape la cinta adhesiva
admission ticket la entrada
to **advance** adelantarse
advanced avanzado, -a
advertisement el anuncio
advice el consejo
advisable aconsejable
to **advise** aconsejar, avisar
adviser el, la consejero, -a
affection el cariño
affectionate cariñoso, -a
afraid: to be afraid tener miedo
after después de
afternoon la tarde, el atardecer
again otra vez, de nuevo
against contra
age la edad
agile ágil
ago hace
to **agree** concordar (ue)
agreement el acuerdo, la
  concordancia
airline la línea aérea
airplane el avión
airport el aeropuerto
aisle el pasillo
alive vivo, -a
all todo, -a
to **allow** permitir
ally el aliado
almond la almendra
almost casi, por poco
alone solo, -a

already ya
also también
altar boy el monaguillo
although aunque
altitude la altura
always siempre
ambassador el, la embajador, -a
amendment la enmienda
among entre
ancestor el antepasado
ancestry la alcurnia
anchored anclado, -a
ancient antiguo, -a
Andalusia (of or from) andaluz,
  -za
Andes (of or from) andino, -a
anger la furia
angry enfadado, -a
anguish la angustia
ankle el tobillo
announcement el anuncio
to **annoy** enojar, fastidiar
annoyance el enojo
annoyed enfadado, -a,
  amostazado, -a
another otro, -a
to **answer** contestar
anything algo
anyway de todos modos
to **appear** parecer, aparecer
appearance la apariencia
application la solicitud
appointment la cita
to **appreciate** apreciar
to **approach** acercarse,
  aproximarse
to **approve** aprobar (ue)
apron el delantal
arch el arco
area el área
  area code la clave de área
to **arise** surgir
arm el brazo
army el ejército
to **arrange** arreglar
around alrededor de
arrival la llegada
to **arrive** llegar
arrogant insolente
as como, tan
to **ask** preguntar, interrogar,
  rogar (ue)
  to ask for pedir (i,i), solicitar,
  implorar

associate el, la asociado, -a
to **assure** asegurar
asthma el asma (f.)
atmosphere el ambiente
atrocity la atrocidad
to **attach** juntar
attachment el asimiento
attempt el intento
to **attend** asistir
  to attend to atender (ie)
attendant el, la asistente, -a
  flight attendant el, la
  asistente, -a de vuelo
attention: to pay attention to
  hacer caso a
attitude la actitud
auction la subasta
aunt la tía
available disponible
avenue la avenida
to **avoid** evitar
to **awaken** despertar (ie)
aware: to make aware
  concienciar
away: to go away marcharse
  to go away from alejarse (de)
awkward torpe
ax el hacha (f.)

B

baby el, la bebé, el, la nene, -a
bachelor el soltero
  bachelor's degree el
  bachillerato
back trasero, -a; el respaldo
  (seat); la espalda (person)
background la ascendencia
bad malo, -a; maldito, -a
  bad word la palabrota
bag el saco, la bolsa
bakery la panadería
balance el saldo (financial)
ball (soccer) el balón
banana banana
  fried banana el tostón
to **bandage** vendar
bank bancario, -a; el banco;
  la orilla
  bank teller el, la cajero, -a
bankbook la libreta
banker el banquero
banner el pendón

barber el peluquero
  barber shop la peluquería
bargain la ganga
barley la cebada
barracks el cuartel
basket el capacho
to **bathe** bañarse
bathing suit el bañador, el traje de baño
bathroom el baño, el cuarto de baño, el aseo
battle la batalla
to **be** ser, estar, existir
beach la playa
bean el frijol, la habichuela
to **bear** soportar
beard la barba
beardless desbarbado, -a
to **beat** batir
beautiful hermoso, -a
beauty la belleza
  beauty salon la peluquería
because porque
to **become** ponerse
bed la cama
  to go to bed acostarse (ue)
bedroom el dormitorio
beef el bife, la carne de res
before antes de
beforehand de antemano
to **beg** suplicar, implorar
begging suplicante
to **begin** comenzar (ie), empezar (ie), iniciarse; entablar
beginning el principio
  at the beginning of a principios de
  the beginning of classes la apertura de curso
behalf: on behalf of de parte de
to **behave** portarse bien
behavior el comportamiento
behind detrás de, tras, atrás
to **believe** creer
bell tower el campanario
belligerent pendenciero, -a
to **belong** pertenecer
belt la cintura
to **bend** doblar
besides además
bet la apuesta
to **bet** apostar (ue)
to **betray** traicionar
better mejor
between entre
bewildered azorado, -a
bicycle la bicicleta

big grande
  big eater comilón, -a
bill la cuenta
bird el pájaro, el ave *(f.)*
birth el nacimiento
birthday el cumpleaños
biscuit el bizcocho, la galleta
to **bite** morder (ue)
bitter amargo, -a, agrio, -a
bitterness la amargura
black negro, -a
blanket la manta
to **bless** bendecir
blessed bendito, -a
blind ciego, -a
block (street) la cuadra
blood la sangre
  blood pressure la tensión arterial
  blood sample la muestra de sangre
bloody sangriento, -a
blow el golpe
to **blow** soplar
blue azul
boar (wild) el jabalí
to **board** abordar, subir a
boarding el embarque
  boarding house la pensión
  boarding pass la tarjeta de embarque
to **boast** jactarse
boat el barco
body el cuerpo
  body wave el ondulante permanente
bold audaz
bone el hueso
book el libro
bookstore la librería
boot la bota
bootblack el limpiabotas
border la frontera; el borde; el confín
boring aburrido, -a
born: to be born nacer
boss el, la amo, -a; el, la patrono, -a; el cabo
both ambos, -as
to **bother** molestar, inquietar
bottle la botella, el envase
  bottle opener el abrebotellas
bottled embotellado, -a
boundary la frontera
box la caja
bracelet la pulsera
  bangle bracelet la esclava

braggart el, la fanfarrón, -a
brains el cacumen
to **brake** frenar
branch la rama
brand la marca
brave valeroso, -a, valiente
bread el pan
break la fractura
to **break** romper
  to break into escalar
breakfast el desayuno
  to have breakfast desayunarse
to **breathe** respirar
breeze la brisa
brick el ladrillo
bridesmaid la dama de honor
brief breve
brig el bergantín
bright luminoso, -a
brightness el fulgor
to **bring** traer
broken roto, -a; dañado, -a; descompuesto, -a
brother el hermano
brown castaño, -a, marrón
bravery la bravura
bristly erizado, -a
to **brush** cepillar
  to brush one's hair cepillarse
buck el gamo
to **buckle** abrochar
Buenos Aires (of or from) porteño, -a
building el edificio
bunch el atado, el manojo
burial el entierro, el sepelio
to **burn** quemar
business el asunto, el oficio, el negocio
  business person el, la comerciante
busy ocupado, -a
  to be busy with ocuparse de
but pero, mas
  but rather sino
butcher el carnicero
  butcher shop la carnicería
button el botón
to **buy** comprar
by a, por

C

cage la jaula
call la llamada
  collect call una llamada por cobrar

long-distance call la llamada de larga distancia

person-to-person call una llamada de persona a persona

to **call** llamar

callus (foot) el callo

can la lata

can opener el abrelatas

Canadian canadiense

canine (tooth) el canino

canned enlatado, -a

cannon el cañón

capital mayúsculo, -a; la capital

to **capture** captar, capturar

car el carro, el coche

caravel la carabela

card la tarjeta

care el cuidado

to **take care of** cuidar de/a, atender (ie)

carefully cuidadosamente

cargo la carga

to **caress** acariciar

carrot la zanahoria

to **carry** llevar

to **carve** tallar

cash el dinero en efectivo

cash register la caja

to **cash a check** cobrar un cheque

cashier el, la cajero, -a

cast: to put a cast on enyesar

casualty la baja

cat el, la gato, -a

catlike felino, -a

cattle el ganado

cavity la caries

cent el centavo

century el siglo

certain cierto, -a

certainty la certidumbre

chain la cadena

in chains (chained) encadenado, -a

chair la silla

chairlift el telesilla

champion el paladín, el campeón

championship el campeonato

chance el acaso

by chance por casualidad, por acaso

change el cambio, el suelto

to **change** cambiar, transformar

channel el canal

chapter el capítulo

charge el cargo

to **charge** cobrar

to **take charge of** apoderarse de

charitable caritativo, -a

charm el brío

charming encantador, -a

to **chat** charlar

cheap barato, -a

check la cuenta; el cheque

to **check** examinar, revisar

to **check (baggage)** facturar

checkbook la chequera, el talonario

checking account la cuenta corriente

cheek la mejilla

cheese el queso

chemistry la química

chest el pecho

chestnut el marrón

chick el pollito

chicken el pollo

chief el, la jefe, -a

child el, la niño, -a

childhood la niñez

children los, las niños, -as

Chilean chileno, -a

to **chirp** piar

to **choose** escoger, elegir (i,i), seleccionar

chop la chuleta

pork chop la chuleta de cerdo

chopped mechado, -a

chosen seleccionado, -a

Christmas la Navidad

church la iglesia

citizen el, la ciudadano, -a

city la ciudad

classroom el aula *(f.)*

to **clean** limpiar

cleanliness el aseo

clear claro, -a, despejado, -a

clearly netamente

clergy el clérigo

clergyman el eclesiástico

climate el clima

to **climb up** trepar

to **close** cerrar (ie)

clothes la ropa, la vestimenta

clothing la indumentaria

cloudiness la nubosidad

clumsy torpe

coal la brasa

coast la costa, el litoral

cocktail party el coctel

cocoa el cacao

coconut el coco

coin la moneda

coin slot (telephone) la ranura

cold frío, -a

to **be cold weather** hacer frío

cold meat el fiambre

to **comb one's hair** peinarse

combed peinado, -a

to **come** venir

to **come from** descender (ie)

comfort la comodidad

command el mando

to **commit** cometer

to **communicate** comunicar

company la empresa; la compañía

compass la brújula

to **compensate** compensar

to **complain** quejarse

complaint la reclamación

complex el complejo

to **compose** componer

computer la computadora

conceited presumido, -a

concerning en torno a

to **condense** condensar

confident desenvuelto, -a

to **congratulate** felicitar

to **conquer** conquistar

conquest la conquista

consciousness: to regain consciousness volver en sí

consequently por consiguiente

to **construct** construir

consultation office la consulta

container el envase

to **continue** seguir (i,i)

to **contribute** contribuir

to **convene** convocar

to **convince** convencer

cook el, la cocinero, -a

cookie el bizcochuelo, el bizcocho

cool fresco, -a

cork el corcho; el tapón

corkscrew el sacacorchos

corn: ear of corn la mazorca

corner el rincón, la esquina

correct exacto, -a

to **correct** corregir (i,i)

cosmopolitan cosmopolito, -a

cost el coste, el costo

Costa Rican costarricense

cotton el algodón

count el conde

counter el mostrador

country el país, el campo

countryside el paisaje, la campaña

courage el coraje

course el curso

  of course ¡claro!

court la cancha

cousin el, la primo, -a

cover la cubierta

to **cover** cubrir; **(distance traveled)** recorrer

coward el, la menguado, -a

cowardice la cobardía

cracker el bizcochuelo, la galleta

craftwork la artesanía

cramp: to get a cramp acalambrarse

to **crash into** chocar con

crazy loco, -a, chiflado, -a

to **creak** chirriar

cream la crema, la nata

to **create** crear

credit el crédito

  credit card la tarjeta de crédito

Creole criollo, -a

crew la tripulación

to **cross** atravesar (ie), cruzar

crowd la muchedumbre

cruelty la crueldad

to **crush** aplastar

crutch la muleta

cry el lamento

to **cry** llorar, lamentar

curled (hair) el rizado

curly rizado, -a

current (of water) el aluvión

custom la costumbre

customs la aduana

to **cut** cortar

D

Daddy papi, el papá

daily diario, -a

  daily paper el diario

dairy la lechería

damage el daño

damaged dañado, -a

damned maldito, -a

dance el baile, la danza

to **dance** bailar

danger el peligro

to **dare** atreverse, osar

dark oscuro, -a

to **darn** zurcir

date la cita, el dato, la fecha, el dátil

daughter la hija

dawn el alba *(f.)*

to **dawn** amanecer

day el día, la jornada

  the day after tomorrow pasado mañana

dead muerto, -a, fallido, -a

dean el, la decano

dear querido, -a

death la muerte, el fallecimiento

deceit el desengaño

decree el decreto

dedication la dedicatoria

deed la hazaña, la fechoría

deer (stag) el ciervo

delay la demora

to **demand** exigir

to **demolish** derrocar

dentist el, la dentista

  dentist's drill la fresa

to **deny** negar (ie)

department el departamento

  department store la tienda por departamentos

departure la salida

  departure gate la puerta de salida

to **deposit** depositar, ingresar

depressed deprimido, -a

depressing deprimente

to **descend** bajar

to **design** diseñar

desire la aspiración, la gana, el deseo

dessert el postre, la sobremesa

destination el destino

destiny el sino

to **destroy** destruir

detail el detalle

detailed detallado, -a, minucioso, -a

to **develop** desarrollarse

to **devour** devorar

to **dial the number** marcar el número

dictatorship la dictadura

to **die** morir (ue,u), fallecer

diet el régimen, la dieta

different distinto, -a

difficult difícil

dignified magistral

to **diminish** disminuir

dining room el comedor

dinner la cena

  to have dinner cenar

direction el rumbo, la dirección

director el, la director, -a; el, la rector, -a

dirty sucio, -a

to **dirty** ensuciar

to **disappear** desaparecer

disappearance la desaparición

disappointed fallido, -a

to **disapprove** desaprobar (ue)

discovery el descubrimiento

discreet discreto, -a

disgust el asco

dish el plato

dishware la vajilla

dishwasher el lavaplatos

disillusion el desengaño

disposal la disposición

distance la distancia

  in the distance a lo lejos

distant lejano, -a

to **distribute** distribuir

to **do** hacer

doctor el, la doctor, -a; el, la médico, -a

doctorate el doctorado

dog el perro

to **dominate** dominar

dominoes el dominó

door la puerta

doubt la duda

to **doubt** dudar

doubtful dudoso, -a

dove la paloma

down payment el pronto, el pie, el pago inicial

downpour el aguacero, el chubasco

dowry la dote

to **doze** dormitar

to **draw** dibujar

drawing el dibujo

dream el sueño

dreamer el, la soñador, -a

dress el vestido

dressed: to get dressed vestirse (i,i)

drink la bebida, el refresco

to **drink** beber, ingerir (ie,i)

to **drive** conducir, manejar

driver el, la conductor, -a

  driver's license el permiso de conducir

drizzle la llovizna

dry cleaners la tintorería
drop la gota
to **drown** ahogar
drug la droga
drunk borracho, -a
dry seco, -a, árido, -a
  dry bread la galleta
to **dry** secar
to **dry clean** limpiar en seco
  dry cleaning la limpieza en
    seco
dryer el secador
duck el pato
during durante
dusk el crepúsculo
dust el polvo
dusty empolvado, -a
duty la obligación, el deber
dye el tinte

E

each cada
eagle el águila (f.)
ear la oreja
early temprano
to **earn** ganar
earphone el audífono
earthquake el terremoto
easy fácil
to **eat** comer
Ecuador (of or from)
  ecuatoriano, -a
edge el borde
editor el, la redactor, -a
effort el esfuerzo
egg el huevo
  eggyolk la yema de huevo
either o, u
elbow el codo
to **elect** elegir (i,i)
to **embrace** abrazar
emerald la esmeralda
emergency la emergencia
  emergency room la sala de
    emergencia
emperor el emperador
employee el, la empleado, -a,
  el, la dependiente
empress la emperatriz
to **empty (body of water)**
  desembocar
to **enchant** encantar

to **encourage** estimular, fomentar
end el término, el fin, el final
  at the end of a fines de
to **end** terminar
ending la terminación
to **endorse** endosar
to **endure** perdurar, soportar
enemy el, la enemigo, -a
engineer el, la ingeniero, -a
English inglés, -a, el inglés
to **enjoy** disfrutar, gozar
  to enjoy oneself divertirse
    (ie,i)
enormous enorme
enough bastante, suficiente
  to be enough bastar
to **enroll** matricularse, inscribirse
to **entangle** enredarse
to **enter** entrar
to **entertain** entretenerse
entire entero, -a
entitled titulado, -a
envelope el sobre
environment el contorno
epic poem la epopeya
equal igual
to **erase** borrar
eraser la goma
to **escape** escapar
especially sobre todo
to **establish** establecer
to **estimate** estimar
even hasta
event el acontecimiento
ever jamás, nunca
everyone todo el mundo, todos,
  -as
everything todo
evil el mal, la malicia
to **evoke** evocar
exactly justamente
examination el examen
  to take an examination sufrir
    un examen
to **execute** ejecutar
exercise el ejercicio
exit la salida
to **expect** exigir
expense el gasto
expensive caro, -a
to **experience** experimentar
to **explain** explicar
exploitation la explotación
to **expose** exponer
extraordinary inaudito, -a
exile el destierro
eye el ojo

F

fabulous fabuloso, -a
face la cara
  to face dar a
fact el hecho
factory la fábrica
faculty el profesorado
failed fracasado, -a
to **faint** desmayarse
fair justiciero, -a
faithful fiel
to **fall** caer, caerse, tumbarse
famous famoso, -a,
  renombrado, -a, conocido, -a,
fan el abanico
far lejos
  to be far distar
farm la granja
farmer el guajiro (Cuba), el
  jíbaro (Puerto Rico)
to **fascinate** fascinar
fashion la moda
fast rápido, -a
fastened abrochado, -a
fastener la grapa
fat gordo, -a; obeso, -a
fate el sino
fateful fatídico, -a
father el padre
fatigue la fatiga
favor el favor
to **favor** favorecer
fear el miedo, el temor
to **fear** temer
fearless intrépido, -a
feather la pluma
fed up harto, -a
to **feel** sentir (ie,i), experimentar
  to feel like tener ganas de,
    apetecer
feeling el sentimiento, la
  sensación
fees (registration) los derechos
  de matrícula
fender (car) el guardafango, la
  aleta
ferocious feroz
fertile fértil
few poco, -a
fiancé el novio
fiancée la novia
field el campo
fig tree la higuera
fight la lid
to **fight** pelear
fighter el, la luchador, -a

to fill llenar
fillet el filete
filling el empaste
   to put in (tooth) filling empastar
financial financiero, -a
to find hallar, encontrar (ue)
   to find out informarse
finger el dedo
to finish acabar
fire el fuego, el incendio
   fire fighter el bombero
firearm el arma *(f.)* de fuego
first primero, -a
fish el pescado
   fish store la pescadería
to fish pescar
fishing la pesca
fixed fijo, -a
flag la bandera
flamingo el flamenco
to flee huir
fleet la flotilla
flight el vuelo
flood el aluvión
floor el piso
flour la harina
flower la flor
to fly volar (ue)
   to fly over sobrevolar (ue)
fog la niebla, la neblina
folkloric costumbrista
to follow seguir (i,i)
following siguiente
fond of aficionado, -a
fondness la afición; el asimiento
food los comestibles, el alimento, las provisiónes, la vianda, el manjar, la comida
foolishness la barbaridad
foot el pie
for para, por
forecast el pronóstico
forehead la frente
foreigner el, la forastero, -a
forerunner el, la precursor, -a
forest el bosque
to forget olvidar
form el formulario
fortunate afortunado, -a
fortunately afortunadamente
to found fundar
fountain la fuente
free gratuito, -a, gratis; exento, -a; libre
to free liberar

freed libertado, -a
freezing helado, -a
French francés, -a
frequently con frecuencia
freshness el frescor
fried frito, -a
   fried banana el tostón
   fried potatoes las papas fritas
friendly amistoso, -a
friendship la amistad
frightening pavoroso, -a, aterrador, -a
fringe la franja
from de, a partir de
front delantero, -a
   in front of enfrente de, delante de, frente a
frozen congelado, -a, helado, -a
fruit la fruta
   fruit store la frutería
to fry freír (i,i)
to fulfill cumplir; realizar
full lleno, -a, repleto, -a
to function funcionar
fund el fondo
funny divertido, -a
furious rabioso, -a
furniture los muebles

G

gabby charlatán, -a
game el partido, la jugada, el juego
garden el jardín
   vegetable garden la huerta
garments la vestimenta
garrison la guarnición
gasoline la gasolina
   gas station la gasolinera
gate la portería, la puerta, la garita
to gather acudir
gentle manso, -a
gentleman el señor, el caballero
German alemán, -a
gesture el gesto
to get conseguir (i,i)
   to get off bajar de, desmontarse
   to get on abordar, subir a
   to get up levantarse
ghost el fantasma

gift el regalo
girl la chica, la muchacha
to give dar
   to give up desesperar (emotionally)
glance la ojeada
to glimmer rielar
globe la esfera
to glorify glorificar
glove el guante
   glove compartment la guantera, la secreta
to go ir, andar
   to go to acudir
   to go up subir, ascender (ie)
   to be going to ir a
goal el propósito, el gol
   to score a goal meter un gol
   goal area la portería
goalie el, la portero, -a; el guardametas
goat (female) la cabra
   young goat el cabrito
God Dios
godfather el padrino
godmother la madrina
good bueno, -a
   good looking guapo, -a
   good morning buenos días
   to look good tener buena pinta
goose el ganso
gourd la calabacita
government el gobierno
governor el, la gobernador, -a
gracious! ¡caramba!
to graduate graduarse
grain el grano
granddaughter la nieta
grandfather el abuelo
grandmother la abuela
grandparents los abuelos
grandson el nieto
gray gris
greed la codicia
greedy avaro, -a; goloso, -a
Greek griego, -a
green verde
   green vegetable la verdura
to greet saludar
greeting el saludo
grief la pena
grocery store la bodega, la tienda de ultramarinos (Spain), el colmado (Puerto Rico)
grove la arboleda

to **grow** crecer
to **grumble** rezongar
guess la adivinanza
to **guess** adivinar
guest el, la invitado, -a
guide el, la guía
to **guide** guiar
guitar la guitarra
gum el chicle; (**of the mouth**) la encía
gymnastics: to do gymnastics hacer gimnasia

H

hail el granizo
hair el pelo, la cabellera
  hair style el peinado
  to comb one's hair peinarse
  to make one's hair stand on end parar los pelos
haircut el corte de pelo
hairdresser el, la peluquero, -a
hairspray la laca
hairy peludo, -a
half medio, -a; la mitad
hall el pasillo
ham el jamón
hammock la hamaca
hand la mano
  by hand a mano
handful el manojo
handkerchief el pañuelo
handsome guapo, -a
to **hang** pender, ahorcar
  to hang up (telephone) colgar (ue)
hangover la resaca
to **happen** pasar, acaecer
happiness la alegría, la felicidad
happy contento, -a, feliz
hard duro, -a
  hard-working trabajador, -a
hare el conejo
hardly apenas
harmful nocivo, -a, dañino, -a
haste la prisa
hastily atropelladamente
haughty alentado, -a, petulante
to **have** tener, haber
  to have just acabar de + *infinitive*
  to have to tener que

head la cabeza
  head of a department el, la decano
  to head for dirigirse a
headline el titular
health la salud
to **hear** oír
heart el corazón
heat el calor
height la altura
help la ayuda, la solicitud
to **help** ayudar
herd la manada
here aquí
heredity la herencia
herself se
high alto, -a
  high beams (lights) las luces altas, las luces intensas
  high school el colegio
to **highlight** realzar
highway la carretera, la autopista
hill la colina
him lo, le
hinge el gozne
hip la cadera
to **hit** pegar
hitchhiking el autostop
hole el agujero
Holland (of or from) holandés, -a
holy santo, -a
home el hogar, la casa
home: pertaining to the home hogareño, -a
honey la miel
hope la esperanza, la gana
to **hope** esperar, aspirar
  I hope ojalá
horn el cuerno; la bocina, el claxon
horseman el jinete
hot caliente
  to be hot weather hacer calor
hour la hora
house la casa
  publishing house la casa editorial
how? ¿cómo?
  how much? ¿cuánto, -a?
however comoquiera
hubcap el tapacubo
hug el abrazo
to **hug** abrazar
humid húmedo, -a
hunger el hambre *(f.)*
  to be hungry tener hambre

hunt la cacería
to **hunt** ir de caza
hunter el, la cazador, -a
hurricane el huracán
to **hurry** darse prisa, apresurarse
to **hurt** doler (ue)
husband el marido
hygienic higiénico, -a
hymn el himno

I

ice cream el helado
to **identify** identificar
if si
ignorant ignorante, necio, -a
immediately en seguida
important importante, primordial
  to be important importar
to **impose** imponer
to **impress** impresionar
impressive impresionante
incarceration el encarcelamiento
to **incite** provocar
to **include** incluir
incorrect equivocado, -a
increase el aumento
inexpensive económico, -a
to **infuriate** enfurecer
to **inhabit** habitar
inhabitant el, la habitante
inheritance la herencia
injection la inyección
ink la tinta
inn el mesón, la venta
inquisitive preguntón, -a
instead of en vez de
insurance el seguro
intelligent inteligente, sabedor, -a, juicioso, -a
to **intend** pretender
intention el propósito
intersection la bocacalle
interview la entrevista
interviewer el, la entrevistador, -a
Irish irlandés, -a
iron (scrap) la chatarra
iron grating la reja
to **iron** planchar
ironing el planchado
island la isla
isolated aislado, -a

J

jack (of a car) el gato
jacket la chaqueta
Japanese japonés, -a
jeans (blue) los mahones
  (Puerto Rico)
jealous celoso, -a
Jesuit el jesuita
jewel la joya
job el oficio, el empleo
to **join** juntar; incorporarse
joke la broma
to **jolt** sacudir
joy el regocijo
judge el juez
to **judge** juzgar
jungle la selva
junk la chatarra

K

to **keep** guardar, mantener
kerosene el querosén
key la clave
kid (goat) el cabrito
kidnapping el secuestro
to **kill** matar
kilogram el kilo(gramo)
kilometer el kilómetro
kind el género, la clase, la
  marca
king el rey
to **kiss** besar
kitchen la cocina
knapsack la mochila
knee la rodilla
kneeling arrodillado, -a
knife el cuchillo
knight-errant el caballero
  andante
knitted de punto
knot el nudo
to **know (a fact)** saber; **(be
  acquainted with)** conocer
knowledge el conocimiento

L

laborer el peón
lack la falta
to **lack** carecer, faltar
lady la dama, la señora
lake el lago
lame cojo, -a
lamp la lámpara
to **land** aterrizar
landing el aterrizaje
landowner el, la terrateniente,
  el, la hacendado, -a
language la lengua, el idioma
large grande
  large amount el montón
last último, -a, pasado, -a
to **last** perdurar
late tarde
to **laugh** reír (i,i)
laughter la risa
launderer el, la lavandero, -a
laundry la lavandería
law el derecho; la ley
lawyer el, la abogado, -a
lazy perezoso, -a
  lazy person el, la holgazán, -a
leaf la hoja
lean magro, -a
to **learn** aprender
least: at least a lo menos
to **leave** dejar, salir, partir
lecture la conferencia
lecturer el, la conferenciante
left la izquierda
leg la pierna
to **lend** prestar
less menos
to **let go** soltar (ue)
letter la carta; la letra
  printed letter la letra de
  molde
lettuce la lechuga
level el nivel
library la biblioteca
license el permiso
lie la mentira
life la vida
  life jacket el chaleco
  salvavidas
lifesaver el, la salvavidas
light leve, ligero, -a, claro, -a;
  la luz, la lámpara
lighted iluminado, -a
like como
to **like** gustar
likewise asimismo
liking el gusto
Lima (of or from) limeño, -a
line la cola, la fila; el renglón,
  la línea
  to form a line hacer cola
lion el león
to **listen to** escuchar
listener el, la oyente
lit iluminado, -a
little poco, -a
to **live** vivir
lively vivo, -a, animoso, -a
livestock el ganado
living room la sala
load la carga
loading el embarque
loan el préstamo
to **loan** prestar
lobster la langosta
located colocado, -a
to **lock** encerrar (ie)
  to lock up encerrarse (ie)
to **lodge (at)** hospedar
long largo, -a
look la mirada
to **look** espectar
  to look at mirar
  to look for buscar
loose suelto, -a
to **lose** perder (ie)
to **lose one's way** despistarse
lot: a lot mucho
loudspeaker el altavoz
love el amor
  in love enamorado, -a
to **love** amar
loving amoroso, -a
low bajo, -a
  low beams (lights) las luces
  bajas
loyalty la lealtad
luck la suerte
luggage el equipaje
lunch el almuerzo
  to have lunch almorzar (ue)
lung el pulmón
luxurious lujoso, -a
luxury el lujo
lying mentiroso, -a
lynx el lince

M

machine la máquina
madam la señora
Madrid (of or from) madrileño,-a
magazine la revista
maid la criada
main principal
to **make** hacer, cometer
  to make up for compensar
Mallorca (of or from)
  mallorquín, -a

mammal mamífero, -a
man el hombre, el varón
maneuver la maniobra
mania la manía
mapmaker el cartógrafo
march (type of) el pasodoble
mare la yegua
marine marino, -a
market el mercado
marriage el enlace, el matrimonio
  to get married casarse con
mask la máscara
mass la misa
mast of a ship el mástil
master el amo
to **master** dominar
master's degree la licenciatura
matter el asunto
to **matter** importar
mattress el colchón
meal la comida
to **mean** significar
means el, los medio, -s
measure la medida
to **measure** medir (i,i)
meat la vianda, la carne
medium medio, -a
  medium cooked término medio
melancholy melancólico, -a, taciturno, -a
memory el recuerdo
to **mend** remendar (ie), zurcir
message el recado, el mensaje
messenger el, la mensajero, -a
metropolis la metrópoli
middle el medio
  Middle Ages la Edad Media
mileage el kilometraje
milk la leche
mind la mente
minute el momento, el minuto
mirror el espejo
miss la señorita
to **miss** echar de menos (a person)
mistake: to make a mistake equivocarse
mixture la mezcla
to **moan** gemir (i,i)
to **modify** calificar
moldy mohoso, -a
money el dinero
month el mes
monthly mensual
mood el humor
moon la luna

more más
moreover además
morning la mañana
Moslem musulmán, -a
mother la madre
motorcycle la moto
motto el lema
to **mount** montar
mountain la montaña, el monte
  mountain climber el, la montañero, -a
  mountain range la cordillera
mountainous montañoso, -a
mouth la boca; **(of a river)** la desembocadura
mouthful la buchada
to **move** trasladarse
movie la película
  movie theater el cine
mustache el bigote
mute mudo, -a
to **mutter** musitar
mutually mutuamente
my mi
myth el mito

N

name el nombre
  to be named llamarse
to **narrate** narrar
narrow estrecho, -a
native indígena; autóctono, -a
  native country la patria
nausea el mareo
navigator el, la navegante
navy marino, -a
near cerca de
nearly por poco
necessary necesario, -a
  it is necessary hay que
neck el cuello
to **need** necesitar, hacer falta, faltar, precisar
needle el alfiler
neighbor el, la vecino, -a
neighborhood la vecindad, el barrio
neither tampoco
neither...nor ni...ni
nephew el sobrino
nest el nido
never jamás, nunca
nevertheless sin embargo, no obstante

New York (of or from) neoyorkino, -a
news los informes, las noticias
newspaper el periódico
  newspaper reporter el, la periodista
next próximo, -a
  next week la semana que viene
Nicaraguan nicaragüense
nice simpático, -a
niece la sobrina
night la noche
  last night anoche
no no, ningún, ninguno, -a
nobility la nobleza
noble hidalgo
nobleman el hidalgo
nobody nadie
noise el ruido
none ningún, ninguno, -a
no one nadie
normally normalmente
north el norte
  North American norteamericano, -a
nose la nariz
not no
  not even ni siquiera
note el apunte, la nota
to **note** apuntar, señalar
  to take note notar
notebook el cuaderno, el bloc
nothing nada
notice el aviso, la noticia
to **notice** fijarse
to **notify** avisar
noun el sustantivo
now ahora, ya
nowadays hoy día
to **numb** insensibilizar
nurse el, la enfermero, -a
nut la nuez

O

obituary la esquela
objective el objeto
to **occur** pasar
ocher el ocre
to **offer** ofrecer
office el consultorio, la oficina
to **officiate** oficiar
offspring el vástago
often a menudo
oil el aceite

oilcloth el hule
OK de acuerdo, vale
old viejo, -a, antiguo, -a
  old person el, la anciano, -a
  to grow old envejecer
older mayor
olive la aceituna
on sobre
onion la cebolla, el cebollón
only solamente, sólo
open abierto, -a
to **open** abrir
opening la apertura
operating room el quirófano, la
  sala de operaciones
operating table la mesa de
  operaciones
operation la operación, la
  intervención quirúrgica
to **oppose** oponer
opposite opuesto, -a
optimistic optimista
orange anaranjado, -a; la
  naranja
order el orden
  in order to para
origin la ascendencia, el origen
other otro, -a
ought to deber
out of order fuera de servicio
outdoor concert (with parade)
  la retreta
outside fuera, afuera
outskirts (city) los arrabales
overflowing rebosante
to **overthrow** derrocar
own propio, -a
owner el, la patrono, -a; el, la
  dueño, -a
oxygen el oxígeno
  oxygen mask la máscara de
  oxígeno

P

to **pack a suitcase** hacer la maleta
package el paquete
packaged empaquetado, -a
page la página
pain la pena, el dolor
painful penoso, -a
paint la pinta
to **paint** pintar
painter el, la pintor, -a
painting el cuadro, la pintura
pair el par
pale pálido, -a

palmtree la palma
panting jadeante
pants los pantalones
paper el papel
paragraph el párrafo
pardon perdón
to **park** estacionarse
part la parte; **(hair)** la raya
partisan el, la partidario, -a
party la fiesta
  political party el partido
passenger el, la pasajero, -a
past pasado, -a
pastry shop la pastelería
to **patch** zurcir
path el camino
patrol la patrulla
to **pay for** pagar
payment el pago
pea el guisante
peace la paz
to **peck** picotear
pedestrian el, la peatón, -a
pediatrician el, la pediatra
pen el bolígrafo, la pluma
pencil el lápiz
  pencil sharpener el
  afilalápices, el cortalápices,
  el sacapuntas
penknife el cortaplumas
penny el centavo
people la gente
pepper (vegetable) el pimiento;
  (spice) la pimienta
percent por ciento
perched encaramado, -a
perhaps acaso, tal vez, quizá(s)
period (time) la temporada
permanent (wave) el ondulado
  permanente
permission el permiso
permit el permiso
Peru (of or from) peruano, -a
Peruvian money el sol
pharmacist el, la farmacéutico, -a
to **pick up** realzar, recoger
picturesque pintoresco, -a
piece el trozo, la pieza
pig el cerdo, el cochinillo, el
  puerco
pill la píldora
pillow la almohada
pilot el, la comandante; el, la
  piloto, -a
pine tree el pino
pitcher el jarro
pity la lástima

place el lugar
to **place** colocar, poner, meter
plain la pampa, el llano
plank la plancha
to **plant** sembrar (ie)
plateau (high) el altiplano
platform el andén
play el drama
to **play** jugar (ue); **(musical**
  instrument) tocar
player el, la jugador, -a
playwright el dramaturgo
to **plead** abogar
pleasant agradable, placentero, -a
please favor de, por favor
pleasing ameno, -a
  to be pleasing gustar
pleasure el placer
plentiful caudaloso, -a
plot la parcela
plumber el, la fontanero, -a
pocket el bolsillo
poem (epic) la epopeya
poetry la poesía
poison el veneno
pole el bastón
policy la póliza
pollution la contaminación
  air pollution la
  contaminación del aire
pony la jaca
poor pobre
pork el puerco, el cerdo
  pork chop la chuleta de
  cerdo
Portuguese portugués, -a
port el puerto
to **portray** retratar
to **possess** poseer
post office la casa de correos
powder el polvo
power el poder
to **practice** ejercer
praise la alabanza, el elogio
to **pray** rezar
precisely justamente
to **prefer** preferir (ie,i)
prerequisite el requisito
present actual
president (of a university) el, la
  rector, -a
press la prensa
pressure la presión
presumed presunto, -a
pretty lindo, -a; bonito, -a
previous anterior
previously anteriormente

price el precio
pricked picado, -a
pride el orgullo
prince el príncipe
principal el, la rector, -a
prisoner el, la preso, -a; el, la prisionero, -a
prize el premio
probably probablemente
procedure el trámite
to **proclaim** proclamar
professor el, la catedrático, -a; el, la profesor, -a
prognosis el pronóstico
to **prohibit** prohibir
property la propiedad
to **protect** proteger
proud orgulloso, -a
proverb el refrán, el proverbio
provided that con tal de que
pub el mesón
public público, -a
public square la plaza
to **publish** publicar
Puerto Rican borincano, -a, puertorriqueño, -a
to **pull out** sacar
pulse el pulso
punctured picado, -a
purchase la compra
puree el puré
purpose el propósito
to **put** meter, poner
to put in jail encarcelar
to put on ponerse
puzzling enigmático, -a

Q

quality la cualidad, la calidad
quantity la cantidad
quarter cuarto, -a
queen la reina
question la pregunta
quickly rápido, -a
quiet silencioso, -a; sereno, -a; taciturno, -a; calladito, -a
to be quiet callar

R

rabbit el conejo
race la raza
to **race around** corretear
railroad el ferrocarril

railroad station la estación de ferrocarril
to **rain** llover (ue)
raincoat el impermeable
to **raise** alzar
ranch la finca
rare crudo, -a, raro, -a
rate la tasa
rate of exchange el cambio
rather bastante
to **reach** alcanzar
to **read** leer
ready listo, -a, dispuesto, -a
to be ready estar para
real (Spanish coin) el real
to **realize** darse cuenta de
rear el foro
reason la razón
rebel el, la rebelde
rebellion la rebeldía
to **rebuild** reconstruir
receipt el recibo
to **receive** recibir
receiver (phone) al auricular
to **recognize** reconocer
record el disco
record player el tocadiscos
red rojo, -a
red wine el tinto
redhead pelirrojo, -a
refreshment el refresco
refuge el refugio
to take refuge refugiarse
to **register** matricularse, inscribirse
registration la matrícula
registration fees los derechos de matrícula
reign el reinado
to **reign** reinar
to **reinforce** reforzar (ue)
to **reject** dar calabazas
to **rejoice** regocijarse
relative el, la pariente, -a
to **remain** permanecer
to **remember** recordar (ue), acordarse (ue) de
to **remove** quitar
to **renounce** renunciar
rent el alquiler
to **rent** alquilar
to **repeat** repetir (i,i)
to **replace** reemplazar
to **reply** replicar
report el informe
to **repulse** dar asco
to **require** requerer (ie)

requirement el requisito
residence el domicilio, la residencia
to **resound** resonar (ue)
resource el recurso
respected respetado, -a
rest el descanso
the rest los demás
to **rest** descansar
to **resume** reanudar
return el regreso
to **return** volver (ue), regresar, devolver (ue)
to **reveal** revelar
review el repaso
to **review** repasar
rhythm el ritmo
rice el arroz
rich rico, -a; lujoso, -a; acomodado, -a
to **ride** montar
rifle el fusil
right la derecha
ring la sortija, el arra (f.)
to **ring** sonar (ue)
to **rinse** enjuagar
rise el alza (f.)
to **rise** alzar
risk el riesgo
risky azaroso, -a
river el río
road el camino
roasted asado, -a
robber el, la ladrón, -a
robbery el robo
rock la piedra
roof el techo
room la habitación, el cuarto
rooster el gallo
root la raíz
round redondo, -a
route la ruta
row la fila
to **rub** refregar (ie)
rule el reglamento, la regla
ruler la regla
to **run** correr
runway la pista

S

sad triste
to get sad entristecerse
saddlebag el pellón, la alforja
sadness la tristeza
safety la seguridad
said dicho, -a

sail la vela
to **sail** navegar
sailboat el velero
sailboard la plancha de vela
sailing ship la carabela
sailor el marino
saint el, la santo, -a
salad la ensalada
salary el sueldo
salesclerk el, la dependiente
salty salado, -a
same mismo, -a
sand la arena
sandal la alpargata
satisfied satisfecho, -a
sauce la salsa
sausage la salchicha
to **save** salvar, ahorrar (money)
savings account la cuenta de
  ahorros
to **say** decir
scale la escama
to **scale (a wall)** escalar
scar la cicatriz
scarce escaso, -a
to **scare** asustar
scene la escena
scenery el escenario
schedule el horario
school la escuela
  pertaining to school escolar
  school of a university la
    facultad
scholarship la beca
scissors las tijeras
score el tanto
to **score** marcar
  to score a goal meter un gol,
    marcar un tanto
scorn el desprecio
to **scorn** desdeñar
scoundrel el infame
scrap iron la chatarra
script el guión
sea el mar
  sea level el nivel del mar
seamstress la sastra
season la estación; la
  temporada
seat la butaca, la silla, el
  asiento
  seat (of government) la sede
seated sentado, -a
second segundo, -a
security la seguridad
  security check el control de
    seguridad

to **see** ver
  let's see a ver
seed la semilla
to **seem** parecer
self portrait el autorretrato
self-taught autodidacto, -a
to **sell** vender
to **send** enviar, mandar
sentence la oración
serious serio, -a, grave
to **serve** servir (i,i)
server el, la sirviente, -a
service el servicio
  at your service a sus órdenes
set el juego
  set of seven bracelets el
    semanario de pulseras
to **set (broken bone)** ensalmar,
  acomodar
to **sew** coser
sewer la cloaca, la alcantarilla
shade la sombra
to **shake** sacudir
shame la vergüenza
shampoo el champú
shaved afeitado, -a
sheet la hoja (of paper)
shellfish el marisco
to **shine** brillar
  to shine brightly rielar
ship el buque, el bajel
shirt la camisa
shoe el zapato
shopping las compras
shore la orilla, el litoral
short corto, -a, bajo, -a
  short time el rato
to **shorten** acortar
shot el tiro
shotgun la escopeta
shoulder el hombro
to **shout** gritar
to **show** mostrar (ue)
shower (rain) el chubasco, el
  aguacero
shower: to take a shower
  ducharse
shrimp el camarón
to **shrink** encoger
shrub la mata
to **shuck corn** desgranar
shy retirado, -a
sick enfermo, -a
sickly achacoso, -a
sickness la enfermedad
side el lado, la ladera
sideburns las patillas

sight la vista
sign la señal
to **sign** firmar
signal la señal
  turn signal la intermitente
signature la firma
silence el silencio, el mutismo
silent silencioso, -a
silk la seda
silky sedoso, -a
silver la plata
similar semejante
  to be similar parecerse
simple sencillo, -a
simplicity la sencillez
since como, desde
to **sing** cantar
singer el, la cantante
singing el canto
sister la hermana
to **sit down** sentarse (ie)
ski el esquí
  ski resort la cancha de esquí
  ski slope la pista
to **ski** esquiar
skiing el esquí
skill el ademán
skilled diestro, -a
skin la piel
skirt la falda
skull la calavera
sky el cielo
skyscraper el rascacielos
slap la bofetada
slave el esclavo
slavery la esclavitud
to **sleep** dormir (ue,u)
sleepyhead dormilón, -a
slender esbelto, -a
slice la tajada, la lonja
sliced tajado, -a
slowly lentamente, despacio
slums (city) los arrabales
small pequeño, -a
smart listo, -a
smile la sonrisa
to **smile** sonreír (i,i)
smiling sonriente
smoke el humo
to **smoke** fumar
snack la merienda
snake la culebra
to **sneak away** escabullirse
to **snorkel** bucear
snow la nieve
to **snow** nevar (ie)
snowfall la nevada

so entonces, así, tan
  so-and-so quidám
  so much tanto, -a
  so that para que, de modo que, de manera que
soap el jabón
  soap powder el jabón en polvo, el polvo de jabón
sob el sollozo
soccer el fútbol
society la sociedad
sodium pentothal el pentotal sódico
soft blando, -a
soldier el soldado
solitude la soledad
some algunos, -as, unos, -as
somebody alguien
someone alguien
something algo
sometimes a veces
somewhat bastante
son el hijo
song la canción, el canto
soon pronto
  as soon as tan pronto como
soothing aliviador, -a
sorry: to be sorry sentir (ie,i)
soul el alma (f.)
sound el son
soup la sopa
south el sur
  South American sudamericano, -a
souvenir el recuerdo
to **sow** sembrar (ie)
space el espacio
spaghetti el espagueti
Spanish español, -a
  Spanish American hispanoamericano, -a
  Spanish-speaking de habla española
spare tire la goma de repuesto, la llanta de repuesto, el neumático de repuesto
spark plug la bujía
to **speak** hablar, conversar
speed la velocidad
to **spend** gastar
  to spend time pasar
spice la especia
spicy picante
spinach la espinaca
spite: in spite of a pesar de
to **splatter with mud** enlodar
spongy esponjoso, -a

to **sponsor** patrocinar, auspiciar
sport el deporte
to **sprain** torcer (ue)
spur la espuela
square cuadrado, -a
square (small) la plazoleta
squire el escudero
stab la estocada
stage el escenario
stain la mancha
to **stain** manchar, teñir (i,i)
to **stand out** destacarse, sobresalir
stanza la estrofa
staple la grapa
stapler el engrapador
star el astro, la estrella
to **start** entablar, empezar (ie), comenzar (ie)
state el estado
station la estación
  service station la estación de servicio
stationery store la papelería
statistics las cifras
stay la estadía
to **stay at** hospedar
  to stay in bed guardar cama
to **steal** robar
steak el biftec
steel el acero
steering wheel el volante
step el paso
stern (side of a ship) la popa
stick el bastón
still todavía
to **sting** picar
stingy avaro, -a
stitch la sutura, el punto
to **stitch** tomar puntos
to **stop** parar, detener
store la tienda
  store display window el escaparate
storm la tormenta
story el cuento, el relato
  story writer el, la cuentista
straight liso, -a; derecho, -a
strained colado, -a
strange extraño, -a
stranger el, la forastero, -a
strawberry la fresa
street la calle
to **stretch** alargar, estirar
stretcher la camilla
strike la huelga
to **strike** pegar (a blow)
stripe la franja

strong fuerte, fornido, -a, recio, -a
struggle la lucha
to **study** estudiar
stupid estúpido, -a
  stupid thing la necedad
style: in style de moda
subject la asignatura
subjugated subyugado, -a
to **submit** someter
subscriber el, la suscriptor, -a
to **substitute** sustituir
to **subtract** restar
suburb el suburbio, el arrabal
subway el metro
to **succumb** sucumbir
such tal
  such a tal
suckling pig el lechón
sudden repentino, -a
suddenly repentinamente, de repente
suede el ante
to **suffer** sufrir, padecer
to **suggest** sugerir (ie,i)
suit el traje
suitcase la maleta
summer el verano
to **sunbathe** tomar el sol
sunny soleado, -a
sunset el ocaso
superb soberbio, -a
support el apoyo
to **support** respaldar
sure seguro, -a
surely seguramente
surf el oleaje
surface la superficie
surgeon el, la cirujano, -a
surgery la intervención quirúrgica
to **surprise** sorprender
to **surrender** rendir (i,i)
to **surround** rodear
to **survive** sobrevivir
to **sustain** sostener
suture la sutura
to **swallow** tragar
to **sway** mecer
to **swear** jurar
sweat el sudor
sweater el suéter
sweet dulce
sweetness la dulzura
to **swim** nadar
swimming la natación
to **swing** mecer
swollen hinchado, -a

sword la espada
symptom el síntoma

T

table la mesa
  operating table la mesa de operaciones
tablecloth el mantel
tack (thumb) la chincheta
tail la cola
tailor el, la sastre, -a
tailpipe el escape
to **take** llevar, tomar
  to take away quitar
  to take off despegar
  to take out sacar, extraer
  to take place tener lugar, efectuarse
takeoff el despegue
talkative hablador, -a, locuaz
tall alto, -a
tank el tanque
tape la cinta, el disco a cintas
task la tarea
taste el gusto
to **taste** saborear
  to taste like saber a
tea el té
to **teach** enseñar
teacher el, la profesor, -a; el, la maestro, -a
teaching docente; la enseñanza
team el equipo
tear la lágrima
to **tear out** arrancar
tearful lloroso, -a
telephone el teléfono
  telephone booth la cabina telefónica
  pertaining to a telephone telefónico, -a
to **tell** contar (ue), decir
to **tempt** tentar
to **tend to** tender (ie) a
term el término
terrain el terreno
test el examen, la prueba
than que
to **thank** dar las gracias, agradecer
that ese, -a; aquel, -la; eso; que
  that is to say es decir
theme el tema
then entonces, luego

there allí
  over there allá
  there is, there are hay
thick espeso, -a, grueso, -a
thief el, la ladrón, -a
thin flaco, -a; delgado, -a
thing la cosa
to **think** creer, pensar (ie), opinar, pretender
thinker el, la pensador, -a
third tercero, -a
this este, -a; esto
thistle el cardo
thought el pensamiento
thousand mil
thread el hilo
threat la amenaza
throat la garganta
throne el trono
through por, a través de
to **throw** lanzar, arrojar, echar
  to throw down desbaratar
thunderstorm la tronada
thus así
ticket el billete, el boleto
  round-trip ticket el boleto de ida y vuelta
  ticket window la taquilla, la ventanilla
tide la marea
tie la corbata
tied añudado, -a, empatado, -a
tight apretado, -a
tile el mosaico
  glazed tile el azulejo
time la hora, el tiempo, la vez
  at that time en aquel entonces
  from time to time de vez en cuando
tin can la lata, el bote
tip la propina
tire la goma, la llanta, el neumático
  flat tire la llanta baja, el pinchazo
  spare tire el neumático de repuesto, la goma de repuesto, la llanta de repuesto
tired cansado, -a
tobacco (pertaining to) tabacalero, -a
today hoy
toe el dedo del pie
together juntos, -as
  to get together reunirse

toilet paper el papel higiénico
tollbooth la garita de peaje
tomorrow mañana
tone el tono
tooth (molar) la muela, el diente
top: on top arriba
  on top of encima de
to **touch** tocar
toward hacia
  to go toward encaminarse
towel la toalla
tower la torre
town el pueblo
track la huella
tradition la costumbre, la tradición
traffic el tráfico, la congestión
  traffic light el semáforo
train el tren
trait la característica, el rasgo
tram (for skiing) el telecabina
transistor radio la radio de transistores
to **translate** traducir
transportation el transporte
to **travel** viajar
  travel agency la agencia de viajes
  traveler el, la viajero, -a
  traveler's check el cheque de viajero
treasure el tesoro
to **treat** tratar
tree el árbol
  pine tree el pino
to **tremble** temblar (ie)
trend la corriente
tribe la tribu
trim el recorte
to **trim** recortar
trip el viaje
  to take a trip viajar, hacer un viaje
triumph el triunfo
trouble la pena
true verdadero, -a
trunk (of a car) el baúl, el maletero
trust la confianza
truth la verdad
to **try** intentar, ensayar, probar, topar, tratar de
tunafish el atún
turkey el pavo
turn la vuelta
  turn signal la intermitente, la direccional

to turn virar, doblar
    to turn around dar la vuelta
    to turn off apagar
to twist torcer (ue)
to type escribir a máquina
typewriter la máquina de escribir
    typewriter ribbon la cinta para máquina de escribir

U

ugly feo, -a
umbrella el paraguas
unbelievable increíble
uncle el tío
unconquerable indómito, -a
under bajo, debajo de
underbrush el matorral
to understand comprender, entender (ie)
undeserved inmerecido, -a
undrinkable intomable
unemployment el desempleo
unfaithful infiel
unfamiliar: to be unfamiliar with desconocer
to unfold desdoblar
unforeseen imprevisto, -a
unforgettable inolvidable
unfortunately desgraciadamente, lamentablemente
to unhook descolgar (ue)
union el enlace
to unite unir
United States los Estados Unidos
unknown desconocido, -a
unless a menos que
unlimited ilimitado, -a
unlucky desdichado, -a
unpleasant antipático, -a
until hasta
unusual raro, -a; insólito, -a
up: to go up ascender (ie)
uprising el levantamiento
to use usar, emplear
useful útil
usher el, la acomodador, -a

V

Valencia (of or from) valenciano, -a
valley el valle

valuable valioso, -a
vanity la vanidad
variation el variante
veal la ternera
vegetable la legumbre
vein la vena
verse la estrofa
vest el chaleco
to vibrate vibrar
vice el vicio
view la vista
viewpoint el punto de vista
village la aldea

W

waist la cintura
to wait esperar
    to wait on atender (ie)
waiter el mesero, el camarero, el sirviente
waiting room la sala de espera
waitress la mesera, la sirvienta
to wake up despertarse (ie)
to walk caminar
    to go for a walk dar un paseo
wall la pared
wandering errante
to want querer (ie), desear
war la guerra
wardrobe el vestuario
warlike guerrero, -a
warm cálido, -a
to warn advertir (ie,i)
wash el lavado
to wash lavar
washbasin el lavamanos
washcloth el limpión
to waste malgastar
wastes los desperdicios
watch la vigencia; el reloj
to watch mirar
water el agua *(f.)*
watermelon la sandía
water skiing el esquí acuático
wave la onda, la ola
    to ride the waves montar las olas, correr las olas
way el modo, la medida, la vía
    by the way a propósito
weak débil
    to get weak desfallecer
wealth la riqueza
weapon el arma *(f.)*
to wear llevar
weather el tiempo

wedding la boda
week la semana
weekend el fin de semana
to weigh pesar
weight el peso
welcome la bienvenida
well pues, bien
    well-done bien hecho
    well-known célebre
    well-off acomodado, -a
west el oeste
    West Indian antillano, -a
western occidental
wet: to get wet mojar
what lo que
    what? ¿qué?
whatever cualquiera
wheel la rueda
wheelchair la silla de ruedas
when cuando
    when? ¿cuándo?
whenever cuandoquiera
where donde
    where? ¿dónde?, ¿adónde?
wherever dondequiera
which one? ¿cuál?
while mientras
whim el capricho
whip el látigo
white blanco, -a
who? ¿quién?
whoever quienquiera
whole entero, -a
whose cuyo, -a
    whose? ¿de quién?
why? ¿por qué?
widow la viuda
widower el viudo
    to become a widow, widower enviudar
wife la esposa, la mujer
wild salvaje
    wild person el, la energúmeno, -a
to win superar, ganar
wind el viento
window la ventana
    store display window el escaparate
windshield el parabrisas
    windshield wiper el limpiaparabrisas
wine el vino
wing el ala *(f.)*
winner el, la vencedor, -a
winter el invierno
wise prudente

wish el augurio
to **wish** desear
with con
  with me conmigo
  with you contigo
to **withdraw (funds)** retirar
within dentro de, adentro
without sin, sin que
to **witness** atestiguar
woman la mujer
wonder la maravilla
wood la madera
wool la lana
word la palabra
words la letra
work la obra, la tarea, el trabajo
to **work** funcionar, labrar, trabajar

worker el, la obrero, -a; el, la labrador, -a
world el mundo
worried angustiado, -a
worry la preocupación
to **worry** preocupar
worse peor
  to get worse empeorar
worst el, la peor; pésimo, -a
worth: to be worth valer
  to be worth the trouble valer la pena
worthy digno, -a
wound la herida
wrapped envuelto, -a
wrinkled arrugado, -a
wrist la muñeca
to **write** escribir

wrong erróneo, -a; equivocado, -a

X

x-ray la radiografía, los rayos equis

Y

year el año
yellow amarillo, -a
yesterday ayer
yet todavía
yolk la yema
  eggyolk la yema de huevo
young joven
  young person el, la joven
younger menor
youngest el, la menor
youth la juventud

INDEX

a personal (see personal **a**)
abrir
  past participle   81
acabar de   94
accent marks
  on imperatives with
    pronoun(s)   107
  on infinitives with two
    pronouns   106
  on present participle with
    pronoun(s)   106
  on shortened form of **alguno,**
    ninguno   89
  to distinguish demonstrative
    pronouns from adjectives   142
adjectives
  comparison of equality   350
  comparative   348–349
  demonstrative   142
  ending in **-án, -ón, -ín**   88
  ending in consonant   88
  of color   90
  of nationality   88
  shortened   89
  superlative   348–349
  with **-ísimo**   91
adónde   363
algo   381
alguien   381
alguno
  shortened form   89
  uses of   381
andar
  imperfect subjunctive   125
  preterite   357
antes de que   129
aunque   130
adverbial clauses   128–130
adverbs
  comparison of equality   350
  comparative   348–349
  superlative   348–349
articles
  definite
    usage
      in superlative
        constructions   348–349
      with clothing and parts of the
        body   79
      with days of the week   79
      with general or abstract
        nouns   77
      with possessive
        pronouns   140–142
      with reflexive verbs   79

    with titles   78
  indefinite, omission of   80
  masculine, with feminine
    nouns   72

bueno
  comparative and superlative   349
  shortened form   89

caer
  preterite   76
ciento
  shortened form   89
commands (see imperative)
como   363
comparative   348–349
comparison
  of equality   350
  with **para**   146
compound tenses
  indicative   81–83, 85–86
  subjunctive   132–134
con tal de que   128
conditional tense
  irregular verbs   385
  regular verbs   385
  usage
    in indirect discourse   386
    sequence of tenses with
      imperfect subjunctive   125,
      128
    to express probability   94
    with **si** clauses   134
conditional perfect tense   86
  with **si** clauses   134
conducir
  formal imperative   95–96
  imperfect subjunctive   125
  negative informal imperative   99
  present subjunctive   110
conjunctions
  adverbial, with subjunctive
    128–130
conocer
  present subjunctive   109–110
construir
  present   74
  present participle   375
  present subjunctive   110
  preterite   75
contar
  present subjunctive   110
contribuir
  present   74
  preterite   75

creer
  present participle   375
  usage
    imperfect vs. preterite   369
cuál(es)   364–365
  contrasted with **qué**   365
cuando
  followed by subjunctive   129
cuándo   363
cuánto   363
cubrir
  past participle   81
cuyo   **137**

dar
  formal imperative   95–96
  present subjunctive   111
definite articles (see articles)
de
  followed by pronoun   380
  following superlative   348
  to introduce agent in passive
    voice   138
  with color words   90
decir
  affirmative familiar
    imperative   98
  conditional   385
  future   384
  imperfect subjunctive   124–125
  negative familiar imperative   99
  past participle   81
  present participle   375
  present subjunctive   110
  preterite   358
  usage
    in indirect discourse   386
descubrir
  past participle   81
desde
  desde hace with present tense   92
después de que
  use with indicative vs.
    subjunctive   129
destruir
  present   74
direct object pronouns (see
  pronouns)
disminuir
  present   74
distribuir
  present   74
  present participle   375
dónde   363

dormir
   formal imperative   95–96
   imperfect subjunctive   124
   present participle   375
   present subjunctive   110
   preterite   361
doubt
   expressions of   117

el que, la que, los que, las que   136
emotion
   expressions of   119
en
   followed by pronouns   380
en cuanto
   use with indicative vs.
      subjunctive   129
escribir
   past participle   81
estar
   formal imperative   95–96
   imperfect subjunctive   125
   present subjunctive   111
   preterite   357
   usage
      contrasted with **ser**   101–105,
         351–352
         to express location   101, 351
         to express temporary
            condition   101, 352
      with past participle   105
      with present participle
         375–376

faltar   388
freír
   past participle   81
   preterite   361
future tense
   irregular verbs   384
   regular verbs   383
   usage
      in indirect discourse   386
      sequence of tenses with present
         subjunctive   125, 128–129
      to express probability   94
      with **si** clauses   134
future perfect tense   85

gustar   388
grande
   shortened form   89

haber
   conditional   86
   future   85
   imperfect   366

imperfect subjunctive   133
   present   81
   present subjunctive   132
hace
   with present to express past   92
hacía
   with imperfect   92
hacer
   affirmative familiar
      imperative   98
   conditional   385
   formal imperative   95–96
   future   384
   imperfect subjunctive   125
   negative familiar imperative   99
   past participle   81
   present subjunctive   110
   preterite   358
hacer falta   388
hasta que
   use with indicative vs.
      subjunctive   129
huir
   present   74
   preterite   75

imperative
   familiar
      affirmative   98
      negative   99
   formal
      affirmative   95–96
      negative   96
   placement of object pronouns
      with   107
imperfect progressive (see
   progressive tenses)
imperfect subjunctive (see
   subjunctive)
imperfect tense
   irregular verbs   366
   regular verbs   366
   usage
      action in progress prior to
         interruption   371
      continuous, repeated, or
         habitual past action   367
      contrasted with preterite
         369–371
      description in past   367–368
      mental activity   369
      sequence of tenses with
         imperfect subjunctive   125,
         128
      with **hacía**   92
impersonal expressions
   with subjunctive   113, 114

importar
   verbs like   387–388
incluir
   present   74
indefinite articles (see articles)
indefinite expressions
   with subjunctive   121
indefinite subject (see **se**)
indirect discourse
   sequence of tenses   386
indirect object pronouns (see
   pronouns)
infinitive
   para and **por** with   145
   placement of object pronouns
      with   106
   uses of   114
interrogative words   363–365
introducir
   formal imperative   95–96
-ísimo   91
ir
   affirmative familiar
      imperative   98
   formal imperative   95–96
   imperfect   366
   imperfect subjunctive   125
   present subjunctive   111
   preterite   359
   usage
      with **a** and infinitive   383
      with **por**   143
irregular verbs (see entries for
   individual verbs)

le, les
   indirect object pronouns
      372–373
      changed to **se** with direct object
         pronouns   374
      with special verbs   387–388
leer
   imperfect subjunctive   125
   present participle   375
   preterite   76
lo, la, los, las   372–373
lo que   137

malo
   comparative and superlative   349
   shortened form   89
más . . . de, menos . . . de   348
más . . . que, menos . . . que   348
me
   direct and indirect object
      pronoun   372
   indirect object pronoun with
      special verbs   387–388

reflexive pronoun 377
medir
    preterite 361
morir
    past participle 81
    preterite 361

negative words
    forms 381–382
    with comparative
        constructions 348
ninguno
    uses of 381
    shortened form 89
nos
    direct and indirect object
        pronoun 372
    indirect object pronoun with
        special verbs 387–388
    reflexive pronoun 377
noun clauses (see subjunctive)
nouns
    comparison of equality 350
    comparative 348–349
    compound 72
    ending in **-ista, -ente, -ante** 70
    feminine
        beginning with **a-** or **ha-** 72
        ending in **-o** 71
    general or abstract with definite
        article 77
    masculine ending in **-a** 71
    referring to people 70
    singular with more than one
        subject 79
    unmodified, with omission of
        indefinite article 80

object pronouns (see pronouns)
oír
    imperfect subjunctive 125
    present 74
    present participle 375
    present subjunctive 110
ojalá 130–131

para
    contrasted with **por** 143–146
para que 128
passive voice
    with **se** 139
    with **ser** 138
past participles
    irregular 81
    regular 81
    with **estar** 105
    with **ser** 138

past progressive tense 376
pedir
    formal imperative 95–96
    imperfect 366
    imperfect subjunctive 124
    negative familiar imperative 99
    present participle 375
    present subjunctive 110
    preterite 361
pensar
    formal imperative 95–96
    present subjunctive 110
    usage
        imperfect vs. preterite 369
perder
    present subjunctive 110
personal **a**
    omission of 122
    with **alguien** and **nadie** 381
pluperfect subjunctive (see
    subjunctive)
pluperfect tense 83
poder
    conditional 385
    future 384
    imperfect subjunctive 125
    preterite 357
    usage
        imperfect vs. preterite 369
        special meaning in 360
poner
    affirmative familiar
        imperative 98
    conditional 385
    future 384
    imperfect subjunctive 125
    past participle 81
    present subjunctive 109–110
    preterite 357
por
    contrasted with **para** 143–146
    to introduce agent in passive
        voice 138
por poco
    with present tense 93
preferir
    imperfect subjunctive 124
    present participle 375
    present subjunctive 110
    preterite 361
    usage
        imperfect vs. preterite 369
        subjunctive with 111
prepositional phrases
    used to clarify
        indirect object pronouns
        373–374

possessive pronouns 141
prepositional pronouns (see
    pronouns)
prepositions
    de
        in superlative
            constructions 348
        optional with some color
            words 90
        to introduce agent in passive
            voice 138
    por
        to introduce agent in passive
            voice 138
    por and **para**
        uses 143–146
    use of relative pronouns as object
        of 135–136
present participles
    formation 375
    placement of object pronouns
        with 106
present tense
    stem-changing verbs 377–378
    -uir verbs 74
    usage
        in indirect discourse 386
        in **si** clauses 134
        sequence of tenses with present
            subjunctive 125, 128
        with **el que** 136
        with **hace** 92
        with **por poco** 93
present perfect tense 81–82
present progressive tense 375
present subjunctive (see
    subjunctive)
present perfect subjunctive
    132
preterite
    irregular verbs 357–359
    regular verbs 75–76
    usage
        contrasted with
            imperfect 369–371
        in indirect discourse 386
        sequence of tenses with
            imperfect subjunctive 125,
            128
        with **el que** 136
        with imperfect 371
        with pluperfect 83
primero
    shortened form 89
probability
    with future and conditional 94
progressive tenses 375–376

Index   433

pronouns
  demonstrative 142
  direct object
    lo, la, los, las 372–373
    me, te, nos 372
    with imperatives 107
    with indirect object
      pronouns 374
    with infinitives 106
    with present participles 106
  following **que** in
    comparative 348
  indirect object
    le, les 372–374
      changed to **se** 374
    me, te, nos 372
    with imperatives 107
    with direct object
      pronouns 374
    with infinitives 106
    with present participles 106
    with special verbs 387–388
  order when both direct and
    indirect object pronouns occur
    together 374
  possessive 140–142
  prepositional 380
  reflexive 377–379
  relative
    el que, la que, los que, las
      que 136
    lo que 137
    que 135
    quien 135
      a quien, a quienes 136

que
  in comparisons 348–349
  relative pronoun 135–136
qué
  interrogative word 363
    contrasted with **cuál** 365
querer
  conditional 385
  future 384
  imperfect 366
  preterite 358
    usage
      imperfect vs. preterite 369
      special meaning of 360
  with subjunctive 111
question words (see interrogative
  words)
quien
  relative pronoun 135–136
quién(es)
  interrogative word 363

quizá(s) 130

reciprocal verbs 379
reflexive pronouns (see pronouns)
reflexive verbs 377
  vs. nonreflexive action 378
regular verbs (see particular tenses)
relative clauses 121–122
relative pronouns (see pronouns)
repetir
  preterite 361
romper
  past participle 81

saber
  conditional 385
  formal imperative 95–96
  future 384
  imperfect subjunctive 125
  present subjunctive 111
  preterite 357
    usage
      imperfect vs. preterite 369
      special meaning of 360
salir
  affirmative familiar
    imperative 98
  conditional 385
  formal imperative 95–96
  future 384
  present subjunctive 109–110
Santo
  shortened form 89
se
  reflexive pronoun 377
  to form passive voice 139
  to replace **le, les** 374
seguir
  preterite 361
sentir(se)
  imperfect 366
  present 378
  present participle 375
  preterite 361
  usage
    imperfect vs. preterite 369
ser
  affirmative familiar
    imperative 98
  formal imperative 95–96
  imperfect 366
  imperfect subjunctive 125
  present subjunctive 111
  preterite 359
  usage
    contrasted with **estar** 101–105,
      351–352

    to describe 101
    to express
      characteristic 101, 352
      inherent quality 101, 352
      origin 101, 351
      ownership 104
      taking place 103
    in passive voice 138
    omission of definite article
      after 142
    omission of indefinite article
      after 80
    sequence of tenses with **el**
      que 136
    with relative pronouns 365
servir
  affirmative familiar
    imperative 98
  formal imperative 95–96
  present subjunctive 110
  preterite 361
si clauses 133–134
sonreír
  preterite 361
sorprender
  verbs like 387–388
stem-changing verbs
  affirmative informal
    imperatives 98
  formal imperatives 95
  imperfect 366
  imperfect subjunctive 124
  negative familiar imperatives 99
  present
    reflexive 377–378
  present participles 375
  present subjunctive 110
  preterite 361
subjunctive
  imperfect 124–125
  pluperfect 133–134
  present 109–111
  present perfect 132
  usage
    contrasted with
      infinitive 114
      present indicative 116
      preterite 129
    in adverbial clauses 128–130
      after **aunque** 130
      after conjunctions 128–129
      after expressions **ojalá,**
        quizá(s), tal vez 130–131
    in noun clauses 111–114
      with expressions of doubt 116
      with impersonal
        expressions 113–114

with special verbs of
emotion 111, 114, 119
in relative clauses 121–122
in **si** clauses 134
with indefinite expressions 121
with special verbs stating or
implying an order 117–118
sugerir
preterite 361
superlative 348
sustituir
present 74

tal vez 130–131
tan . . . como, tanto . . . como 350
tan pronto como 129
te
direct and indirect object
pronoun 372
indirect object pronoun with
special verbs 387–388
reflexive pronoun 377
tener
affirmative familiar
imperative 98

conditional 385
future 384
imperfect subjunctive 124–125
present subjunctive 110
preterite 357
tercero
shortened form 89
time expressions
future 383
imperfect 367
preterite 354
with **por** and **para** 144
traducir
preterite 358
traer
imperfect subjunctive 125
present participle 375
present subjunctive 110
preterite 358

valer
conditional 385
future 384

venir
affirmative familiar
imperative 98
conditional 385
future 384
imperfect subjunctive 125
present participle 375
present subjunctive 110
preterite 358
with **por** 143
ver
imperfect 366
past participle 81
volver
affirmative familiar
imperative 98
formal imperative 95–96
negative familiar imperative 99
past participle 81
present subjunctive 110
with **por** 143

ya
with present perfect 82

Permissions

The authors would like to thank the people and the organizations listed below for permission to include the following photographs:

Stuart Cohen: pages v, 1(tr), 7, 8, 11, 12, 16, 17, 22, 25(tr), 25(br), 29, 34, 35(l), 35(r), 42(tl), 43(tr), 46, 47(b), 52(t), 52(b), 58, 59(r), 61, 62(r), 75, 108, 165, 166(b), 281(l), 281(t), 281(mr), 353(t), 365.

Owen Franken: pages iv, x(r), 1(tr), 1(bl), 1(br), 19, 23(l), 23(r), 25(m), 25(bl), 30, 36, 37, 40(tl), 40(br), 45, 47(t), 49, 56, 62(l), 63, 87, 91, 93, 96, 97, 100, 120, 123(t), 123(b), 132, 139, 140, 151, 152, 163, 251(t), 251(b), 280(tr), 280(br), 284(l), 358, 386.

Peter Menzel: pages ii, iii, x(l), 1(tl), 1(tl), 1(m), 1(bl), 43(b), 104, 113, 115, 118, 126, 127, 149(m), 149(b), 150, 166(t), 210, 280(l), 281(b), 284(r), 285(tl), 285(r), 317, 318(l), 318(b), 318(br), 320(l), 320(r), 322, 323, 334, 335, 371(l), 342, 343(l), 343(m), 343(r), 353(br).

The New York Public Library Picture Collection: pages 215(2nd), 215(4th), 218, 223, 225(ml), 225(bl), 225(mb), 228(l), 230, 234(b), 241, 242, 244, 245(l), 253, 254(t), 255, 257(l), 258(tl), 258(br), 260, 263, 265, 267, 268, 269, 271, 275, 278, 299(l), 302(l), 302(r), 308(t), 329(t), 329(mr), 329(r), 330, 334.

Helena Kolda/Photo Researchers: 25(tl); 149(t)
Robert A. Isaacs/Photo Researchers: 42(br)
Arthur Glauberman/Photo Researchers: 59(l)
Foy/Miami Herald: 174
Isaias Remba/Ediciones Polígrafa, S.A., Barcelona: 185
Portrait: Pablo Picasso/Photographie Girouden: 188(br)
R. Doisneau/Photo Researchers: 180(bl)
Art Resources: 189(tr)
Photographie Girouden/Art Resources: 189(br)
Thierry Rannon/Gamma Liaison: 205(l); 207(t)
AP/Wide World Photos: 205(r), 345(tml), 345(tmr)
Patrick Aventurier/Gamma Liaison: 206, 207(b)
UPI/Bettman Newsphotos: 209, 308(b), 345(bl), 345(bmr), 345(r)
Wilhelm Braga/Photo Researchers: 211
Ampliaciones y Reproducciones MAS, Barcelona: 215(l), 215(3), 222, 240, 256, 277
Hispanic Society of America, NY, NY: 215(5), 259
Fonda de Cultura Económica, Mexico City: 217
The Hispanic Society of America, NY, NY: 224
The Image Works: 225(t), 225(br)
Ediciones Larousse, Paris (1972): 227
John Maddock Roberts: 228(r)
Osvaldo Salas/Center for Cuban Studies; NY, NY: 231
Plus Ultra Educational Publishers; NY, NY: 232
Moraima de Semprun Donahue/Americas Magazine, volume #30, #3: 234(t)
Center for Cuban Studies; NY, NY: 243
Twayne Publishers, Boston, MA: 246
McGraw-Hill Picture Collection: 247
Guillermo Carnero, Madrid: 253(t)
Museum of Modern Art, NY, NY: 257
Prosces Aquí Par, Madrid: 274
F. Vollmar/World Wildlife Fund: 290
Girard Vienne/World Wildlife Fund: 291
Library of Congress: 298

The Mariners' Museum, Newport News, VA: 299
Sygma: 305
Christian Vioutrad/Gamma Liaison: 305
Carlos M. Anguita: 311, 314
Museo de Bellas Artes, San Juan, PR: 312
The Bettmann Archives: 329(lm)
Museum of Modern Art, NY, NY: 331
Beryl Goldberg: 337(m), 337(r)

The authors would also like to thank the following publishers, authors, and holders of copyright for their permission to reproduce the following selections:

Ediciones Grijalbo S.A., Barcelona, España for «Rufino Tamayo, Pintor» from DIÁLOGO ABIERTO by Augusto Valera Cases
Monte Ávila Editores C.A., Caracas, Venezuela for «El Progreso Suicida» from VISTA DESDE UN PUNTO by Arturo Uslar Pietri
Casa de las Américas/Editorial, La Habana, Cuba for «Búcate plata» by Nicolás Guillén
Universidad de Puerto Rico/Editorial Universitaria, Río Piedras, Puerto Rico for «Falsa canción de baquiné» by Luis Palés Matos
Editorial Orión, Inc., Río Piedras, Puerto Rico for «Olor a cacao» by José de la Cuadra from CUENTOS HISPANOAMERICANOS
Professor Anthony Pasquariello and Professor John V. Falconieri for «Mi adorado Juan» by Miguel Mihura
Editorial Losada, S.A., Buenos Aires, Argentina for «Canción de jinete» by Federico García Lorca from CANCIONES
Editorial Espasa-Calpe, S.A., Madrid, España for verso III of «Campos de Castilla» by Antonio Machado from POESÍAS COMPLETAS
Sra. Marina Durand Vda. de Chocano, Lima, Perú for «¡Quién sabe!» by José Santos Chocano
McGraw-Hill, Inc., New York, NY for excerpt (page 4) from LATINO-AMÉRICA: SUS CULTURAS Y SOCIEDADES by H. Ernest Lewald
Peer International Corporation for «Lamento borincano» by Rafael Hernández
Copyright 1930, 1932 by Peer International Corporation.
Copyrights Renewed by Peer International Corporation.
International Copyright Secured.
Used by Permission   All Rights Reserved.
Ministerio de Agricultura, Pesca y Alimentación, Instituto Nacional Para la Conservación de la Naturaleza, Parque Nacional de Doñana for «Orientación sobre Visitas» and «Estado de los tres ecosistemas que integran Doñana según la estación del año»
Editorial Auñamendi, San Sebastián, España for «Nadal», «Poema VI» by Rosalía de Castro, and «Zerena» from POESÍAS POPULARES DE LOS VASCOS
Ralph Fletcher Seymour, Chicago, Illinois for «Adelita» from SPANISH FOLK SONGS OF NEW MÉXICO, coleccionadas y transcritas por Mary R. Van Stone

A B C, Madrid, España for «Enlace Larrinaga de Luis-Cano Meseguer», «Petición de mano», «Anuncios y esquelas en A B C», «Los dos montañeros navarros», «CATALUNA: Se prohibe fumar por decreto» by Daniel de la Fuente, «Doñana: El fuego destruyó la décima parte de la reserva biológica»

El Mundo, San Juan, Puerto Rico for «Cumpliendo años», «LOCAL: Más accidentes en las carreteras» by Clarence Beardsley, «Lo que se quiere, se cuida» Reprinted with permission from MOTORAMBAR, INC., San Juan, Puerto Rico; «Y el tiempo en el Caribe», «Tratará Ley de Cierre con RHC» Reprinted with permission from Associated Press, San Juan, Puerto Rico

El Nuevo Día, San Juan, Puerto Rico for «Capturan $3 millones en marihuana»

Ideal, Granada, España for «Robo en un piso del Albaicín»

Belleza y Moda, Madrid, España for «El Significado Mágico del Color»

La Vanguardia, Barcelona, España for «El resumen metereológico de CATALUNA»

Diario de Cádiz, Cádiz, España for El mapa metereológico «Aspecto de cielo y meteoros probables de hoy a mañana», «Su horóscopo diario» por Francis Drake

El Alcázar, Madrid, España for los titulares: «Una gota fría provoca nevadas y una ola de intenso frío»

Garbo, Barcelona, España for «Los signos de la primavera», «Los signos del verano», «Los signos del otoño», «Los signos del invierno»; «Pediatra: Peso por debajo de lo normal»; «Convivencia familiar: El doble lenguaje»; «Los amores platónicos»; «Hablamos con el hijo de Catherine Deneuve en Madrid»